글로벌 시대를
비상하는 중국

박인규 저

제1부 개혁 개방 이전의 신 중국
제2부 중국의 당·정 체제 및 주요 정책
제3부 신중국의 부흥과 도전

추 천 서

　중국은 2012년 11월 18기 중앙위원회 제1차 전체회의를 개최하여 시진핑 총서기의 제5세대 지도부를 확정하고 향후 10년간의 중국 미래를 이끌도록 했다. 그러나 중국에게 있어 이 앞으로의 10년은 대단히 중요한 시기이기도 하다. 중국은 뉴 밀레니엄을 지나오면서 2001년 WTO 가입과 2008년 베이징 올림픽 개최를 통해 세계 강대국의 반열에 진입하는 기반을 마련하였다. 하지만 현 지도부가 이끌어야 할 앞으로의 10년은 세계의 경제 상황과 중국 내부 사정에 따라 상당히 힘들고 험난한 여정이 될 수도 있다.

　즉 앞으로의 중국 미래는 현 지도부의 통치 능력 여하에 따라 미국과 어깨를 나란히 하는 명실상부한 최대강대국이 될 것인지 아니면 고도 경제성장의 파생물인 이른바 '증진국 함정'에 빠져 내부적으로 큰 혼란을 자초하게 될지의 기로에 서 있는 것이다. 이처럼 중국의 향후 미래가 어떻게 전개되느냐에 따라 지리적으로 인접한 우리나라에 미칠 영향 또한 클 것임은 자명한 사실이다. 우리나라와 중국은 그간 수천년의 역사를 이어 오면서 교류와 협력을 꾸준히 확대 해 왔다. 다만 현대에 들어 약 50년간의 냉전 시기를 거치면서 이념적으로 그리고 감정적으로 다소 소원하였으며, 이러한 이유로 우리 국민이 중국을 이해하고 중국의 실정을 몸소 채득할 기회 또한 부족했던 것도 사실이다.

　중국을 한층 더 깊게 이해할 수 있데 된 계기는 1992년 한·중 수교였다. 현재 두 나라는 수교한 지 어언 20년을 지나오면서 '전략적 협력 동반자 관계'의 내실화 단계까지 발전해 왔다. 하지만, 실질적인 교류와 협력강화는 북한 이라는 변수 등 일부 제약 요인에 의해 여전히 한계를 지니고 있다.

　사실 중국을 제대로 이해하고 중국의 미래를 정확히 분석하기 위해서는 우선 중국이 최초로 창립되면서부터 어떻게 개혁 개방이 이루어졌는지의 역사적 사실을 이해하고, 그리고 현 중국 지도부가 안고 있는 실체적 도전들을 명확히 분석할 수 있어야 한다.

이 책은 신중국 성립 이래 덩샤오핑에 의한 개혁 개방 정책이 시행되면서 급속한 경제 발전을 이룩해 온 과정과 현재의 제도 및 정책, 그리고 중국이 직면하고 있는 각종 도전과 앞으로의 미래 방향 등을 일목요연하게 정리하고 있고, 그 대안들을 잘 제시해 주고 있다. 특히 중국의 각 분야별 정책들이 신중국 성립이후 어떠한 역사적 배경 하에 발전되어 현재의 정책으로 확립되었는지, 그리고 이러한 정책들이 앞으로 중국의 체제 개혁과 경제 사회 발전에 어떻게 작용해 나갈 것인지도 잘 설명하고 있다.

이 책의 필자 또는 한·중 수교이전부터 최근에 이르기까지 홍콩, 베이징, 션양 등 외교의 최일선 현장에서 오랜 기간 근무하면서, *필자 본인이* 직접 수집해 온 각종 정보들을 토대로 이를 체계적으로 정리하여 우리에게 더욱 생생하고 유익한 정보를 제공해 주고 있고, 아울러 중국을 한층 더 쉽게 이해할 수 있도록 인도해 주고 있다.

이러한 점에서 중국을 처음 공부하고 이해하고자 하는 학생들은 물론 중국과의 사업 등 중국을 보다 심도 있게 연구해 보고자 하는 우리 기업가들에게 이 책을 강력하게 추천하는 바이며, 독자 여러분들에게 일독을 권하고 싶다.

2014년 2월

김 학 중
동북아역사재단 이사장

"저기 중공군이다...."

한.중 수교 몇 년 전인 1989년 홍콩의 최북단이며 중국과 마주하고 있는 로후(羅湖)역 너머로 푸른 군복을 입은 중국 경비병이 어슴프레 눈에 확 띄었다. 마음 속으론 무한한 설레임 속에서 죽의 장막 저 너머엔 과연 어떤 이들의 삶이 펼쳐지고 있을까 하는 막연한 궁금증이 가득했던 때였다. 그때부터 필자는 중국이란 나라의 대한 호기심을 가슴에 품은 채 중국 관계에 관한 실무를 담당하였으며, 왕왕(往往) 중국의 외교 현장에서 주요 정치, 경제사건 등을 직접 목격하기도 하였다.

1992년 우리나라가 중국과 국교를 수립하면서 필자는 외교부 본부에서 수교 관련 업무를 담당할 기회를 갖게 되었으며, 그 이후로는 중국 대사관으로 발령받아 외교 일선에서 중국에 대한 새로운 시각을 갖고 중국내 많은 관계자들을 접촉하면서 그들을 이해해 가기 시작했다.

천안문 사태 이후 중국에 투자했던 많은 외국투자기업들이 철수하면서 중국 경제는 아주 어려운 상황에 처해 있었고, 이러한 국면의 전환을 위해 덩샤오핑은 남순강화를 통해 중국을 다시 개혁 개방의 길로 나가도록 독려하는 계기로 삼았다. 우리 정부로서는 이러한 기회를 활용하여 중국과의 경제협력은 물론 여타 분야에서의 다면적 협력을 강화해 나가기 시작했다.

2000년대에 들어 중국은 안정적인 신 지도체제를 기반으로 하여 중국의 WTO 가입을 성공적으로 이끌었고, 결국 중국 경제를 개방화시켜 고도의 경제 성장을 이룩할 수 있는 기반을 마련했다. 약 10여 년에 걸친 10%이상의 고도 경제성장은 2008년 개최된 북경 올림픽 개최와 함께 중국을 글로벌 경제 시대의 세계 최강대국으로 비상하도록 이끄는 견인차 역할을 하였다.

필자가 약 20년 이상 중국 관련 실무를 담당해 오면서 이러한 중국의 정치 경제적 변화와 고도성장을 어떠한 각도와 시각에서 분석해야 할지 고민을 하게 되면서 본서를 집필해 보고자 하는 강렬한 욕구를 느꼈다. 물론 아직까지도 중국의 전반적인 변화와 발전, 그리고 중국의 각종 현안을 접할 때면 여전히 부족한 능력과 좁은 소견으로 감히 심도 깊은 연구 보고서를 내기에 역부족인 경우가 많았던 것도 사실이다. 하지만 본 서를 통해 필자가 그동안 모아 온 자료와 각종 정보들을 정리해서 중국을 이해하고 공부하고자 하는 모든 분들께 미력이나마 도움을 주고자 하는 의도에서 본 서를 출판하게 되었다.

이러한 취지에서 본서는 다음과 같이 세 부분으로 나누어 서술하였다. 우선 제1부에서는 중화인민공화국 탄생의 모체로서, 중국 공산당이 창립되게 된 배경에서부터 신중국의 성립과정 그리고 문화대혁명 이후의 덩샤오핑에 의한 개혁 개방 정책 시행 내용 등을 시계열별로 쉽게 정리, 설명하였다.

제2부는 현 중국의 당 및 정부의 주요 정치 체제 및 경제 체제 개혁, 그리고 대외 정책들을 분야별로 나누어 각 정책들이 어떻게 개혁 및 발전되어 왔는지 그 배경과 오늘날의 주요 문제점들을 분석해 보고자 하였다.

마지막으로 제3부는 2000년대 들어 중국이 고도의 경제 성장을 이룩하면서 글로벌 시대에서 세계 강대국 반열에 진입하게 된 배경과 요인들을 분석하면서, 아울러 앞으로 G1(글로벌 최강대국)으로 발돋움하기 위해 중국 정부가 극복해야 할 여러 도전적 요소들을 개략적으로 제시하였다. 이 요소들은 지금 제 5세대 신지도부가 떠안게 된 주요 도전이며, 이를 어떻게 잘 해결해 나가느냐에 따라 중국의 장래에 중요한 영향을 미칠 것임은 주지의 사실이다.

이 책이 완성되어 출판에 이르기까지 많은 분들로부터 받았던 격려와 후원에 대해 이 기회를 빌어 심심한 감사를 표하고자 한다. 특히 어려운 상황에도 불구하고 부족한 원고를 마다하지 않고 흔쾌히 출판해 주신 김상인박사님께 진심으로 감사를 드린다. 그리고 지금까지 항상 위로와 격려를 아끼지 않은 아내 양미경과 가족모두에게 무한한 사랑과 감사를 전한다.

앞으로 이 책은 좀 더 시간적 여유를 갖고 보충하여 더욱 완성된 개정본으로 거듭날 것을 약속드리며, 이 책이 중국 연구를 새로 시작하거나 연구 중인 젊은 동학들에게 조금이나마 도움이 되고, 아울러 중국학 분야에서의 발전에도 적극 기여할 수 있기를 기대한다.

2014년 2월 새해 벽두에
박 인 규

| 차 례 |

제1부 | 개혁 개방 이전의 신 중국

Ⅰ. 신중국의 성립 및 과정
  1. 신중국 건립의 역사적 배경 13
  2. 신해혁명 15
  3. 5.4 운동과 중국 공산당의 탄생 19
  4. 국공 합작과 국민 혁명(북벌전쟁) 24
  5. 공산당에 의한 중국 통일 29

Ⅱ. 신중국 정권 수립과 신민주주의 제도 확립
  1. 초기의 민주 정권 수립 41
  2. 토지 개혁 43
  3. 정당·정풍(整黨·整風)운동 44
  4. 경제 재건 및 회복 45
  5. 신 사회 건설과 사상 개조 47
  6. 반혁명 투쟁과 삼반·오반(三反·五反) 운동 48
  7. 과도기의 총노선 49
  8. 대외관계 개선 노력 51
  9. 백화제방·백가쟁명 운동 52
  10. 사회주의 건설 총노선 추진 55

Ⅲ. 대약진(大躍進) 운동과 인민공사(人民公社) 제도
  1. 대약진 운동 57
  2. 인민공사(人民公社) 제도의 설립 59
  3. 노선 재조정과 대약진에 대한 반발 61
  4. 조정, 공고, 충실, 제고 의 8자 방침과 신경제 정책 ..63

Ⅳ. 문화 대혁명
  1. 개요 67

　　2. 문화대혁명의 배경 67
　　3. 문화대혁명의 발단 및 전개 70
　　4. 조우언라이와 마오저뚱 사망, 그리고 4인방 제거 89
　　5. 화궈펑 체제의 등장과 내재적 한계 92
　Ⅴ. 덩샤오핑 지도체제의 확립
　　1. 덩샤오핑의 실권 장악 98
　　2. 경제체제 개혁 추진 100
　　3. 정치체제 개혁과 그 한계 106
　　4. 덩샤오핑의 후계구도 구축 109
　Ⅵ. 제3세대 지도체제의 확립
　　1. 쟝저민 지도체제의 강화 113
　　2. 남순 강화(南巡講話) 115
　　3. 사회주의 시장경제 체제의 수립 117
　　4. 덩샤오핑 사망과 쟝저민 체제 공고화 119
　　5. 3개대표(三個代表) 사상의 공식화 123
　Ⅶ. 제4세대 지도체제 등장과 후진타오 체제 확립
　　1. 제 4세대 후진타오 체제 확립 125
　　2. 후진타오 체제의 제2기 집권 129

제2부 중국의 당.정 체제 및 주요 정책

　Ⅰ. 당 및 정치 체제 개혁
　　1. 기본적 당.정 체제의 형성 133
　　2. 중국 공산당 134
　　3. 전국인민대표대회(전인대) 144
　　4. 국가 주석 147
　　5. 국가 중앙군사위원회 148
　　6. 국 무 원 149
　　7. 최고 사법기구 151
　　8. 인민정치협상회의(정협) 152

9. 당과 국가기관(전인대, 국무원)과의 관계 154
Ⅱ. 개혁 개방 이데올로기의 발전
   1. 덩샤오핑의 개혁 개방 이론 157
   2. 쟝저민의 3개 대표 사상 160
   3. 후진타오의 과학적 발전관 과 조화로운 사회 건설 ..162
Ⅲ. 정치 제도에 관한 개혁
   1. 개혁 개방 초기의 정치 체제 개혁 164
   2. 행정 기구 개혁 170
   3. 간부 인사 제도 개혁 172
   4. 선거제도 개혁 176
   5. 지방 분권화 개혁 186
Ⅳ. 신중국의 사회 제도 개혁 및 정책
   1. 중국의 종교 정책 193
   2. 중국의 소수민족 정책 198
   3. 중국의 인구 정책 206
   4. 중국의 교육 제도 및 정책 208
   5. 중국의 언론, 문화 정책 212
Ⅴ. 신중국의 경제 체제 및 정책
   1. 경제체제 개혁 216
   2. 장기 발전(거시경제 조정) 정책 218
   3. 재정 정책 226
   4. 금융 통화 정책 232
   5. 환율 정책 234
   6. 외환관리 제도 236
   7. 외국인 투자 유치 정책 242
   8. 국유기업 개혁 정책 246
   9. 정보통신 기술 정책 253
   10. 지역 발전 정책 256
   11. 토지 및 부동산 정책 263
Ⅵ. 신중국의 대외 정책

1. 신중국 외교의 발전 과정 ································269
2. 외교정책 결정 체계 ································275
3. 중국 외교의 기본 원칙 ································278
4. 중국의 대외 관계 ································279

제3부 신중국의 부흥과 도전

Ⅰ. 신중국의 부흥 및 성장
1. 홍콩, 마카오의 중국 귀속 ·······················309
2. 중국의 WTO 가입 ·····························313
3. SARS의 확산 및 이의 퇴치 ·····················317
4. 베이징 올림픽의 성공적 개최 ····················318
5. 전면적 시아오캉(小康) 사회의 건설 ···············320
6. 유인 우주 비행선 발사 및 자주창신(自主創新) ·······323
7. 국방 및 군의 현대화 ·························328
8. 후진타오 체제의 고도 경제성장(경제성과) ···········330

Ⅱ. 신중국의 주요 도전
1. 제5세대 신지도부의 주요 도전 ··················332
2. 중국 공산당의 지도 이념 및 정통성 문제 ···········333
3. 국가 통합 문제 ····························334
4. 중국의 인권 ·····························342
5. 경제개혁 과정상의 부작용 ·····················346
6. 3농(三農) 및 농민공 문제 ·····················351
7. 반부패 문제 해결 ·························363
8. 환경, 에너지 문제 ·························365
Ⅲ. 제5세대 지도부의 주요 당면 과제 ···············368

* 참고문헌 ······························370

개혁 개방 이전의 신 중국

제1부

001 신중국의 성립 및 과정
002 신중국 정권 수립과 신민주주의 제도 확립
003 대약진 운동과 人民公社 제도
004 문화 대혁명
005 덩샤오핑 지도체제의 확립
006 제3세대 지도체제의 확립
007 제4세대 지도체제 등장과 후진타오 체제 확립

Ⅰ. 신중국의 성립 및 과정

1. 신중국 건립의 역사적 배경

황하유역을 중심으로 기원전 11세기경부터 우수한 농경문화를 발전시켜 왔던 한족(漢族)은, 진시황(秦始皇)에 의해 최초의 통일국가를 형성하였고 스스로 중화(中華)라 부르며 동아시아에서 중심 국가로 부상하였다. 그러나 13세기경 기마세력을 앞세운 몽골족의 침입은 중국 민족에게 이민족에 의한 통일국가 형성이라는 굴욕을 안겨 주었다. 중국 역사상 원(元)나라 이전에는 한족이 아닌 이민족에 의해 지역적으로 침입을 받은 적은 여러 차례 있었으나, 중국 전역을 이민족에 내 준 적은 이 변방민족인 몽골족이 처음이었던 것이다.

이후 한족의 부흥을 외치며 양쯔강 유역을 중심으로 흥기한 명(明)나라 태조 주원장이 원을 멸망시키고 새로운 한족 국가를 세웠으나, 명(明)나라 또한 지나친 문민 위주의 정치와 환관들의 발호로 또 다른 이민족인 청(淸)에 의해 중원의 자리를 내줄 수밖에 없었다.

강희, 옹정, 건륭 연간으로 이어지는 청(淸)나라의 황금 시기가 약 100여 년 동안 계속 되었으나 청 후반기로 접어들면서 귀족, 관료, 지주, 호족들은 극도의 축재와 사치를 누리게 되었고 반면 일반 농민들은 고통과 질곡 속에서 시달려야 했다. 이러한 일부 특권 계급의 사치와 호화스런 생활은 수백만에 달하는 농민들을 도탄에 빠지게 하였고, 게다가 탐관오리들의 가렴주구에 견디지 못한 농민들은 결국 변방 지역으로 유랑 생활을 해야 했다.

중국의 역사를 돌이켜 보면 대부분의 왕조가 초창기에는 번영기를 맞이하면서 발전하였다가 중, 후반기로 가면서 농민들의 토지가 일부 귀족과 권력자에게 집중되고, 토지를 잃은 많은 농민들이 유랑민으로 변하여 결국 농민

반란으로 이어져 왕조도 쇠락의 길로 접어드는 과정이 계속되어 왔는데, 만주족인 청(淸)왕조도 예외는 아니었다.

1796년에 발생한 **백련교도의** 난은 호북, 사천, 하남, 섬서성의 접경 지역인 산악이 많은 변경 지대에서 발생하였다. 이곳은 당시 평지에서 적응 못한 가난한 유랑민들이 척박한 산지 위에다 새로운 공동체를 형성하였던 곳이다. 비록 이 반란은 평정되었으나, 청나라 조정은 막대한 군사비를 지출하게 되었고 결국 청나라의 국력 쇠퇴를 앞당기는 결과를 초래했다.

중국은 찬란한 고대 문명을 기반으로 오랜 기간 통일국가의 명목을 유지해 왔으나, 동시에 오랜 기간 봉건사회를 유지해 옴으로 인해 무거운 역사의 짐을 지게 되었다. 19세기 말엽 세계열강들이 중국의 문을 두드리고, 외교 교섭 및 포교 등을 위해 청(淸)의 개방을 강요하면서 중국은 쇠락의 길로 접어들기 시작했다.

우선 경제적 측면에서 보면, 중국 봉건사회의 경제 기초는 소작농과 가내수공업이 결합된 자연경제를 기본 특징으로 하였다. 하지만, 통치계급이 절대 다수의 토지를 점유하고, 농민들은 극히 소량의 토지를 소유하거나 어떤 경우는 소유조차 하지 못하였다. 지주의 대토지 겸병이 심화되어 갔고, 이로 인해 농민들은 과중한 조세의 부담을 안았을 뿐 아니라 고리대의 수탈로 인해 생활이 극도로 피폐해 지면서 확대 재생산은 생각조차 할 수 없었다. 이러한 봉건사회의 생산관계는 사회생산력의 발전을 저해하였고, 특히 봉건사회 말기에는 농민 계급과 지주 계급간의 갈등이 확대되면서 중국 경제의 발전을 지연시키는 요인이 되었다.

정치적으로도 중앙집권적 봉건전제주의 체제는 중국이 통일된 다민족 국가를 형성하는데 중요한 역할을 하였고, 또한 봉건통치의 장기적 유지 수단이 되었다. 그러나 이는 반대로 중국 문명의 발전을 저해하는 한 요인이 되었으며 농민들의 창조력과 새로운 사회질서를 형성하는 데 큰 장애 요인이 되었다.

사회 윤리적 측면에서의 전통적인 가족 종법제는 부(父)를 중심으로 혈연 및 혼인관계를 통하여 형성되었다. 이러한 종법제는 유교적 전통사상을 기반으로 하는 윤리 도덕을 형성하였는데, 이는 통일국가의 형성 및 발전, 그리고 사회질서 안정에 긍정적 작용을 한데 반해, 자생적 배타성을 기반으로 사회성원 간의 보편적 유대를 형성할 수는 없었고 나아가 시민사회로의 발전에 큰 장애가 되었다.

요컨대, 중국의 전통 문화는 초기 중국사회의 발전을 촉진하는데 기여하였다고 볼 수 있으나, 반면 근대사회로 발전해 가는데 있어서 치명적 약점을 지니고 있었다. 마침내 중국 봉건사회 내부에서도 자본주의적 요소들이 싹트기 시작하였고, 또한 외국과의 경제 및 문화 교류가 확대됨에 따라 반봉건적 민주사상이 확산되어 과거 전통적 봉건체제의 억압과 속박에서 벗어나기 위한 변혁을 준비하고 있었다.

2. 신해혁명

가. 제1차 혁명

20세기에 접어들어 중국내 민족자본주의 경제가 발전되어 가면서 지식인 계층의 정치 운동을 위한 경제 기초가 마련되는 동시에 기본 정치역량도 확대되었다. 당시 손중산(孫中山)을 대표로 하는 중국의 민족자산 계급은 자산계급 혁명을 일으켰는데, 이것이 1911년에 일어난 「신해혁명(辛亥革命)」이다.

당초 손중산(孫中山)은 1894년 11월 하와이에서 중국 최초의 정치적 비밀 결사조직인 흥중회(興中會)를 건립하고 이어 홍콩 흥중회를 조직하였으며 이를 통해 처음으로 광조우(廣州)에서 혁명을 일으켰으나, 이 최초의 반청(反淸) 봉기는 실패로 끝났다. 그 뒤 손중산은 해외로 망명하여 각국에 흩어져 살고 있는 화교들에게 혁명사상을 전파하는 일에 매진하였고, 서구의 새로운 사회조류를 접하면서 삼민주의(三民主義)사상의 기초를 마련케 되었다.[1]

---

[1] 본명이 孫文인 손중산은 태평천국의 난 직후인 1866년 광동성의 가난한 농부의 아들로 태어났다. 그는 12세때 형 孫眉를 따라 하와이로 건너가 그 곳에서 중등 교육을 받으면서 서양의 각종 정치, 역사, 과학 등을 공부하였다. 그 후 홍콩으로 돌아와 광조우의 남화의학당과 홍콩의 서의서원에서 의학을 공부하면서 정사량을 비롯한 훗날의 혁명가들과 사귀었다. 1894년 그는 텐진으로 가서 당시 직례총독이며 북양대신이던 리홍장에게 정치 개혁을 요구하는 의견서를 제출했으나 거부당하면서부터 혁명가의 길로 들어서게 되었다.

1905년 7월 손중산은 일본으로 간 후 도쿄에서 중국 최초의 정당격인 **중국 동맹회(中國同盟會)**를 결성하고, 「민보」를 발간하여 혁명사상을 보급하면서 이후 국민정부의 정치이념이 된 「삼민주의」를 혁명 강령으로 채택하였다.[2]

　　동맹회가 성립된 이래, 중국 각지에서는 무장봉기를 계획하였으나 연락이 제대로 되지 않는 등 순조롭지 못하여 결국 모두 실패로 돌아갔다. 다만 이러한 무장봉기는 곧 혁명의 불꽃을 피어오르게 하는 단초가 되어 1904년에는 후난성(湖南省) 장사에서 화흥회(華興會)가 결성되고, 후베이성(湖北省) 무창에는 과학보급소, 그리고 상해에는 광복회가 결성되는 계기가 되었다.

　　한편, 이와는 별도로 일반 지식인층을 중심으로 민족의식이 크게 함양되어 청 왕조가 열강 제국에게 내어줬던 각종 이권을 회수하자는 운동이 전개되면서 철도부설운동도 함께 일어났다. 이 때 쓰촨성, 후난성, 광동성 등지 지식인들은 스스로 민족자본을 동원하여 철도 건설에 매진하였다.

　　재정난에 빠진 청(淸)정부로서는 1911년 5월 철도 국유화 정책을 발표하고 쓰촨성 등의 민영 철도를 다시 회수, 이를 담보로 영국 등 4개국 은행단으로부터 차관을 끌어들여 이를 건설하려 하였다. 이에 후베이(湖北), 후난(湖南), 광동, 쓰촨(四川) 등 지식인들을 중심으로 동 철도를 보호하려는 **보로(保路)운동**이 일어났으며, 특히 쓰촨성 지방에서는 대규모 무장 투쟁으로까지 발전하면서 우창(武昌)봉기의 서막을 열게 되었다.

　　1911년 10월 청(淸)정부는 이를 평정하기 위해 우창에 있는 군을 쓰촨으로 이동시켜 보로(保路)운동을 진압하려 하였고, 혁명의 주동역할을 하였던 후베이의 문학사와 공진회 등은 일부 군인들을 합류시켜 10월 10일 우창에서 봉기하여 여원홍(黎元洪)을 중심으로 우한 일대를 점령하였다. 이 해가 신해년(辛亥年)이었기 때문에 「**신해혁명**」이라고 하였다.

　　혁명군은 이후 한구(漢口)와 한양(漢陽)지역의 호응을 얻어 우한(武漢) 3진(鎭)(우창, 한양, 한구의 3개 도시를 합한 명칭)을 완전히 통제하는데 성공함으로써 전국적인 혁명의 도화선이 되었다. 혁명군은 후베이에서 도독(都督) 선출과 신정부의 수립을 위한 회의를 갖고, 신군 장교인 려원홍(黎元

---

2) 이것은 ① 멸만흥한의 민족주의, ② 군주정치를 폐지하고 인민주권의 공화정치를 수립하자는 민권주의, ③ 사회입법에 의하여 경제상의 불균등을 제거하자는 민생주의의 세부분으로 구성된다.

洪)3)을 도독으로 추대하여 혁명군 정부를 수립하였다. 이 신군 정부 수립 후 국호를 「중화민국」으로 개칭하였다.

　이 혁명은 순식간에 전국으로 파급되어 혁명개시 1개월 만에 거의 모든 성에서 가담하기 시작하였다. 상황이 이렇게 되자 당시 미국에 체류하던 혁명파의 원로인 손중산이 1911년 12월 상하이로 귀국하였다. 손중산의 귀국은 혁명정부 수립의 교착상태를 일거에 해소하고 중화민국을 성립시키는데 결정적 계기가 되었다. 손중산이 상하이로 돌아오자마자 각 성 대표들은 임시 대총통선거를 실시하여 압도적 다수의 득표로 손중산을 초대 임시 대총통에 선출시켰다. 그리하여 1912년 1월 1일 중화민국 임시정부가 난징에서 설립되게 되고 **손중산(孫中山)을 임시 대통령**으로 한 **중화민국**이 탄생되었다. 새로운 공화국은 연호를 쓰지 않으며 1912년을 중화민국 원년으로 삼았다. 이로써 중국 역사상 군주 전제정치 체제는 종지부를 찍고 민의와 인민에 의한 정치를 목적으로 하는 공화정치가 실현되게 되었다.

나. 제 2차 혁명

　중화민국은 탄생과 동시에 밖으로는 세계 열강들로부터 인정을 받아야 하였고 내부로는 북양군벌인 위안스카이(袁世凱)를 제압해야 하는 과제를 안고 있었다. 난징에 중화민국 정부가 수립되기는 하였으나 베이징 지역에는 여전히 청조가 존재하고 있었고 실권자인 위안스카이가 북양군벌의 수장으로서 군권을 장악하고 있었다. 손중산은 당초 임시 대총통에 취임하기 전부터 대총통의 자리를 둘러싸고 중국이 분열되어서는 안 된다는 신념을 갖고 있었기 때문에 이를 위안스카이에게 양보할 의사를 분명히 밝힌 바 있었다.

　1911년 우창봉기 후, 청(淸)정부는 북양(北洋)군벌의 위안스카이(袁世凱)에게 지시하여 혁명군을 토벌토록 하였으나, 그는 격동하는 국내 정국을 이용하여 개인적인 야심을 드러내었고 청 황제의 지시를 무시하고 혁명군과 비밀협상에 참여, 합의에 이르렀다.

3) 여원홍은 천진 수사학당에서 신식군사교육을 받은 인물로서, 청일전쟁 때는 기함 정원호의 포술장으로 있었고 혁명에 대해서는 관심도 없는 보수주의적 인물이었으나, 혁명군에 의해 붙잡혀 이들의 강압에 의해 혁명군에 협조한 인물이다. 그러나 그는 나중에 혁명군을 배반하고 위안스카이와 협력하여 혁명세력 소탕에 앞장섰다 한다.

위안스카이는 청 황제를 퇴위시키는 조건으로 손중산으로부터 임시대통령의 지위를 양보 받아, 3월 10일 정식으로 대통령에 취임하여 베이징(北京)정부를 수립하였다. 즉, 1912년 2월 위안스카이는 청나라 선통(宣統)황제의 퇴위를 실현시킴으로써 청 정부의 종말을 고하게 하였다.

한편 국민당(國民黨)으로 개칭된 중국 동맹회는 위안스카이의 독주를 견제하기 위해 의회에 절대적 권한을 부여하는 임시약법(臨時約法)을 제정하여 이를 지키게 하였으나 위안스카이는 공화정의 기본 이념에는 전혀 신경을 쓰지 않고 이를 무시한 채 수도를 난징에서 베이징으로 옮기고 국회 동의도 없이 막대한 차관을 끌어들이는 등 스스로 독재 권력 강화에 온 힘을 기울였다.

그는 특히 의회기능을 말살해야 자기 권력을 유지할 수 있다는 발상에 따라 자신의 정치적 경쟁자이자 의회주의자인 송교인(宋敎仁)을 상하이에서 암살토록 하였다.

송교인 암살사건과 외국차관 도입문제는 위안스카이를 비판하는 대중운동으로 번져 나갔고, 손중산의 지시를 받은 일부 국민당 도독들이 이에 합류하여 이른바 **토원(討袁)**제의에 호응하면서 각 성별로 독립을 선언하니, 이것이 이른 바 **「제 2차 혁명」**이다. 그러나 이 혁명도 위안스카이의 교묘한 진압작전으로 2개월도 채 못가서 실패로 끝났다. 그리하여 손중산은 또다시 타이완을 거쳐 일본으로 망명의 길을 떠나야 했고 그곳에서 위안스카이를 타도하고 중화민국을 수호할 목적으로 새로이 **「중화혁명당」**을 창립하였다.

다. 제 3차 혁명

제 2차 혁명을 진압한 위안스카이는 국민당을 억누르기 위해 이에 대항하는 어용 정당으로서 「진보당」을 결성하여 자신의 지지 세력을 확보해 나갔다. 그는 이들 세력을 이용하여 정식으로 초대 대총통에 추대되었고 얼마 후에는 자신의 세력 강화를 위해 의회를 해산하는가 하면, 임시약법을 수정, 공포하여 대총통의 권한을 더욱 강화 시켰다.

마침내 위안스카이는 1915년 12월 국민대표 합의 형식으로 황제 직위에 추대되었으며, 이 1916년(중화민국 5년)을 중화민국 홍헌 원년(洪憲 元年)으로 삼았다. 이러한 황제 즉위 소식은 위안스카이를 타도하자는 토원(討袁)의 불길에 기름을 끼얹는 결과를 초래하였다. 위안스카이 황제 즉위를 반대하는 여론이 전국적으로 들끓었고 이를 배경으로 일본에서 조직된 중화혁명당을 중심으로 **호국전쟁**이라 불리는 **제 3차 혁명**이 일어났다. 이에 당황한 위안스카이는 황제로서의 군주제를 철회하는 대신 기존 중화민국의 대총통 자리를 유지코자 하였으나 결국 그의 퇴진을 요구하는 호국군의 요구에 졸도하여 병석에 누워 있다가 결국 58세를 일기로 병사하고 말았다.

3. 5.4 운동과 중국 공산당의 탄생

가. 중국 노동계급의 탄생

제1차 세계대전으로 인하여 중국에 대한 서방 열강의 침략은 다소 소원하였고 특히 전쟁 물자를 공급해 주어야 했기에 중국으로의 수출이 끊기자 중국 자체의 민족 산업이 급속히 발전하였다. 즉, 제1차 세계대전은 서방 열강들로 하여금 더 이상 중국에 대해 경제적 압박을 가할 수 없게 하였고, 따라서 서양 수입품도 줄어들어 중국으로서는 생산을 늘려 민족 산업을 키울 수 있는 절호의 기회였던 것이다. 그중에서도 방직, 제분, 광업, 조선 등 분야 공업이 현저히 발전하였다. 제1차 세계대전이 끝날 무렵 중국내 민족자본 산업이 급속히 발전해 감에 따라 중국의 노동계급도 신속히 성장해 나갔다.

중국의 노동자계급은 새로운 생산력의 대표로서, 그동안 봉건세력과 서구 제국주의자들로 부터 극심한 압박을 받아 왔고, 종사하고 있던 공장 위치도 대부분 동부 연안도시에 집중된 관계로 이들 세력이 조직화되고 단결하기가 더욱 용이하여 그 영향력을 급격히 증대시킬 수 있었다. 또한 이들 대부분은 농민출신으로 농촌지역의 농민들과 자연스럽게 연계될 수 있었다.

나. 신문화운동의 전개

한편, 당시 일부 중국인들 중에는 경제적으로 봉건 생산관계의 굴레를 하루빨리 청산하고 정치적으로도 봉건 군벌통치를 타파해야 한다는 생각을 가진 부류가 있었고, 이들을 중심으로 봉건사회 타파를 요구하는 운동이 일어났는데 주로 신지식인과 학생들을 중심으로 한 사상운동이었다. 쳔뚜슈(陳獨秀)를 중심으로 한 신지식인들은 부패한 봉건 문화와 정치제도를 반대하였으며, 1915년 9월 이들 신지식인들이 쳔뚜슈가 창간한 <新靑年>에 문장을 발표하면서「신문화운동」이 시작되었다.

챠이위안패이(蔡元培)가 베이징대학 교장으로 취임한 직후, 그는 '사상의 자유를 되찾고, 모든 것을 다 포괄해 나간다.'는 취지를 밝혔는바, 이는 곧 낡은 봉건 교육제도에 대한 개혁이었으며, 당시로서는 큰 충격이었다. 이와 함께 챠이위안패이(蔡元培)교장은 쳔뚜슈(陳獨秀), 후쓰(胡適), 리따쟈오(李大釗), 루신(魯迅) 등의 신지식인들을 교수로 초빙하면서 베이징대학은 신문화운동의 주요 거점이 되었다.

또한 후쓰(胡適)는 문학 혁명과 백화문(白話文) 운동을 제창하여 진부한 고전문학을 버리고 명료하고 대중적인 사회 문학을 시도해 나갈 것을 주장하였고, 루신(魯迅)도 백화문으로「광인일기」와「아Q정전」등을 발표하였다.

이와 같이, 당시의 신지식인들은 '민주와 과학'을 신문화운동의 주요 내용으로 삼아 과거 2천년 동안 중국 전제정치의 정신적 지주였던 유교 및 공자에 대한 비판 운동을 전개하는 한편, 평민들이 이해할 수 있는 살아 있는 언어를 사용하고, 당시 지배계급이 특권적으로 사용하였던 古文을 타도하자는 '백화문(白話文)운동'을 벌이면서 문학 혁명을 이끌었다.

다. 5.4 운동의 폭발

제1차 대전이 끝나고 제국주의 세력이 다시 중국 시장으로 복귀하면서 중화민족과 제국주의 간에 상호 갈등은 더욱 격화되어 갔으며, 북양군벌의 암흑한 통치, 그리고 농민과 노동자에 대한 자산계층의 착취 등 사회 모순이 날로 심화됨에 따라 결국 5.4운동이 발생하게 된 원인이 되었다.

한편, 지구 반대편에서는 제1차 대전이 끝난 뒤, 세계질서 재편을 위해 열린 파리강화회의에 전승국의 일원으로 참가한 중국은 다음과 같은 요구사항을 제시하게 된다. 첫째. 제1차 대전 중 독일이 산동성에서 가졌던 일체의 특권과 권리를 중국에 반환할 것, 둘째, 1915년의 21개조 요구에 근거한 일, 중 간의 조약의 일부 또는 전부를 취소할 것, 셋째, 영사재판권, 군대주둔 및 조차지 등 외국이 중국 내에서 가지고 있는 일체의 특권을 취소할 것 등을 요구하였다. 그러나 이에 대한 일본의 반대로 중국 측 요구는 거부되었고 이러한 상황이 베이징에 알려지면서 국민 각계각층에서는 분노의 함성이 높아졌다. 그중에서도 가장 격분했던 것은 베이징 주요 대학내 대학생층이었다.

베이징의 애국학생 대표들은 5월 3일 밤 베이징대학에서 임시 학생대회를 열어 대표모임을 갖고 대처 방안을 논의하였고, 다음 날인 5월 4일 천안문 광장에 모여 대규모 시위를 거행하기로 하였다.

4일 오후 천안문 광장에 모인 약 3천명의 학생들은 청원서 전달을 위해 공사관 구역인 동교민항(東交民巷)으로 갔으나 일요일이어서 제대로 전달할 수가 없었다. 대표들이 청원서를 접수시키려고 하는 동안 밖에서 기다리고 있던 학생들이 흥분하여 친일파의 대표격인 조여림(曹汝霖)의 집으로 가자고 선동하였다.

조여림은 21개조 요구 당시 외교차장으로서 단기서(段祺瑞) 내각의 친일 정책을 주도했던 핵심 인물이었다. 데모대는 이 외침에 호응하여 조여림의 집으로 향하였고 그곳에서 만나게 된 매국노 장종상(章宗祥)을 구타하는 한편 기물을 부수고 방화하였다. 이에 대해 정부는 다음날 학생들을 대거 체포하였고, 이 소식이 베이징 시내에 전해지자 시민들도 이에 합류하여 체포학생에 대한 석방과 매국노 처벌을 요구하는 시위를 벌였다.

그러나 정부는 이러한 사회 분위기를 무시한 채, 규탄 대상인 친일파를 오히려 비호하고 배일 운동을 탄압하였다. 학생들은 파리강화조약에 대한 조인 거부, 매국노 처벌 등을 요구하며 수업거부에 들어갔고, 더욱 강력해진 정부 탄압에 맞서 6월 3일부터는 체포를 각오한 강연투쟁을 벌여 다음 날 체포 학생이 7백 명에 이르는 등 격하게 저항하였다.

이러한 베이징 학생들의 투쟁은 곧바로 상하이 등 전국 각지의 사회 각계각층으로부터 더 큰 호응을 얻어, 노동자와 상인들까지도 대규모 시위에 합류하였다. 마침내, 북양군벌 정부는 민중들 앞에 손을 들어 구속된 학생들을 모두 석방하고 3명의 매국노를 관직에서 파면시켰으며, "파리강화조약"의 서명을 거부함으로써 「5.4운동」이 성공을 거두게 되었다.

이와 같이 「**5.4 운동**」은 학생이 중심이 되고 중국의 노동자, 상인들이 합류하여 처음으로 정부 정책을 변경한, 이른 바 민주의 힘이 잘못된 현실정치를 바로 잡는 주요 역량이 되는 중요한 사건이었다. 이제 5.4운동을 계기로 중국의 노동자계급은 독립적인 정치역량으로 중국 역사무대에 등장하여 거대한 혁명 역량으로 발돋움하는 계기가 된 것이다.[4]

라. 중국 공산당의 탄생

이 무렵 중국의 일반 민중들은 인근 강대국인 러시아에서 10월 혁명이 일어났다는 소식을 접하면서 사회주의에 대한 관심이 점차 높아지고 있었다. 더군다나 당시 소련은 제정러시아가 갖고 있던 중국에 대한 모든 이권을 포기한다고 선언한 터라 더욱 중국인들의 호감을 얻을 수 있었다. 이에 따라 베이징대학에는 마르크스주의 연구회가 설치되고, 또한 지방에서는 코민테른의 지도하에 공산주의 그룹과 사회주의청년단이 조직되었다. 특히 상하이에서는 「新靑年」 대신 「공산당」이란 간행물이 발간되어 공산당의 역사와 레닌의 저작이 번역되면서 공산주의 사상을 체계화해 나갔다[5].

즉, 그들은 상하이, 베이징 및 전국 각지에 공산주의 조직을 만들어 각종 당 간행물을 출판하고 노동자들 속에 깊이 들어가 노조를 조직하면서 마르크스주의와 중국 노동해방 운동을 결합해 나갔던 것이다. 요컨대, 중국 노동운동의 발전과 마르크스 레닌주의의 전파는 중국 공산당 창립의 사상적 기초를 다지는 기반이 되었던 것이다.

이러한 배경 하에 1920년에는 인도네시아 공산당과 이란 공산당이 창설되고, 1922년에는 일본 공산당이 결성되기에 이르렀다. 중국에는 1920년 봄 코민테른에서 파견된 보이딘스키가 베이징에 도착하면서부터 중국 공산당 조직의 활동도 본격화되기 시작하였다. 보이딘스키와 쳔뚜슈와의 만남은 중국에 공산당의 씨를 뿌리는 주요 계기가 되었다[6].

---

4) 쑨 테, 이하진, 중국사 산책, 서울, 일빛, 2011

5) 이민호,신승하 공저, 세계 문화사, 대명출판사, 1985, pp.532~533

6) 김희영, 이야기 중국사, 전3권, 서울, 청아출판사, 2013, pp 412

1921년 7월 코민테른 극동담당 대표인 마링(馬林)이 참석한 가운데 상하이에서 「제1차 전국대표대회」를 열어 중국 공산당 창립을 선언하였는데, 여기에 참석한 사람은 똥삐우(董必武), 마오저뚱(毛澤東), 장국도(張國燾), 주보하이(周佛海), 천공보(陳公博) 등을 포함한 12명이었다.

동 대회는 <중국공산당 강령> 및 <결의>를 채택하였고 <중국공산당 성립에 관한 선언> 내용을 토론하였다. 동 강령은, 중국 공산당은 프롤레타리아계급 정당으로서, 당의 목표는 자산계급 타파를 통한 사회주의와 공산주의를 실현하는 것이라고 명백히 규정하였다. 또한 결의에서는 당의 중심 임무로써 노동자 계급을 조직하여 노동 운동을 영도해야 함을 규정하였다.

마. 새로운 민주혁명 강령 채택

1922년 1월, 사회주의 청년단은 민족과 식민지 문제에 관한 레닌 이론 및 관련 내용을 번역 출판하였다. 이들 청년단은 레닌의 식민지 이론에 따라 중국과 기타 식민지 국가들이 당면한 혁명 임무로서 반제국주의 통일전선을 결성하여 자유, 평등과 독립을 쟁취하길 희망하였다. 이에 따라 중국 공산당은 마르크스. 레닌주의 이론과 중국 혁명의 실천을 상호 결합하여 중국 현실에 맞는 새로운 민주혁명 강령을 제정하고자 하였다.

1922년 7월, 상해에서 개최된 중국공산당 제2차 전국대표대회는 레닌의 식민지. 반식민지 혁명 이론을 참고하여 당의 **최고 강령**과 **최저 강령**을 채택하였다. 최고 강령은 "중국 공산당은 무산계급 정당으로서, 그 목적은 무산계급을 조직하고 계급투쟁이라는 수단을 통해 노농(勞農)독재 정치를 수립하며, 사유재산 제도를 폐지하여 점차 공산주의 사회로 도달하는 것"이라고 규정하였으며, 최저 강령 즉 당의 민주혁명 강령은 "내전을 종식시키되, 군벌을 타도하여 중국 전역의 평화를 수립하며, 서방 제국주의로부터의 압박을 타파하여 중화민족의 완전한 독립을 달성하며, 장차 중국을 통일하여 진정한 민주공화국을 만드는 일"이라고 규정하였다.

「**중국공산당 제2차 전국대표대회**」는 처음으로 반제국주의, 반봉건주의의 민주혁명 강령을 채택함으로써 당의 기본 정치노선과 중국혁명의 장래 방향을 제시하였다. 이 대회에서 채택된 반제. 반봉건의 민주 강령은 중국 공산당이 마르크스 레닌주의와 중국 혁명의 실천을 상호 결합하는 중요한 사상적 기초였으며, 또한 향후 국공 합작을 위한 큰 걸음을 내딛는 기반이 되었다.

4. 국공 합작과 국민 혁명(북벌전쟁)

가. 제 1차 국공 합작 및 분열

중국 공산당은 창당 후 당내 노동 운동을 강화해 나가기 위해 우선 중국의 노동조합 서기부를 설립하고 이를 중심으로 각지에서 노동 운동을 전개토록 하였다. 특히 1923년 2월 베이징과 우한을 연결하는 京-漢 철도의 노동자들이 파업을 일으킨 사건(2.7慘案)이 일어났는데, 이 사건은 비록 실패로 끝났으나 중국 공산당과 노동자 계급의 정치적 위상을 높여주었고, 또한 노동자 계급들이 농민 계급과 함께 광범위한 혁명 연합전선을 결성하여야만 서구 열강과 봉건 군벌을 완전히 제압할 수 있다는 생각을 갖게 했던 중요한 사건이었다. 따라서 중국 공산당은 반제, 반봉건의 혁명 투쟁을 계속 추진하면서도 손중산이 영도하는 국민당과 혁명 연합전선을 맺는 발걸음을 가속화하였다.

이 시기에 중국 공산당이 직접 영도하는 농민 운동도 점차 발전하여 광동, 져장 등지로 농민운동이 확대되었다. 마오저뚱은 노동운동과 농민운동을 결합시키면서 전국적인 중국 혁명을 위해 경험을 쌓고 행동 방향을 제시해 나갔다.

국민당과 공산당이 연합전선을 형성하는데 주도적인 역할을 했던 것은 바로 코민테른과 여기에서 파견된 극동담당 대표 **마링**이었다. 당초 1921년 중국 공산당 전국대표대회에 참석한 바 있는 마링은 손중산을 방문한 자리에서 "중국 혁명을 수행하려면, 첫째 **훌륭한** 정당을 만들되, 이 정당은 각 계층을 망라하여 연합해야 하며, 둘째 유력한 간부를 양성할 수 있는 군관학교를 설립해야 한다."고 주장하였다.

이에 손중산은 처음에는 이념을 달리하는 국민당과 공산당이 연합전선을 형성할 수는 없는 것이라 하여 그 제의를 거절하였으나, 마링과 천뚜슈가 다시 찾아와 공산당원 개인자격으로 국민당에 가입하겠다고 제의해 오자, 손중산으로서는 그들이 국민당에 복종하고 삼민주의를 기반으로 함께 분투한다면 도움이 될 거라는 생각에 동 제의를 받아 들였다.

1923년 1월 손중산은 동 문제 협의를 위해 파견된 요페(A.Joffe)와의 장시간 회담 끝에 「손문·요페 선언」[7]을 발표하였다. 이른바 손중산의 연소용공 정책(聯蘇容共政策)이 확정되는 순간이었다. 그 해 11월 손중산은 정식으로 「국민당 개조」를 발표하고, 국민당 내부 개혁을 단행하였다. 즉, 국민당은 소련과 결합하고(聯蘇), 공산당과 합작(容共)하여 노동자, 농민을 도와(勞農援助) 광범위한 민중에 기반을 둔 혁명 정당으로 거듭나자는 것이었다.

한편, 중국 공산당은 1923년 6월 광저우에서 「공산당 제3차 전국대표대회」를 열어 국공 합작을 결의하고, 「마르크스·레닌주의 사상」과 중국의 실제 상황을 결합시켜 국공 합작 연합전선에 관한 조직, 방침 및 정책 등을 상세하게 정하였다. 즉, 공산당원은 개인자격으로 국민당에 가입하되, 조직의 독립성을 유지한다고 규정함으로써 국공합작을 촉진시키는 기반이 되었다.

한편, 중국 국민당은 1924년 1월 광저우에서 정식으로 「국민당 제1차 전국대표대회」를 개최하여 국공 합작 시대를 주도해 갈 국민당의 새로운 당 노선과 당 조직 개편 내용을 결정하였다. 동 대회는 「연소(聯蘇), 용공(容共), 노농(勞農)원조」의 3대 강령을 채택함과 동시에 국공 합작 그리고 소련 방식에 의한 당 조직 개편을 결정하였다.

또한 三民主義에 새로운 해석을 붙여, 民族主義는 중국내 민족은 모두 평등하며 중국민족이 스스로의 힘으로 민족을 해방시켜 제국주의 침략을 무찌르며, 民權主義는 민권이란 일반 평민이 모두 소유하고 있는 권리이며, 民生主義는 "경작지는 경작자가 토지를 소유한다"는 것을 기본 내용으로 삼았다.

이러한 新三民主義는 중국 공산당의 민주혁명 강령과 매우 흡사했기 때문에 쉽게 국공 합작의 정치적 기초와 국민혁명 연합전선의 공동강령으로 자리잡을 수 있었다. 즉, 중국 국민당 제1차 전국대표대회의 개최는 국공 합작에 기초한 국민혁명 연합전선의 형성을 의미한다고 볼 수 있다.

---

7) 이 선언은 중국 국민당과 공산당과의 관계를 정하는 역사적 의미를 갖는 선언으로서 내용은 다음 두가지로 요약된다. 1) 중국에서는 공산주의를 실행할 수 없다 2) 소련의 국민당에 대한 원조는 중화민국의 통일과 국가의 독립을 위해서라는 것이다.

국민혁명 연합전선이 성립된 후, 손중산은 광저우에 **황포군관학교**를 설립하여 쟝지에스(蔣介石)를 교장으로 임명하고, 조우언라이(周恩來)를 정치부주임으로 임명하여 교장을 보좌토록 하였다. 국공 합작으로 설립된 황포군관학교는 향후 국민혁명군의 창설과 북벌전쟁을 위한 주요한 군사역량 배출 기관으로서의 역할을 하였으며, 그후 중국 현대사를 짊어질 많은 인재와 혁명가의 산실 역할을 담당하였다.

나. 국민혁명의 전개

국민혁명이 전국적으로 확대됨에 따라 군벌 내부에서도 권력의 변화가 일어났다. 당시에는 북방군벌들 상호간의 갈등이 복잡하게 얽혀 있었던 상황이었다. 특히 북방군벌 중 가장 큰 두 세력인 봉천군벌(장작림)과 직례군벌(조곤 ,오패부)이 일촉즉발의 충돌 위기를 맞고 있었다. 먼저 1924년 9월 중국 북방의 군벌 중 직례(直隷)파와 반직례파의 대립이 **강절(江浙)전쟁**으로 폭발되었으며, 이어 또 봉천(奉天)군벌과 직례군벌사이에 **제2차 직봉(直奉)전쟁**이 일어났다.

직봉전쟁이 한창일 때 직례파 군벌 오패부의 지휘 하에 있던 펑위샹(馮玉祥)이 갑자기 직례파를 배반하여 이른바 베이징 정변을 일으킨 결과 조곤과 오패부가 실각하고 대신 펑위샹(馮玉祥)과 똰치루이(段祺瑞)가 베이징 정권을 장악하였다. 그러나 펑위샹(馮玉祥)도 이 지역을 다스릴 능력이 부족하여 결국 남방에 있던 손중산에게 북상(北上)을 요청하는 전문을 보내어 협조를 요청하였다. 그러나 이러한 이유로 펑위샹(馮玉祥)은 결국 실각 당하게 되고, 일본 제국주의의 지지를 받은 똰치루이(段祺瑞)가 베이징 임시정부의 총리로 추대되었다.

손중산은 1924년 11월 베이징으로 진군할 것을 공식 발표하고, 군벌을 뒤엎고 중국 통일과 건설 문제를 해결할 것을 주장하였다. 마침내 손중산은 상해, 일본을 경유하여 베이징에 도착하여 새로운 실권자로 부상한 똰치루이(段祺瑞)와 협상하려 하였다. 그는 베이징에 도착하자마자 전국적인 국민회의 운동을 전개하였으며, 국민당측도 이를 기회 삼아 '국민회의 촉성운동(國民會議促成運動)'을 조직하여 대중적 지지를 확산시켜 나갔으나, 지병인 간

암이 악화되어 쾌유를 비는 온 국민의 기대를 저버린 채 1925년 3월 12일 59세의 일기로 서거하였다.

손중산이 죽은 후 국민당 내부에서는 분열의 움직임이 두드러졌다. 공산당원이 개인자격으로 국민당에 가입함으로써 국공 합작이 이루어졌으나, 공산당원이 국민당 간부에 임용되는 문제는 손중산의 정치적 포용이 있었기에 가능한 것이었으며, 손중산이 없는 상황에서는 상상할 수 없었다.

급기야 국민당은 국공 합작에 대한 찬반 문제로 좌파와 우파 간 대립이 격화되어 당이 완전 분열되었다. 이때까지만 해도 국민당 우파가 당의 요직을 차지하는 등 우위를 점하였으나, 국민당 재정부장으로 취임한 랴오중카이(廖仲愷)의 암살사건 배후가 우파로 밝혀지면서 당의 주도권이 다시 왕징웨이(汪精衛)를 중심으로 한 국민당 좌파로 옮겨 갔다.

손중산 사후 새로운 실력자로 부상한 **쟝지에스(蔣介石)**는 1926년 3월에 발생한 중산함(中山艦)사건8)을 계기로 좌파의 의사에 관계없이 소련인 고문을 감금하는 등 공산당원에 대한 강경 조치를 취하였다. 이 사건의 배후에 코민테른의 조종이 있었다는 결론을 내린 국민당 정부는 약 18명의 러시아인 고문을 추방하였고, 이를 계기로 쟝지에스 개인도 국민당내에서의 정치적 기반을 공고히 하였다.

다. 5.30 사건과 국민혁명의 도래

한편, 1925년 5월 상해의 일본자본인 한 방적공장에서 일본인이 조합의 지도자인 공산당원을 사살하고 노동자 대표를 부상시킨 사건이 발생하였는데, 이에 분노한 노동자들이 대규모 파업을 일으킨 사건이 일어났다. 이에 더하여 정부 당국 또한 오히려 시위를 벌인 학생들에 대해 치안을 문란케 했다는 이유로 그들을 모두 체포하였다.

5월 30일 약 2천명의 상해 학생과 만 여명의 시민들이 노동자를 살해한 제국주의 만행에 항의하고 체포 학생에 대한 석방을 요구하는 시위를 벌였으나

8) 이 사건은 중산함 함장 이지룡이 상부의 명령 없이 군함을 광동에서 황포로 회항한 일에 대해 장개석이 반란 음모로 이들을 체포하여 공산당원의 음모를 미연에 방지한 사건이었다. 당초 쟝지에스는 국공합작을 파기할 의사가 없었으나, 중산함사건과 북벌과정에서 공산주의자들이 보여준 배신행위에 격분하여 국공 합작이 파기되는 직접적인 계기가 되었다.

영국 조계에 주둔하고 있던 경찰은 시위대를 탄압하고, 시위 군중에 총격을 가해 10여명이 사망하고 수십 명이 부상당하는 「5.30 학살사건」이 발생하게 되었다. 이렇게 되자 중국 공산당은 당 지도하에 상해총공회를 설립하고 6월 1일부터 총 동맹파업에 들어서게 된다. 중국 각계각층에서도 제국주의 만행에 대항하여 다양한 형식의 반제국주의 운동도 확대되었다.

라. 북벌전쟁의 선언

중산함 사건을 어느 정도 마무리한 쟝지에스는 현 국민당 정부가 취해야 할 최대 임무로서 손중산의 뜻을 이어받아 북벌을 완성하는 것이었다. 군벌 세력을 몰아내고 중국 전체를 통일하는 것이 손중산 선생의 유업이자 국민당 정부의 최대 목표였던 것이다.

국민혁명군은 먼저 광동에서 군벌 세력을 격파한 후, 국민당내 청년당원을 주요 핵심 역량으로 한 엽정(葉挺) 독립군을 선발대로 파견하여 북양 군벌 토벌을 위한 북벌전쟁(北伐戰爭)의 서막을 열었다. 1926년 7월 국민당은 <북벌 선언>을 발표하고 쟝지에스를 군사위원회 주석과 군 총사령관으로 임명하여 북벌을 본격적으로 전개토록 하였다.

국민혁명군은 광저우를 출발하여 후베이, 쟝시, 푸지엔 등 세 방향에서 파죽지세로 진격하여 1926년 11월에는 장사, 우한 등 주요 도시를 점령하였다. 1927년 3월에는 난징에 진주함으로써, 북벌을 시작한 지 불과 10개월도 채 안되어 오패부(구직례군)와 손전방(신직례군)의 양대 군벌 세력을 격파하며 양쯔강과 황하유역까지 진주하여 북양군벌 세력에게 큰 타격을 가했다.

마. 제 1차 국공 합작 결렬

북벌전쟁에서 승리를 거둘 즈음, 중산함 사건이 발생하였고 이를 계기로 쟝지에스의 국민당 우파는 공개적으로 좌파인 우한(武漢)정부와 정면 대립하기 시작하였다.

이 당시 좌우 양파는 국민정부 이전문제를 놓고 격렬히 대립하고 있었다. 쟝지에스는 난챵(南昌)을 점령한 후 그 곳에 총사령부를 설치하고 국민정부도 난창(南昌)으로 이전할 것을 주장한 데 반해, 국민당 중앙 및 국민정부 연석회의는 우한(武漢)이전을 결의하여 1927년부터 우한에서 업무를 시작함으로써 좌파 인사들에 의해 장악되고 있었다.

반면 우파는 쟝지에스의 주장에 따라 난창에 본부를 두고 결집함으로써 국민당 좌우 양파는 사실상 우한(武漢)과 난창(南昌)으로 분열되었다. 중국 정권은 다시 국민당 좌파와 공산당의 연립정권인 우한(武漢)정부, 쟝지에스가 주도하는 국민당 우파의 난창(南昌)정부, 그리고 베이징과 심양의 북방군벌 정부의 3대 정권으로 분리되었다. 이들의 세력판도는 우선 우한 정부는 광서, 호북, 호남을, 난창 정부는 강소, 절강, 안휘, 복건, 광동을 장악하고, 북방군벌 정부는 황하 이북의 대부분 지역을 장악하고 있었다.

1927년 4월 쟝지에스의 국민당 우파는 난창, 상하이, 난징 등지에서 정변을 일으켜 공산당을 대규모로 탄압하고, 난징(南京)에 국민정부를 수립하여 군사위원회 위원장과 중앙정치회의 주석을 맡아 군권과 행정권을 모두 장악함으로써 제1차 국공 합작이 사실상 붕괴되었던 것이다.

이즈음 국민당 좌파와 공산당간의 긴밀한 유대도 내부 갈등이 배태되면서 급기야 분열되기 시작하였다. 특히 우한정부가 장악한 지역에서의 혼란과 분열은 국민당 우파에 의해 행해진 경제봉쇄 작전과 군사적 조치 등으로 더욱 가속화되어 갔다. 이에 따라 중국 공산당은 우한에서 「제5차 당대표대회」를 긴급히 열고 혁명의 새로운 방향을 모색하였으나 오히려 분열을 조장하는 결과를 가져왔다.

결국 중국 공산당은 시국 선언문을 발표하여 국민당의 반동 책동을 비난하는 한편 우한 정부에서 퇴거하기로 결정하였다. 국민당 좌파이자 우한 정부 주석이었던 왕자오밍(汪造明)도 공산당과의 분리를 선언하고 국민당과 국민정부를 위해 공산당원이 퇴거해 줄 것을 권고함으로써 3년 7개월간 이어졌던 제1차 국공 합작은 그 막을 내림과 동시에 우한정부도 붕괴되었다.

5. 공산당에 의한 중국 통일

가. 국민당의 북벌 재개

우한 정부가 붕괴되면서 쟝지에스는 1928년 2월에 개최된 국민당 제2기 4 중전회에서 국민혁명군 위원회 주석이 되고 3월에는 다시 중앙 정치회의 주석에 취임함으로써 국민당의 실질적인 최고 권력자가 되었다.

이와 같이 국민당내 결속이 어느 정도 이루어지자, 쟝지에스는 북벌재개를 선언하고 새로운 국민혁명군을 편성하였다. 제1군단에는 쟝지에스 자신, 제2군단에는 펑위샹(馮玉祥), 제3군단은 염석산, 제4군단은 이종인을 군사령관으로 하는 4개 군단으로 구성하였다.

국민혁명군이 북상을 개시함에 따라 손전방, 오패부 등의 북방군벌들은 패퇴하여 서북부 지역으로 물러났으나 다만 베이징에는 여전히 봉천군벌 장주어린(張作林)이 일부 군벌들을 규합하여 「안국군총사령(安國軍總司令)」이라 칭하고 베이징 이북을 관장하고 있었다. 북벌 완성을 통한 중국 통일을 최우선 과업으로 설정한 국민당으로서는 이 시기를 놓치지 않고 우세한 무력을 기반으로 총공격을 개시하여 결국 베이징을 점령하는데 성공하였다.

하지만 국민당의 북벌 재개 과정에서 중대한 사건이 발생하였는데, 이는 일본의 산동지역 출병과 또한 봉천군벌 「쟝주어린(張作林)의 폭사사건」이었다. 당초 국민혁명군에 의한 북벌이 진행되자 일본은 거류민을 보호한다는 명목으로 칭다오와 지난에 군대를 파견하여 국민혁명군과 대치하는 형국을 벌였다. 일본군의 출병에 쟝지에스는 가능한 한 직접적인 충돌을 피하기 위해 우회작전으로 북벌을 계속하여 결국 베이징에 입성하였다. 그런데 국민혁명군이 베이징에 입성하기 바로 직전 쟝주어린(張作林)의 폭사사건이 발생한 것이다.

안국군 총사령 쟝주어린(張作林)은 국민혁명군이 북상해 오자 베이징 지역을 사수할 목적으로 방비를 굳건히 하고 있다가 일본 측 설득으로 베이징을 포기한 채 션양으로 돌아가기로 하였다. 1928년 6월 쟝주어린(張作林)을 태운 특별 열차가 베이징을 출발하여 심양에 도착하기 직전 열차가 폭발하면서 그는 폭사하였다.

후에 알려진 사실이지만, 일본이 쟝주어린(張作林)을 폭사한 것은 중국의 동북 지방을 혼란에 빠뜨려 관동군의 진주를 쉽게 하고 나아가 이 지역에서 일본의 권익을 최대한 확보하려는 계산에서 행해진 것이라 하며, 이는 3년 후의 만주사변을 일으키기 위한 전초전 성격이기도 하였다.

그러나 사태는 일본이 바라는 것과 다른 방향으로 전개되었다. 쟝주어린(張作林)의 아들 쟝슈에량(張學良)은 급보를 받고 베이징에서 심양으로 달려와 쟝주어린의 뒤를 이어 봉천군벌의 후계자가 되었다. 일본은 당초 장슈에량을 조종하여 국민혁명군과 결별토록 하려 하였으나 그는 아버지의 죽음에 분노를 느끼고 다만 일본과의 정면 대립을 피하면서 국민당 정부에 협력하였다. 장슈에량은 이어 국민당 정부로부터 동북면 총사령관으로 임명되었고 쟝지에스를 도와 동북 3성을 관장하게 되었다.

나. 난챵 봉기와 추수(秋收) 봉기

한편, 제1차 국공합작 결렬 후 우한 정부가 와해됨에 따라 중국 공산당은 자신의 힘으로 혁명을 수행해야 하는 무장 봉기 형식으로 전환할 수밖에 없었다. 중국 공산당은 1927년 7월 난챵(南昌)에서 회의를 열고 조우언라이(周恩來)를 전적위원회(前敵委員會)서기로 임명하고 무장봉기를 통해 혁명을 완수해 나가기로 결정했다. 이 전적위원회의 영도 하에 동년 8월 허롱(賀龍)이 지휘하는 국민혁명군 제20군과 예팅(葉挺)이 지휘하는 제11군 24사단 및 쥬더(朱德)가 지휘하는 제3군 군관 교육단 등 약 3만 명에 달하는 혁명군 부대가 난챵에 집결하였다.

혁명군은 난챵을 점령했지만 국민당군의 협공을 받아 광동으로 남하하는 과정에서 포위를 당해 주력부대가 괴멸되는 지경에 이르렀다. 비록 난챵 봉기는 실패했으나, 이는 중국 공산당이 최초로 국민당에 대항하여 일으킨 무장 투쟁으로서, 이 사건을 계기로 중국 공산당이 독립적으로 무장 봉기를 영도해 가는 새로운 전기를 마련하게 되었다.

1927년 8월, 중국 공산당은 한코우(漢口)에서 긴급회의를 개최하고 천뚜슈를 중심으로 한 우경 기회주의(右傾機會主義)를 강력히 비판하고, 토지 혁명과 무장 투쟁을 통하여 국민당에 항거해야 한다는 방침을 확정했다. 또한 가을 수확기에 농민을 동원하여 추수봉기를 일으키는 것을 당면 주요 임무로 확정하였다. 같은 해 9월 전적위원회 서기로 임명된 마오저뚱이 호남에서 추수 봉기를 지도하였으나 이 봉기 또한 좌절되었고, 이후 장사 공격을 포기하고 국민당의 통치세력이 약한 농촌으로 이동하자는 마오저뚱의 주장을 받아들여 농촌 지역으로 혁명 기지를 옮겼다.

봉기 부대는 마오저뚱의 지도하에 「공농혁명군(工農革命軍)」으로 이름을 재차 바꾸고 그해 10월 정강산(井崗山)에 도착하여 최초의 농촌혁명 근거지를 창설하였다. 이때부터 중국 공산당은 혁명의 침투 방향을 도시에서 농촌으로 이전하면서 중국 혁명의 새로운 길을 걷기 시작하였다.

다. 홍군과 농촌혁명 근거지 형성

1927년 10월 마오저뚱은 추수 봉기 잔여부대를 거느리고 강서성 정강산(井崗山)으로 들어가 쥬더(朱德)군과 합세하여 홍군(紅軍)을 편성하고 유격전을 전개하였다. 그의 유명한 정강산(正崗山) 투쟁 경험을 바탕으로 체계화한 **유격전술**과 「**농촌을 근거지로 하여 도시를 포위하는**」 **농민 주체적 혁명 전략**은 나중에 중국 공산당의 공식적인 지도 노선으로 확정되었다.9)

1928년 4월에는 쥬더(朱德), 린삐아오(林彪), 천이(陳毅)가 지휘한 난챵 봉기 잔여부대와 후난성 남부 농민군이 정강산에서 마오저뚱과 합류한 후 공농혁명군 제4군을 창설하여 마오저뚱(毛澤東)을 당대표로, 쥬더(朱德)를 군사령관으로 임명하였다. 이 공농혁명군이 이후 「**홍군(紅軍)**」으로 개칭되어 향후 신중국 건립 시 중국인민해방군 창설의 모체가 되었던 것이다.

1928년 6월 중국 공산당은 「**제6차 전국대표대회**」를 개최하여 중국이 당시 브루조아 계급의 민주혁명 단계에 있음을 확인하고, 현 단계에서의 10대 강령을 규정하였다. 동 대회는 홍군과 농촌혁명 근거지를 발전, 확대시키는데 있어서 중대한 역할을 하였다.

한편, 쟝지에스는 정권을 장악한 후 자신의 권력 기반을 확고히 하기 위해 중국 공산당 지도하에 있던 농촌혁명 근거지를 제거하기로 결심하고, 공산당이 차지하고 있던 강서성 남부(마오저뚱) 및 복건성 서부(쥬더)를 중심으로 한 농촌혁명 근거지에 대해 다섯 차례에 걸친 대규모 포위 공격을 개시하였다. 중국 공산당과 홍군은 유격전을 벌이면서 몇 차례에 걸친 국민당의 토벌 작전을 분쇄하였으며, 강서성 뤼진(瑞金)에 중화소비에트 임시정부를 건설하

---

9) 김익도,이대우, 현대중국의 정치, 부산대 출판부, 2009, pp 17

고 이를 중심으로 약 300만 명의 인구를 가진 중앙혁명 근거지를 세워 나갔다.

라. 국민당의 홍군 토벌과 만주사변

쟝지에스는 북벌을 완성한 이래 국민당내에서 확고한 권력 기반을 바탕으로 그동안의 각 지방 군벌들과의 내전을 중단하고 대신 공산당 세력을 몰아내고자 마음먹었다. 그래서 그는 1930년 겨울 호북성, 호남성, 강서성 등에 홍군 토벌에 관한 작전을 지시하고, 약 10만의 병력을 동원하여 공산당의 중앙혁명 근거지를 공격하였다.

수차례에 걸친 강력한 포위작전에도 불구하고 공산당의 독창적인 유격전 전법으로 홍군이 토벌되지 못하다가 마침내는 공산당의 중심도시인 뤼진(瑞金)을 점령할 참이었다. 그러나 이 때 일본이 일으킨 이른바 만주 침략전쟁인 「만주사변」(중국에서는 1931년 9월 18일 발생하였다 하여 "9.18사건"이라 부름)이 발생하여 쟝지에스는 홍군 토벌을 중지하고 급히 난징으로 철수하였다.

1931년 9월 18일 저녁 션양(당시는 奉天) 북쪽 류조구(柳條溝)의 만청철도선이 누군가에 의해 폭파되었는데, 일본 관동군은 이를 중국군의 소행이라고 트집 잡으면서 만주 전역에서 군사행동을 취해 약 6개월 만에 만주의 대부분 지역을 장악하였다. 특히 일본 군부는 만주 각지에서 지방 군벌과 봉건지주들을 회유하여 일본의 만주 점령을 정당화하고 이에 협력하도록 하면서 만주의 독립 계획을 추진해 나갔다.

그리하여 1932년 3월 1일 일본은 청조의 마지막 황제인 선통제 푸이(溥儀)를 집정으로 하는 「만주국」을 세웠고, 그해 9월 「日.滿 의정서」를 채택하여 만주국을 정식 승인하기에 이르렀다. 이 日·滿 의정서는, ① 일본 및 일본인이 종래 만주에서 가졌던 일체의 권한을 승인할 것, ② 일본군이 제한 없이 주둔할 수 있도록 할 것 등 두 가지 조건으로 이루어 졌다. 그 이후 1934년 부의가 만주국 황제가 됨으로써 만주국은 이제 일본의 괴뢰정권으로서 일본의 식민지국으로 전락하게 되었다.

한편, 일본의 이러한 일방적 공격에도 불구하고 시종일관 무저항주의를 취하고 있던 쟝지에스 정부는 이 문제의 해결을 국제연맹에 의뢰하였다. 이는 한편으로는 공산당과 홍군의 위협이 더욱 크다고 느낀 나머지 이에 전념하려는 의도와 더불어 일본과 미. 영 등 서방국가 간의 상호 갈등을 이용하여 일본의 만행을 규탄하고 종국에는 일본과 타협을 이끌어 내려는 의도에서였다.

국제연맹은 만주 문제를 안건으로 받아 들였으나 리튼을 단장으로 하는 조사단을 파견하는 것 외에는 어떠한 결정도 내리지 못하고 있었다. 다만 리튼 조사단의 조사 결과를 연맹 이사회에 제출하고서야 국제연맹 총회는 만주를 공동 관리를 위한 자치지역으로 만들고, 일본군을 만주에서 철수시킨다는 안을 가결시켰다. 그러나 일본 대표는 총회에서 퇴장하고 이어서 국제연맹에서 탈퇴함으로써 국제적으로 고립화의 길을 선택하였으며 미.영 등과도 점차 대립해 나갔다.

마. 중국 홍군의 대장정

만주 사변 발발로 쟝지에스의 국민당 군이 홍군에 대한 토벌작전을 일시 중지하자, 이 기회를 이용하여 홍군은 곧바로 소비에트구를 재정비해 나갔다. 구체적으로는, 중앙 소비에트구를 거점으로 강서성 뤼진(瑞金)에서 중화 소비에트 제1차 전국대회를 열고 임시 소비에트 정부 수립을 선언하고 수도를 뤼진(瑞金)으로 정하였으며, 정부 주석에 마오저뚱(毛澤東), 부주석에는 쟝궈타오(張國燾)와 샹잉(項英), 군사위원회 주석에 쥬더(朱德)를 선출했다.

그러나 이 소비에트 정부는 1932년 만주사변이 어느 정도 진정 국면으로 들어서자 다시 국민당 군에 의한 대규모 토벌작전으로 계속 패퇴하다가 결국 강서 소비에트를 버리고 역사상 유명한 **1만 2천km의 대장정**의 길을 떠나야 했다.

당초 이들 홍군은 대장정 초기 10만의 장정군(長征軍)과 3만의 후위 부대로 편성되었다. 장정군은 마오저뚱, 쥬더, 조우언라이, 왕쟈샹(王稼祥), 류보청(劉伯承) 등이 군사평의회를 구성하여 지휘하였고, 후위부대는 천이(陳毅), 샹잉(項英) 등이 담당하였다.

1934년 10월부터 시작된 장정의 길은 홍군에게 있어서 기나긴 고난의 여정이었다. 장정이 시작된 지 약 2개월쯤 지나서 홍군은 귀주성 **준이(遵義)**에

도착, 휴식을 취하면서 1935년 1월 중앙 정치국 확대회의를 열었는데, 이것이 이른 바 마오저뚱(毛澤東)이 공산당과 홍군의 지도권을 장악한 공산당사에서 중요한 이른바「준이(遵義) 회의」였다. 동 회의에서 마오저뚱(毛澤東)은, 홍군이 단순한 전투행위에 전력을 쏟기 보다는 오히려 대중 운동과 이를 통한 대중의 조직화를 임무로 삼아야 한다는 점을 분명히 밝히고 이와 더불어 인민의 지지를 확보하기 위한 항일투쟁 전개를 대목표로 설정하였다. 이렇게 항일투쟁을 결정한 홍군은 다시 대장정의 길을 떠났다.

대장정은 사천, 감숙을 거쳐 섬서성에 이르는 중국 서부의 가장 험난한 길로 이어지는 긴 여정이었다. 당시 섬서성 북부 옌안지역에 항일을 위한 근거지가 있었으므로 국민혁명군의 추격을 피해 일단 그곳에서 합류하여 항일 거점으로 한다는 계산이었다.

1935년 11월 마오저뚱의 주력군이 시안에서 약 50km 떨어진 소비에트구내 옌안(延安)에 도착하여 장정의 완료를 선언함으로써 고난으로 얼룩진 1년여에 걸친 홍군의 대장정은 끝이 났다. 이어서 1년 후인 1936년 10월 사천에 주둔하고 있던 쥬더(朱德) 군대와, 호남, 귀주의 근거지에서 장정을 떠났던 허롱(賀龍)의 군대가 연안 지역에 합류함으로써 명실상부한 홍군의 3대 주력군이 서로 합류하게 되었고, 이에 따라 중국 공산당은 마오저뚱을 중심으로 한 옌안(延安) 정권이 수립되었다. 이제 중국 혁명의 대본영을 서북지역으로 옮겨 항일민족 통일전선을 구축하고, 중국 혁명 사업을 발전시키기 위한 조건을 마련하게 되었다.

바. 시안(西安)사변과 제2차 국공 합작

수차례의 공산당 토벌작전으로 홍군을 섬서성 북쪽으로 몰아낸 장지에스는 당시 2백 만의 군 병력을 거느리던 실질적인 최고 권력자임에 틀림없었다. 다만, 그는 만주사변 이래 일본의 공세가 있을 때마다 비교적 온건한 입장을 취하면서 오로지 반공 투쟁을 우선시하는 정책을 펴나갔다.

이러한 배경 하에 중국내 학생과 민중들의 항일의식은 점차 고조되어 갔으며, 지식인들은 일본의 침입에 반대하는 항거 운동의 일환으로 일본상품 불매운동, 일본인 배척운동을 전개했다. 이와 같은 항거 운동은 일본의 직접적인 위협뿐만 아니라 난징을 기반으로 한 국민당 정부의 소극적 대처에 대한 불만의 표출이기도 하였다.

한편, 만주사변으로 동북3성 지방에서 쫓겨난 장슈에량(張學良)의 봉천 군벌은 베이징에 머무르면서 국민당 군을 돕고 있었으나, 공산당 홍군이 대장정을 통해 서북 섬서성에 근거지를 마련하여 주둔케 되자, 또한 서북 초비 부사령관(西北剿匪副司令)에 임명되어 서안으로 이동, 홍군 토벌의 임무도 함께 맡았다. 그러한 이유는 장슈에량으로서는 난징 정부의 국민당이 항일 투쟁에 소극적 자세를 취하고 있는데 대한 불만을 가짐과 동시에 항일 투쟁을 위해서는 난징 정부와 홍군이 서로 화해를 하여 공동 투쟁해야 하며 자신이 이를 추진해야 한다는 생각에서였다.

장슈에량은 일찍이 장지에스에게 항일에 소극적일 경우 부하들을 통제하기가 쉽지 않을 거라는 점과 항일을 위해 내전을 중단할 것을 건의한 바 있으나, 장지에스는 공산당 토벌을 고집하면서 그의 제의를 단호히 거절한 바 있었다.

이러한 인식의 차이에서, 서안의 장슈에량(張學良)과 양후청(楊虎城) 군대는 1936년 대장정을 마친 홍군과 비밀리에 잠정협정을 맺고 상호 전투행위를 중단하기로 하였다. 그해 12월 장지에스는 제6차 공산당 토벌작전을 독려하기 위해 전장을 돌다가 서안 동쪽에 있는 화청지(華淸池)에 머물게 되었다. 12월 12일 새벽5시 갑자기 1개 부대가 나타나 숙소를 급습, 장지에스를 체포하여 서안으로 호송, 감금시켰다. 마침내 조우언라이(周恩來)의 적극적인 설득과 장지에스의 처남 송자문(宋子文)의 필사적인 노력으로 장지에스 부부는 마침내 난징으로 돌아올 수 있었다. 이 사건이 당시 국민당과 공산당 간의 제2차 국공합작을 이루게 한 이른바 「시안(西安)사변」이다.

이 사건 이후 함께 탑승했던 장슈에량은 난징에 도착하자마자 군법회의에 회부되어 10년 징역과 5년간의 자격정지에 처해졌으나 다음 해에 특별 사면되었다. 그러나 1949년 장지에스가 타이완으로 피신한 이후에도 연금 상태는 지속되었고 결국 1990년대에 풀려나 미국 하와이로 망명한 후 그곳에서 일생을 마쳤다. 또한 양후청(楊虎城)은 사건 다음해인 1937년 4월 외유 길에 올랐으나 중. 일 전쟁 발발로 귀국했을 때 체포된 후 1949년 충칭에서 살해되었다.

서안사변 이듬해인 1937년 3월 국민당은 제5기 3중전회를 열어 서안사변에 따른 국공 합작과 공동 항일 투쟁에 대한 문제를 논의한 후, 3백여 명의 정치범을 석방하고 소련과 중. 소 불가침 조약을 체결하는 등 공산당 측의 제안을 승인하는 일부 조치를 단행하였다. 이러한 일련의 조치는 중. 일 전쟁의 발발로 가속화되어 쟝지에스가 중국 공산당을 합법적 존재로 인정하고 항일투쟁에서 중국 공산당과 협력할 것을 공식적으로 선언한 「제 2차 국공 합작」으로 이어졌다.

사 . 중 . 일 전쟁

1937년 7월 7일, 일본은 중국의 동북 지방을 점령하고 다시 화북(華北)으로 진격하여 베이징 교외의 노구교(蘆溝橋)에서 일어난 사소한 사건을 구실로 선전포고도 하지 않은 채 중국에 대한 총공격을 개시하였다. 이에 중국 군대도 강력히 저항함으로써 중. 일간의 전면 전쟁으로 발전하였다.

일본군은 공격을 개시한 지 1개월 만에 베이징과 천진 이북 지역을 점령하였으며, 이어서 파죽지세로 남쪽으로 진군해 와 그 해 12월 상하이 전선이 무너지면서 국민정부의 수도 난징이 함락되게 되었으며 약 2개월간에 걸친 「난징 대학살」이 자행되어 약 30만 명의 난징 시민이 살육되었다. 쟝지에스의 난징 정부는 상하이 전선이 무너지자 천도 선언을 발표하고 정부 및 당 기관을 중국 서부의 한코우(漢口)로 옮겼다가 다시 쓰촨성의 충칭(重慶)으로 옮기기에 이르렀다.

국민당으로서는 시안(西安)사변을 계기로 내전을 중단하고 공동 항일하자는 민중의 요구에 부응하여 공산당과 협력 관계를 맺게 되었으며, 중. 일 전쟁의 발발과 함께 제2차 국공 합작이 이루어지면서 항일전선이 형성되었다. 국. 공 양측은 교섭을 통해 섬서성 근거지의 홍군 부대를 '국민혁명군 제8로군'으로 개편하고, 이어서 양쯔강 하류지역에 남아 있던 공산당 일부 부대를 '신사군(新四軍)'으로 재편하였다.

중국 공산당으로서는 이제 가장 광범위한 항일민족 통일전선을 형성할 수 있었으며, 그 과정에서 항일 무장 역량과 항일혁명 근거지도 점차 확대 발전시킬 수 있었다. 1937년부터 1938년에 걸친 시기가 국. 공 통일전선이 비교적 성공한 시기였으며, 국공 합작의 절정기였음이 분명하였다.

그러나 1939년에 이르러 전쟁이 잠시 교착상태에 빠지면서 중국 내부의 정
치 상황도 변화하여 국·공간의 갈등이 다시 재연되었다. 마오저뚱의 팔로군
은 일본 점령지역 배후에서 항일 근거지를 마련하고 투쟁을 벌였으나, 국민
당은 여전히 미온적 대처로 일관하였다. 시간이 흐름에 따라 국민들은 항일
에 보다 적극적인 옌안(延安)의 공산당 정부에 호응하여 젊은 청년들이 그곳
으로 몰려들기 시작했다.

이에 대해 쟝지에스와 국민당은 공산당의 팔로군과 신사군이 그들의 경계
선을 넘어 일본군의 후방 지역에서 활동한다고 하여 군기 이탈로 간주, 이들
팔로군을 공격하는 등 종국에 가서는 최대 규모의 국공 무력 충돌이 일어났
게 되었는데, 이른바「완난사변(皖南事變)」10) 이다.

그럼에도 불구하고, 쟝지에스는 자신의 정권을 유지하기 위해 '반공에는
적극적, 항일에는 소극적(積極反共, 消極抗日)' 방침을 취하여 일부의 군대
만 항일에 투입시키고, 주력부대는 공산당이 이끄는 군대와 항일혁명 근거지
를 소탕하는데 전력을 쏟았다. 결과적으로 항일의 주력이 공산당이 이끄는
팔로군(八路軍)과 일반 민중에게로 넘어 갔으며, 이들은 8년간의 어려운 항
전을 거치면서 많은 피를 쏟고 희생됨과 함께 마침내 항일전쟁의 승리를 쟁
취하였다.

아. 국공 내전 및 중화인민공화국의 성립

항일전쟁에서 승리를 거둔 후, 오랜 전쟁에 시달렸던 중국인들은 자유와
평화를 부르짖으며 국공 내전 반대를 외쳤다. 이들은 특히 국·공 양당과 각
당파가 참여하는 민주연합 정부를 건립하여 민주개혁을 실행하고 독립, 평
화, 민주주의에 의한 중국을 건설할 것을 주장하였다.

이러한 목소리를 감안하여 쟝지에스와 마오저뚱은 1945년 8월 충칭(重慶)

---

10) 이 사건은 1940년 말 쟝지에스가 중국 중부에서 활약 중인 新四軍에게 양쯔강을 건너 북상하
도록 요구한 후 동 군대가 북상해 오자 국민당을 보내 급습하여 상당수 新四軍이 전사한 사건
이 발생하여 항전중인 공산당에게 큰 충격을 주었던 사건이다.

에서 국공 화평을 위한 43일간의 충칭 교섭을 진행하여, 10월 10일 이른바 「쌍십 협정(雙十協定)」에 서명하였다. 이 협정 내용은 ① 남부의 해방구 지역에서의 홍군 철수, ② 홍군 인원 감축 및 ③ 공산당과 중도세력이 참가 하는 「정치협상회의」 개최 등이었다.

1946년 1월 마샬 주재 하에 국민당 대표 장췬(張群)과 공산당 대표 조우언 라이(周恩來)는 정치협상회의를 개최하였고, 이 회의에서 양측은 베이징에 군사협조처 집행부(軍事協調處執行部)를 설치하기로 합의하였다. 또한 정치 협상회의 산회 후에도 각 대표들은 별도 회의를 갖고 군대 개편과 공산당 홍 군의 국군 편입에 관한 문제를 토의했다.

국민당은 비록 미국의 중재 하에 공산당과 충칭 담판 등 평화회담을 진행 하였지만, 실제로는 또 다른 내전을 준비하면서 국민당 정부의 통치를 강화 하였다. 1946년 6월 국민당은 중원해방구(中原解放區)에 대한 전면적인 공격 을 개시함으로써 다시 국공 내전이 발발하게 되었다.

마오저뚱은 1947년 옌안의 요새를 포기하고 화북지역으로 나와 군사작전을 펴기 시작하였고, 1948년 5월에는 베이징의 서남쪽 관문인 시바이포(西栢坡) 라는 지역에 비밀 사령부를 설치하기에 이르렀다. 수도 베이징으로부터 약 175마일 떨어진 곳에 주둔하면서 국민당 군의 마지막 지원부대를 차단해 나 갔다.

또한 린삐아오(林彪)는 동북 지역을 장악한 후 베이징과 텐진을 포위 공격 해 왔고, 펑더화이(彭德懷)와 허롱(賀龍)은 국민당 군이 베이징 외곽지역과 베이징을 연결하는 것을 차단시켰다. 류뽀청(劉伯承)과 덩샤오핑, 그리고 천 이(陳毅)는 화이하이(淮海) 특수 작전을 개시하여 약 1백만 명의 국민당 군 을 격퇴시키는데 기여하였다.

결국, 국민당 정부는 1949년 봄 난징을 포기하고 광똥(廣東)으로 이동하여 저항을 계속하려 하였고, 수도를 다시 충칭(重慶)과 청뚜(成都)로 옮겼으나 국민당 군의 주력부대가 패퇴하면서 대륙을 지키지 못하고 결국 미국의 보호 아래 1949년 12월 타이완(臺灣)으로 옮겨가게 되었다.

이에 중국 전토를 장악한 중국 공산당은 1949년 10월1일 중국의 수도 베이 징의 천안문 광장에서 「중화인민공화국」의 성립을 선포할 수 있었던바, 이 는 중국 신민주주의 혁명의 승리임과 동시에 중국 혁명이 새로운 역사의 전환점을 맞이하게 되었음을 의미한다.

◆ 중국 공산혁명의 사회적 배경

여기서 잠시 중국 공산당이 1920년 창설된 후 불과 30년도 채 안 된 시점에서 어떻게 공산혁명을 훌륭히 소화해 내고, 당시 중국 전역을 장악하고 있던 막강한 국민당 군을 몰아내어 통일 정권을 수립할 수 있었는 지가 의문으로 제기된다. 아마도 여기에는 마오저뚱(毛澤東)이라는 마르크스주의자 이자, 동시에 메시아적 사상을 가진 민족주의적 혁명가가 중국 실정에 맞는 혁명 이론을 수립하였고, 국·공 내전시의 탁월한 전술 전략을 폈기 때문이 아니었나 한다.

사실 후진국가에서 공산혁명이 성공할 수 있는 주요 전제 조건은 어떻게 그 지역의 토착 민족주의가 마르크스·레닌주의 폭력혁명과 잘 조합되어 활용되어 가느냐에 있다. 실제로 중국 공산당이 창설될 무렵인 1920년대의 중국 사회는 그 이전 제정러시아가 처한 상태보다 훨씬 낙후된 반 식민 상태로서 공업화가 거의 이루어 지지 못한 전형적인 후진 농업사회였다.

이 당시 중국은 아편전쟁 이후 계속된 서구열강의 중국 침략으로 구 淸朝 체제가 급속히 해체되는 과정에 있었고 또한 새로운 지배구조가 정착되지 못한 상태에서 외부의 충격으로 인한 전통적 가치 체계가 극심한 혼란을 겪고 있었던 터라 사회 전체가 극심한 혼돈에 빠져 있었던 것이 사실이다.

게다가 서구 열강 제국들이 중국으로 침략해 오면서 함께 가져온 경제 체제는 사적소유를 기반으로 하는 자본주의 생산제도로서, 이러한 제도의 유입과 시행을 통해 새로운 대지주 계급이 형성되었고, 반면 대지주의 착취로 인해 소작농들은 더욱 비참한 생활에 직면할 수밖에 없었으며, 아울러 도시노동자들도 계약 자유라는 미명하에 저임금과 노동력 착취로 혹사당하는 상황이었다.

이처럼 당시의 중국 사회는 엄밀한 의미에서 오늘날의 자본주의 사회와는 거리가 멀었다. 사회의 중심세력은 지주 계급이었으며, 이들은 군벌세력과 결탁하여 지방의 부호로 군림하였고 그밖에 인구의 대부분은 가난에 찌든 굶주리고 헐벗은 농민과 소작농이었다.

실제로 당시 중국내에는 부르조아 계급은 거의 존재하지 않았으며, 서구의 공업노동자들을 지칭하는 프롤레타리아 계급도 전체 인구 중에서 극소수에 지나지 않았다. 즉, 당시의 중국사회는 초기 자본주의 사회와 전 근대사회가 지니고 있는 부정적 요소들만을 결합한 최악의 사회형태였던 것이다[11]).

II. 신중국 정권 수립과 신민주주의 제도 확립

1. 초기의 민주 정권 수립

1949년 10월 중화인민공화국이 성립되었으나, 중국 공산당이 전국적으로 완벽한 지배권을 확립하게 된 시기는 1948년 말부터 시작하여 중국 본토 전부와 해남도(海南道)를 군사적으로 완전 점유하게 되는 1950년 5월경이다. 국공내전에서 승리를 하였으나 국민당 잔당을 소탕하고 완전한 지배권을 확립하게 될 때 까지는 약 1년 반의 시간이 걸린 것이다.

중국 공산당은 정권을 인수한 뒤에도 대부분의 지방 관리들의 직책을 그대로 유지해 주었다. 신정권을 더욱 확고히 하고 안정을 회복하기 위해서는 얼마동안은 이들의 도움과 지원이 긴요하였던 것이다.

이 당시 중국 공산당이 당면한 주요 임무는 먼저 중국 본토에서 국민당을 철저히 몰아내어 노동자계급이 영도하는 공·농 연맹(工農聯盟)에 기초한 인민민주주의 독재(人民民主專政)체제를 수립하고, 경제를 재건시키며 중국의 군대를 재편함과 아울러 서방국가들과 대외관계를 개선시켜 나가는 것이었다.

여기서 「인민」이라 함은 노동자, 농민, 부르조아지 및 민족 부르조아지의 4계급을 의미하였다. 그래서 농민 계급에게는 적어도 잠정적으로 토지의 사적 소유를 허용하였고, 부르조아 계급에게는 개인 기업을 유지, 운영할 수 있도록 하여 신민주주의의 기본 사상을 구체화 해 나갔다.

이러한 기본 목표 하에 중앙정부는 1949년 6월 인민정치협상회의 준비위원회를 베이징에서 개최하였으며(약 23개 정당과 각 단체들이 참여),이어 9월에 개최된 인민정치협상회의에는 선발된 총 662명의 대표들이 참석한 가운데 10일간 개최되었다. 동 회의에서는, 새 연립정부가 해야 할 일반적 목표를

---

11) 김익도,이대우, 현대중국의 정치, 부산대출판사, 2009, pp19 재인용

적시한 <중국 인민정치협상회의 공동강령>과 노동자 계급을 신중국의 지도층으로 만든 <중앙 인민정부 조직법>을 제정하였다. 동 법이 통과됨으로써 중국 정부는 4개의 위원회와 30개의 부처를 가진 중앙 인민정부로 창설되었다. 또한 각 지방에도 인민정부를 건립케 하고 각급 인민대표대회와 정치협상회의를 소집함으로써 지방 인민민주 통일전선도 함께 구축되었다.

이러한 강력한 중앙집권적 행정부는 5~6개의 군소 정당들을 존속시키고 정부 요직을 비공산주의자에게도 일부 배분하였다. 즉, 새로이 정권을 장악한 공산당으로서는 상류계급 중에서도 훈련과 능력을 잘 받은 인재를 적절히 활용할 필요가 있었기 때문 이었다[12].

이렇게 조직된 행정부와 군부 등 중앙 권력은 공산당에 의한 효율적인 통제와 동원을 위해 보다 중앙집권적 통치가 필요하였고, 중앙과 지방의 각 권력 요소들은 「공산당 중앙위원회[13]」라는 권력기관에 연결되어 집중 통제되도록 했다.

또한 이 중앙위원회의 위원수가 많은 관계로 평상시에는 중앙위원회내의 「공산당 정치국」(중국의 실질적 최고 권력기관으로서 최초 19명의 정치국원과 6명의 후보위원으로 구성)에 의해 중요 정책들이 결정되며 궁극적으로는 동 「정치국내의 7인의 상임위원회」가 평상시와 긴급시를 막론하고 중국의 주요 정책 등 최고의 권한을 행사토록 하였다.

중국의 공산당 조직과 병행해서 공산당원이 국민의 밑바닥까지 침투할 수 있는 정부조직의 하나로서 민의 대의기관이 있었다. 그것은 바로 「인민대표대회」였다. 이 기관은 민의를 수렴하여 정책에 반영하는 기관으로서 기초행정단위인 향, 촌에서부터 중앙에 이르기 까지 각 계층에 모두 설치되었으며, 매년 1회 베이징에서 개최되는 「전국인민대표대회」(약칭 전인대라고 하며, 우리의 국회에 해당)에 각 지방 및 직능별 대표를 파견하여 자체 인민들의 이익을 반영토록 하였다.

동 기관은 본래 서방의 국회와 같은 입법기관의 기능으로 창설되었으나,

---

12) 1954년 채택된 헌법에는 국무원을 비롯한 정부 구조를 개편하지는 않고 대신 중앙정부의 권력을 더욱 집중시키고 비공산주의자들의 역할도 현격히 감소시켰다. 즉 중앙 권력은 정권인수 당시 중국을 분할하여 왔던 6개 지역의 군사·정치국을 폐지시키고 아울러 중앙 정부 인사에서 비공산주의자들의 임용도 배제시켰다.

13) 1962년 당시 94명의 중앙위원과 93명의 후보위원 등 총 187명의 중앙위원으로 구성되었다.

이후 방대한 공산당 조직이 보다 철저하게 인민을 통제해 왔기 때문에 사실상 본래의 기능을 수행치 못하고 공산당과 상부로부터 전해진 정책의 전달수단 혹은 이미 결정된 정책에 대한 사후 추인 기능밖에 하지 못하는 형식적 기관으로 전락하게 되었다.

한편 정부의 각 부처와 위원회들의 지역적 조직을 기능 차원에서 엮어 주는 전국적인 대중 조직단체가 있었다. 1922년에 창설된 전중국 노동조합연합회(全中國勞動組合聯合會, 中華總工會)를 필두로 하여 1949년 신중국 성립 이래 전중국 민주여성동맹(全中國民主女性同盟), 민주청년 동맹(民主靑年同盟), 협동조합자 동맹(協同勞動者同盟), 문학예술 동맹(文學藝術同盟), 전중국 학생연맹(全中國學生聯盟), 소년단 총동맹(小年團總同盟) 및 전중국 상공업연맹(全中國商工業聯盟) 등이 설립되었다. 이러한 대중조직들은 반관반민(半官半民)의 유사(類似) 정부기관으로서 주로 정치적 기능을 수행하면서 국민과 정부기관사이의 관계를 적절하게 연결시켜 주는 중간 매체로서의 역할을 수행하였다.

다시 말하면, 공산당 간부들은 노동자와 농민 대중들과의 끊임없는 접촉을 통해 대중들의 문제를 인식하고 이들의 보고를 입수하여 문제 해결을 위한 정책에 반영해야 했다. 따라서 이들 대중 단체들은 정부의 재정 원조를 받으면서 인민대표대회에 대표까지 파견하기도 했다. 그러나 이들의 주요 기능은 일반 대중에 대한 계몽으로써 후에 「인민정치 협상회의」가 이 기능을 대체하면서 동 회의에 흡수되게 되었다.

또한 중앙 행정부문의 한 기관으로서 사법기관인 「최고인민재판소」가 있었으며, 이 기관 역시 각 지방과 계층별로 각급 인민재판소가 설치되어 있었다. 그러나 당시 법률은 공산당의 혁명적 정책을 표현하는 수단에 불과한 것이었기 때문에 대부분 성문화되지 못하고 또한 이념에 따라 가변적이었다. 따라서 재판은 역시 개인적이고 개별적이었으며 소송은 냉대 받았고 법률은 중요치 않게 여겨졌다.

2. 토지 개혁

당초 마오저뚱이 중국 공산혁명을 수행하는 과정에서 동 혁명이 성공할 수 있었던 것은 앞서 얘기한 바와 같이 그가 토지혁명에 관한 장기 비젼을 제시하고 농민을 혁명 주체세력의 하나로 포함시켜 조직화하고 이들을 적극 동원할 수 있었기 때문이었다.

이러한 배경 하에 중국 공산당 지도부는 건립되자마자 이듬해에 바로 농촌의 생산력을 과거 봉건토지소유제의 속박에서 해방시킬 목적으로 1950년 6월 <토지개혁법>을 반포하였다. 이 토지개혁법의 주요내용은, ① 우선 지주계급의 토지를 몰수하여 농민에게 재분배함으로써 봉건착취계급에 의한 토지사유제를 '농민의 토지사유제'로 바꾸고, ② 종국에 가서는 "경작자가 그 농지를 소유한다."는 사회주의 기본 분배 원칙을 실현해 가는 것이었다.

1950년 6월부터 시작하여 1953년 초에 완성된 전국적인 토지개혁 작업은 그 목적에 있어서 단순한 경제적인 것 이외에 사회적, 정치적 개혁을 함께 내포한 일종의 처절한 계급투쟁과 체제 개혁의 성격이 강했다.

중국 공산당은 먼저 각 개인의 사회적 계층을 지주(地主),부농(富農),중농(中農),빈농(貧農) 또는 농장노동자(農場勞動者)로 분류한 농민협회(農民協會)의 자료들을 활용하여 이들에 대한 토지 소유를 분류(즉 몰수, 재분배 및 소유) 하였다. 이 과정을 겪으면서 농민들은 토지를 공동으로 경작하고, 그들이 각기 제공한 토지, 장비 및 노동력에 비례해서 생산 잉여물을 공동으로 나누는 사고방식이 싹트게 되었다. 이때 까지만 해도 동 계획은 여전히 토지사유제를 기반으로 하되, 상호이익 창출을 위한 자발적인 협동조합의 성격이 강하였다.

이 토지 개혁은 공산당 지도하에 1953년 초까지 신쟝(新疆)과 타이완(臺灣) 지역을 제외한 중국 전역에서 실시되어 완성되었다. 이 토지 개혁은 과거 2천여 년 동안 지속된 봉건 전제체제를 완전히 일소하고 노동자, 농민 계급에 의한 인민민주주의 독재 체제로 나아가기 위한 최초의 선결 작업이었던 것이다.

3. 정당 · 정풍(整黨 · 整風) 운동

이와 더불어 중국 공산당은 집권당의 면모를 갖추고 일반 노동자, 농민으로부터 대중적 지지를 이끌어내기 위하여 공산당원 스스로가 모범적이고 솔선수범해야 한다는 기본 원칙하에 1950년 5월 <전당(黨), 전군(軍)이 정풍(整風)운동을 전개하는데 대한 지시>를 내려 당 전체를 대상으로 하는 대규모의 정풍 운동을 진행하도록 하였다. 1951년 3월 당 중앙은 향후 3년간의 기간을 이용하여 전체 당원에 대한 공산당 표준교육을 실시토록 하고 당원의 자격기준에 의거하여 간부에 대한 철저한 심사를 거쳐 문제가 있는 간부는 당에서 축출하고 우수한 자는 중요 직위에 임용토록 하였다.

이러한 정풍 운동을 거쳐 당원의 사상성이 향상되고 당의 전투력도 강화되어 사회주의 혁명 건설 임무를 완성하기 위한 정치, 사상 및 조직상의 준비를 해 나가기 시작했다.

4. 경제 재건 및 회복

신중국은 건립되었으나, 장기간에 걸친 내전으로 경제는 피폐하였고, 특히 만주 지역에서는 일본인에 의해 건설된 중공업 기반도 구소련이 주요 설비를 모두 가져가 버려 생산 가동조차 어려웠으며, 도시의 노동력은 과도한 인플레이션으로 혼란에 빠져 있었다.

이러한 상황에서 중국 공산당 지도자들은 제1차 목표를 경제 개혁을 가속화하여 중국 경제를 이전의 수준으로 회복시키는 데 두었다. 즉, 중국의 현 가용자원을 집중적으로 동원시켜 이들을 국가 공업화에 기여하도록 재조정하는 것이었다. 그것만이 신 공산정권이 정권 장악이후 노동자, 농민 등 대중들로부터 집권 정당성을 확보할 수 있는 유일한 길이라고 생각했던 것이다.

이에 따라 중국 공산당은 경제의 모든 분야에 걸쳐서 정부 통제를 강화시켜 나갔는데, 우선 기존의 관료 자본과 기업체를 몰수한 후 체제 개혁을 통해 사회주의 국영기업으로 전환시키고, 또한 제국주의 기업도 국가가 접수하여 인민소유로 환원시키는 한편 사회주의 국영기업 형태로 소유방식을 변화시켜 나갔다.

개인기업의 경우, 형식적으로는 존속이 허용되었으나 사실상 모두 국가 통제 하에 들어오게 하였다. 자본의 유입과 원자재의 운용에 이르기까지 국가가 독점함으로써 이제 국가는 실질적으로 생산과 소비를 포함한 산업 기반시설 전체를 지배할 수 있게 되었다.

이어 과거 국민당 정부 때부터 사용되던 은행권을 새로운「인민폐통화(人民幣)」로 바꾸어 단일의 화폐제도를 수립함과 아울러 모든 은행을 국유화하여 중앙집권화된 은행 제도를 전국적으로 시행하였다. 또한 당시 도시 노동자들에게 고통이 되었던 통화팽창(inflation)을 잡기 위한 조치로서, 세입을 증가시켜 국가 예산의 균형을 맞추려는 노력을 기울였다.

우선 농촌에서는 현물로 농업세를 징수할 수 있게 했고 도시에서는 주요 상인들의 판매세나 영업세 같은 세금을 추가 징수하였다. 또한 세정을 투명하게 재편하고 합리화시킴으로써 유통과정에서의 신뢰를 회복하고 상품 가치가 올바르게 책정되도록 하는 등 인플레이션에 영향을 받지 않도록 했다. 이러한 철저한 조치로 인해 신중국 성립 2년 만에 중국 경제의 인플레이션을 잡는데 성공하게 되었다. 이와 같이 약 3년간의 각고의 노력 끝에 1952년 말 국민경제는 회복의 기미를 보이면서 물가상승 압력도 현저히 억제시키면서 안정을 되찾아 갔다.

1952년 중국 농공업 총생산액은 1949년보다 77.5%가 증가하였으며, 주요 농공업 제품 생산량도 역사상 최고 수준을 기록하였다. 국민경제가 회복됨에 따라 중국 경제구조에도 큰 변화가 이루어졌다. 1952년 공업 총생산액 중 국영기업이 차지하는 비중은 1949년의 34.7%에서 56%로 상승하였고, 이에 반해 사기업의 생산액 비중은 1949년의 55.8%에서 17.1%로 현저히 감소하였다.[14] 이는 사회주의 경제체제가 도입되면서 국가의 통제, 관리를 직접 받는 국영기업의 비중이 전체 공업 중에서 가장 큰 비중을 차지하게 되었다는 것을 의미한다.

국민경제가 회복되고 발전함에 따라 국가 재정수지도 호전되었는데, 1950년에서 1952년 사이 국가 재정수입은 65.2억 위엔에서 175.6억 위엔으로 상승하였고, 국가 재정지출도 68.1억 위엔에서 167.9억 위엔으로 상승하여 국가재정이 흑자로 돌아서게 되었다. 일반인의 생활도 개선되고 전국 노동자의 평균 임금이 1949년보다 70% 상승하였고 농민의 수입도 30% 증가하게 되었

---

14) 서진영, 중국혁명사, 한울, 2002.

다[15].

5. 신 사회 건설과 사상 개조

신중국 건립과 동시에 기존의 봉건적 유교주의 전통은 철저한 개혁 대상이었다. 공산주의자들의 해방 운동은 결국 과거 2천년 동안 중국사회 전역에 뿌리 깊게 자리 잡았던 조상 숭배와 가족적 결합 내지는 충·효 사상이 중국 사회에서 철저하게 배제되었다. 자녀들은 혁명적 사상에 길들여져 부모를 고발하는 것이 장려되었고 가족적 유대 또한 봉건적이고 부르조아적이라 하여 비난 받았다. 점차 중국의 가부장적 가족제도는 소멸되어 갔다.

건국 초기 이와 관련된 두 가지의 전체주의(全體主義) 운동이 전개 되었다. 하나는 1950년 한국전쟁 발발에 따른 **항미원조(抗美援朝, 미국에 대항하고 조선을 돕자)**였고, 다른 하나는 '**반혁명분자(反革命分子)를 타도하자**'였다. 즉, 혁명을 위해서 이웃과 친척을 조사케 하고 심지어는 자신의 부모도 고발하여 노동 개조를 받도록 하는 것이었다.

1950년에는 새 혼인법이 발효되어 여성은 결혼, 이혼 및 재산소유에 있어서 남성과 동등한 권리가 부여되었다. 종교에 있어서도 당시 프로테스탄트 교회들은 이전에 범했던 과오에서 벗어나기 위해 '자치(自治), 자활(自活), 자기전파(自己傳播)'라는 이른바 「**삼자립운동(三自立運動)**」을 전개하였다. 이 운동은 어느 지방에서든 모든 교파의 예배를 통합시키는 한편 중국인에 대한 포교를 일체 금지시켰다. 이는 중국내에서 서방 종교의 영향을 배제하기 위한 것임은 말할 나위가 없었다.

한편, 새로이 국가를 건립한 공산당의 우선 목표는 그들의 통치 이념이 국민 저변에 침투되어 효율적인 통제가 가능하도록 일반 대중들의 사고와 행동을 마르크스·레닌주의화로 개조하는 것이었다. 특히, 이러한 지적, 감정적 조직화는 당시의 교육제도 개편을 통해 설립된 **혁명대학**에서 담당하였다. 훈련생들은 6~10명씩 짝을 지어 연구실에 들어가 수개월에 걸친 계몽 학습을 받으면서 학습이 종료된 후, 최종적인 사상 보고서가 승인되면 진정한 공산

15) 서진영, 중국혁명사, 한울, 2002.

주의자로 거듭나게 되는 것이다.

　이러한 사상 개조 또는 문화 개혁은 중국의 역사적 문화유산 대부분이 마르크스·레닌주의의 각도에서 재평가되어야 한다는 점에서 중국의 문학계와 예술계에서도 예외 없이 나타났으며, 이는 향후 10년 후에 나타날 문화대혁명을 예고하는 전초전 양상을 띄고 있었다.

6. 반혁명 투쟁과 삼반 · 오반(三反·五反) 운동

　신중국 성립 후에도 중국인들 중 일부는 국민당에 협조적이거나 군벌 및 특무요원 등은 여전히 반혁명활동을 계속하면서 공산당에 반기를 드는 부류가 있었기에, 인민정권을 공고히 하고 사회 안정 도모를 위해 전국 각지에 잔존하는 반혁명분자들을 숙청하는 작업이 펼쳐졌다.

　1950년 10월 <반혁명활동 진압 시 우경편향을 시정하도록 하는 지시>를 통해, 지나친 관대화 경향을 바로 잡고 강경과 회유를 병행하는 정책을 추진케 하였으며, 1951년 2월에는 <중화인민공화국 반혁명처벌조례>를 반포하여 반혁명분자에게는 엄격한 법적 처벌을 가하도록 규정하였다. 이러한 반혁명 진압은 1953년에 이르러 첫 단계 청산 작업이 대체로 마무리 되었는데, 각종 반혁명분자가 대부분 숙청됨으로써 일반 대중들의 계급적 각성과 혁명 적극성을 제고할 수 있었으며, 장차 사회주의 건설을 위한 안정적인 사회 환경을 만들어 갈 수 있었다.

　한편, 1951년 10월 중국 공산당은 '정병간정(精兵簡政), 증산절약(增産節約)16)'이라는 구호에 따라 전국적인 증산 및 절약 운동을 전개하였다. 이 운동이 전개되면서 그동안 일부 국가기관 내에 잔존하던 자산계급적 사상과 각종 부패, 낭비현상 및 관료주의 등이 대량 적발 되었으며, 다시 1951년 12월 <군대의 정예화와 정부기구의 간소화, 생산 증가와 절약의 시행, 그리고 횡령· 낭비와 관료주의를 반대하는 주요 결정>을 반포하여 '반 횡령, 반 낭비, 반 관료주의'를 모토로 한 전국적인 「삼반(三反) 運動」을 전개하였다.

　또한, 삼반운동(三反運動)이 진행되는 과정에서 일부 자산기업가들이 지방

─────────────

16) 이는 군대 정예화와 정부 기구의 간소화, 그리고 생산 증가와 절약 운동을 의미한다.

공무원과 결탁하여 탈세 및 담합 행위를 자행하는 등 대규모 위법행위를 저질렀는데, 그들은 특히 한국전쟁 후 중국 전역에 나타난 물자 부족 현상을 이용하여 물가를 올림과 동시에 '**횡령, 탈세, 노동력 착취, 국가자재 절취, 국가 경제정보 절취**' 등 다섯 종류의 불법 행위를 저지르고 있었다. 이에 공산당은 1952년 2월부터 도시를 중심으로 이 자산계급의 다섯 가지 불법 활동을 반대하는 이른바 「**오반(五反) 運動**」을 전개함으로써 삼반운동(三反運動)과 함께 반혁명 투쟁의 일환으로 철저히 시행케 했다.

정부 관리들의 사상 개조를 목적으로 한 이 삼반운동(三反運動)은 결국 엄청난 고발과 공개 재판 등을 통해 당시의 관료제를 철저히 중앙 집권 통제 체제로 몰아가게 하였고, 자산 계급의 사상 개조를 목적으로 한 오반운동(五反運動) 또한 대지주등 자산 계층이 이때부터 핍박을 받으며 중국내에서 종식을 고하는 계기가 되었다. 그들은 곧 전 재산을 몰수당하고 1950년대 중반 이후 신중국의 사회계급에서 모두 사라지게 되었다.

7. 과도기의 총노선

국민경제가 어느 정도 회복국면에 들어감에 따라, 중국 공산당 지도부는 1953년부터 공업과 농업의 개혁을 통해 전면적인 사회주의 체제로 진입하기 위한 제 2단계 개혁에 돌입하였다. 건국초기의 개혁은 이른바 투쟁이라는 입장에서 과거 봉건적인 구제도와 악습들을 철저히 배격하고 타파해 나가는데 역점을 두었던 것과는 한 차원 발전된 심화된 형태였다.

중국 공산당은 1953년 10월부터 광범위한 대중 토의를 거친 끝에 「**과도기의 총노선**」이란 사회주의 건설에 관한 기본 방침을 정하였다. 이는 곧, 사회주의 개조는 급진적인 것이 아니라 긴 시간을 두고 점진적으로 농업·공업 및 자본주의 공·상업 분야를 개조해 나가는 것이며, 아울러 국가 사회주의 공업화를 실현해 나간다는 것이었다. 동 기본 방침은 1954년 9월, 제1기 전국인민대표대회(우리의 국회에 해당) 개최 계기에 국가의 기본 임무로서 중화인민공화국 헌법 전문에 명문화 되었다.

한편, 사회주의 개조라는 거대한 사회 변혁 중에서 중국의 사회생활과 국가체제는 점차 안정을 유지하면서 모양새를 갖춰 나가기 시작했다. 1953년 중국 공산당은 국가 체제의 기본 골격을 형성하는 사회주의 헌법을 제정하고 이를 기반으로 인민민주주의 형식을 유지하면서 중국 공산당에 의한 지도체제를 제도화하는 전형적인 일당 독재국가 체제를 수립하였다.

이를 위해 중국 공산당은 1954년 9월 베이징에서 「제1기 전국인민대표대회 제1차 회의」를 개최하였다. 이 회의의 임무는 공화국의 기본 헌법을 제정하고 이를 근거로 각종 중요한 법률들을 제정하며 또한 정부사업 보고를 통과시키고 새로운 국가지도자를 선출하는 것이었다.

동 대회는 최초의 ≪중화인민공화국 헌법≫을 통과시켰으며 마오저뚱(毛澤東)을 중화인민공화국 주석으로, 쥬더(朱德)를 부주석으로, 류샤오치(劉少奇)를 제1기 전국인민대표대회 상무위원회 위원장(국회의장 격)으로, 송경령 등 13명의 간부들을 부위원장으로 선출하였다. 또한 대회는 조우언라이(周恩來)를 정무원 총리에 임명하였다. 이로써 신중국은 기본적으로 중국 공산당의 지배적 영도에 의한 인민민주전정(人民民主全政)제도가 확립되었고 이러한 당-국가 체제는 오늘에 이르기까지 그 기본 골격을 계속 유지해 오고 있다.

건국 이후, 각 민주당파(民主黨派)는 중국 공산당의 영도를 인정하고 기본적인 사상 개조를 거쳐 사회주의에 봉사하는 정치 단체로 변모하였다. 1956년 4월 마오저뚱(毛澤東)은 공산당과 각 민주당파간의 "장기공존, 상호감독" 방침을 정하여 민주 제당파를 아우르는 인민민주 통일전선을 굳건히 구축해 나가려 하였다.

또한, 1952년 말 토지개혁이 완성됨에 따라 이제는 도시의 공업화와 농업의 집단화를 위한 공동계획을 세워야만 했다. 경제적으로 서방국가를 따라잡기 위해 국가 통제를 받는 경제 체제에 대한 조직화가 필요하였다. 당시만 해도 공업화를 진전시키기 위해서는 구소련 및 위성국가들로부터 자본재를 수입하고, 그 대가로 중국에서 생산된 농산물을 수출해야 했다. 따라서 농업의 집단화는 농업 생산의 효율화를 기할 수 있어 보다 많은 농산물을 수확할 수 있었다.

중국 공산당은 당초 농업 집단화를 점진적이고 자발적으로 추진해 나가고자 하였으나, 의외로 진전속도가 빨라 1956년까지 전 농민의 90%가 협동체에 가입하는 등 보다 높은 수준의 사회주의화 농업으로 옮겨 갈 준비가 되어 있었다. 다만 이러한 집단화는 과거 구소련의 급진적인 토지 국유화로까지 진전된 것은 아니었고 농민소유권을 매수한 개별적인 협동농장에 의한 집단 소유의 형태였다.

또한 사회주의 공업화를 위해 은행, 공업 및 무역의 국유화도 함께 추진하였는데, 국가가 은행, 기업체 등을 통합 관리하기 위해 국가가 직접 운영하는 합자 운영회사를 만들어 나갔으며 이러한 계획의 종합적인 개발 프로젝트인 「제1차 5개년 계획(1953~57)」으로 표출되었다.

동 제1차 5개년 계획의 기본 임무는 "과도기의 총노선에 따라 인민의 모든 역량을 집중하여 구소련의 도움으로 계획된 156개 건설항목을 중심으로 694개 공업 분야에 대한 건설을 진행함으로써 중국 사회주의 공업화의 기초를 마련하고, 수공업 생산의 합작사를 발전시켜 농업과 수공업에 대한 사회주의 건설의 기초를 건립한다."는 것이었다.

8. 대외관계 개선 노력

마오저뚱(毛澤東)은 건립하자마자 그 영향력 확대를 위해 다소 도전적으로 대외관계를 개선시켜 나갔다. 우선, 공산주의 종주국인 구소련과 새로운 동맹을 맺을 필요에 따라 1949년 12월부터 약 2개월간의 지루한 협상 끝에 향후 30년간 미국 등 강대국의 어떠한 침략에도 상호 공동 방위하고 중. 소 국경 지대에서의 중국의 지배권을 재확인한다는 내용의 「중. 소 동맹」을 체결하였다.

또한 1950년 6월 한국전쟁이 발발하자 소련의 군사 원조를 받아 동년 10월 전쟁에 개입하였으며, 그 해 10월에는 티벳에 인민해방군을 파견하여 약 1년간의 해방 운동을 거쳐 신중국 정권의 지배권을 재확인하였다. 또한 인도차이나에서 베트남 공산화 과정에 군사적 원조를 제공하기도 하였다. 이와 같이 초기 몇 년 동안은 대외관계에서 주로 도전적이고 무력에 의존하는 경향을 보였으나 1954년 이후 점차 외교적 노력에 보다 많은 힘을 쏟기 시작했다.

1954년 7월 조우언라이(周恩來) 총리는 정부대표단을 이끌고 한반도 문제와 인도차이나 문제를 논의하는 「제네바 국제회의」에 참석하였는데, 이는 중국 정부가 처음으로 참석하는 국제회의였다. 휴회 기간 조우언라이(恩來) 총리는 인도와 미얀마를 방문하여 공동성명을 통해 '**영토주권의 상호존중, 상호불가침, 내정불간섭, 평등호혜 및 평화공존**'의 「**평화공존의 5개 원칙**」을 제창하였다. 이때 이래로 「평화공존 5개 원칙」은 중국의 대외관계의 기본 원칙으로 자리 잡게 되었고, 이는 현재까지도 중국이 여타 국가 간의 관계에서 가장 먼저 언급하고, 대외관계의 기본 원칙으로 삼고 있는 모토인 것이다.

또한 이 원칙은 1955년 4월 29개국의 아시아와 아프리카 정상들이 참석한 **인도네시아 반둥회의**에서 재차 표명되어 비동맹 국가들 간의 의견일치를 보면서 이들 국가들의 단결을 강화하는데 기여하였고, 이후 중국이 비동맹 노선을 걸으며 비동맹의 맹주로 활약하게 되는 중요한 계기가 되었다.

9. 「백화제방·백가쟁명」 운동[17]

한편, 1957년 4월부터 중국내에서는 백화제방, 백가쟁명이라는 구호아래 의사표현의 자유를 요구하는 광범위한 대중운동이 일어나고 있었다. 이 백화제방, 백가쟁명이라는 용어는 마오저뚱(毛澤東)이 처음 사용하였으나, 이를 공식적으로 제기하고 공론화시킨 사람은 당시 공산당 선전부장이었던 루띵이(陸定一)였다. 동 인은 1956년 5월 중국과학원장 꿔무어로(郭沫若)의 요청에 따라 이 「**百花齊放, 百家爭鳴**」이란 주제로 강연을 하면서 동 문제를 공식 거론하기 시작했다.

그는 강연에서, 중국 공산당은 **인민 내부로부터 언론과 창작의 자유를 완전히 보장**해야 한다고 강조하고, 특히 일부 공산당원의 분파주의가 지식인들의 정상적인 표현 활동을 저해하고 있다고 비판하였다.

하지만 신중국을 건립한 지 얼마 되지 않고 또한 사회주의 건설에 박차를 가해야 할 중요한 시점에 중국 공산당이 왜 이러한 백화제방 운동을 벌이게

---

17) 김익도, 이대우, 현대중국의 정치, 부산대출판사, 2009, pp 69~79

되었는지, 이 운동이 발생하게 된 배경을 당시의 시대 상황과 사회, 경제적 분위기에서 찾아 볼 수 있을 것이다[18].

우선, 중국 공산당은 1953년 과도기 총노선 이란 사회주의 건설에 관한 기본 방침을 정하고, 비록 점진적인 방법을 택하였으나 토지 개혁을 통한 농업 집단화와 공업의 국영 기업화, 그리고 사회주의 사상 개조를 꾸준히 추진해 왔다. 이러한 급격한 사회주의 건설 추진은 대상이 되는 각 계층의 불만과 각 경제부문 간의 심각한 불균형 문제를 초래하였고, 또한 계속되는 사상 개조 운동은 당내 지식인들의 심한 반발을 야기 시켰다. 중국 공산당으로서는 이러한 당내 불만과 반발을 해소하고 각 계층 간의 긴장 상태를 어느 정도 완화시킬 필요가 있었던 것이다.

둘째, 중국 공산당이 안고 있는 당면 문제로서, 지식인과 민주 제당파와의 관계 문제였다. 당초 중국의 국가권력과 관련하여 마오저뚱(毛澤東)은 1949년 7월「인민민주주의에 관하여」란 논문에서, 인민 민주주의를 구성하는 요소는 노동자, 농민, 소시민 계급과 민족부르조아지 라고 명확하게 규정함으로써 구소련의 프롤레타리아 독재와는 다른 일종의 통일 연합전선의 성격을 띠는 것이었다. 당시의 중국으로서는 노동자, 농민 출신의 신지식인층이 형성되지 않았기 때문에 사회주의 건설을 추진하기 위해서는 소시민과 민족 부르조아지 등 지식인들의 지식과 전문 기술을 이용하지 않을 수 없게 되어 이들에게 어느 정도의 자유를 허용함으로써 사회주의 건설에 적극 참여토록 유도할 필요가 있었다.

셋째, 민주제당파(民主諸黨派) 역시 중국에서 소시민과 민족 부르조아지를 중심으로 형성된 정치세력이었기 때문에 이들 대표들은 정부내 주요 직위를 차지하고 있었으나 사회주의 사상개조 운동 등으로 신분에 대한 불안을 느끼고 동요하기 시작하였으며, 이들에게「장기공존, 상호감독」이란 제안을 통해 적절히 안심시키고 무마할 필요가 있었다.

마지막으로 반 스탈린 운동과 같은 공산권 내부의 변화도 크게 작용하였다. 즉, 스탈린 사후 당시 소련을 중심으로 반 스탈린운동이 전개됨에 따라 그 여파가 중국에도 퍼져 공산당 일당 독재체제와 개인숭배를 비판하는 운동으로 번질 것을 우려하여 지식인들에게 자유로운 의사표현의 기회를 줌으

---

18) 김익도, 이대우, 현대중국의 정치, 부산대출판사, 2009, pp 72~74

써 그 불만을 해소시킬 필요가 있었다.

따라서 루띵이(陸定一)의 백가제방에 대한 문제 제기가 있은 뒤, 중국의 지식인과 민주 제당파들은 크게 환영하는 분위기였으나, 그럼에도 불구하고 당시의 분위기상 감히 적극적으로 호응할 수가 없었다. 다음해인 1957년 2월 마오저뚱(毛澤東)은 최고 국무회의에서 <인민내부의 모순을 올바르게 처리하는 문제에 관하여>라는 제하의 연설을 통해 당초 지식인을 대상으로 제안했던 「백화제방(百花齊放), 백가쟁명(百家爭鳴)」 방침을 인민 내부의 모순을 해결하기 위한 방법임을 밝히고, 이를 대중운동화 할 것임을 표명했다. 이는 과거 옌안(延安)시대의 정풍 운동(1942~44)과 같이 당내에서는 관료주의, 파벌 및 주관주의의 폐단을 극복하고, 당 밖으로는 비판의 자유를 활성화하여 외부 감시와 정풍을 활성화해 나갈 것임을 밝힌 것이었다.

이 백화제방 운동이 본격화되기 시작한 것은 1957년 5월 중국 공산당 통일전선부와 민주 제당파, 그리고 당의 지식인과 상공인 대표들이 함께 모여 좌담회를 개최하여 당의 정치적 독재와 관료주의를 비판하면서부터였다. 이와 같이 공산당의 독재 체제를 비판한 것은 곧 당시의 공산당에 대한 비판이자 중대한 체제 도전이었지만 공산당은 이를 용인하고 적극적으로 환영하는 태도를 취하였다.

그러나 시간이 경과함에 따라 이들의 비판 강도는 더욱 높아져 당초 당 관료주의에 대한 비판이 민주 제당파에 대한 권리 확대 요구로 바뀌었고, 다시 공산당 자체에 대한 비판으로 비화하다가 종국에 가서는 공산당 지도자에 대한 비판으로 집중되기에 이르렀다. 또한 이 운동은 학자, 지식인과 민주제당파에 국한되지 않고 상공인, 학생, 문학계의 모든 영역으로 확산되기에 이르렀다.

마침내 그 도가 심해지자, 마오저뚱(毛澤東)을 위시한 공산당 지도자들은 갑자기 태도를 바꾸어 좌담회 중지를 선포하고 곧이어 반 우파투쟁을 전개하였다. 그리고는 백화제방 운동 기간 중 당에 비판을 제기했던 우파분자 색출에 착수하였다. 당내 우파분자 적발사례 중 중국의 지식인들을 가장 경악케 했던 사건은 <丁玲 사건>일 것이다. 당시 문회보 편집장이며 스탈린상을 수상한 유명 여류작자인 딩링(丁玲)은 문예계와 창작활동에 대한 당의 지나친 간섭을 지적하였다는 이유로 비판을 받았으나 그의 남편 천밍(陳明)과 함께

끝까지 굴복하지 않다가 결국 모두 행방불명된 사건이었다.[19]

마침내 반 우파투쟁은 대규모의 대중운동으로 확산되었으며, 공산당으로서는 이러한 지식인과 당 간부들의 사상 개조를 위해「하방(下放)운동」을 전개하여 농촌에서의 육체노동에 참여토록 했다. 이것은 학생, 교사, 도시의 당 간부 및 관리들이 농촌으로 가서 마을 사람들과 함께 육체노동을 함으로써 그들이 대중과 함께 호흡할 수 있고, 또한 농업생산에 도움을 주게 하기 위함이었다.

이 반우파 투쟁이 1957년 말 마무리됨에 따라 이어서 1958년 대약진운동을 전개하였는데, 이는 상당히 의미 있는 일이다. 말하자면, 반우파 투쟁은 공산당이 대약진운동을 추진하기 위해 사전에 문화, 사상 면에서 내부 정지 작업을 전개한 것이 아닌 가 추측되고 있다.

10. 사회주의 건설 총노선 추진

중국 공산당은 그동안 정풍 운동과 반우파 투쟁 등 사회주의 개조를 통해 신민주주의에서 사회주의로의 전환이 어느 정도 완성되었다고 보고 이제 전면적인 사회주의 건설에 돌입해야 할 필요성을 느꼈다.

1956년 4월 마오저뚱은 중앙정치국 확대회의에서「10대 관계를 논하다」라는 제하의 연설을 통해, 사회주의 사회내의 각종 관계에 관해 논하면서 사회주의 건설과정에서 필히 처리해야 할 10대 모순관계에 관해 논술하였다[20].

19) 김익도, 이대우, 현대중국의 정치, 부산대출판사, 2009, pp 74~78

20) 중국 공산당은 사회주의 건설의 새로운 시기를 맞으면서 중국 국정에 맞는 사회주의 건설 방향을 탐색하기 위하여 먼저 공업, 농업, 운수업, 상업 등 34개 부서의 사업 보고를 듣고 사회주의 경제 건설에 관한 문제를 조사 연구하였다. 이를 토대로 마오저뚱은 1956년 4월 정치국 확대회의에서 <십대관계를 논하다>는 연설을 발표하고 사회주의 건설 과정에서 정확히 처리해야 할 10대 모순 관계에 관해 논술하였는데, 이는, ① 중공업과 농업, 경공업의 관계 ② 연해공업과 내륙공업의 관계 ③ 경제건설과 국방건설의 관계 ④ 국가와 생산단위 및 생산자 개인의 관계 ⑤ 중앙과 지방간의 관계 ⑥ 한족과 소수민족간의 관계 ⑦ 당과 비(非)당간의 관계 ⑧ 혁명과 반혁명의 관계 ⑨ 시비관계 ⑩ 중국과 외국과의 관계 등이다. 마오저뚱은 특히 이러한 문제를 제기하는 목적은 국내외 모든 적극적인 요소를 동원하여 강대한 사회주의 국가를 건설하는데 있다고 밝혔다.

이러한 배경 하에 중국 공산당은 1956년「제8차 당대표대회」를 개최하였다. 이 대회는 마오저뚱을 대표로 하는 97명의 중앙위원과 73명의 후보위원을 선출하는 한편 연이어 개최된 제8기 1중전회에서는 마오저뚱을 중앙위원회 주석으로, 류샤오치(劉少奇), 조우언라이(周恩來), 쥬더(朱德), 천윈(陳雲)을 부주석으로, 덩샤오핑(鄧小平)을 총서기로, 똥삐우(董必武)를 감찰위원회 서기로 선출하였다. 또한 대회의 주요 임무로는 생산력을 향상시켜 사회주의 공업화를 실현하고 점차 증대되는 인민의 물질적, 문화적 수요를 만족시키는 것이라고 규정하고, 이를 위해 아래의 몇 가지 문제들을 해결해 나가야 함을 강조했다.

첫째, 당초 공산당이 제기한 반보수(反保守)와 반모험(反冒進)의 원칙하에 수요와 가능성을 감안하면서 합리적이고 균형 있게 국민경제를 발전시켜 나간다.

둘째, 실사구시 원칙에 따라 마르크스, 레닌주의의 기본 이론과 중국의 실제 상황을 밀접히 결합시키되, 주관주의, 관료주의 및 종파주의를 극복한다.

셋째, 사회주의 건설 수요에 따라 사회주의 민주를 확대하고 사회주의 법제를 견실히 추진해 나갈 것을 강조하였다.

이「중국 공산당 제8차 당대표대회」는 신중국 건국 이래 개최된 최초의 전국대표대회로서, 중국이 전면적인 사회주의 건설을 시행해 나가기 위한 정치적, 사상적 기초를 제시하고 제도적 뒷받침을 한 대회로 평가되고 있다.[21]

여기에 한층 더 나아가 1958년 5월에 개최된 제8차 당대표대회 제2차 전체회의에서 마오저뚱(毛澤東)은 "보다 높은 목표를 달성하기 위해 힘쓰며, 보다 빠르게 보다 좋게 그리고 보다 경제적으로 사회주의를 건설해 나가자"라는 구호를 외치면서 이른바「사회주의 건설 총노선」을 제창하게 되었다.[22]

---

21) 胡繩 主編, 中國共産黨的七十年, 北京, 中國黨史出版社, 1991, pp 294~300, /中國共産黨 歷代 全國代表大會硏究,, 東方出版中心,, pp 187~190

22) 何理 主編, 中華人民共和國史, 北京, 檔案出版社, 1989, pp 191

Ⅲ. 대약진「大躍進」운동과 인민공사(人民公社) 제도

1. 대약진「大躍進」운동

대약진 운동이란, 건국 초기「과도기의 총노선」과 같은 점진적 방법에 의한 사회주의 건설은 여러 문제점을 양산할 수 있다고 보고 이를 급선회하여 급진 노선으로 바꾼 운동으로, 사회주의를 건설함에 있어 구소련 모델을 기본 방침으로 하되 생산관계를 더욱 적극적으로 동원하여 소련보다 더 빠른 발전을 모색해 나가자는 운동이었다.

이는 그동안 각 분야에서 사회주의 개조를 완성시키고 제1차 5개년 계획을 시행함에 있어 농업과 공업 생산 부문에서 현저한 발전을 가져 오는 등 일정한 성과를 거둔데 따른 마오저뚱(毛澤東)의 자신감의 발로였다.

그러나 마오저뚱(毛澤東)이 이같이 갑자기 급진노선으로 선회하여 대약진 운동을 전개한 실질적 배경에는 당시 농촌이 직면한 경제적 침체 상황을 둘러싼 정책 노선의 대립에 의한 당내 권력투쟁이 근저에 깔려 있었다.[23]

우선 중국이 건립되면서 실시한 토지 개혁으로 농민의 생산의욕이 향상되어 일시적으로 농촌 생산력이 증대되긴 하였으나, 시간이 경과함에 따라 농촌의 과잉 인구에 농가 규모도 영세화를 면치 못하면서 생산성 저하는 계속되었다.

이에 더하여 중공업을 중심으로 한 제1차 5개년 계획은 공업 부문에서 현저한 발전을 보인 반면, 농업 부문은 여전히 답보상태를 유지함으로써 농민들의 불만은 커져 갔다. 특히 농업생산 부진에 따른 식량부족 현상은 경공업 발전에 필요한 원료공급 부족으로 이어져 국내 경제에 심각한 타격을 주었다.

또한 토지 개혁 직후 경자유전의 원칙에 따라 자작농이 토지를 소유하고

---

23) 김익도,이대우, 현대중국의 정치, 부산대 출판사, 2009, pp 84~85

이들에 의한 농업생산이 이루어졌으나 시간이 지남에 따라 다시 새로운 중간 부농계층이 발생하여 계급적 분화현상이 발생하였다. 그동안 사회주의 건설에 적극 동참해 왔던 농민 계층은 중국 공산당에 대한 배신감에 불만이 더욱 커져 갔고 중국 내부의 여러 모순들이 다시 표면화됨으로써 마오저뚱은 어려운 처지에 직면하게 되었다.

마오저뚱(毛澤東)은 이러한 새로운 문제들에 직면하면서 이 어려운 국면을 타개하고 자신의 지도 노선을 재확립하기 위해서는 그동안의「과도기 총노선」에 의한 점진적 노선을 과감히 포기하고 대신 이들 문제들을 한꺼번에 해결할 수 있는 획기적이며 극단적인 방안 마련이 필요하였던 것이다.

이러한 배경 하에, 그는 1957년 10월 개최된 중국공산당 제8기 중앙위 제3차 회의에서 [농업발전강요 40조]에 대한 수정안을 제안하였다. 동 수정안에서 농촌 남여 노동자들의 1년간의 최소 노동시간을 규정하였는데, 이는 일반 대중을 최대한 동원시켜 집단 내에서 장시간의 생산 활동을 유지토록 하기 위한 조치였다.

이에 더불어 마오저뚱(毛澤東)은 1958년 1월말 최고국무회의에서 '쇠는 달궈졌을 때 때려야 한다.' '단숨에 일을 해치우자'란 작업 방법을 제시하면서 대규모 농지 건설과 인민의 철강생산 운동을 독려하였다. 다만 이를 위해 자금과 노동력이 긴요하여 합작사를 합병·확대하여야 할 필요가 있었고, 여자 노동력을 가정으로부터 해방시켜 공공 식당을 설립하는 구상도 가졌다. 이것은 곧「인민공사」라는 새로운 집단조직체의 탄생을 예고하는 것이었다.

마침내 1958년 2월 개최된 제1기 전국인민대표대회 제5차 회의에서 대약진 운동을 강력히 추진할 것을 결의하였다. 그리고는 동년 5월의 제 8차 당 대회 제2차 전체회의 이후 대약진운동이 전면적으로 실시되었다. 대약진운동이 실시되면서 전국 각지의 노동자, 농민들은 전쟁을 방불케 할 정도로 생산 활동을 전개시켜 일시적으로는 생산량이 급상승하였으나, 공산당 지도부는 사실상 불가능한 생산목표를 설정하고 미숙한 통계 수치를 산출해냄으로써 곧 한계를 드러내기 시작하였고 결국 실패의 길로 접어들게 되었다.

대약진 운동은 비록 실패로 끝났지만 당시의 중국 공산당 입장에서 보면 이 운동은 자력갱생을 위한 일종의 내부 투쟁의 소산이었다. 즉, 중국의 인적, 물적 자원을 총동원하여 중국의 공업화를 농촌에서부터 추진함으로써 사회주의 건설을 앞당기고자 한 노력의 소산이었다. 이 운동은 기존의 소련을 모델로 한 제1차 5개년 계획과는 달리 중국의 독자적인 사회주의 건설 방법을 모색한 것이었으며, 중국의 자주 독립 노선을 모색하고 추구하고자 한 것이었다. 따라서 이는 신중국 현대 정치사에서 정책 노선의 전환을 의미하는 하나의 중요한 분수령이 되는 사건으로 해석된다.[24)]

2. 인민공사(人民公社) 제도의 설립

인민공사에 관한 마오저뚱(毛澤東)의 구상은 1958년 봄과 여름 사이 농공업의 생산력 증대를 위해 만들어진 합작사를 합병하는 과정에서 탄생되었다. **인민공사 제도**는 행정기관은 물론 농업과 공업, 학교, 민병 및 정당에 이르기 까지 그 기능을 모두 포괄하는 중국 사회의 특유한 전체주의적 집단조직체였다. 즉, 이것은 정치, 행정과 농업 및 공업 생산의 모든 지방기관들을 하나로 통합시켜 마을 전체를 대규모로 능률화시키고 부녀자들을 포함한 모든 노동력을 완전 고용시키겠다는 구상에서 연유하였다.

따라서 인민공사는 생산 채산단위로부터 직접 식량을 거두어 들여 장악함으로써 자금과 노동력을 일괄적으로 조달하고 배치할 권리를 갖고 있을 뿐만 아니라 소득분배 방식도 함께 결정할 권한을 갖는 것이다. 이 인민공사는 생산대, 생산대대 및 인민공사의 3단계 계층조직으로 구성되어 처음에는 약 1~4만 인구를 가진 수천 가구로 구성되었다가 나중에는 만 가구, 심지어는 수개의 향(乡)을 포함하는 단위로 확대되었다.

인민공사 제도가 처음 실시된 것은 1958년 4월 허난성(河南省)에서 약 4만 3천명을 조직하고서부터였다. 그 후 1958년 8월 베이따이허(北戴河)에서 개최된 당 정치국 확대회의에서 「농촌 내 인민공사 설치 문제에 관한 결의」를 채택하면서 전국적으로 확산되기에 이르렀다. 이른바 동 회의가 개최된 후 약 1개월 후인 9월말 전 중국 농촌의 98% 이상이 인민공사로 조직되었다.

인민공사의 주요 특징은 조직과 운영 면에서 '일대이공(一大二公)' 그리고 노동 관리와 소득 분배 면에서 '일평이조(一平二調)'로 요약된다. 일대이공

---

24) 김익도, 이대우, 현대 중국의 정치, 부산대 출판사, 2009, pp 85~86

(一大二公)에서 一大는 하나의 향에 하나의 합작사를 두는 것을 말하며, 二公은 경제조건이나 빈부격차가 서로 다른 합작사를 통합한 이후 통일 분배 등 엄격한 평균주의에 따라 처리하며, 합작사 조직원의 가축과 농기구, 과수 등은 모두 합작사에 귀속된다는 것이다. 또한 일평이조(一平二調)에서 平은 평균주의, 調는 자금과 노동력을 모두 상급 기관으로 돌려 관장토록 한다는 것을 의미한다.

이전 농업합작사 시대는 수리 공사를 하거나 농촌 기업을 창설할 때 합작사의 이익에 따라 투자와 노동력 제공 방식 등을 결정하고 대신 상급 기관은 임의로 자금과 노동력을 배치할 권한이 없었다. 그런데 인민공사가 설립된 후에는 합작사는 인민공사 아래의 하나의 생산대에 불과하고 대신 인민공사가 모든 합작사의 자산을 보유하여 생산을 지도하고 자금과 노동력을 임의로 배치할 수 있었다. 그러나 이는 인민공사 내의 평균주의라는 미명하에 자금, 노동력 및 소득을 공동 분배함으로써 당연히 불공평이 발생하고 동시에 농민의 생산의욕 감퇴를 초래하는 구조였다.

중국 공산당은 1958년 가을부터 인민공사 제도를 적극 추진하였으나, 시간이 지남에 따라 부작용이 나타나기 시작했다. 인민공사는 이전의 합작사와는 달리 개인 경작지와 가축 등 일체의 개인 재산을 공사에 반납해야 했기 때문에 농민들의 반발을 샀음은 물론 계속적인 중노동에 시달릴 뿐 아니라 생활의 집단화로 가정이 사실상 해체될 지경에 이르러 농민들의 생산의욕을 급속도로 저해시키는 결과를 초래했다.[25]

이에 따라 전국 각지에서는 식량, 기름, 돼지고기 및 야채 등 생산품이 현저히 부족한 공황 상태가 나타났고, 중앙 및 공사의 지도자들은 생산대가 생산량을 속여 몰래 나눠 가졌다고 비판하고 반대로 생산대는 상급 기관을 비난하였다. 문제의 심각성은 계속해서 확대되었고 1960년 초 참담한 실패로 끝나고 말았다. 이로 인해 각 지역에는 굶어 죽는 자가 근 2천만 명에 이르는 끔찍한 참사로 이어지기도 하였다[26].

25) 김하룡, 중국정치론, 서울, 박영사, 1984, pp 186~187

26) 김익도,이대우, 현대중국의 정치, 부산대출판사, 2009, pp 91 재인용

3. 노선 재조정과 대약진에 대한 반발

이와 같이 대약진 운동과 인민공사에 대한 부작용이 심각해지자 마오저뚱과 공산당은 1958년 말 부터 전 당에 걸쳐 긴급조치를 취하고 국내 건설의 기본 노선을 재조정하지 않을 수 없었다.

이 기간 동안 중국 공산당은 몇 차례 회의를 개최하여 인민공사 제도 시행으로 인해 나타난 여러 부작용들을 해소하기 위한 일련의 조정 조치를 취하였다.

구체적으로는, 사회주의와 공산주의의 경계 및 전민소유제와 집체소유제의 경계를 분명히 하고, 상품 생산의 발전과 노동에 따른 분배 원칙을 견지하며, 지나치게 높은 지표나 상부의 무리한 지시, 과장 보고 등을 절대 금지토록 하였다. 특히 1958년 12월 우창에서 개최된 당 제8기 중앙위 제6차 회의에서는「인민공사의 약간의 문제에 관한 결의」를 채택하여 도시에서의 인민공사 실시를 연기하고, 전 인민소유제의 실시는 오류라고 지적하면서 생활필수품이나 은행 예금 그리고 부업에 의한 개인 수입이나 가재도구 등은 개인 소유임을 분명히 밝혔고, 농민의 노동시간을 12시간으로 제한함으로써 인민공사 제도 및 시행방안에 관한 일부 수정 조치를 취했다.

한편, 대약진 운동이 실패로 끝나갈 무렵, 공산당 지도부내에서는 마오저뚱의 지도 노선에 반기를 든 세력이 있었으니, 그것은 당시 국방부장 이었던 펑더화이(彭德懷)를 중심으로 한 군부 및 인민해방군 세력이었다. 당초 이들은 정강산(井崗山)에서 인민해방군이 창설될 당시부터 주로 군의 사상 무장을 위주로 한 혁명 군대였으나, 신중국 건립 이후 바로 한국전쟁에 투입되어 선진 무기로 무장한 미국 군대와 직접 대치하여 전쟁을 치러 봤기 때문에 군의 장비 현대화와 정규군화가 긴요하다는 것을 깊이 깨닫고 있었다.

그런데 마오저뚱이 주도한 대약진운동은 오히려 병사 가족들을 노력동원에 동원하는 등 어려운 생활을 겪게 하였고 병사들도 군사훈련보다는 각종 건설사업에 동원되어 군의 사기가 급속히 저하되었으며, 또한 소련과의 기존 유대관계에 손상이 갈 경우 인민해방군의 현대화 계획에도 차질을 빚을 것을 우려하여 마오저뚱과 당 지도부에 내심 불만을 갖고 있었다.

사실 그 이전에도 1956년 당 제8기 대표대회 시 펑더화이(彭德懷)는 "근대화된 혁명군대는 근대 과학기술로 무장되지 않으면 안 된다"고 하여 당의 기본 노선보다는 군의 현대화와 정규화를 주장하고 현대화된 소련군의 경험을 배울 것을 강조한 바 있었다.

　그러나 펑더화이가 중심이 된 군 현대화 노선은 당시의 마오저뚱이 추구하던 자주적인 대약진운동과는 정면으로 배치되었으며, 마오저뚱으로서는 도저히 용납할 수 없는 문제였다. 왜냐하면 군을 현대화하기 위해서는 당시 군의 편제와 현대 장비들을 모두 소련에서 도입해야 했는데, 그렇게 되면 군의 대소련 의존도가 심화될 것이고 결국 중국의 자주권 상실로 이어질 것이기 때문이었다.

　1959년 7월 강서성(江西省)의 루샨(廬山)에서 당 정치국 확대회의가 개최된데 이어 8월에는 공산당 제8기 중앙위 제8차 회의가 개최되었는데, 동 회의에서 펑더화이는 마오저뚱에게 <의견서>를 보내 소위 「대약진운동은 한 발자국으로 공산주의 천국으로 가려는 시도에 불과한 소부르조아지의 열광」이라고 맹비난하였다.[27] 이에 마오저뚱은 이를 토론에 부쳤고 수많은 사람들이 이에 반대하거나 회의적인 입장을 보였다. 다만 황커청(黃克誠,인민해방군총참모장), 장원티엔(張聞天,외교부장), 조우샤오쥬(周小舟,호남성 제1서기) 등 일부 펑더화이 세력만이 이 견해에 동조하였다.

　동 토론에서 **마오저뚱**은 대약진을 계속해야 하며, 인민공사 제도를 공고히 해 나가야 할 것임을 강조한 데 반해, **펑더화이(彭德怀)**는 정치 위주의 대약진 운동의 일방성을 비판하였고, 인민공사에 대해서도 이를 실시할 시기가 아직 성숙되지 않았다고 주장하였다.

　그러나 마오저뚱은 생산력이 생산관계를 결정한다는 경제 원칙을 인정하지 않고 인간의 주관적인 능동성을 중요시하였다. 대약진 운동은 바로 '정치 제일'이란 수단으로 대중을 동원시켜 인간의 잠재력을 발휘케 함으로써 경제법칙을 타파할 수 있다고 생각하고, 더 중요한 것은 대약진이 공산주의로 넘어 가는 과정의 일종의 혁명 투쟁이며, 이를 단순히 경제관념에서만 이해하면 안 된다고 주장하였다.

　마침내 「루샨(廬山)회의」가 끝날 무렵, 펑더화이의 주장은 당에 대한 중요한 도전으로 간주되면서 동인에 대한 신랄한 비판으로 이어졌다.

────────────────

27) 何理 主編, 中華人民共和國史, 北京, 檔案出版社, 1989, pp 201

결국 1959년 9월 펑더화이를 비롯한 이들 세력은 모두 '우경 기회주의자'로 몰려 해임, 숙청되었고, 그 후임으로 린삐아오(林彪)가 국방부장이 되어 군의 현대화 보다는 군의 정치사상 공작을 최우선으로 함으로써 중국 인민해방군을 다시 혁명의 대열 속으로 몰아넣었다. 이 사건을 계기로 중국의 군부는 문화대혁명이 발생하기까지 마오저뚱의 충실한 혁명전위대이자 혁명전사로서의 역할을 수행하게 된다.

4. 조정, 공고, 충실, 제고의 8자 방침과 신경제 정책

대약진 운동 및 인민공사 제도가 실패로 끝나면서 1960년대 들어 중국 경제는 큰 어려움에 봉착했다. 이에 더불어 당시에 자연 재해가 발생하였고, 소련정부로부터 지원 중단 통보 등 악재가 겹치면서 중국 경제는 심각한 어려움에 직면하고 있었다. 제2차 5개년 계획기간 동안 농·공업 총생산량이 매년 0.6% 증가에 그치고 그중에서도 공업 생산량이 매년 평균 3.8%를 증가한 데 반해 농업 생산은 매년 3.9%씩 하락하였다.[28]

중국 공산당은 이러한 경제위기를 극복하기 위하여 1960년 겨울부터 농촌사업에 대한 조정 정책을 시행키로 하였다. 1961년 1월 중국 공산당 제8기 9중전회에 제출한 중국 경제에 대한 "조정, 공고, 충실, 제고"라는 8자 방침이 정식으로 통과되었다. 이는 대약진 이후 중국 경제를 다시 회생시키기 위한 중국 당국의 중요한 정책의 전환이었다. 이 내용은 전 중국 경제의 발전 속도를 조절하는 것 즉, 중공업 특히 철강 공업의 발전 속도를 조절하며, 기초시설 건설 규모도 축소하는 한편 공업과 농업 간, 중공업과 경공업 간, 그리고 저축과 소비간의 비례를 적절히 맞추어 균형된 경제 건설을 추진해 나간다는 것이었다.[29]

이무렵 마오저뚱은 대약진과 인민공사의 실패에 대한 책임을 지고 1958년 우창(武昌)회의에서 이미 물러나겠다는 의사를 피력하였으며 1961년 당 제8기 중앙위 제8차 회의를 주재한 이후 일선에서 물러나 실권을 잃게 되었다.

---

28) 박정동, 현대중국 경제론, 범문사, 2003.

29) 이도기, 현대 중국 공산당의 이해: 역사, 지도사상, 영도, 서울, 통일신문사, 2008, pp 155

대약진 이후 조정 정책은 마오저뚱 대신 정권을 장악한 류샤오치(劉少奇)와 덩샤오핑(鄧小平) 등 당권파30)에게 넘어가 이들이 당의 실질적인 주도권을 장악하게 되었다.

1961년 5월 류샤오치(劉少奇)가 중심이 되어 작성한 全文 60개 조로 된 <농촌 인민공사 공작 조례>와 그 해 9월 당 제8기 10중전회에 제출된 <수정안>이 채택되어 당 중앙위원회의 기본 방침이 되면서, 이제 농민들은 자류지(自留地)를 갖게 되었고, 농산물에 대한 자유 판매가 허용되는 등 인민 공사에서 주장하는 전 인민소유제와는 상반되는 조치가 취해졌다. 이는 인민공사 제도가 이미 유명무실해 졌다는 것을 입증하는 것이었다.31) 또한 동 10중전회에서는 중국 경제가 이미 전국적으로 호전되고 있지만 문제점도 여전히 상존하고 있다고 보고, 전 당이 일치단결하여 8자 방침 관철을 위해 계속 조정해 나갈 것을 역설하였다.32)

이 8자 방침에 의한 경제 조정 정책 실시로 급진 개혁에 따른 부작용과 병폐는 어느 정도 개선되었고 생산 측면에서도 상당한 성과를 거두어 1962년 말부터는 중국 경제가 크게 호전되었다. 1963~65년간 농, 공업 총생산액은 매년 평균 15.7% 증가하였고, 그중에서도 공업 및 농업은 각각 연 평균 17.9%와 11.1%씩 증가하였으며, 국민소득도 매년 평균 14.5%씩 증가하였다.

이 와중에도 마오저뚱은 여전히 중국 공산당 주요 회의에서 사회주의 계급투쟁을 강조하였으며, 당시에 당권파가 채택한 신 경제 조정 정책들이 사회주의 기본 혁명노선을 벗어나고 있다고 경고하고, 이런 체제하에서는 자산계급이 결국 다시 살아나 당내 수정주의를 낳는 근원이 될 수 있기 때문에 끊임없는 계급투쟁이 이루어져야 함을 호소하였다.

다만, 당시 당권파의 경제 조정 정책이 어느 정도 성과를 거두면서 중국경제를 호전시켜 가고 있었기에 이러한 계급투쟁론은 그다지 설득력이 없었다는 것을 인식하게 되었고 이제 마오쩌둥은 일반 대중의 사상 교육을 통해서

---

30) 여기서 당권파(黨權派)란, 당시 계급투쟁과 인민공사 제도를 주장하였던 급진 좌파였던 마오저뚱에 반하여 중국경제의 현대화를 주장한 세력들이 당권을 장악하였다 하여 불리워진 이름으로서, 류샤오치, 덩샤오핑, 천원 등이 이에 속한다.

31) 김익도, 이대우, 현대중국의 정치, 부산대출판사, 2009, pp 97~99

32) 建國以來 重要文獻選篇, 第15卷, pp 651

만이 자신의 혁명노선을 관철시킬 수 있다고 생각하여 **사회주의 교육운동**을 전개하는 방향으로 전환해 갔다.

농촌을 중심으로 전개된 이 사회주의 교육 운동은 전면적이고 광범위한 계급투쟁의 성격을 지녔다. 사회주의 교육 방법은 계급의 관점에서 문제를 분석하는 것이었으며, 그 중점 내용은 아래 5가지로 요약될 수 있다. 1) 구세대 빈농으로 하여금 구사회의 고난을 회상케 한다. 2) 사사(四史)를 대규모로 정리한다. 3) 농촌의 계급투쟁은 빈농과 하층 중농에 의지한다. 4) **사청(四淸)운동**(경제 청산, 사상 청산, 역사 청산, 조직 청산)을 전개한다. 그중에서 말단 간부들의 부정부패를 중점적으로 척결한다. 5) 간부들이 민중으로부터 이탈되지 않게 하기 위해 집단적 생산 노동에 참가케 한다는 것이었다. 이처럼 사회주의 교육 운동은 주로 당, 정 간부들의 관료주의와 부패 기풍을 척결하는데 주력하였다.

마오저뚱은 1963년 5월 당 중앙위원회를 소집하여 [당면한 농촌업무 중 약간의 문제에 관한 결정](前十條로 약칭)을 통과시켰다. 이 결정은 곧 사회주의 사회에서 장기적으로 계급투쟁이 존재한다는 마오저뚱 사상을 반영하여 농촌에서의 사회주의교육 운동을 추진하되, 빈농과 하층 중농을 중심으로 계급투쟁을 전개할 것과 당, 정 간부들도 집단적인 생산 노동에 참여할 것을 강조한 것이다.

그러나 이후 사회주의교육 운동 실시를 위한 시행세칙으로 1963년 9월 덩샤오핑(邓小平)이 비준한 [농촌 사회주의 교육운동에 있어서 일부 구체적인 정책에 관한 규정](後十條로 약칭)이 채택되었는데, 이는 사회주의 교육 운동에 있어서 대외적으로는 <前十條>의 방침을 계승하는 듯 보였지만, 실제로는 <前十條>의 급진적인 혁명노선을 배제하고 주로 법의 테두리 내에서 온건하게 추진하면서 농촌에서 지도와 계몽 활동에 국한시키려 하였던 것이다. 예를 들면 <前十條>에서는 빈농과 하층 중농에 의지할 것을 강조한 데 반해, <後十條>에서는 빈농과 하층 중농에서도 계급적 관념이 확고하지 못한 이도 있기 때문에 이들을 먼저 계도하고 교육시킨 후에 의지해 나가야 한다고 하는 등 사실상 중농을 보호하는 입장을 폈다.

이에 마오저뚱은 자신이 직접 주도한 장기적 계급투쟁과 급진적 혁명 노선이 류샤오치와 덩샤오핑이 이끄는 당권파에 의해 사실상 중단되고 그동안 수

정주의 경향이 중국내에서 다시 재현되고 있는 데 대해 심한 배신감을 느끼
면서 이들을 당권 투쟁을 통해 축출해야겠다는 생각에 이르게 되었다.

IV. 문화대혁명

1. 개 요

  문화대혁명은 중국 현대사 및 중국 공산주의 혁명사에서 하나의 중요한 획을 긋는 전대미문의 획기적 사건이었다. 신중국을 이제 막 건립한 중국 혁명 1세대들은 향후 중국을 어떻게 끌고 가야 할 것인지 등 혁명 노선에 대한 정립이 우선 필요하였으며, 이러한 노선 투쟁이 공산당 내 권력 투쟁과 혼합되면서 여기에 광범위한 사회민중 역량을 동원해서 일으킨 내부 혁명전쟁이었다.

  마오저뚱과 4인방 세력의 주도로 1965년부터 시작하여 약 10년간 중국 사회 전체를 뒤흔들었던 이 혁명은 소위 '무산계급의 문화대혁명'이란 이름하에 과거의 봉건적 부르조아지 사상을 중국사회 저변에서부터 철저히 타파해 나감으로써 중국 사회를 큰 혼란에 빠뜨렸으며, 전 세계에 크나큰 충격을 주었던 사건이었다.

2. 문화대혁명의 배경

  앞에서 본 바와 같이, 마오저뚱과 중국 공산당은 건국초기「과도기 총노선」에 따라 점진적 방법에 의한 사회주의 건설을 완성하겠다는 방침을 공언하였으나, 1957년부터 갑자기 입장을 바꾸어 급진 개혁으로 선회하여 대약진 운동과 인민공사 제도를 시행하였고, 이 과정에서 지나치게 높은 경제 지표를 설정함으로 인해 경제의 왜곡 현상과 과장 보고 등 다양한 문제점이 야기되었다. 이는 결국 프롤레타리아 독재에 의한 완전한 사회주의 건설을 시급히 이루려던 당초 의욕과는 반대로 오히려 중국 경제를 혼란과 쇠퇴의 길로 몰아넣는 결과를 낳았다.

　이렇게 중국 경제가 어려운 국면에 처하자 마오저뚱의 급진 노선에 대한 당 내부의 비판이 가해졌고, 따라서 경제 정책의 실패를 보정하기 위한 경제 분야의 중대한 방향 전환이 이루어졌다. 8자 조정 정책이 실시됨으로써 이를 주장해 온 당권파, 즉 류샤오치, 덩샤오핑 중심 세력은 점차 당내에서 우위를 점하게 되었고 이에 반해 소수파로 전락한 마오저뚱을 위시한 급진 세력은 정책 실패로 권력의 중심에서 소외되는 현상이 나타나 권력을 다시 회복하기 위한 기회를 노리고 있었다.

　그러나 1963년도에는 당권파가 실시한 조정 정책이 성공적으로 진행되어 정치적 입지가 더욱 좁아진 마오저뚱은 일반적인 당내 권력 투쟁을 통해서는 반대 세력인 당권파를 몰아낼 수 없다고 판단하여 린삐아오를 위시한 인민해방군 세력과 4인방 세력을 끌어들여 혁명적 방법을 통해 정치권력을 다시 쟁취하려 하였다. 이러한 일련의 내부 권력투쟁 과정이 바로 문화대혁명으로 표출된 것이다.

　당시의 시대 상황에서 본 문화대혁명의 발생 배경을 정리해 보면 다음과 같다. 먼저 문화대혁명 발생의 근저에는 중국의 프롤레타리아 혁명을 이끌고 신중국을 창립한 마오저뚱의 지속적인 계급투쟁론을 들 수 있다. 당초 '문화혁명'이란 20세기 초 중국 신지식인들의 사상 속에 깊이 내재해 있던 관념으로서, 이전의 봉건적 질서를 타파하고 개방되고 근대화된 중국을 만들기 위해 추진해 왔던 「신문화운동」에서 그 기원을 찾을 수 있다.

　당시 신문화운동을 주도했던 민주 지식인들에게 있어서 이 '문화혁명'이란 중국의 전통 문화유산을 타파하고, 사회 경제 발전의 필수 불가결한 전제 조건으로서 문화적, 지적 변화를 통해서 중국을 발전시켜 가는 것을 의미하였다.

　이러한 관념은 마오저뚱이 성장하던 시기에 그의 정치사상에 직, 간접적으로 많은 영향을 미쳤다. 즉, 역사의 길은 곧 각 개인이 무엇을 생각하고 있는지, 그리고 혁명 활동에 참가하려는 이들이 어떠한 의지를 갖고 있느냐에 따라 결정된다고 생각하였고, 또한 혁명 이후의 발전 원동력도 역시 중국 인민 대중의 의식과 끝없는 창조력에서 나온다고 보았다. 이러한 사고는 정통 마르크스주의와 연결되면서 중국은 끊임없는 혁명을 통해서 사회주의와 공산주의로 쉽게 이행될 수 있다는 생각으로 이어졌다.

마오저뚱은 이러한 관념을 '무산계급 독재 하의 계속혁명 이론'으로 구체화하였다. 즉, 곧 무산계급이 정권을 쟁취하고 사회주의 제도를 수립한다는 조건하에 하위 계급은 다른 하위 계급을 계속 전복시키는 정치 혁명을 하게 되는데, '문화대혁명'도 이러한 계속 혁명의 하나의 중요한 표현 방식이라는 것이다.

둘째, 정책 노선을 둘러싼 마오저뚱과 당권파 간의 권력투쟁의 산물이다. 당초 대약진 운동과 인민공사 제도의 실패에 대한 책임을 지고 제2선으로 물러난 마오저뚱과 급진 세력에 대신하여 당권을 장악한 류샤오치, 덩샤오핑 등 당권파는 우선 농업과 공업의 생산성 회복을 위해 1961년에 농촌 인민공사 공작 조례(농업60조)와 국영기업 관리공작 조례(공업70조)를 제정하여 일련의 조정 정책을 실시하였다. 그 결과 중국 경제가 다시 활기를 되찾게 되고 동시에 이들 당권파들은 공산당 내부뿐만 아니라 정치, 경제의 최일선으로 나서면서 당, 정 모든 부문에서 실질적인 주도권을 장악하였다. 그러나 마오저뚱에게는 이러한 조정 정책들이 자본주의의 부활로 비쳐졌고 따라서 이를 수정주의 노선이라 비판하면서 지속적인 계급투쟁을 강조하였다.

마오저뚱은 자신이 직접 주도한 장기적인 계급투쟁과 급진적 혁명 노선이 류샤오치와 덩샤오핑이 이끄는 당권파에 의해 사실상 좌절된 데 대해 심한 배신감을 느끼면서 이들을 축출해야겠다는 생각에 이르렀고, 다만 당시에는 당내 실권을 장악하고 있던 당권파를 공식적 절차를 통해 몰아내기 어렵다는 판단에 따라 대중 투쟁이라는 비상수단에 의해 이들 대중을 정치과정에 직접 개입시키려 하였다.

셋째, 당시의 국제 정치적 상황 요인으로서, 중. 소관계의 악화와 베트남 전쟁에 미국이 개입한 것이 중국 내부 정치에 영향을 미쳤다는 것이다. 우선 중국 북방의 약 5천km이상에 걸쳐 광대하게 국경을 맞대고 있던 소련과의 갈등은 중국의 안보에도 영향을 미치는 중대한 문제로 대두되었고, 이는 당시 중국 공산당 내부의 이념 논쟁에서 친소파와 민족주의자 간의 대립 양상으로 나타났다. 또한 당시 베트남 내전이 확대되어 미국이 개입함으로써 자칫 미국과 전쟁을 치러야 할지도 모른다는 위기감에서 중국 내부의 개혁과 단합이 긴요하였던 것이다.

3. 문화대혁명의 발단 및 전개

가. 海瑞罷官에 대한 비판

1965년 마오저뚱은 당 간부들이 이미 수정주의 노선을 걷고 있어 이념 투쟁을 통해서는 더 이상 궤도 수정이 어렵다고 판단하고, 당면 과제를 우선 당권파들이 장악하고 있던 베이징시 당위원회를 타도하는데 두었다. 그리고는 베이징 지역보다는 상하이로 본거지를 옮겨서 당권 재탈취를 위한 투쟁을 전개하기로 마음먹었다.

같은 해 11월 4인방의 한 사람으로서 당시 상하이의 무명지식인이었던 요문원(姚文元)이 시 당 기관지인 문회보(文匯報)에 베이징시 부시장 오함(吳晗)이 쓴「海瑞罷官」을 비판하는 글을 게재함으로써 문화대혁명이 확산되는 단초가 되었다.

본래「海瑞罷官」이란 작품은 당시 베이징시 부시장이며 명나라 역사전문가였던 오함(吳晗)이 1960년에 쓴 경극(京劇)의 각본 이름으로서, 명나라 때 해서(海瑞)라는 한 고관이 황제인 가정제(嘉靖帝)에게 백성을 돌보지 않고 나태하게 보내는 것을 직언한 이유로 노여움을 사서 관직에서 파면당하고 또한 투옥까지 당하는 내용의 경극이었다.[33]

이 극을 본 마오저뚱은 해서(海瑞)가 황제의 악정을 간하는 장면에 깊은 감명을 받았다고 하고, 당시의 공산당 내 상황을 빗대어 당내에 진실을 이야기하지 않는 풍조를 탓하고 이 경극 속에서 집권자를 두려워하지 않고 백성을 위해 할 말을 다하는 해서의 정신을 배우고 선전할 것을 지시하였다.

그러자 당시 마오저뚱의 비서였던 후챠오무(胡喬木)가 오함에게 글을 쓰도록 요청하였고, 오함(吳晗)은 그 해 4월 인민일보에 <해서, 황제를 비난하다>란 글을 발표하고, 이어서 9월에는 <해서를 논하다>란 글을 발표하여 처벌의 위험에도 굴하지 않고 올바른 말을 할 줄 아는 해서(海瑞)를 칭송하는 한편, 황제를 보위하는 대부분의 관리들이 부패하고 나약하여 황제의 잘못을 알면서도 간언하지 못하는 인간으로 묘사하였다.

---

33) 이 극은 1961년 1월 베이징에서 처음으로 공연되었는데, 당시에는 아무도 이에 대해 문제를 제기하거나 비판하는 사람이 없었다 한다.

이 때, 마오저뚱의 부인 쟝칭(江靑)은 비밀리에 상하이로 가서 상하이시 당 선전부장이었던 쟝츈치아오(張春橋)를 만나 이「해서파관」극이 이전 루샨회의 및 펑더화이 문제와 관련이 있음을 지적하고 당시 상하이의 「解放」 잡지의 편집위원인 야오원위엔(姚文元)으로 하여금 해서파관을 비판하는 글을 쓰게 하였다.

즉, 당시 루샨회의에서 펑더화이(彭德懷)가 마오저뚱에게 직언을 하다가 오히려 마오저뚱에게 숙청당한 사실이「海瑞罷官」극 중의 해서(海瑞)가 불의에 굴하지 않고 황제에게 간언했다가 관직을 박탈당한 것에 비유될 경우, 권력 재기를 노리는 마오저뚱에게는 심히 불리하게 작용할 수도 있을 것으로 판단했기 때문이다.

마오저뚱은 처음에는 이「해서파관」을 비판해왔던 쟝칭(江靑)의 말을 무시하고 지나쳤다가 나중에는 당시 당내에는 여전히 당권파들이 장악함으로써 이 기회에 적어도 펑더화이를 옹호하는 메시지를 담은「해서파관」을 비판하면서 사상 및 문예면에서의 당내 정풍 운동을 실시하고 아울러 권력 회복도 도모코자 하는 생각에 이르렀다.[34]

그리하여 야오원위엔(姚文元)은 1965년 11월 <신편 역사극 해서파관을 비판한다>라는 평론을 상하이의 <문회보> 와 <해방군보>에 발표하였다. 그러나 류샤오치 직계이며 베이징 시장 겸 제 1서기를 맡고 있던 펑쪈(彭眞)은 베이징시 부시장 오함(吳晗)이 5년 전에 쓴「海瑞罷官」에 대해 특별히 문제가 되지 않는다고 생각했고, 더군다나 상하이라는 지방지에 동 글이 게재된 것을 다시 중앙지에 게재하는 것은 바람직하지 않다는 판단에 따라 이를 그대로 무시하고 넘어가고자 하였다.

그 이유는 베이징시 부시장인 오함(吳晗)이 쓴 글에 대해 일개 지방 신문의 편집위원 겸 문예부 주임이 자신에게 어떤 사전 보고도 없이 감히 비판을 가하였고, 또한 당 선전부장인 루띵이(陸定一)도 동 사실을 모르고 있어 적

---

[34] 이러한 생각은 마오저뚱이 1967년 2월 알바니아 국가대표단을 면담하는 자리에서, "해서파관을 비판하는 일에 대해 처음에는 나도 몰랐다. 쟝칭 등이 한 것이다. 그 시점에 우리 국가의 어느 몇몇 부문, 몇몇 지방은 수정주의들이 판을 치고 있었다. 참으로 물 한 방울 스며들 수 없고, 바늘 하나 들어갈 틈이 없었다. 당시 나는 쟝칭에게 이 붉은 도시에서는 해서파관을 비판하는 글을 맡길 수 없으니 상해로 가서 조직하라고 말한 바 있다. 논문이 완성된 후 나는 세 번이나 읽고 기본적으로 괜찮다고 생각하고, 쟝칭으로 하여금 가져가 발표하도록 했다"고 한 것에서 알 수 있다. 출처: 김정계, 중국의 권력투쟁사 1949~1978,서울, 평민사, 2002, pp 152

어도 그 배후에는 마오저뚱의 암묵적 지시가 있었을 것으로 짐작하였기 때문이었다.

결국 조우언라이의 설득으로 이 비판의 글은 베이징시 당위원회 기관지인 「베이징일보」와 당 중앙군사위원회 기관지인 「해방군보」, 그리고 공산당 기관지인 「인민일보」에까지 실리게 되었다. 이 글이 중국내 주요 기관지에 실리게 되자, 각 지방의 신문들도 따라서 글을 게재하면서 자기 나름대로의 관점에서 입장을 발표하게 되었고, 공산당 내부의 주요 간부들도 「海瑞罷官」에 대한 해석에 대해 공개적으로 어느 한 쪽의 입장을 선택해야 했다.

상황이 이렇게 되자, 1966년 2월 중국 공산당은 급기야 펑쪈(彭眞) 지도하에 「문화혁명 5인 소조 확대회의」를 개최하고 여기에서 논의된 의견과 내용을 기초로 <문화혁명 5인소조의 학술토론에 관한 보고 요강>(약칭 **2月要綱**)을 작성하였다.

이 요강은 특히, 일부 혁명적 좌파들이 다른 의견을 제시할 수 있음을 인정하면서 학술적 논쟁에서 의견 불일치가 있을 경우 단기간에 결론짓기 보다는 진지한 검토를 통해 점차적으로 해결해 나갈 것을 제시하고, 「海瑞罷官」의 문제도 실사구시 차원에서 정치 투쟁이 아닌 학술적 논쟁으로 한정시켜 온건한 방법으로 해결책을 찾아 나가야 한다고 주장하였다.

그러나 마오저뚱 일파는 당내 실권파들이 2月要綱을 통해 문화 분야에서의 정치 투쟁을 순수 학술토론 수준으로 한정하고 이를 제한하려 한다고 비난하면서, 1966년 2월 쟝칭(江靑)의 지도하에 상하이에서 별도로 「부대의 문학, 예술에 관한 좌담회」를 개최한 후 <좌담요록>을 작성하여 2月要綱에 대항하였다. 그들은 이 <좌담요록>에 의거하여 소위 당권파가 장악하고 있던 베이징시 당위원회와 당 중앙선전부들을 비판, 공격해 가기 시작했다.

이 <좌담요록>의 주요 내용은, 건국 이래 문예계는 마오저뚱의 문예 노선에 따라 시행해 오지 않았고, 마오저뚱 사상과 배치되는 반당, 반사회주의 노선을 견지해 왔다고 비판하면서 앞으로 문화 분야에서 사회주의 혁명을 결연하게 추진해 나가되 반당, 반사회주의 흑색 노선을 철저히 배격해 나갈 것을 호소한 것이다.

이 <좌담요록>은 당초 쟝칭(江靑)과 린비아오(林彪)의 계획에 의해 작성된 것이었지만, 사실상 문화 분야에서의 정치투쟁, 즉 문화대혁명을 일으키려는

마오저뚱의 결심이 그대로 반영된 것이었다.[35]

이러한 상황 전개 가운데 중국 공산당은 이제 류샤오치를 중심으로 한 당권파는 베이징을 기반으로 하여, 그리고 마오저뚱 중심의 계급투쟁파는 상하이를 거점으로 서로 대립함으로써 중국내에는 마치 두 개의 정권이 양립하는 듯한 양상을 보였다.

나. 당권파 숙청과 5.16 통지

이러한 당내 파벌간의 대립은 당권 투쟁으로 확대되면서 자연스럽게 반대파 인사들에 대한 숙청 작업이 진행되었다. 먼저 군부에서 린삐아오(林彪)의 라이벌이며 펑더화이(彭德懷) 노선을 지지해 왔던 뤄루이칭(羅瑞卿) 해방군 총참모장에 대한 숙청사건이었다.

당초 1959년 루샨(盧山)회의를 계기로 펑더화이(彭德懷)가 실각되고 후임으로 린삐아오(林彪)가 국방부장을 맡으면서 군에 대한 사상 무장을 강화하고 전 군에 대한 재편 작업에 들어갔다. 1964년에는 군총정치부 지시로「마오저뚱 어록」이 편찬되어 군 장병들의 정치사상 공작을 철저히 하고, 1965년에는 군 개혁의 일환으로 계급제도를 전면 폐지하였다. 이렇게 린삐아오(林彪) 국방부장이 중국 군부를 중심으로 추진한 마오저뚱에 대한 맹신적인 개인숭배 운동과 마오저뚱 사상 학습 운동은 결국 이후 문화대혁명을 일으키는 가장 원초적인 근원이 되었다고 볼 수 있다.[36]

1965년 미국의 베트남 전쟁 개입이 본격화 되면서 국경을 맞대고 있던 중국 군부로서는 정책 노선에 대한 갈등이 일기 시작했다. 중국 군부의 제2인자인 뤄루이칭(羅瑞卿)총참모장이 그 해 5월 홍기(紅旗) 제5호에 <반파시즘 전쟁에서 본 역사적 교훈>이란 논문을 발표하여 구소련과의 제휴를 통한 국제 통일전선 형성과 적극적 방어 전략을 강조하는 한편 국내적으로 민병을 강화하고 자력갱생해 나갈 것을 주장하였다.

이는 과거 펑더화이(彭德懷)의 노선에 가까운 반면 마오저뚱의 군사 노선에는 정면으로 배치되는 것이었다. 반면 린삐아오(林彪)는 동년 9월 반소련

35) 김정계, 중국의 권력투쟁사 1949~1978,서울, 평민사, 2002, pp 156~157
36) 김익도,이대우, 현대 중국의 정치, 부산대 출판사, 2009, pp 108

노선을 분명히 하고 군부 내 사상 공작을 중심으로 한 공격적인 포위 전략을 강조함으로써 뤄루이칭(羅瑞卿)의 입장을 전면 부정하였다.

결국 마오저뚱은 1965년 12월 상하이에서 당 중앙정치국 확대회의를 소집하고 뤄루이칭(羅瑞卿)에 대한 조사를 진행한 후 "동 인은 정치제일 주의를 반대하였고, 군의 지도권을 찬탈하려 했다"는 명목으로 동 인을 비판하였다. 결국 당 지도부는 뤄루이칭(羅瑞卿)을 인민해방군 총참모장, 국무원 부총리 및 당 서기처 서기에서 전격 해임하는 결정을 내렸다. 이로써 중국의 군부는 완전히 마오저뚱과 린삐아오의 군사적 통제권 하에 놓이게 되었고 문화대혁명을 통한 당권 투쟁에서도 유리한 입장에 서게 되었다.

이러한 중국 군부의 제 2인자 숙청은 마오저뚱 등 혁명파 입장에서 보았을 때, 군부 내에서 펑더화이 노선을 지지하였던 군의 제 2실권자 뤄루이칭(羅瑞卿)이 만일 베이징의 류샤오치(劉少奇) 등 당권파와 연대할 경우 사태가 더욱 복잡해 질 것을 심히 우려하였기 때문일 것이다.

이어서 「海瑞罷官」의 두 책임자였던 펑젼(彭眞)과 루딩이(陸定一)에 대한 실각 조치도 진행되었다. 펑젼(彭眞)은 베이징시장 겸 베이징시 당위원회 제1서기로서 베이징 지역의 주요 기관지 발간에 대한 최고책임자였고, 루딩이(陸定一) 역시 당 중앙선전부장으로서 당의 이념 정립과 홍보 책임자 역할을 맡고 있었다. 이들은 처음 「海瑞罷官」 사건이 났을 때, 이를 적극적으로 정치 혁명으로 몰고 가지 않고 학술 토론 수준에서 국한시키려 하는 등 미온적으로 대처하는 한편 이를 신속히 중앙지에 게재치 않고 전국적으로 선전활동을 벌이지 않았다는 것이 그들의 죄목이었다.

그리하여 마오저뚱은 1966년 4월 항조우(杭州)에서 당 중앙 공작회의를 개최하여, ① 펑젼(彭眞)의 「2月要綱」을 부정하고 문화혁명 5인 소조를 새로이 개편하며, ② 북경시 당위원회를 개편하여 펑젼(彭眞) 제1서기를 해임하며, ③ 당 중앙 선전부장 루딩이(陸定一)를 파면할 것을 결정하였다.[37]

이들은 모두 대약진운동 실패이후 류샤오치를 중심으로 한 당권파 중에서 주요 실무를 책임지고 있던 사람들로서, 그 배후에는 류샤오치와 덩샤오핑이 있음은 주지의 사실이었다. 마오저뚱 일파는 당권파의 중심에 일격을 가하기 위한 사전 작업으로서 그들 하수인의 손과 발을 하나씩 자르는 작업을 진행

---

37) 中嶋嶺雄, 현대중국론, 동경, 청목서점, 1983, pp 229~236 재인용

하고 있었다.

1966년 5월 다시 당 중앙정치국 확대회의가 베이징에서 개최되어 마오저뚱이 주도적으로 기안한 '중국 공산당 중앙위원회 통지'(일명 '5.16통지'라 칭함)를 발표하여 이들 반당, 반사회주의 주동자들을 비판하는 동시에 혁명파를 중심으로 새로운 인사 개편을 단행하였다.

먼저 이「5.16통지」는 당의 투쟁 대상과 목적을 오함(吳晗)과 그 밖의 반당, 반사회주의 자산 계급을 대표하는 인물들로 규정하고, 당, 정부, 군대와 각 문화계 곳곳에 침투해 들어 간 이들 자산계급의 대표 인물들이 프롤레타리아 독재를 부르조아 독재로 변화시키려 하고 있어 이들과의 투쟁은 사느냐, 죽느냐의 투쟁이라고 하면서 사실상 류샤오치를 중심으로 한 당권파들과의 투쟁임을 공공연히 암시하였다.[38]

동 회의는 또한 펑젼(彭眞), 뤄루이칭(羅瑞卿), 루딩이(陸定一) 및 양샹쿤(楊尙昆)을 직위에서 해임시키는 반면 타오쭈(陶鑄)를 당 중앙선전부장으로, 예지엔잉(葉劍英)을 중앙군사위 비서장으로, 당의 화북 담당서기 리슈에펑(李雪峯)을 베이징시 제1서기로, 그리고 당 판공청 주임에 왕뚱싱(汪東興), 해방군 총참모장(대리)에는 양성무를 임명하였다.

그리고는 이전 펑젼이 지도하던 '문화혁명 5인 소조'를 폐지하는 대신「중앙 문화혁명 소조」를 신설하여 중앙정치국 상무위원회 직속 하에 두고 이 기관으로 하여금 문화대혁명을 이끌도록 하였다. 동 소조의 조장에는 천보다(陳伯達), 고문은 캉성(康生) 그리고 쟝칭(江靑), 왕런쭝, 리유즈지엔, 쟝춘치아오(張春橋)를 부조장, 왕리(王力), 꽌펑(關鋒), 치번위(戚本禹), 야오원위엔(姚文元)등 혁명파를 조원으로 임명하였다.

당시 류샤오치를 중심으로 한 당 중앙위원회와 덩샤오핑의 중앙서기처가 사실상 그 기능을 발휘할 수 없던 상황에서 이제 이「중앙 문화혁명 소조」는 마오저뚱의 직접적인 지시에 따라 문혁을 이끄는 당의 가장 핵심적이고 주도적인 기관으로 부각되었다.[39]

다.「중앙 문화혁명 소조」와 「공작조」의 대립

38) 김정계, 중국의 권력투쟁사 1949~1978,서울, 평민사, 2002, pp 164~165

39) 김정계, 중국의 권력투쟁사 1949~1978,서울, 평민사, 2002, pp 165~167

「5.16통지」가 발표된 지 며칠 지나지 않아 문화대혁명의 불씨는 전국적으로 확산되었다.「5.16통지」는 기존의 당권파들에게 심각한 정치적 타격을 주었음은 물론 당초 문화 예술에 대한 사상 비판으로의 문화혁명을 대중적 성격의·정치 운동으로 탈바꿈시킨 중요한 혁명적 강령이 되었다.

　　한편, 새로이 중앙 문혁소조 조장에 임명된 천보다(陳伯達)는「5.16통지」발표 직후 우선 소조원들을 데리고 당중앙선전부가 관할하던 인민일보를 점거하였으며, 동 인민일보 6.1자 사설에 **"4구(구사상, 구문화, 구풍속, 구습관)"** 의 타파를 주장하고 이러한 4구의 타파 과정이 프롤레타리아 문화대혁명이라고 언급하는 등 문화혁명 전개를 위한 언론 장악과 선전 활동에 나섰다. 이와 때를 같이하여 북경대학의 젊은 여강사 녜위엔즈(聶元梓)가 주동이 되어 북경대학 학장 겸 당위원회 서기 루핑(陸平)과 대학내 간부진들을 공격하는 대자보가 대학 내에 붙게 되고, 마오저뚱은 이를 문화대혁명의 귀감이라 하면서 혁명적 대자보란 이름으로 전국에 방송하고 이어 인민일보 등 중국의 주요 신문에도 게재토록 하였다.[40]

　　이제 베이징대학을 필두로 하여 베이징소재 각 대학으로 전파된 문화혁명은 급기야 전국적으로 확산되어 갔으며, 특히 전국의 각 대학생들은 그동안 기성세대와 사회 제도에 갖고 있던 욕구 불만을 이 문화혁명 활동을 통해 한꺼번에 표출해 내기 시작했다. 그들은 당권파에 의한 새로운 계층주의를 혐오하고, 순수한 평등주의를 지향하였으며, 평등보다는 능률을, 그리고 억압보다는 자유와 평화를 추구하는 신지식인과 관료들을 타도의 대상으로 삼았으며, 반면 끊임없는 계급투쟁과 혁명을 주장해 온 마오저뚱은 그들에게 오히려 희망을 안겨주고 자유를 전달하는 메시야로 보여 졌던 것이다.

　　그리하여 수천 명의 지식인과 관료들이 이 기간 중 젊은 대학생들에게 맞아죽거나 자살하는 소동이 벌어졌다.「5.16통지」를 발한 지 3일째 되던 5월 18일 마오저뚱의 비서 출신인 티엔쟈잉(田家英), 현대 중국문학의 대표적 문인인 라오셔(老舍)등 많은 지식인들이 사망하거나 박해를 받았다.[41]

　　상황이 급박하게 전개되자, 류샤오치와 덩샤오핑 등 당권파는 사태를 진정시켜 보고자「공작조(工作組)」를 현장에 급파하여 수습하도록 하였다. 그러

---

40) 김익도,이대우, 현대중국의 정치, 부산대출판사, ,2009, pp 113

41) 李永 主編,, 文化大革明中의 名人之死, 中央民族學院出版社, 1993

나 상황은 오히려 악화되어 이에 반항하는 학생들을 부추기는 결과를 초래하여 혼란 국면은 더욱 가속화되어갔다. 당권파가 공작조를 파견한 목적은 학생들의 조반(造反)활동을 당의 통제 하에 두면서 혼란보다는 질서를 유지하는 가운데 혁명과 생산 활동을 병행토록 하고자 하는 의도에서였다. 그러나 쟝칭, 캉성 등 혁명파들은 공작조(工作組)가 오히려 무산계급의 혁명 열기에 찬물을 끼얹고 있다고 맹비난하고 나섰다.

동년 6월부터는 학생들의 혁명 활동이 전국적으로 확산되면서 일부 고등학생들까지도 이에 합류하였고, 학생 그룹들은 중앙문혁소조가 만들어 준 완장을 차고 「홍위병(紅衛兵)」이란 이름으로 문혁의 새로운 전위부대로 나섰다.

라. 홍위병의 출현과 당권파 타도

이러한 긴장의 와중에, 중국 공산당은 1966년 8월 베이징에서 당 제8기 제11차 중앙위 전체회의(11중전회)를 열어 공작조(工作組)가 일반 대중의 운동을 저지하였다고 질책하고, 공작조를 파견한 당권파를 비판하고 나섰다. 그리하여 동 회의 기간 중 개최된 당 중앙정치국 상무위 확대회의에서, 마오저뚱은 <사령부를 포격하라>는 글을 발표하여 타도의 대상이 류샤오치와 덩샤오핑 등 당권파임을 공개적으로 표명하고 문혁의 방향이 결국 이들을 타도하는 것임을 시사하였다.

이와 동시에 마오저뚱은 당의 지도체제를 자신을 따르는 혁명파(革命派) 위주로 전면 개편해 버렸다. 우선 류샤오치(劉少奇)를 그동안의 책임을 물어 당 중앙위원회 부주석에서 해임시키고 권력 서열도 2위에서 8위로 밀쳐냈다. 회의는 당 중앙위원회 부주석을 별도로 선출하지 않고 단지 린삐아오(林彪)만을 부주석으로 임명하였으며, 이때부터 린삐아오는 권력서열 2위로서 마오저뚱의 대를 이을 후계자로 지목되었다. 또한 정치국 상무위원 7인을 11인으로 확대 개편하여 중앙문혁소조의 중심세력인 천보다(陳伯達), 타오쥬(陶鑄), 캉성(康生) 등을 정치국 상무위원으로 중용시키는 한편 펑전, 뤄루이칭, 루딩이 및 왕지아샹을 중앙서기처 서기 직에서 파면시키고, 대신 타오쥬(陶鑄), 예지엔잉(葉劍英), 사부치, 류닝이(劉寧一)를 후임 서기로 임명하였다.

이제 마오저뚱의 혁명파는 당의 지도체제를 자신의 세력 중심으로 개편함으로써 이들이 바라는 군중 노선에 의한 문화대혁명을 이끌 수 있는 합법적인 명분을 쌓게 되었다. 그리고는 그간 당을 지배해 왔던 당권파들을 제거하기 위한 본격적인 타도 작업에 돌입하였다.

1966년 10월 베이징에서 개최된 지방 성, 시, 자치구 당위원회 간부들이 참석한 당 중앙공작회의에서 중앙문혁소조 조장인 쳔보다(陳伯達)는 <프롤레타리아 문화대혁명에 있어서 2개의 노선>이란 제하의 연설을 통해, 중국내에는 대중 운동의지지 여부를 기준으로 마오저뚱의 대중노선과 류샤오치, 덩샤오핑의 부르조아지 반동노선으로 양분된다고 하고, 민중의 타도 대상은 바로 류샤오치와 덩샤오핑임을 구체적으로 밝히고 나섰다. 이어 류샤오치와 덩샤오핑은 매 회의에서 자아비판을 받았다. 비판의 내용은 그동안 사회주의 노선과 방향에 있어서 오류를 범하였고, 홍위병 운동과 관련해 공작조를 파견하는 등 반동적인 부르조아지 계급의 입장에 섰다는 것이었다.

1967년 3월에는 '류샤오치 특별안건 소조'를 만들어 동 인을 타도하기 위한 작업을 진행하였으며, 7월에는 중앙문혁소조의 일원인 치번위(戚本禹)가 주동이 되어 '류샤오치 비판 투쟁대회'까지 열었다. 이제 류샤오치의 재산은 모두 국가에 의해 몰수되는 한편 스스로도 연금 상태에서 행동의 자유까지 제한받는 지경에 처하였다. 이렇게 지금까지 국가주석과 당 총서기 직책으로 당과 국가를 이끌어 오던 국가지도자가 대중들에 의해 자아비판을 받게 되자, 홍위병을 포함한 일반 대중들도 점차 기존의 권력 기관에 대한 비판을 서슴지 않으면서 공격의 방법도 더욱 포악해 져 개인에 대한 인격 모독까지도 공공연히 자행되었다.

기존의 정부 기관은 완전 마비 상태였고 당 조직도 해체될 정도로 와해되어 국가 전체가 무정부(無政府)의 혼란 상태에 빠졌다. 당정치국(黨政治局)은 그 기능이 완전 정지되어 버렸고, 문화혁명소조(文化革命小組)가 사실상의 정치국 역할을 담당하였다. 당 조직도 서기처를 중심으로 조직부, 선전부, 통일전선공작부, 대외연락부와 각 정치부 및 그 직속기관을 타도의 대상으로 삼아 모두 폐지시켜 버렸다.

문화대혁명 초기에는 당 정치국, 국무원, 중앙군사위원회, 중앙문혁소조가 공동으로 중요 지시를 내 보냈으나, 이제는 린삐아오(林彪)를 중심으로 한 중앙군사위원회와 천보다(陳伯達)와 쟝칭(江靑)을 위시한 「중앙 문화혁명소조」에 의해 주요 정치 과정이 이루어졌다.

한편, 베이징대학에서 최초로 출현한 홍위병 운동은 각 학교별로 조직화가 이루어지면서 그 세력이 확산되어 나갔고, 이러한 학생운동의 힘을 십분 이용해 오던 마오저뚱과 중앙문혁소조 간부들도 이들의 배후를 지원하여 가두로 진출토록 사주하면서 이 홍위병 운동은 지펴진 불에 기름을 붓듯 전국적으로 확산되어 갔다.

1966년 8월 12일에는 천안문 광장에서 홍위병들의 「제1차 백만인 대집회」가 개최되었다. 이어서 각 홍위병 집단들은 「조반유리(造反有理), 혁명무죄(革命無罪)」, 「사구타파(四舊打破), 파구신립(破舊新立)」 등의 구호를 외치며 전국 각 도시와 농촌의 도로, 상점, 유적지들을 돌아다니며 기존 질서 타파와 혁명 운동을 전개해 갔다.

같은 해 8월 약 10일 동안 마오저뚱은 8차례에 걸쳐 전국에서 올라 온 약 1300만 명의 홍위병을 접견하였으며, 홍위병의 「전국 경험대회」 운동도 전개하였다. 각지의 홍위병들은 <장정대(長征隊)>를 조직하여 베이징을 방문하는 한편, 베이징의 홍위병들도 각 지역을 순회하였다.[42]

당초 홍위병이 조직화되던 초기에는 주로 대학생 중에서도 출신 성분이 비교적 양호한 당 간부 자제들이 주를 이루었으나, 이 홍위병 집단이 점차 전국화하고 대단위 조직으로 바뀌면서 그동안 당 조직에서 소외되었던 부르조아지, 우파분자 자제들도 가입하게 되었고, 이에 따라 홍위병도 다양한 이질적 요소들이 혼재하면서 내부 갈등과 모순을 드러내기 시작했다. 즉 출신성분이 불량한 집단 자제들이 가입하면서부터 이들은 「조반유리(造反有理)」라는 명분아래 과거 권력기관에 의해 억압당하였던 수모와 학대에 대한 보복으로 국가 권력기관과 지도자들을 대상으로 과격한 행동과 파괴 행위를 일삼았다. 이로써 홍위병 활동도 점차 내부에 상호 분파가 조성되었고, 이들 간에 서로 대립과 투쟁이 끊이질 않았다.

또한 홍위병들이 전국적으로 가두활동을 벌이는 과정에서 각 지역 주민이나 노동자들과도 사소한 충돌이 발생하면서 유혈사건으로 비화하는 경우도 있었고, 홍위병간의 상호 투쟁도 겹쳐 중국 전역은 이른바 혼돈 그 자체로

42) 김익도,이대우, 현대중국의 정치, 부산대출판사, 2009, pp 115

변해 갔다.

이러한 상황을 인지한 마오저뚱으로서는 당초 홍위병을 출현시킬 때는 당권파 타도를 목적으로 이들의 힘을 이용코자 했으나 이제 정권을 다시 회복한 후에는 엄청난 사회적 혼란을 조성하는 홍위병들의 활동을 더 이상 방치할 수 없었던 것이다. 마오저뚱은 실질적 조치로 1966년 9월 홍위병들에게 인민의 생산 활동을 간섭치 못하도록 하였고, 그 해 11월부터는 도보 이외에는 다른 교통수단에 의한 혁명 경험 교류를 중단할 것을 지시하였다가 다음해 2월에는 도보에 의한 혁명 경험 교류까지도 중단할 것을 명하였다.[43]

마. 중국 해방군의 개입과 「三結合」

상황이 이처럼 혼돈에 빠지자, 마오저뚱은 당초 군을 개입시키는 것을 자제하려 하였던 종래 방침을 바꾸어 군의 힘을 동원하기로 결심했다. 1966년 후반까지만 해도 군은 상지(三支, 支左는 좌파 지원, 支工은 공업지원, 支農은 농업지원), 양군(兩軍, 軍訓은 군사정치훈련, 軍管은 군사관리)이라 하여 주로 예방 기능을 수행해 왔으나, 이듬해인 1967년부터 공산당은 "인민해방군이 홍위병에 대한 정치, 군사 교육을 직접 담당할 것과, 군의 빛나는 전통과 모범적인 작풍을 이들에게 심어주고 학습에 필요한 모든 편의를 군이 직접 책임지고 제공할 것" 등을 내용으로 하는 특별 지시를 내림으로써 이제 군의 직접적인 개입이 시작되었다.

당의 중앙문혁소조는 1967년 1월 <해방군이 혁명 좌파를 굳건히 지지하는 것에 관하여>라는 5개항의 결의문을 발표하여 군의 개입을 공개적으로 지지하고 나섰다. 첫째, 문혁과정에 군이 개입치 않기로 한 규정과 이러한 취지와 관련된 지시는 모두 폐기한다. 둘째, 혁명좌파의 탈권 투쟁을 적극 지지한다. 셋째, 좌파를 반대하는 반혁명분자는 진압하며 만약 이들이 무력을 사용할 시는 군대가 반드시 반격을 가한다. 넷째, 군대는 당권파와 반동분자의 도움 요청에 결코 응하지 않는다. 다섯째, 전 군은 마오저뚱 주석을 중심으로 한 혁명 노선을 적극 지지하되, 류샤오치 등의 반동노선에 대한 투쟁 교육을 강화해 나간다는 것이었다. 이 결의문 발표로 중국의 당, 정 기관은 모

---

43) 상게서, pp 116

두 인민해방군에 의해 접수되어 국가 행정은 완전 마비되는 상황에 처했다.

사태가 갈수록 혼란의 국면으로 치닫자, 마오저뚱은 이제 그동안 마비되었던 당 조직과 행정기능을 복원하고 사태를 조기에 수습하기 위해 대연합을 의미하는「삼결합(三結合)」44)을 강조하고, 임시 권력기구로서 당,정,군의 권력기능을 일원화한「혁명위원회(革命委員會)」를 설립하였다. 이 혁명위원회는 당,정 기관, 군대 및 홍위병의 대표로 구성된 3자 결합의 권력기관으로서, 1967년 1월 태원시(太原市)에 혁명위원회가 최초로 설치되면서 이어서 전국의 성,시,자치구에도 설립되었고, 이후 기존의 당정 기관은 물론 각 부, 위원회, 기업 및 인민공사에도 모두 설립되었다.

이 혁명위원회는 당시 '해방 이래 가장 혁명적 대표성을 지닌 무산계급 독재 정치의 권력 기구'로 불리어 졌으며,45) 이 혁명위원회의 구성 역시 정상적인 선거를 거치지 않고 홍위병 조직과 군부 및 당정 대표들의 토론과 심사를 거쳐 추천하는 방식으로 이루어졌지만, 사실상은 군부 세력에 의해 주도되었던 것이다. 이렇게 혁명위원회는 당,정,군의 대권을 일원화한 임시권력기관으로서 사실상 당무, 행정, 사법 및 경제 정책 등 국가의 모든 부문의 업무를 포괄적으로 관장하였다.

그러나 이 혁명위원회 설치에도 불구하고, 각 지역 정권은 여전히 정돈되지 않은 채 권력 분화 현상은 지속되었고 지방의 군부 내에서도 상호 의견 대립과 이로 인한 군사력 대응의 양상까지도 나타났다. 그 대표적인 무력충돌 사건이 1967년 7월에 발생한「우한사건(武漢事件,7.20 사건)」이었다.

이 우한사건(武漢事件)은 중앙문혁소조가 우한군구 지도자들에게 노선의 오류를 범하였다고 지적하고 대중을 선동하여 우한군구 사령관 천자이다오(陳再道)등을 비판하려 하자 이에 대항하여 일어난 무력충돌 사건으로서, 이 충돌로 중상을 당하거나 사망한 간부, 군인이 무려 18만 명을 넘었고, 쉬시앙첸(徐向前)과 쉬하이동(徐海東) 장군도 배후자로 모함을 받아 전 재산을 몰수당하였다.46)

---

44) 이 三結合은 당 조직과 행정기능 복원을 위해 ①당,정 기관, ②군대 및 ③홍위병 등 3자가 결합해 나가야 한다는 것이다.

45) 紅旗 1968년 제4기, 社論 ,1958~88

46) 金春明,席宣, 문화대혁명사, 서울, 나무와 숲, pp 215

이 사건은 중국 공산당에 큰 충격을 주었으며, 마오저뚱의 혁명파로서는 이제 당권파로부터 권력을 쟁취한 이상 계속적인 탈권 투쟁 보다는 현재의 혼란을 수습하고 붕괴된 당과 정부를 재건하는 것이 급선무라는 생각에 이르게 되었다. 그리하여 마오저뚱은 「三結合」에 의한 대연합을 지시하고 이 혼란의 사태 수습을 진두 지휘해 나갔으며 1968년 1월 중국의 3대 기관지에 <프롤레타리아 문화대혁명의 전면적 승리를 환영한다>는 사설이 발표되면서 중국 전체를 혼란에 빠뜨렸던 문화대혁명은 이제 표면적으로는 어느 정도 진정되는 모습을 보였다.

바. 군부의 「2월 역류 사건」

한편, 군부 내부에서도 문화대혁명 개입여부에 대해 상호 의견 대립이 있었고 이러한 노선대립이 권력 투쟁으로 비화되었다. 이의 대표적인 사건이 1967년의 「2월 역류 사건」과 1968년 봄의 「군권 찬탈 사건」이었다.

우선 문혁 초기만 해도 당 중앙군사위원회를 구성하고 있던 군 원로들 중에는 주석인 마오저뚱과 부주석 린삐아오를 제외하고는 나머지 허롱(賀龍)과 니에롱젼(聶榮臻)부주석, 그리고 쥬더(朱德), 류보청(劉伯承), 천이(陳毅), 덩샤오핑(鄧小平), 쉬시앙치엔(徐向前), 예지엔잉(葉劍英)등 상무위원들 대부분이 군주류파로서 군의 안정과 질서 유지를 앞세워 군 본연의 자세를 유지할 것을 주장하고 혁명에 간여치 못하도록 하였다.

이에 반해 린삐아오는 군사위원회 부주석단의 보수 반동적 노선을 타파하려면 이들 원로들을 모두 제거하여야 하며, 이렇게 하는 것이 곧 마오저뚱의 신임을 확보하고 자신의 권력 쟁취를 가능하게 할 것이라는 판단을 하게 되었다.

드디어 이들 두 세력 간에 군의 노선에 관한 의견 충돌이 일어났다. 1967년 1월 북경에서 개최된 중앙군사위원회 확대회의에서였다. 린삐아오는 혁명파의 지원을 받아 군대 내에서 네가지 대민주(大明, 大放, 大字報, 大辯論)를 적극 전개할 것을 주장한 데 반해, 쉬샹치엔(徐向前)은 "군대는 반드시 안정을 유지해야 한다."고 하였고, 예지엔잉(葉劍英)도 "군대에는 규율이 있다. 지휘에 따르고 보조를 맞추어야 승리를 보장할 수 있다."고 하면서 군 본연의 자세를 강조하였다. 군사위원회 부주석인 허롱(賀龍)도 자신의 강직한 성격을 거침없이 드러내며 문혁에 대한 부정적 태도를 공공연히 표명하고, 군의 정규화와 현대화가 긴요함을 주장했다. 이와 같이 군부 내 세력 간의 대립은 극에 달하게 되고, 군 원로들은 문혁에 대한 비판과 홍위병 등 대중운동의 부당성까지 제기하면서 급기야 마오저뚱의 심기를 불편하게 만들었다.

마오저뚱과 린삐아오 등 혁명파들은 홍위병을 동원하여 이들 군 원로들을 군부 내 또 다른 수정주의 반동분자로 몰아 하나씩 숙청시켜 나갔다. 심지어는 인민해방군 창설의 대부로서 마오저뚱과 함께 신중국을 건설하는데 주도적 역할을 하였던 쥬더(朱德)장군까지도 반동 군벌로 몰아 타도대상으로 삼았다.

마오저뚱은 1967년 2월말 당 정치생활회의를 개최한 계기에 군사위원회 부주석과 이들 군 원로들을 통렬히 비판하고 이들을 타도해야 한다고 주장하였는데, 이들 군 원로들이 문혁의 흐름을 역류시키려 하였다 하여 혁명파들은 이를「2월 역류 사건」이라 칭한다.

이 2월 역류사건을 계기로 군의 직접적인 지원과 개입은 더욱 강화되어 문혁 과정에서의 대중운동 또한 다시 활기를 되찾게 되었고, 군중노선에 유보적 입장을 보였던 군 원로 그룹들이 대부분 제거되면서 군도 린삐아오에 의한 일인 독재 지배체제를 확립하게 되었다.

당권과 군권을 모두 장악한 마오저뚱과 린삐아오의 혁명파는 이제 그동안 파괴되고 마비되었던 당 중앙과 기층조직을 재건하고 사회 안정을 이룩하고 경제 발전을 도모해 나가야 할 과제를 안게 되었다.

마오저뚱은 이제 국면 전환을 기하고 새로운 지도체제 확립을 위해 한동안 열지 않았던「제9기 전국대표대회」를 개최하기로 하고, 이에 대한 준비 회의로서 1968년 10월 북경에서 제8기 12차 중앙위원회 전체회의를 개최하였다. 그리고는 먼저 류샤오치(劉少奇)를 당적에서 출당, 제명시킴과 동시에 정부 내 모든 직위를 박탈하는 등 동 인에 대한 숙청을 공식화하였으며, 나아가 <제9기 당대표대회의 대표 선출에 관한 결정>과 <당헌 초안에 관한 결정>을 통과시켰다.

이로써 마오저뚱은 건국 이래 사회주의 국가 건설이라는 공통의 목표아래 연합전선을 구축해 왔던 류샤오치와 덩샤오핑을 중심으로 한 당권파 관료,

그리고 펑더화이, 쥬더, 허롱, 천이, 그리고 쉬시양첸과 니에룽전 등의 군 원로 그룹들과 결별을 선언하는 한편 린삐아오, 쟝칭, 캉성 등 혁명적 극좌 세력의 지원 아래 이들과 새로운 좌파 연합을 결성하게 되었다.

사.「린삐아오 사건」과「비림비공(批林批孔) 운동」

　　마오저뚱은 1969년 4월 중국 건립 이래 두 번째로 개최된 전국 규모의 당 대표대회인「당 제9기 전국대표대회」를 개최하였다. 당초 66년 8월 무산계 급 대혁명에 관한 결의(16개조 결의)를 통과시키며 문화대혁명의 방향을 제 시하였던 당 제8기 11차 중앙위원회 전체회의가 문화대혁명의 시발이었다면, 이제 제9기 전국대표대회는 문혁의 승리와 완성을 자축하는 자리였다.

　　동 대회는 마오저뚱의 혁명노선에 대한 당의 지도체제를 확립하는 한편 문 혁지지파들을 대거 기용함으로써 문혁의 정당성을 확보하고 문혁을 통한 정 치 기반을 다지는 중요한 회의였다.

　　이 대회에서 린삐아오는가 당을 대표하여 <정치보고>를 하였고, 이어서 기 존의 공산당 당헌을 개정하고 당 기구에 대한 개편 조치를 취하였다. 우선 <정치보고>에선 그동안의 문화대혁명의 진행 과정과 성과를 설명하면서, 중 국 공산당의 역사는 마오저뚱의 '프롤레타리아 독재하의 계속혁명이론'에 따라 지속적인 투쟁의 역사로 규정짓고 꾸준한 계급투쟁을 통해 사회주의 혁 명을 끝까지 완수해 나갈 것을 임무로 내세웠다.

　　그러나 린삐아오는 이 <정치보고>에서 오직 군대의 공적만을 찬양했을 뿐 쟝칭(江靑)을 중심으로 한 문혁파에 대한 평가를 의식적으로 희석시키는 발 언을 하였다. 이러한 배경에는 문혁이후 문혁파의 부각을 견제함과 아울러 군이 당을 지휘하고 통제해 나가겠다는 내심을 표현한 것이라 하겠다.

　　또한 개정된 당헌에서도 프롤레타리아 독재하의 계속혁명 이론과 함께 당 의 지도사상과 관련 "마오저뚱 사상을 중국 공산당의 최고 지도노선으로 하 고 마오저뚱을 당의 최고 통수권자로 한다."고 규정하는 한편 "린삐아오 동 지는 마오저뚱의 친밀한 전우이며 후계자"라고 명시하였다. 이는 기존의 당 헌에 규정된 민주집중제와 집단지도체제의 기본 원칙을 깨뜨리고 마오저뚱의 개인 우상화를 합법화시킨 것이며, 또한 린삐아오 본인이 마오저뚱의 후계자임을 공식화하는 당헌 개정이었다.

이어서 이루어진 당 기구 개편도 먼저 주석과 부주석, 그리고 중앙정치국 상무위원회를 당,정,군의 일상 업무를 총괄하는 최고 실권자로 규정하고, 이들의 지도하에 약간의 필요한 정간기구를 설립하여 일상 업무를 처리할 수 있도록 하였다. 이는 이전의 당헌이 '당의 최고 지도기관은 전국대표대회와 그것이 선출하는 중앙위원회'라고 규정한 것과는 달리 당의 집권적 지도체제 강화를 의미하는 것이었다.

또한 이전의 당헌은 중앙서기처를 두어 중앙정치국과 상무위원회의 지도하에 일상 업무를 집행하도록 하였으나, 신 당헌에서는 중앙서기처를 폐지하고, 대신 정간기구를 두어 정치국 상무위원회의 지도는 물론 주석과 부주석의 지도도 받을 수 있도록 함으로써 주석은 물론 부주석의 권한도 강화시켰다.

이와 같이 당 제9기 전국대표대회에서 통과된 <정치보고>와 <당헌 개정>은 문화대혁명의 발동을 합법화하였을 뿐 아니라, 린삐아오, 쟝칭 등 혁명파 그룹의 당내 지위를 더욱 강화시키는 계기가 되었다.

동년 4월 전체회의 직후 이어서 개최된 「제9기 1중전회(제1차 중앙위원회 전체회의)」에서 주요 당직 개편이 이루어졌다. 우선 당대표인 중앙위원회 주석과 부주석에는 마오저뚱과 린삐아오가 유임되면서 린삐아오는 사실상의 마오저뚱의 유일한 후계자로 지목되었고, 그 아래 중앙정치국 상무위원회는 이전 11명에서 5명으로 줄어들어 마오저뚱(毛澤東), 린삐아오(林彪), 천보다(陳伯達), 조우언라이(周恩來), 캉셩(康生) 등 5명이 그대로 유임되고 여타 당권파들은 모두 숙청되었다. 또한 중앙정치국 위원(16명)에는 당, 군의 일부 원로세력만 유임되어 존속하고 나머지 대부분은 쟝칭(江靑)과 예췬(葉群, 린삐아오의 부인)을 비롯하여 쉬스요우(許世友), 천시렌(陳錫聯), 리줘펑(李作鵬), 쟝춘챠오(張春橋), 야오원위엔(姚文元) 등 문화대혁명에 기여한 군부와 문혁파들로 대거 기용되었다.

이제 실질적인 권력의 핵심이 린삐아오와 쟝칭 등 문혁에 공로가 컸던 그룹으로 옮겨갔고, 마오저뚱은 권력투쟁 과정에서 류샤오치를 축출한 권력의 공백에 린삐아오의 군대와 쟝칭의 4인방 세력으로 채워 넣었다.

이렇게 문화대혁명이 성공함에 따라 논공행상의 성격이 강했던 당 기구 및 인사 개편은 필연적으로 새로운 지도층을 구성한 각 파벌간의 내부 권력투쟁을 야기시켰다. 즉, 문혁에 군이 개입하면서 린삐아오는 국방부장 겸 중앙군사위원회 부주석이란 막강한 힘을 갖게 되었고, 이를 토대로 군부 내 추종세력을 중앙무대에 대거 포진시켜 최고조의 권력을 향유하고 있었다. 이에 반해 권력의 다른 한 축을 이루고 있던 쟝칭 등 4인방 세력도 문혁 초기만 해도 군부라고 하는 후원세력이 필요하였으나, 이젠 자신들도 당내에 충분한 지지 세력을 확보하면서 권력을 점차 확장시켜 나갔고, 군부 세력과의 충돌이 잦을 수밖에 없었다. 이러한 역학 관계에서 터진 것이 바로「린삐아오(林彪)사건」이었다.

당시 최고의 권력을 자랑하던 린삐아오는 군부의 우세를 이용하여 자신의 후계 구도를 확고히 하고자 새로운 야심을 드러내기 시작했다. 1970년 8월 루샨(廬山)에서 당 제 9기 2중전회가 개최되었는데, 동 회의 개막식에서 린삐아오는 '마오저뚱을 당대의 위대한 천재'라고 칭송하고 이 천재를 발견한 사람 역시 천재요, 천재의 참모도 천재라는 이른바「천재론」을 들고 나왔다. 심지어는 자신의 아들인 린리궈(林立果)까지도 천재로 지칭하면서 제3대 계승론으로 확대 해석하기에 이르렀다. 그러면서 헌법 개정을 통한 새로운 국가주석제의 필요성도 역설하였다. 이는 자신이 먼저 국가주석의 자리에 앉아 제 2인자로서의 지위를 견고히 한 후 향후 당 중앙의 주석직을 계승함으로써 명실상부한 당과 국가의 최고 권력을 장악코자 하는 의도였다.

이 문제는 이후 개최된 당 정치국회의에서 린삐아오 세력과 쟝칭 세력 간에 격렬한 논쟁으로 이어졌고, 사태의 심각성을 감지한 쟝칭 세력이 이를 마오저뚱에게 보고하였다. 린삐아오의 저의를 간파한 마오저뚱은 심히 분노하여 린삐아오계의 쳔보다(陳伯達)를 비판하고 동 인에게 자아비판 하도록 하였다.

그 후 1971년 10월 제9기 3중전회와 제4기 전국인민대표대회 준비를 위해 마오저뚱은 제1부주석인 린삐아오 대신 조우언라이를 준비위원장으로 지명, 준비토록 하였다. 린삐아오는 이에 심히 당황하였고 또한 자신과 부하세력들의 신변 위협을 느낀 나머지 무장 쿠데타를 획책하면서 마오저뚱에 대한 살해 음모 계획까지도 함께 세워 나갔다.

이 긴박한 상황에서 마오저뚱은 중국의 남쪽 지방을 순시하였고 이 기회를 이용하여 린삐아오의 아들 린리궈(林立果)는 마오저뚱이 탑승한 기차가 지나 가는 철교를 폭파할 준비를 하였다. 그러나 이 음모가 사전에 감지되어 마오 저뚱이 동 계획을 수정함으로써 수포로 돌아갔고, 이 후 다시 린삐아오는 자 신의 핵심요원들을 광조우로 데리고 가 새로운 정부를 세울 계획을 세웠으 나, 이 또한 조우언라이에게 발각되어 좌절되자 동년 9월 비행기를 타고 해 외 도피를 결행하다 몽골 지역에서 추락하여 린삐아오를 비롯한 부인 예췬 (葉群), 아들 린리궈(林立果) 등 탑승자 전원이 사망하였다. 이 사건이 9월 13일에 일어났다고 해서 '9.13사건'이라고도 한다.

이 사건 발생 이후 린삐아오계의 천보다(陳伯達), 해방군 참모장 황융성 (黃永勝), 공군사령관 우파시엔(吳法憲), 해군 정치위원 리주어펑(李作鵬), 공군 후근부장 츄후이주어(邱會作), 공군 정치위원 쟝등쟈오(江騰蛟) 등이 모두 체포되어 후에 실형을 선고받게 된다.

린삐아오 사건의 배후자를 일망타진한 후, 마오저뚱은 조우언라이로 하여 금 '비림정풍(批林整風)운동'을 전개케 하여 이전 린삐아오 집단이 장악하 였던 군권을 정비하고 또한 문화대혁명으로 파괴되었던 당, 정 조직과 대중 조직을 다시 복구토록 하였다. 조우언라이는 당 조직과 정부 기관 및 행정 체제 등을 문혁 이전의 상태로 회복하고 국민경제 회복을 위해 적극 노력하 는 한편 이 기회를 놓치지 않고 과거 문혁에 의해 숙청당한 노 간부들을 복 권시키는 작업도 함께 진행하였다.

우선 '2월 역류사건'으로 숙청당한 원로 간부들을 단계적으로 복권시켰고 당시 인민재판을 받아 수난을 당했던 당 간부, 교수, 지식인들을 원 위치로 복귀하여 지도적 업무를 맡도록 하였다. 특히 문혁의 최대 희생자였던 류샤 오치만은 제외하고 대신 덩샤오핑을 다시 복권켜 중국의 당 조직과 행정 체 계를 정비하는데 기여토록 하였다.

마오저뚱의 지원을 받은 조우언라이는 린삐아오계를 숙청한 후 노선상의 조정 정책과 비림정풍(批林整風)운동을 전개해 나갔으나, 이 또한 역시 수정 주의 반동노선의 위험성을 내포하고 있었기에 내부적 한계와 모순을 지니고 있었고, 언제든지 문혁파로부터 우경 오류라는 비판을 받을 소지가 있었다.

이러한 우려는 1973년 8월 베이징에서 개최된「중국 공산당 제10기 전국대 표대회」에서 나타났다. 동 회의는 린삐아오 사건을 마무리하고 정리하는 차원에서 개최되었기 때문에 통상 개최되는 시기보다 더 이른 시기에 열렸으며, 회기도 짧게 비공개로 개최되었다. 이 회의는 조우언라이의 <정치보고>, 왕홍원(王洪文)의 <당헌 개정에 관한 보고> 그리고 제10기 중앙위원회 선거 등 순으로 진행되었다. 그러나 보고 내용 면에서는 제9기 보고 당시 린삐아오와 관련된 내용을 삭제한 것을 제외하고는 제9기 보고시의 당의 성격, 지도사상 및 강령 등 당의 노선을 그대로 답습하였고 바뀐 것이 거의 없었다.

이어 개최된 당10기 제1차 중앙위원회 전체회의에서는 새로운 지도체제에 대한 인사 개편이 단행되었다. 우선 당 주석에는 마오저뚱, 부주석에는 조우언라이(周恩來), 왕홍원(王洪文), 캉성(康生), 예지엔잉(葉劍英), 그리고 리더셩(李德生) 등 5명을 임명하고, 정치국 상무위원으로는 마오저뚱(毛澤東), 조우언라이(周恩來), 왕홍원(王洪文), 캉성(康生), 예지엔잉(葉劍英), 이더셩(李德生), 쥬더(朱德), 장춘챠오(張春橋), 동삐우(董必武)를 선출하였다. 이 신 지도체제의 인사상 특색은 린삐아오세력의 제거로 생긴 권력의 공백에 문혁으로 소외되었던 관료 그룹을 중심으로 한 조우언라이 세력과 문혁 급진파를 중심으로 한 쟝칭 계열이 상호 견제와 조화를 이루도록 진용을 짠 것이었다.

여기서 마오저뚱은 어느 한 집단에 힘을 몰아주지 않고 두 집단간의 상호 견제와 균형이 이루어지도록 함으로써 자신의 절대적 권위를 유지하고자 하는 의도였다. 다시 말하면, 문혁파인 강경좌파를 이용해서는 혁명의 이념을 계속 유지해 나가는 한편, 당, 정, 관료 그룹을 통해서는 국가 질서 유지와 지속적인 경제 발전을 도모코자 하였던 것이다.

여기서 주목할 점은 이 인사 개편을 계기로 쟝칭 계열이 권력의 중심부로 대거 진입하게 되었다는 것으로, 이중에서도 4인방의 한 사람인 왕홍원(王洪文)이 당 서열 3위인 중앙위 부주석 겸 정치국 상무위원으로 진입한 점이다. 동 인은 37세의 젊은 나이에 당 부주석이 되어 당 중앙의 일상적인 업무를 주관하여 처리하는 직위에 올랐으나, 행정 경험이 일천한 데다 당내에 확고한 지지 기반이 없는 상태에서 당을 끌고 가기에는 너무나 역부족이었다. 이러한 정치적 공백 상태를 자신의 경륜과 기존의 당내 지지 세력을 십분 활용해 가면서 자신의 권력을 확장시켜 간 이가 바로「조우언라이(周恩來)」였다.

4인방으로서는 이 조우언라이(周恩來)가 수정주의 노선을 걸은 바 있는 문혁의 타도 대상인데도 불구하고, 경험과 능력을 갖춘 원로 간부들과 관료들을 복권시키면서 이들을 압박해 온데 대해 심히 불안감을 느끼고 있었고 이를 그대로 방관할 수는 없었다. 따라서 적절한 시점에 조우언라이를 제거할 기회를 찾고 있던 차에 '비림비공운동(批林批孔運動)'이 발생하였다.

마오저뚱은 당초 린삐아오 비판과 관련한 4인방과의 대화 과정에서 "린삐아오의 사상적 기원은 유가에서 나왔으며, 린삐아오는 과거 국민당과 같이 유가를 존중하고 법가를 반대했다. 진시황은 봉건사회의 제일 유명한 황제로서 나 또한 진시황이다. 중국에는 유사 이래 진시황을 평가하는 두 부류가 있었지만, 나는 진시황에 찬성하는 편이고, 공자에 반대한다."라고 언급했다. 이 언급은 마오저뚱이 린삐아오와 공자를 비판하면서 문화대혁명의 방향성을 명백히 하고 이를 더욱 가속화해 나가려는 의도에서 밝힌 것이었으나, 결과적으로 4인방 등 문혁파들에게 힘을 실어주는 계기가 되었다.

쟝칭 등 4인방은 이 운동이 자신들의 입지를 강화할 수 있는 좋은 기회라고 판단하여 이 비림비공운동(批林批孔運動)을 적극 선전하고 전국적인 운동으로 전개해 나갔다. 그리고는 이 운동의 의미를 더욱 부풀려 자신들이 권력을 확장하는데 장애가 되어온 조우언라이와 원로 간부 및 관료들을 공격하기 위한 이념적 논거로 사용하였다. 이들을 '비공(批孔)'에 비유하여 일거에 타도코자 하였다.

그 후 1974년 초부터 이 운동의 중점을 "당 내의 대유학자를 비판한다."고 하면서 직접적으로 조우언라이를 겨냥하여 공격하기 시작했으나, 조우언라이는 건강을 이유로 병원에 입원하면서부터 그 방향성을 잃었고 또한 주공격 대상이 사라지면서 이 운동은 차츰 추동력을 잃고 시들어져 갔던 것이다.

4. 조우언라이(周恩來)와 마오저뚱(毛澤東) 사망, 그리고 4인방 제거

중국 공산당은 1975년 1월 당 제10기 제2차 중앙위원회 전체회의를 소집하고 덩샤오핑을 복귀시켜 국무원 부총리에 임명하는 한편 조우언라이 총리의 유고시에 대비하여 총리직을 대행케 했다. 또한 당 부주석 겸 정치국 상무위원, 인민해방군 총참모장도 겸임토록 하였다. 그리고 친덩샤오핑 계열의 위치우리(余秋里), 구무(谷牧), 리시엔니엔(李先念)을 재기용하여 덩샤오핑을 보좌토록 하였다. 반면 4인방 세력도 쟝춘치아오(張春橋)를 새로이 국무원 부총리 겸 인민해방군 총정치부 주임에 승진시켜 자신들의 세력 확장을 기하였다.

또한 새로이 국무원 부총리에 임명된 화구어펑(華國鋒)에게는 공안부장을 겸임케 하고 천시리엔(陳錫聯), 지등쿠이(紀登奎), 천융꾸이(陳永貴), 우꾸이센(吳桂賢) 등 친화구어펑 계열을 모두 부총리로 기용하면서 상기 양대 계파의 중간세력으로 마오저뚱의 동향인 화구어펑을 권력투쟁의 반열위로 올려세웠다. 이는 린삐아오 사건을 겪으면서 어느 일파에게 권력을 집중시키기보다는 이이제이(以夷制夷) 전략에 따라 각 계파간의 견제와 균형을 통해 자신의 확고한 지도체제를 확립해 나가겠다는 마오저뚱의 깊은 계산과 속셈에서 나온 것이었다.

1976년 1월 신중국 건립의 산 증인이요 중국의 현대화를 위해 온갖 노력을 아끼지 않았던 조우언라이 총리가 향년 77세를 일기로 사망하였다. 가족으로는 부인 덩잉챠오(鄧穎超)외에는 아무런 혈육도 없었다. 1월 15일 덩샤오핑은 조우언라이 추모대회에서 추도사를 낭독한 뒤 공식석상에 일체 나타나지 않았다. 그것은 마오저뚱이 조우언라이 사망 직후 제1부총리였던 덩샤오핑을 제치고 화구어펑을 당 제1부주석 겸 국무원 총리로 임명하여 행정부를 관장토록 하였기 때문이었다.

이어 동년 4월 청명절을 맞아 천안문 광장에서 조우언라이 추모제가 거행되었는데, 그곳에 운집한 약 2백여 만 군중들이 극좌 세력의 잘못을 비난하고 4인방을 규탄하는 시위를 벌인 이른바 「**천안문 사건(1976.4.6.)**」이었다. 중국 공산당은 이 사건의 배후 조종자로 덩샤오핑을 지목하고 동 인을 당 내외의 모든 직위에서 해임시켰다. 이제 4인방을 위시한 급진파 세력에게는 조우언라이에 이어 또 하나의 장애물이 제거됨으로써 이들의 후계 구도가 가속화될 수 있었고, 나아가 전국적으로 당내 주자파 타도를 위한 숙청 작업을 무리 없이 진행해 갈 수 있었다.

이에 앞서 이즈음 중국의 나이가 많은 여러 혁명 1세대 원로들이 연이어 사망하는 일이 발생하였다. 중국 공산당의 법률이론가였던 동삐우(董必武)가 1975년 4월 사망하였고, 쟝칭의 후원자였던 캉셩(康生)도 동년 12월 세상을 떴다. 그리고 76년 1월 조우언라이(周恩來)가 사망하고, 7월에는 홍군의 창설자인 쥬더(朱德)가 90세를 일기로 사망했다. 1976년 9월 9일에는 신중국을 설립하는데 주도적 역할을 하였고 그 이후 4반세기 동안 철저한 계급투쟁 속에서 중국을 이끌어 온 마오저뚱 역시 향년 83세를 일기로 생을 마감했다.[47] 마오저뚱의 사망은 중국 정치혁명사에 있어서 하나의 중대한 획을 긋는 사건으로서, 권력투쟁의 관점에서 볼 때 4인방을 포함한 급진파 세력에게는 크나큰 후원자를 잃는 격이었으며, 이후 당내 원로 및 관료 그룹들과 자체 역량으로 처절한 권력투쟁을 치러야 했다.

요컨대, 마오저뚱 사망 직후 당 중앙 정치국에는 3대 계파가 혼재하고 있었음을 알 수 있다. 하나는 4인방을 위시한 문혁 급진파(江靑, 王洪文, 張春橋, 姚文元 등)세력이고 다른 하나는 화귀펑(華國鋒)중심의 문혁 온건파(紀登奎, 吳德, 汪東興, 陳錫聯, 李德生 등)였으며, 마지막 한 계파는 예지엔잉(葉劍英)중심의 군 원로 집단(葉劍英, 劉伯勝, 李先念 등)이었다.

이들 간의 논쟁의 초점은 과연 누가 마오저뚱의 대를 이어 후계자가 되느냐 하는 것이었으며, 마오저뚱이 생전에 남긴 '과거의 **방침에 따라 처리(按照過去方針辦)**하라'는 유훈에 대한 해석 문제로 귀결되었다. 이 해석 여하에 따라 각 계파 중에 어느 한 사람이 대를 이을 후계자가 될 것이고 그렇게 되면 여타 계파의 존립에 절대적 영향을 미칠 것이기 때문이었다.

당초 마오저뚱은 사망 직전, 후계자로서 강한 신임을 받았던 화구어펑의 정세 보고를 받는 자리에서, 그에게 "천천히 하고 서두르지 말라(慢慢來不要着急), 과거의 방침에 따라 처리하라(照過去方針辦), 당신이 일을 처리하면 나는 안심한다(你辦事我放心)"라는 글을 종이에 손수 적어 건넸다고 한다. 여기서 4인방측은 두 번째 문장인 과거의 방침에 따라 처리하라는 것을 "기존의 방침에 따라 처리하라(按旣定方針辦)"로 바꾸어 대외 홍보함으로써 자신들이 후계자로 지목되었으며 화구어펑의 후계 계획이 없음을 입증시키려 하였다.

---

47) 일설에 의하면, 마오저뚱이 사망한 1976년 9월 9일부터 이후 약 3일 동안 베이징과 인근 호북성 일대에 지속적으로 큰 비가 내려 동인의 사망을 애도하였다 한다.

결국 이러한 논쟁을 빌미로 3계파 간의 권력투쟁은 표면화 되었고, 각 계파간 논쟁과 타협을 통해서는 해결되기 어렵다고 판단하여 덩샤오핑과 예지엔잉을 중심으로 한 당 원로와 관료 그룹들은 무력에 의한 정변 계획을 세우게 되고 여기에 화구어펑이 동조하면서 4인방은 결국 타도되게 되었다.

우선 4인방 체포 계획의 책임자였던 예지엔잉(葉劍英)은 리시엔니엔(李先念)을 시켜 그와 절친한 화궈펑(華國鋒)의 마음을 돌려 이에 동참토록 하는데 성공하였으며, 중남해의 경호 책임을 지고 있던 왕똥싱(汪東興)도 설득하여 동 계획에 합류시켰다. 특히 마오저뚱 경호부대 총사령관이었던 왕똥싱(汪東興)의 지지를 이끌어 낸 것은 동 정변을 성공시키는 절대적 요인이었다.

예지엔잉(葉劍英), 화궈펑(華國鋒), 왕똥싱(汪東興) 등은 사전 계획에 따라 1976년 10월 6일 저녁 중앙정치국 상무위원회 확대회의를 중남해 회인당(懷仁堂)에서 개최할 예정임을 통보하고, 중앙정치국원들을 소집하였다. 동 회의 참석을 위해 중남해로 들어오는 4인방을 차례로 체포하고, 중남해 내에 위치한 쟝칭의 처소에도 이 사실을 통보하였다. 그리고는 츠하오티엔(池浩田)은 인민일보사를, 당 대외연락부장 경표는 국영TV 방송국을 접수함으로써 동 정변 계획이 차질 없이 진행되었다. 이로써 1965년부터 약 10년간 진행되어 오면서 중국사회를 완전히 뒤바꾸어 놓았고 신 중국 역사상 큰 영향을 미쳤던 문화대혁명은 그 연극의 한 막을 내리게 되었다.

5. 화궈펑 체제의 등장과 내재적 한계

가. 화궈펑 체제의 등장

1976년 10월 북경정변을 통해 4인방이 숙청되자, 그 다음날 당 중앙정치국은 마오저뚱의 유훈에 따라 화궈펑을 당 주석 겸 중앙위원회 주석으로 임명하였다. 이는 화궈펑이 마오저뚱의 후계자로서 그의 권위와 사상적 가치를 긍정하고 이를 계승해야 할 임무를 지녔음을 의미한다. 그리하여 화궈펑은 " 우리는 무릇 마오 주석이 내린 **모든 정책**을 굳건히 유지하며, 마오주석의 **모든 지시**를 처음부터 끝까지 변함없이 이행해 나간다."라는 이른바「양개범시론(兩個凡是論)」을 주장하면서 마오저뚱의 사상적 대변자 역할을 해 나갔다.

이처럼 화궈펑은 한편으로는 4인방 세력을 타도하기 위해 군 원로 그룹과 협조해 나가면서도 여전히 문화대혁명에 대한 과오에 대해서는 인정하려 하지 않았다. 그는 오히려 마오저뚱의 유훈과 사상에 대한 지지를 통해 신 당권파 그룹을 제거코자 하였다.

한편, 베이징에서는 4인방 제거 이래 문혁 급진파에 대한 비판 여론이 끓어오르면서 이들에 대한 반대 데모가 계속 이어졌고, 그 해 10월에는 당 주석과 중앙군사위원회 주석으로 취임한 화궈펑이 천안문 광장 대집회에 모습을 나타내어 인민해방군 대표의 입을 빌어, 4인방 세력이 인민해방군을 비방하고 군내부의 단결을 와해시켰으며 군의 기강을 문란케 하였다고 비판하였다. 그리고는 각종 언론 매체를 통해서도 "4인방세력이 중앙과 지방의 당, 정, 군 책임자를 반동분자로 날조, 매도함과 동시에 당과 국가의 지도권 찬탈을 기도하였다."고 규탄하면서 인민해방군이 이들 4인방 세력을 타도하는데 큰 기여를 하였음을 선전하였다.

이는 화궈펑이 권력을 장악하는데 있어서 군의 역할이 절대적이었음을 암묵적으로 시인한 것이었으며, 실제로도 중앙의 군 원로 및 베이징 지역의 군부세력의 지원이 없었더라면, 자신의 힘만으로는 문혁급진파를 타도하고 마오저뚱의 후계자로 권력을 승계 받기가 사실상 불가능하였음을 인정한 것이었다.

이러한 사유로 인해, 화궈펑 체제는 그 자체로서 내재적 한계를 가질 수밖에 없었다. 특히 당내 확고한 정치적 기반이 없었던 화궈펑으로서는 50세라는 젊은 나이에 당내의 다양한 파벌과 집단들 간의 이해관계를 조정하고 국가 건설을 위해 리더십을 발휘해야 하는 최고 책임자로서의 역할을 수행하기에는 너무나 역부족이었다.

이러한 리더십 부재 현상은 1977년 7월 덩샤오핑이 다시 복권되어 그의 당내 지도력이 급상승하면서부터 더욱 두드러졌다. 사실 그 이전까지만 해도 덩샤오핑과 화궈펑은 서로 필요한 존재였기에 양 계파간의 협력 관계가 지속될 수 있었다. 특히 당내에는 여전히 친 마오저뚱계 세력이 잔존하고 있었고 마오저뚱의 충복이었던 화궈펑이 마오의 유훈을 답습하여 실행해 나가고 있는 상황에서 당 지도권의 기본적 성격을 바꿀 이유가 없었다.

화궈펑은 본인이 대권을 승계하는 대가로 덩샤오핑을 다시 정치권에 복권시켜 주었던 것이다. 중국 공산당은 1977년 7월 당 제10기 3차 중앙위원회 전체회의를 열어 화궈펑을 당 주석 겸 중앙위원회 주석으로 정식 취임시키고, 4인방을 모두 당적에서 제명하는 한편 덩샤오핑이 이전에 가지고 있던 당 부주석 겸 중앙위원회 부주석, 국무원 부총리 겸 인민해방군 총참모장이라는 일체의 직위를 복권시켰다.

화궈펑은 또한 1977년 8월 곧바로 당 제11기 전국대표대회를 개최하여 당헌 수정을 통해 신 지도부의 정책 노선과 방향 등을 확정하는 한편 당 조직과 지도 체제를 개편하였다.

우선 당의 정책 노선과 관련 <4개 현대화>를 당의 당면 임무로 추가한 것 외에는 마오저뚱 생전의 기본 노선과 바뀐 것이 없었다. 다만 당 기구에 있어서는 당의 규율을 감시, 감독하는 기구로서 문혁기간 중 폐지되었던 '중앙기율검사위원회'를 다시 부활시켰다.

그리고 당 지도체제에 있어서도 중앙위원회 주석 1명과 부주석 4명을 확정하되, 이들은 모두 중앙정치국 상무위원을 겸임하게 하여 총 5명으로 구성하고 그 외 중앙정치국 위원 23명에 후보위원 3명을 임명하는 등 새롭게 지도부의 진용도 확정했다. 당 주석에는 화궈펑(華國鋒)이 선출되고, 부주석에는 예지엔잉(葉劍英), 덩샤오핑(鄧小平), 리센니엔(李先念), 왕뚱싱(汪東興) 등 각 계파 지도자가 골고루 임명되었다. 이에 따라 신 지도체제는 화궈펑을 중심으로 한 친마오저뚱 및 문혁 온건파 계열, 예지엔잉을 대표로 하는 군 원로세력, 그리고 덩샤오핑 중심의 문혁의 피해를 입은 당, 정 관료 집단이 적절히 안배되었다.

한편, 1978년 3월에 열린 제5기 전인대 회의에서 확정된 신정부의 구성에서도 비슷한 양상을 보였다. 국무원 총리에 화궈펑(華國鋒)을 겸직 임명하고, 부총리에는 덩샤오핑 (鄧小平), 리센니엔(李先念), 쉬향첸(徐向前), 지덩쿠이(紀登奎), 위추리(余秋里), 천시렌(陳錫聯), 껑삐아오(耿飈), 천융꾸이(陳永貴), 천이(陳毅), 왕전(王震), 구무(谷牧), 캉스언(康世恩), 천무화(陳慕華)를 임명하였다. 여기서도 화궈펑, 예지엔잉 및 덩샤오핑 등 3대 세력이 적절한 권력 분점 형태로 당과 정부에 골고루 포진되었음을 보여준다.

그러나 마오저뚱 사망과 4인방의 실각으로 다시 지도층으로 복권된 덩샤오핑 등 과거 당권파들은 다시 당의 노선을 재정비하고 개혁 정책을 시행해 나가야 하였으며, 이에 따라 화구어펑을 중심으로 한 문혁 온건파 세력 또한 장애요소가 되었으며, 이들 계파와의 권력 투쟁은 필연적이었다.

양 세력 간의 권력 투쟁이 표면화 된 것은 「마오저뚱 사상(毛澤東思想)」에 대한 재해석 문제 관련 논쟁에서 시작되었다. 문혁 온건파 간부들은 자신들의 지위 유지와 권력 확보 차원에서 「마오저뚱 사상(毛澤東思想)」에 대한 해석의 범위를 가능한 한 축소하고 이를 원칙론 상에서 실행해 나갈 것을 주장한 반면, 신당권파 세력은 재해석의 범위를 확대하여 마오저뚱 사상이라도 잘못된 것은 수정하여 바로 잡아나가야 한다고 주장했다. 즉, 화궈펑의 '양개범시론'에 대한 옹호 입장과 이에 반대하는 입장간의 노선상의 투쟁이었다.

당시만 해도 당의 기본 노선은 문화대혁명 당시 전개되었던 지속적인 계급투쟁론을 여전히 답습하고 있었고, 이를 '양개범시(兩個凡是)'란 이론으로 옹호해 나가는 양상이었기 때문에 아직도 문혁은 부정되지 못하고 류샤오치에 대한 명예 회복을 추진할 분위기도 아니었다.

나. 정책 노선의 대전환

중앙당교 부교장으로 재직 중이던 후야오방(胡曜邦)은 '양개범시(兩個凡是)'를 부정하는 입장에서 1978년 5월 <실천은 진리를 검증하는 유일한 기준>이라는 논문을 발표하였다. 이는 '실천'이라는 오직 하나의 기준 이외는 어떠한 다른 기준도 없다는 의미로서 「실천, 즉 실사구시」가 가장 중요함을 강조한 논문이었다. 이 논문은 '광명일보'를 필두로 하여 중국 당과 군 기관지인 '인민일보'와 '해방군보'에 실리면서 중국 사회 전역에 반향을 일으켰다.

화궈펑과 그 수하인 왕똥싱은 이 논문이 '양개범시(兩個凡是)'를 부정하고 마오 주석과 현 집행부에 대한 정면 도전이라고 규정하고 각종 간행물에 게재되는 것을 막았다. 이에 반해 덩샤오핑은 1978년 6월 개최된 전 군 정치공작회의에서 중앙군사위원회 부주석이자 군 총참모장 자격으로 '양개범시(兩個凡是)'를 부정하고 <실천은 진리를 검증하는 유일한 기준>이라는 글에 대한 공개적인 지지를 보냈다.

이 덩샤오핑의 지지 표명에 이어 전국 각 성, 시, 자치구 지역 책임자와 군 간부들도 연이어 공개 지지를 보내는 등 각지로부터 큰 환영을 받았다. 이는 곧 덩샤오핑과 후야오방에 대한 강력한 지지 표명인 동시에 중국 공산당 지도부가 개혁 개방과 실사구시를 중시하는 세력으로 내부 권력이 점차 이동하고 있음을 암시하는 것이었다.

이러한 힘의 이동 현상은 동년 12월에 개최된 당 중앙공작회의 폐막회의에서 현실화되어 나타났다. 이 회의에서 덩샤오핑은 <사상을 해방하고, 실사구시, 일치단결하여 미래를 향해 보자>[48])는 제목으로 당의 기본 노선을 정립하는 중요 연설을 행하였다.

첫째, 사상 해방은 당면한 중대한 정치 문제이다. 오직 사상을 해방하고, 실사구시를 견지하며 모든 사고를 실제에서 출발하면, 우리의 사회주의 현대화 건설과 마오저뚱 사상은 순조롭게 발전할 수 있다. 이러한 의미에서 진리 표준에 관한 논쟁은 하나의 사상 문제요 정치 문제이며, 당과 국가의 미래 운명에 관련된 문제이다.

둘째, 민주는 사상을 해방시키는 중요한 조건이다. 사상 해방을 위해서는 우선 진정한 무산계급의 민주집중제를 실시하고, 경제적 민주제도를 증진하며, 또한 인민민주주의를 보장하기 위해 민주 법제를 강화해야 한다.

셋째, 과거사 문제를 처리하는 것은 미래를 향해 보기 위함이다. 과거사의 중요한 과오와 오류, 중대 날조 및 오심을 바로 잡는 것은 사상 해방과 안정 단결을 위한 요구이며, 전 당의 업무를 순조롭게 진행하기 위한 조치이다.

넷째, 새로운 상황을 연구하고 새로운 문제를 해결하자는 것이다. 미래를 향해 보아야 새로운 문제를 해결할 수 있는 바, 당내 관료주의를 극복하고 관리책임제를 강화하며, 경제정책에 있어서 일부 지역의 우선 발전을 허용하는 「先富論」을 시행할 것을 주장하였다.

중국 공산당은 1978년 12월 베이징에서 당 제11기 전국대표대회 제3차 중앙위원회 전체회의(당11기 3중전회)를 소집하여 "노선의 대전환"을 선언하였다. 바로 이 회의야 말로 중국 정치사상 또 하나의 중요한 역사적 전환점이 되었다. 신당권파들은 이전의 대규모 계급투쟁과 마오저뚱 시대의 좌경적 급진 노선을

---

48) 쟝저민 총서기는 1997년 9월 당15기 전국대표대회 보고에서, "동 연설은 문혁이 끝난 직후 중국의 미래 방향 정립에 관한 중대한 역사적 전환점에 처해 있을 때 '양개범시'의 속박을 깨고 새로운 시대를 열고 중국 특색의 사회주의 건설의 새로운 이론을 제창한 선언서"이라고 천명하였다. 동 구호는 당11기 3중전회 이후 당의 모든 업무의 근본적인 지도지침이 되었다.

버리는 대신 '경제 발전과 4개현대화'를 당과 국가가 추구해야 할 최우선 목표로 설정하였다. 이 회의에서 결정된 사항은 1) 사회주의 현대화로의 전면 이행 2) 농업, 공업, 국방, 과학기술 등 「4개 현대화」 추진 및 3) 대규모의 계급투쟁 종식 등이었다.

이 회의에서는 또한 당의 지상 목표 실현을 위해 인민들의 「사상 해방」을 제창하고, 생산력의 발전에 도움이 안 되는 일체의 관리 방식이나 사상 방식을 개혁하여야 한다고 주장했다. 그리고 그동안 중앙 집권을 강조한 나머지 당내 민주주의가 발전하지 못하였음을 지적하고 사회민주주의 법제를 강화해 나갈 것을 주장하였다.

동 회의를 계기로 당의 기존 방침이었던 계급투쟁과 계속혁명론은 사회주의 현대화 건설로 대체되는 노선의 대전환을 이루게 되었으며, 마오저뚱 시대가 청산되면서 그 뒤를 이어 덩샤오핑 시대를 맞이하게 된 것이다.

Ⅴ. 덩샤오핑 지도체제의 확립

1. 덩샤오핑의 실권 장악

　덩샤오핑(鄧小平)은 본래 신 중국 성립 초기인 1956년에 열린 당 제8기 전국대표대회에서 공산당 총서기로 선출되어 국가 주요지도자의 반열에 올랐던 인물이었다. 그러나 그는 당시 국가주석이었으며 실용주의의 대표 인물이었던 류샤오치(劉少奇)와 정치적 입장을 같이하였다는 이유로 1966년 문화대혁명(文化大革命)이 시작되면서 劉와 함께 고난을 당하며 실각되었다. 그 후 문혁(文革)으로 인한 국가적 혼란이 가중될 때마다 구원수 역할을 하면서 중국내 주요 직위에 복권 (1973년과 1976년, 부총리직)되기도 하였으나 또한 "4인방"에 의해 심한 견제를 받으면서 다시 정치권에서 실각되었다.

　이는 마오저뚱이 당내 권력투쟁 과정에서 급진 세력과 실용주의 세력을 함께 기용하여 이들 세력 간의 상호 견제와 균형을 이루며 자신의 권력과 지도력을 확보해 나갔던 것과 연관이 있었다.

　마오저뚱은 건국 이래 후계자를 키워 나가는데 관심을 갖고 류샤오치, 린삐아오(林彪), 왕홍원(王洪文) 등을 후계자로 낙점한 바 있다. 하지만 이들 모두 마오 이후 권력을 성공적으로 물려받지 못한 채 실각되었으며, 그의 사망을 앞두고 마침내 자신의 고향 지방관 출신인 화궈펑(华國鋒)이 후계자로 최종 결정된 바 있다.

　그러나 앞에서도 설명한 바 있듯이, 마오저뚱 사망 직후 국가지도자의 위치에 오른 화궈펑은 "兩个凡是"라는 지도사상을 내세우면서 여전히 문혁에 대한 과오를 인정치 않고 마오저뚱 사상에 대한 기본 노선을 답습해 나갔다. 이와 같은 상황에서는 문화대혁명의 착오는 결코 시정될 수 없었고, 또한 류샤오치를 중심으로 한 문혁 당시 실각한 지도자들도 복권되기 어려웠다. 이는 안정과 변화를 바라는 당시의 민심에도 위배되는 것이었다.[49)]

이러한 상황을 감지한 덩샤오핑은 화궈펑의 지도력을 점차 무력화시키고 여타 원로 지도자들의 지지에 힘입어 당 11기 3중전회에서 당·정·군(黨, 政, 軍) 전반에 걸쳐 자신의 확고한 지도력을 장악해 나가기 시작했다. 덩샤오핑은 동 회의에서 "계급투쟁 위주"(階級斗爭为纲)에서 "현대화건설 위주"(现代化建设为中心)로 국가의 총체적 정책 전환이 이루어져야 함을 역설하였다.[50]

이러한 덩샤오핑의 지도체제는 1982년 9월 개최된 「중국 공산당 제12기 전국대표대회」를 통하여 완성 되었다. 이 대회에서 덩샤오핑은 개막사를, 후야오방은 <사회주의 현대화 건설의 새 국면을 전면적으로 열어 나가자>라는 제목의 정치 보고를 했다.

덩샤오핑은 개막사에서 중국 특색의 사회주의를 건설하고 사회주의 현대화 건설을 추진한다는 내용을 역설했다. 그는 이 대회에서 최초로 「중국 특색의 사회주의 건설」(建设有中国特色的社会主义)이라는 새로운 명제를 내놓았다.[51] 이는 사실상 중국 공산당 제12기의 중요한 지도사상이 된 것이다.

이어서 후야오방은 사회주의 현대화 건설을 위한 기본 강령을 제창하였다. 주요 내용으로는 1)「4대 현대화」계획을 실현하여 중국을 고도로 민주화된 사회주의 국가로 만들며, 2) 실사구시를 통한 사회주의 경제 발전을 가속화하며, 3) 사회주의 건설을 위한 중요한 전략 목표로서 사회주의 정신문명을 건설하며, 4) 중국의 자주 독립을 기반으로 한 애국주의와 국제주의를 상호 결합하며, 5) 전면적인 사회주의 현대화 건설을 위한 당 건설을 강화한다는 것을 확정했다.

한편, 동 대회는 당 조직과 당 지도체제도 개편하였다. 우선 당 중앙위원회에는 당 주석을 두지 않고 당 총서기만을 두기로 하고, 중앙고문위원회와 중앙기율검사위원회를 두어 과도기의 임시기구로서 당 제도를 정비토록 하였다. 당 지도

---

49) 덩샤오핑은 이에 대해 개인의 명의로 당 중앙에 편지를 보내 '마오저뚱 사상을 교조적으로 해석해서는 아니 되며, 그 사상의 精髓를 현실에 활용해야 한다'는 입장을 개진하였다. 이를 계기로 중국 정계에서는 화궈펑의 지도사상에 대한 비판이 점차 고조되어 갔으며, 이와 함께 문화대혁명의 잘못에서 벗어나 국가 발전을 위한 새로운 길을 모색해야 한다는 목소리도 봇물처럼 터져 나오게 되었다. 덩샤오핑은 이에 발맞추어 "실천은 진리를 검증하는 유일한 기준"(實踐是檢驗眞理的唯一標準)이라는 토론을 주도해 가면서 문화대혁명의 착오를 시정하고 국가 발전을 위한 새 길을 모색해야 함을 주장하였다.

50) 鄧小平, "鄧小平文選" 第2卷, 人民, 1983, pp 38~39

51) 黨12期 全國代表大會, 胡耀邦 黨總書記 報告, www.cpc.people.com.cn.

체제에 있어서는 후야오방(胡耀邦)을 당 총서기로, 덩샤오핑(鄧小平)을 중앙군사위원회 주석으로 임명하고, 중앙위원회 상무위원으로는 후야오방과 덩샤오핑 외에 예지엔잉(葉劍英), 쟈오즈양(趙紫陽), 리센니엔(李先念), 천윈(陳雲)을 선출하였다. 덩샤오핑은 또한 중앙고문위원회 주임도 겸직하였고, 중앙기율검사위원회 제1서기에는 천윈(陳雲)을 임명하였다.

당초 덩샤오핑은 국가 지도자의 젊은층 화(年輕化)를 주장하면서 최고 지도자의 직책이었던 당 총서기직을 자신이 직접 맡지 않고 젊고 패기 있는 후야오방(胡耀邦)에게 넘겨주고 자신은 중앙군사위원회 주석직 만을 맡았었다. 이는 자신이 직접 최고지도자 직을 맡지 않음으로써 기타 원로들도 일선에서 물러나게 하고자 하는 의도였으며, 한편 젊은 지도자들에게는 충분한 기회를 줌으로써 변화의 원동력으로 삼고자 했다.

대신 덩샤오핑은 일선에서 물러난 원로들을 위로하기 위하여 한시적으로 중앙고문위원회를 설치하여 자신이 그 주임을 겸직하기도 하였다. 또한 원로들이 경륜을 내세워 젊은 지도자들의 업무에 지나치게 관여하지 말 것을 요청하기도 하였다.[52]

다만, 그는 국가의 핵심 직책인 최고 군사지휘권을 장악함으로써 명실 공히 최고실권자로서 군림할 수 있었으며, 이를 기초로 국가의 정책이 자신의 노선과 다른 방향으로 흘러가지 않도록 통제할 수 있었다. 이렇게 등소평은 막후에서 중국의 개혁개방 정책을 설계하고 사회주의 현대화 건설을 추진시키는 '총설계자'이자 강력한 지도자로 자리 매김 하였다.

2. 경제체제 개혁 추진

앞에서 설명한 바와 같이, 신중국은 1953년 과도기 총노선으로 시작된 제1차 5개년 계획 추진 시 구소련의 자본과 기술 지원을 받아 중공업 중심의 경제 발전을 진행하였고, 1958년 대약진을 통한 제2차 5개년 계획을 추진할 때에도 중공업 위주의 경제 전략을 세웠었다. 이러한 경제 발전 전략은 신중국 초기 공업 분야에서 비약적 발전을 이룩하긴 하였으나, 상대적으로 농업과 경공업 부문에서는 저발전을 초래해

---

52) 鄧小平, "鄧小平文選" 第3卷, "고문위원들과의 좌담", 人民, 1993

전반적으로 중국 경제의 정체 현상을 초래하였다.

게다가 대약진운동의 실패와 다년간의 문화대혁명으로 경기 침체는 장기간 계속되었고, 일반 대중들은 경제적 어려움과 낙후된 생활로 그 불만과 좌절은 심각한 수준이었다.

이와 같은 상황을 감안하여 덩샤오핑은 1978년 12월 「당11기 3중전회」에서 주도권을 장악한 이래, 「4개 현대화와 경제 건설」을 당의 주요 목표로 설정하고 현 경제 체제를 새롭게 개혁시켜 나갈 것을 결의하였다.

주요 결의 내용은 우선, ① 과거 중공업 중심의 경제 전략을 탈피하여 농업과 경공업 위주의 경제 발전을 추구하고,② 인민공사 등 자력갱생의 발전 전략에서 비교우위에 입각한 대외개방형 발전을 도모하며, ③ 급진적이고 포괄적인 방식에서 보다 점진적이고 단계적인 발전을 추진하며, ④ 이전의 계획경제에서 시장경제로의 전환을 추진해 나가는 것 등이었다.

이러한 관점에서 당시의 경제개혁 정책은 처음부터 사회주의 경제의 근간인 농촌경제에 대한 개혁에서부터 시작하였으며, 또한 시범적으로 별도의 경제특구를 건설하여 그 지역에만 국한시켜 외자도입을 가능케 한 한정적이지만 대외지향형 경제를 발전시켰다. 그리고 그 개혁도 바로 중앙정부가 직접 주도하지 않고 일부 기층 단위나 지역에서 먼저 시범적으로 시행해 보고 난후 성공하였을 때 이를 전국적으로 확산시켜 나가는 단계적 방식을 취했다.

이러한 덩샤오핑 시기의 단계적, 점진적 경제 개혁은 구체적으로는 다음과 같이 세 단계의 개혁 과정을 통해 진행되었던 것이다.[53]

가장 먼저는 1970년대 말 농촌 개혁에서부터 시작되었다. 이 농촌 개혁의 시발점은 국가가 위로부터 개혁을 리드해 가는 것이 아니라 문화대혁명 이후 피폐해진 농가의 생활 개선을 목적으로 농촌 사회에서 자발적으로 발생한 **「농업생산책임제」** (중국어로는 '**承包制**'라 한다)의 시행었다. 이 제도는 각 농가 단위별로 토지를 분담하여 경작게 하고 그 수확량의 일부만 국가에 세금으로 납부하고 나머지는 개별 농가들이 나누어 임의로 처분할 수 있도록 하는 제도였다.

본래 이 제도는 70년대 후반기에 안후이성(安徽省) 시아오강춘(小崗村) 촌민들이 인민공사 실패 이후 격심한 경제난을 타개하기 위해 일시적으로 도입했던 것이 시초였다.

---

53) 이에 대한 상세 내용은 "등소평문선" 제3집에 잘 설명되어 있음.

그러나 당시만 해도 이 제도가 갖는 자본주의적 성향으로 인해 각 지방에서는 당과 국민들로 부터 이념적 도전과 비난 받을 것을 우려하여 과감히 시행할 수 없었다. 그러다 당11기 3중전회 이후 당 중앙의 적극적 장려와 지지에 따라 안후이성(당서기: 萬里)과 쓰촨성(당서기: 趙紫陽)에서 시범적으로 실시한 후 그 성과가 확연히 드러나면서 전국적으로 확산되기에 이르렀다.

이 농업생산책임제가 전국적으로 확대되면서 농민 개개인들은 독립된 경제주체로 활동할 수 있게 되었음은 물론 기존의 인민공사 제도는 그 기능이 무력화되면서 기존 마오저뚱 시대의 사회주의적 농촌경제 구조는 빠른 속도로 해체되어 갔다.

바꿔 말하면, 1970년대 말 농촌 개혁이 진행되면서 중국 농촌사회에는 다음과 같은 새로운 몇 가지 변화가 일어나게 되었다. 1) 농촌의 체제 개혁으로 농촌의 기본 단위가 기존의 인민공사 제도에서 다시 향촌(鄕村)제도로 개편되었다. 2) 집단적 농업생산 방식에서 개인생산 방식으로의 전환이 이루어졌다. 토지의 집단소유를 기반으로 하는 집단 생산방식에서 토지의 경영 및 사용권이 각 농가에 이양되는 방식으로 바뀜에 따라 각 농가가 농촌의 주요 생산단위이며 경제주체로 변모하였다. 이는 농민들의 생산 적극성을 불러일으키는데 큰 기여를 하였으며 따라서 농업생산 제고를 촉진시킬 수 있었다. 3) 농촌에서의 시장 부활을 가져왔다. 과거 시장교역을 금지함과 동시에 공동생산과 공동분배를 원칙으로 하였던 농촌에서 이제 시장을 부활시켜 농민들이 자유롭게 교역할 수 있게 하였다. 4) 농산물 가격의 현실화를 촉진시켰다. 기존의 계획경제 시대에는 정부가 국가 수요에 따라 농산물 가격을 임의로 조정할 수 있었으나, 농촌에서 시장교역이 부활됨으로써 농산물 가격이 시장의 수요에 따라 현실화 될 수 있었다.

둘째, 도시에 산재한 국유기업 분야에서도 생산성 제고를 위한 기업 개혁이 추진되었다. 먼저 농촌 개혁에서의 큰 성과는 개혁개방 정책에 대한 국민들의 신뢰를 받게 됨은 물론, 지도층도 이에 대한 신심을 가지는 계기가 되었다. 이러한 믿음을 기반으로 중국 지도부는 1984년부터 도시의 '국유기업 개혁'에 착수하게 되었다.

우선 도시에서 자영업을 허용하고 시장을 활성화시켰다. 기존의 도시는 국유기업과 집체기업 위주였으며, 생산, 소비 모두가 정부 계획에 의하여 이루어졌다. 따라서 자영업과 서비스업이 발전되지 못하고, 시장교역이 활성화되지 못한 채 시장경기가 활기를 잃게 되었다. 이러한 문제의 해결수단으로서 자영업을 발전시키고 시장을 활성화하려는 것이었다.

또한 기업에 대한 정부의 간섭을 줄이고 효율에 따른 인센티브도 허용하였다. 이 시기 중국의 기업들은 사적 이윤을 추구하는 경제조직이기보다는 국가 계획에 의해 이를 완성하는 생산조직에 불과하였고, 각 직원들에게는 국가에서 제정한 획일적인 봉급 기준 외에는 업무 효율을 높이는 어떠한 물질적 자극이나 상여금도 없었다. 기업개혁 조치는 이러한 생산 비효율을 극복하기 위한 것이었다. 동 개혁 조치 시행으로 도시 지역의 국유기업은 경제적 자율성을 확보하고 기업 경영의 합리화를 도모하게 되었으며 또한 개인들도 물질적 동기 부여가 이루어져 시장교역이 활발해 지는 등 농촌 지역과 함께 도시지역 경제도 점차 활력을 되찾아 갔다.

셋째, 국내 경제 활성화는 물론 대외 개방 정책도 적극 추진함으로써 국내 경제와 국제 경제 간의 적절한 순환을 도모해 갔다. 우선 1979년부터 미국을 비롯하여 서방 국가들과 국교 정상화를 맺었으며 이를 계기로 외국자본 유치와 기술 이전이 원활히 이루어지도록 법적, 제도적 장치도 완비해 나갔다.

또한 대외 개방을 단계적으로 시행키 위해 우선 시범적으로 일부 지역을 별도로 지정하여 이 지역에 한해서 외국 기업의 직접 투자와 기술 도입이 자유롭게 이루어지도록 하였다.

물론 이러한 대외 개방 지역은 단계적으로 확대되어 갔으며, 이는 우선 「경제특구」 지정 및 설치에서 비롯되었다. 처음에는 1979년 중국 남부의 광둥성(廣東省)과 푸지엔성(福建省)지역을 개방하였다가 1980년 초에는 션쩐(深圳), 쭈하이(珠海), 시아먼(廈門), 샨토우(汕头) 등 4개 지역을 「경제특구」로 지정하였다.

중국정부는 이 경제특구에서 일정한 경제적 성과를 이룩해 나가자, 이에 자신감을 갖고 1988년에는 하이난성(海南省) 전체를 경제특구로 설정하는 한편, 그 이후 상해를 포함하여 산동 반도와 요동반도 그리고 환발해 지역 등 동부 연안지역 도시에 14개의 「경제개발구(经濟開发区)」를 설립하였다[54]. 그리고 1990년에는 상하이 푸동(浦東)지역에 대한 종합개발계획을 발표하면서 개방 경제는 중국 전역으로 확대되어 전 방위적으로 발전하였다. 이 '경제특구와 경제개발구'의 설치는 중국 경제를 대외개방형으로 확산, 발전시켜 가는데 있어 중요한 견인차 역할을 하였다.

한편, 이러한 경제체제 개혁을 보다 법제화하여 가속화시켜 나가기 위해, 중국 정부는 앞서 1984년 10월 개최된 당12기 3중전회에서 "경제체제 개혁에 관한 중공

---

54) 이에 해당하는 도시로는 上海, 大連. 秦皇島, 天津, 煙臺, 靑島, 連雲港, 南通, 寧波, 溫州, 福州, 廣州, 湛江, 北海 등 14개 도시이다.

중앙의 결정"을 채택한 바 있다. 이 결정은 사회주의 계획경제 체제를 과감히 수정하고 앞으로의 중국 경제개혁의 기본 방향을 제시하는 중요한 문건이었다. 동 결정에서 당 중앙은 앞으로의 경제 개혁 목표를 <사회주의 시장경제 제도의 실현>이라고 명백히 밝히고 그 전단계로서 우선 지향해야 할 <계획적 상품경제론>[55]과 <사회주의 초급단계론>[56]을 제시하였다.

이 경제체제 개혁을 토대로 1984년 이후 중국 경제는 국유기업에 대한 과감한 개혁이 이루어진데다 민간기업도 개체 경제로서 발전할 수 있는 기반이 확립되었다. 국영기업에게는 소유와 경영을 분리하고,「책임경영제도와 이윤유보제」를 실시하여 경영의 합리성을 제고하고 자율성을 보장하였다. 1986년에는 '기업파산법'을 제정하여 경영에 실패하면 파산을 선고할 수 있도록 하였고, 1988년에는 '기업법'을 제정하여 정부와 기업의 분리, 즉 소유권과 경영권을 분리하는 국유기업 개혁에 착수하였다.

한편, 중국 정부는 대외개방 원칙에 따라 외국자본과 기술을 적극적으로 도입해 나가는 한편 중국내 수출기업을 육성하여 홍콩, 싱가폴, 일본, 미국 및 유럽 등 국가들과 교역을 확대해 나가도록 독려하였다. 이를 위해 중국 남, 동부 연안 지역의 '경제특구'와 '경제개발구'도 순차적으로 개방시켜 나갔으며, 이들 도시들로 하여금 외국과의 교역 및 기술 이전을 위한 통로 역할을 하게 하였다.

이러한 급진적인 경제 개혁과 개방으로 중국 경제는 사회주의 체제를 견지하는

---

55) <계획적 상품경제론>이란 '계획'과 '시장'이 상호 배타적인 것이 아니라 상호 보완적이라는 입장에서 사회주의 계획경제하에서 시장의 역할과 기능을 적극 도입한 이론이다. 다시 말하면, '사회주의'와 '상품경제'는 상호 공존할 수 있다고 전제하고, 사회주의 경제체제는 오히려 상품경제를 발전시키는데 기여하고 더욱 빨리 완성시킬 수 있다는 것이다. 따라서 사회주의 경제에서도 시장 기제를 적극 활용하고 경제 원칙과 각종 수단을 통한 거시적인 경제 관리가 필요하다는 것이다.

56) <사회주의 초급단계론>은 중국이 사회주의를 추진함에 있어서 초급단계에 와 있기 때문에 사회주의 이상을 조속히 실현하기 위해서는 이를 위한 충분한 물적 토대를 구축할 필요가 있다는 이론이다. 즉, 중국의 사회주의는 사회주의 초급단계이고, 이 초급단계의 기본과제는 생산력을 발전시키고 현대화를 실현하기 위해 전력을 다해야 한다는 것이다.「사회주의 초급단계론」이 처음으로 제기된 것은 1987년 제13차 당대표대회에서 쟈오쯔양(趙紫陽) 총서기가 행한 정치 보고에서였다. 그는 이 정치보고에서 "중국은 생산력이 낙후되고 상품경제가 충분히 발달치 못한 상태에서 사회주의가 수립되었기 때문에 상당기간은 사회주의 체제를 유지하면서도 자본주의적 방식에 의한 공업화와 현대화를 달성하는데 총력을 기울여야한다"고 주장하였다. 이는 곧 정치에서는 사회주의적 이념에 따라 당과 국가체제를 견지해 가면서도 경제면에서는 자본주의적 시장경제 체제를 유지, 발전시켜 나가야 한다는 체제 개혁의 방향을 암시한 것이었다. 이는 향후 중국 전역에서 시장 기능이 회복되고 시장경제가 활성화되면서 한 단계 더 발전된 <사회주의 시장경제론>을 제창하게 되는 근저와 기반이 되었다.

가운데 경제적으로는 시장 및 상품 경제체제로 전환하는 근본적인 변화를 가져왔다. 그러나 시장경제가 더욱 빠르게 확장되면 될수록 과거의 계획경제와 시장경제의 결합과정에서 나타나는 부작용과 각종 모순들도 함께 나타날 수밖에 없는 상황이었으며, 이러한 경제개혁 과정상의 부작용이 표출되면서 당 지도부 일각에서는 당시 추진 중인 경제개혁의 속도와 방향에 대해 이의를 제기하고, 개혁 과정에서 일정기간 정돈과 조정이 필요하다는 입장을 피력하는 부류가 나타났다.

1988년을 전후하여 시장경제 가속화와 경기과열 현상이 심화되면서 천윈(陳雲)을 중심으로 한 신보수파 그룹은 陳雲의「鳥籠經濟論」(일명 '새장경제론'으로 칭함)[57]을 옹호하면서, 현 경제 상황에서 경기 과열을 진정시키고 안정적인 경제운용을 위해서는 일정 기간의 속도 조절과 경제 조정 정책을 시행해 나가야 한다고 주장하였다. 즉, 경제 발전을 가속화시켜 나가기 위해서는 시장의 역할을 충분히 인정하지만 이는 어디까지나 국가라는 경제주체에 의해 유도되고 조정되어야 함을 역설하면서, 중국은 어디까지나 사회주의 체제이기 때문에 계획 경제가 주가 되어야 하며, 시장 경제는 부차적이어야 한다는 것이었다.

이러한 문제 제기는 1988년 9월 개최된 당13기 3중전회(제3차 중앙위원회 전체회의)기간 중 신개혁파와 이들 신보수파간의 격렬한 논쟁으로 이어졌고 최종적으로 보수적 의견이 채택됨에 따라, 향후 2년간의 경제 정책과 관련한 이른바 '경제 환경을 새로이 정돈하고 경제 질서를 재정비한다는 「治理 整頓의 경제 조정 정책」'을 추진하기로 하였다.

이는 곧 그 동안의 과감하고 급진적인 경제개혁으로 나타난 각종 부작용, 특히 경기 과열로 인한 시장의 혼란과 투기, 부패 현상 등을 정돈하는 등 경제 환경을 정비하는 한편, 인플레이션 억제를 위한 긴축재정 정책을 시행하는 등 주로 경제 안정에 역점을 두었던 것이다.

하지만 이 치리정돈(治理 整頓)의 경제 조정 정책이 시행되는 와중에 1989년 6월 중국 민주정치사의 기념비적 사건인 '천안문 사건'이 발생하였고, 이로 인한 정치적 혼돈은 국내 경제 상황을 더욱 침체 국면으로 몰아넣는 결과를 초래하였다. 특히 천안문사건으로 인해 서방국가들이 중국에 대한 경제 제재를 시행함으로써 중국에

---

57) 새장경제론은, 1982년 제12차 당대표대회에서 천윈이 경제 활성화를 '새'로 비유하고, 국가계획을 '새장'에 비유하면서 경제 활성화를 위해 새장을 조절할 수 있지만, 새장 자체가 없을 경우 새는 날아가 버리기 때문에 반드시 새장에 의해 경제 활성화가 이루어 질 수 있도록 해야 한다는 이론이다.

투자를 하였던 많은 외국 기업들은 투자 유보 혹은 기업 철수를 강행하였고, 그 결과 중국 국내 경제는 더욱 깊은 침체의 늪으로 빠져 들었다.

3. 정치체제 개혁과 그 한계

한편, 중국 정부는 경제 성장과 생산력 증대를 지속적으로 추동해 주고 뒷받침해 줄 수 있는 정부 기관 및 정치체제 건립이 아주 절실한 상황이었다. 특히 정치행정 체제를 개선하고 재정비함으로써 효율적 행정이 이루어지면 이것이 또한 경제 발전에 큰 도움이 될 수 있다는 생각에서였다. 다시 말하면, 이 당시의 체제 개혁은 덩샤오핑 정권이 국가의 최대 목표로 설정한「경제 발전과 4개 현대화」달성을 위해 어떻게 정치 체제와 행정 기구를 재정비하고 개편시켜 가느냐에 초점이 맞추어졌던 것이다.

따라서 중국 지도부로서는 경제 발전에 도움이 될 수 있는 보조적 수단으로서 정치 개혁이 필요하였던 것이고, 정치 개혁의 내용도 근원적인 정치 민주화를 위한 개혁이라기보다는 행정체제 또는 기구에 대한 효율화 또는 합리화 위주로 개혁을 진행할 수밖에 없었다.

당초 정치체제 개혁이 공식적으로 제기된 것은 1980년 8월 개최된 당 중앙 정치국 확대회의에서 덩샤오핑이「당과 국가의 지도체제 개혁에 관하여」란 연설에서였다. 이 연설에서 덩은 문화대혁명 이전의 당 체제가 갖고 있던 각종 문제점, 즉 개인 숭배와 관료주의, 권력의 과도한 집중, 당 업무와 행정 업무의 혼합, 후계체제에 대한 제도화 미비 등을 당이 해결해야 할 문제점으로 지적하고 당과 행정부 전반에 걸쳐 행정 체제 개혁이 필요함을 역설하였다. 이 연설을 계기로 당과 행정부 내에서 정치체제 개혁을 위한 각종 조치들이 진행되기 시작한 것이다.

그러나 이 시기에는 당 지도부가 주로 경제체제 개혁에 온 힘을 쏟고 있는 상황이었던 터라 정치 개혁은 답보 상태에 머무를 수밖에 없었고, 더군다나 1983년에는 왕쩐(王震), 후챠오무(胡喬木), 덩리췬(鄧力群)을 중심으로 한 당내 보수파들이 <정신오염 일소 운동>을 제기하면서 당내 부르조아지 움직임을 일소하고 프롤레타리아 독재를 견고히 해 나갈 것을 주장함으로써 이 정치 개혁 논의는 힘을 받지 못하였다.

그러다가 1986년 6월 덩샤오핑이 다시 '정치체제를 개혁하지 않으면 적응할 수 없으며 정치체제에 대한 개혁은 개혁의 주요 대상'이라는 취지의 담화를 발표하면서부터 정치 개혁 논의는 다시 힘을 받게 되었다. 다만 당시의 당 지도부가 구상하고 있던 정치개혁의 주요 내용은, 우선 ① 당내 관료주의를 극복하여 비대화된 정부 조직과 기구를 간소화하며, ② 과도하게 집중된 중앙의 행정권을 지방에 위임하며, ③ 당과 정부의 역할을 분리하여 효율성을 제고하되 당 간부의 전문화 및 젊은층화를 이룩하는 등 대부분이 '행정제도 개혁'에 치중한 것이었다. 이때부터 일부 정치학자들을 중심으로 정치체제 개혁에 관한 논의가 다시 활발히 이루어지게 되었고, 팡리즈(方勵之) 등 일부 민주학자들은 당이 상정하고 있는 정치체제 개혁의 범위를 훨씬 넘은 정치체제 자체에 대한 개혁을 주장하기도 하였다.

이러한 정치개혁 논의에 발맞추어 1986년 말부터는 전국 각지에서 정치 민주화를 요구하는 각 지역 학생들의 데모가 발생하기 시작하였고 그 내용에 있어서도 공산당 지도부가 구상하던 개혁과 큰 차이를 보였다. 결국 학생들이 주장하는 정치 민주화 요구는 체제에 대한 도전으로 비추어졌고 사회의 안정과 질서를 해하는 것으로 간주되었다. 1987년 1월부터는 학생 데모에 대한 규제가 강화되어 점차 강경 노선으로 선회하였으며, 데모를 진압하는 후야오방 지도부의 미온적 대응에 대한 비판도 커져 당내 권력투쟁의 양상까지 보이기도 했다. 급기야 1987년 1월 개최된 당 중앙정치국 확대회의에서 후야오방 총서기는 사임하고 대신 쟈오즈양(趙紫陽)이 총서기로 임명되었다. 또한 팡리즈를 비롯한 일부 민주화 요구에 앞장섰던 인사들도 당에서 제명되고 직위에서 해임되는 등 인사 조치를 단행하였다.

하지만 당시의 분위기상 민주화 요구는 여전히 당 안팎에서 깊게 자리 잡고 있었고, 언제라도 다시 들끓을 수 있는 상태였다. 이는 1987년 11월 개최된 당 13기 전국대표대회에서 쟈오즈양 총서기가 행한 정치보고에서 좀 더 구체화된 정치 개혁에 관한 구상이 발표되면서 다시 가속화되어 갔다. 쟈오즈양 총서기는 1987년 7월 당 총서기로 임명된 후 덩샤오핑의 지시에 따라 정치체제 개혁에 착수하였다. 그는 몇 개월간의 작업을 통해 이에 관한 보고서를 작성, 동년 11월 개최된 「당13기 전국대표대회」에서 「중국 특색을 가진 사회주의의 길로 매진하자」는 보고서를 발표하였다.

동 보고서는 우선 개혁의 장기 목표로서 '고도로 민주적이고 법제화된 사회주의 정치체제를 구축하는 것'이라고 전제하고, 이를 위한 단기 목표로서 1) 당, 정 기능간의 분리, 즉 정부 각 부문에 설치되어 있는 당 조직을 폐지하고 당과 정부가 이원적 지배를 하도록 한다. 2) 새로운 공무원 제도를 신설한다. 공무원을 정무공무원과 직업공무원으로 나누어 직업공무원은 공개경쟁 시험에 의해 선발하고 합리적인 관료기구를 제도화한다. 3) 다양한 사회 이익을 대변하기 위해 이익단체 간의 대화와 협의를 제도화하는 것. 이를 위해서는 곧 지역 대표로 구성된 인민대표대회 내에 직능 대표도 함께 선출한다. 4) 사회주의 민주 제도를 정비하기 위해 간부 선출시 **차액선거제(差額選擧制)**[58]를 도입하고, 사회주의 법체계를 정비해야 한다는 것을 제시하였다.

1988년에 접어들면서 그간의 경제체제 개혁에 따른 부작용으로 경기 과열에 따른 물가 상승이 나타나 경제적인 어려움에 봉착하였고, 또한 당 간부 및 관료들의 부정부패와 투기현상에 따른 **관따오(官倒)문제**[59]가 심각한 사회 문제로 대두되었다. 이러한 상황에 직면한 당 지도부로서는 당분간 당풍을 다시 쇄신시키고 간부들의 기강을 확립할 필요가 있었으며, 또한 당내 보수파들이 주장해 온 개혁 정책에 대한 재검토와 당 지도권 강화를 위한 정치, 사상 교육을 적극 실시해 나가야 할 상황이었다.

그리하여 1988년 9월에 개최된 당 13기 3중전회에서는 기존의 개혁, 개방 정책을 잠시 보류하고, 경제 환경을 정돈하고 경제 질서를 재정비하는 이른바 치리정돈 정책(治理, 整頓 政策)을 시행하기로 하였다. 이는 경제 정책 추진과정에서 나타난 각종 부작용에 대한 보수파들의 비난과 반발에 대한 일종의 타협의 산물이었다. 따라서 정책 집행 과정에서 당내 개혁파와 보수파 간의 갈등은 첨예하게 대립될 수밖에 없었고, 이렇게 긴장된 분위기 속에서 당시 민주화를 외치된 학생들에 비교적 관대하였던 후야오방 당서기가 1989년 4월 갑자기 사망하자 동 인의 사망 소식을 들은 학생들은 더욱 과격해져 후야오방에 대한 명예 회복과 정치 민주화를 요구하면

---

58) 차액선거제란, 후보자의 수가 당선자의 수보다 많은 상태에서 치러지는 선거로서, 1980년 1월 시행된 중국 인민대표대회 대표 선거법은 대표 후보자의 수를 대표자 정원의 1.5배에서 2배 이상으로 해야 한다는 규정에 따라, 일정 한도의 경쟁 원칙을 제도적으로 보장하는 선거를 실시한 것이다. 출처: 중국개황, 외교부 2013, pp 11

59) '관따오(官倒)'란, 중국의 개혁개방 이래 중국 경제규모가 커지면서 간부들이 공적 직위를 이용하여 사적 이익을 보호해주는 대가로 거액의 수수료를 불법으로 챙기는 일이 늘어났는데, 이러한 중국 기업가의 돈과 관료 권력을 교환함으로 인해 발생하는 부패를 말한다. 관따오에 의한 부패현상은 탈세, 불법유흥업소의 영업, 물자 유통구조의 왜곡, 공금횡령, 밀수 등 다양한 형태로 나타나고 있다.

서 가두시위를 확산시켜 나갔다.

이에 당황한 중국 당국은 급기야 강경 진압으로 선회함으로써 6월 4일 천안문 사건으로 나타났고 동 사건을 계기로 중국의 일체의 정치체제 개혁은 중단되었을 뿐 아니라 정치 개혁에 대한 논의마저도 금기시 되어 감히 논의 대상으로 올려놓지도 못하게 되었다.

이상과 같이, 덩샤오핑 지도 체제 하에서의 경제 개혁은 문화대혁명 전개를 통해 이미 황폐해 버린 중국 경제를 노선의 대전환을 통해 회복시켰다는 점에서 많은 성과를 거두었으나 반면 정치개혁 면에서는 그것이 위로부터의 개혁으로 주로 행정 제도 개편에 치중한 개혁이라는 점에서 그리고 진정한 민주화를 위한 시도가 중국 당국에 의해 좌절되었다는 점에서 큰 성과는 거두지 못했다고 볼 수 있다.[60]

요컨대, 덩샤오핑의 정치 개혁은 주로 문화대혁명과 같은 큰 정치적 혼란을 방지하기 위한 제도적 질서를 재정립하는데 역점을 둔 것이었다. 그는 문화대혁명과 같은 정치적 혼란 상태는 결국 최고지도자의 '가부장적 영도체제'에서 비롯된 것이라고 보고 이를 극복하기 위한 방안으로 **집단지도체제(集体领导体制)**를 강조하였으며 또한 집단지도체제가 확립되기 위해서는 지도자의 임기가 만료되면 바로 퇴임하는 퇴직제도(退休制가 정착되어야 한다고 주장하고 자신부터 솔선수범 하려 하였다.

이는 결과적으로 등소평의 정치체제 개혁이 공산당의 영도를 강화하기 위한 일종의 제도적 정비 차원에서 이루어 진 것이며, 진정한 민주화인 권리의 상호 견제나 감독, 성숙된 선거 제도의 정착과는 거리가 먼 것임을 반증하는 것이었다.[61]

4. 덩샤오핑의 후계구도 구축

일반적으로 일당 독재체제 국가는 국가 지도자의 후계 체제를 중요시하는 특징을 가지고 있다. 마오저뚱과 마찬가지로 덩샤오핑도 후계자 양성에 큰 관심을 가졌으며, 그는 자신처럼 실용주의적 성향이 강하고, 실천력이 있으며, 또한 자신을 도와 화궈펑을 실각시키는 데 앞장섰던 후야오방(胡耀邦) (당시 중앙당교 부교장)을 자

---

60) 鄧小平, "鄧小平文選" 第3卷, 人民, 1993

61) 鄧小平, "鄧小平文選" 第3卷, 人民, 1993

신의 후계자로 낙점하고 당 총서기라는 최고 지도자의 직책을 맡겼으나, 얼마 지나지 않아 결국 그가 후계자로서 적합치 않음을 깨닫게 되었다.

　그 직접적인 계기는 학생 운동에 대한 후야오방의 애매한 태도에서부터 비롯되었다. 1986년부터 중국의 일부 대학에서 정치 개혁을 요구하는 학생들의 데모가 발생하였는데, 이는 당시 경제 체제 개혁으로 인한 부작용, 즉, 관료주의와 부패, 투기 등이 사회 저변에 확산되던 상황과 연관되어 있었다. 당 지도부는 이러한 학생 운동의 성격을 "자산계급의 자유화"(资产阶级自由化)를 주장하는 것으로 규정한 데 반해, 정작 총서기인 후야오방은 당 지도부의 결정과는 반대로 대화로 학생들을 설득하고 유도하는 방식을 취하였다. 이러한 후야오방의 유화적 태도는 덩샤오핑을 비롯한 당 원로 지도자들을 실망시켰고 결국 후야오방은 이에 대한 책임을 지고 물러나게 되었다.

　1987년 11월, 후야오방의 뒤를 이어 후계자의 위치에 오른 사람이 바로 쟈오즈양(趙紫陽)이었다. 그는 덩샤오핑이 농업 개혁을 추진하기 시작했던 시기인 1980년 초 중국의 농업 대성인 쓰촨성(四川省) 당서기를 맡고 있었다. 그는 실용적인 지방 정치 지도자로서 쓰촨성에서 농업 개혁을 과감히 추진한 결과 덩샤오핑의 환심을 샀으며, 이후 국무원 총리로 전격 기용되면서 후야오방 당 총서기와 함께 '덩샤오핑의 개혁 개방 정책의 전도사'로서 쌍두 체제를 이루었다.

　그러나 쟈오즈양은 후야오방보다 더 과감하고 급진적인 개혁가로서의 기질을 보였다. 그의 사고의 근저에는 기본적으로 "私營경제를 사회주의 공유제 경제의 유익한 보충부분"(私营经济是社会主义公有经济的有益补充部分)이라고 규정하고 사영경제(즉, 민간 기업)를 적극 발전시켜 나가야 한다는 생각을 가지고 있었다. 이러한 생각은 1987년 개최된 중국 공산당 제13차 당대표대회에서의 쟈오즈양 총서기의 보고 내용에 집약되어 나타났으며 당시에는 아주 획기적이고 파격적 내용이었다. 당시 당내 주요 세력으로 자리 잡고 있었던 이념적인 보수 좌파 집단은 사영 경제의 발전이 사회주의 제도와 성격 자체를 바꿀 수 있는 위험 요소로 판단하고 있었기에 이에 대한 저항이 만만치 않았다.

　쟈오즈양은 이러한 당내 반발을 무릅쓰고 이를 관철시켰으며 1988년의 헌법 개정에 이를 반영시켰다. 이로써 중국에서 민간 기업이 합법적으로 자유롭게 영업할 수 있는 길이 열렸으며, 중국 경제 발전의 강력한 주체로 성장하는 기반이 되었다.

　한편, 정치 개혁에 있어서 쟈오즈양은 '사회주의 민주 정치 수립'을 큰 과제로 삼았다. 그는 정책수립 과정에서 "당과 정부, 학계, 部門, 지방, 기층의 상호적 소통"을 강조하였는데, 지금도 중국의 많은 지식인들 중에는 쟈오즈양의 집권 시기가 당과 정부와 사회 각계의 소통을 가장 원활히 하였던 시기로 평가하고 있다.[62]

그러나 그도 결국 등소평의 후계자로 자리 잡지는 못하였다. 1989년에 있은 천안문 사건에서 쟈오즈양은 강경책을 주장하는 리펑(李鵬), 양샹쿤(楊尚昆) 등과 견해를 달리하면서 학생들과의 대화를 주장하였다. 쟈오즈양은 특히 시위학생들의 단식으로 사태가 최악에 이르렀을 당시 직접 천안문 광장으로 달려가 학생들에게 대화의 문이 항상 열려있으니 단식을 중단할 것을 호소하기도 하였다.[63] 그러나 사태는 진정되지 않았고, 쟈오즈양의 우유부단한 태도가 사태를 키우고 있다는 덩샤오핑의 비판을 받았다. 이에 덩샤오핑은 강경파에 손을 들어주고 쟈오즈양을 비판하면서 그 책임을 물어 처벌하고 실각시켰다.

덩샤오핑으로서는 이제 80세가 훨씬 넘어선 고령으로서, 후계자의 결정이 시급한 과제가 되었다. 덩샤오핑은 천안문 사태를 거치면서 당시 상하이 당위원회 서기로 있던 장쩌민(江澤民)을 새롭게 발견하게 되었다. 상황이 혼란했던 베이징에 비해 장쩌민이 영도하고 있던 상하이는 일련의 과감한 조치로 빠른 시일 내에 질서를 회복시킴으로써 기타 지역의 질서 회복에 긍정적인 영향을 미쳤던 것이다.

이에 덩샤오핑은 장쩌민이 개혁 개방을 원만하게 수행해나갈 수 있는 인물로 평가하고 이후 개최된 당13기 4중全會(중앙위원회 전체회의)에서 그를 당 총서기로 임명하였다. 이는 중국 당 서열상 파격적인 인사로 장쩌민은 상하이 시위 서기에서 일약 국가 최고지도자급으로 등극하게 되었다. 일부 평론가들은 덩샤오핑이 리펑이나 챠오스(喬石)와 같은 당시의 중앙급 지도자들을 배제하고 지방에 있던 장쩌민을 등용한 것은 이들 중앙 지도자들이 천안문 사건 해결의 중심적 위치에 있었기 때문에 일부 정치적 부담이 따를 것을 우려하여 상대적으로 부담이 적은 장쩌민을 선택하였다고 보고 있는 것이다[64].

---

62) "网上文摘", 2005.2.7

63) "密件曝光", www.topyl.com.cn

64) 브루스질리 저, 형선호역, "장쩌민", 한국경제신문, 2002. 여기에서 지적할 점은 제 4세대 최고 지도자였던 후진타오(胡錦濤) 역시 당시의 천안문 사건의 해결 과정에서 덩샤오핑에 의해 발탁되었다는 점이다. 당시 후진타오는 티벳 자치구의 당서기직을 맡고 있었는데,·큰 문제없이 무난하게 이 천안문 사건을 넘겼다는 점에서 덩샤오핑의 평가를 받은 것으로 알려지고 있었다. 따라서 덩샤오핑은 후진타오를 차세대 지도자로 지목하고 1992년에 개최된 당14기 전국대표대

덩샤오핑은 당14기 당대표대회에서 장쩌민을 중심으로 한 지도자 집단을 출범시킴으로써 중국 공산당은 제2세대 지도부에서 제3세대 지도부로의 교체를 완성하였다.

회에서 40대 후반의 그를 최고 지도부인 정치국 상무위원으로 전격 발탁하였다.

VI. 제 3세대 지도체제의 확립

1. 쟝저민 지도체제의 강화

앞에서 설명하였듯이, 천안문 사건 발생과 이에 대한 해결 과정을 놓고 당내 주요 세력들 간에 심한 갈등이 빚어졌으며, 이러한 권력 갈등의 조정 결과는 먼저 지도층에 대한 인사 개편으로 나타났다. 당 지도부는 천안문 사건 발생 직후 당 체제의 재정비 필요성에 따라 당13기 4중전회를 개최하여 새로운 인사 개편을 단행하였다. 즉, 쟈오즈양 총서기를 해임하고 대신 쟝저민(江澤民) 상해시 당위원회 서기를 새로이 당 총서기로 임명하고, 중앙군사위 부주석 직위는 공석으로 두었다. 그리고 정치국 상무위원 겸 서기였던 후치리(胡啓立)를 학생 시위에 동조적 태도를 취했다는 이유로 해임시키고, 텐진시 당위원회 서기였던 리루이환(李瑞環)과 쏭핑(宋平)을 정치국 상무위원으로 승진 발령시켰다. 따라서 정치국 상무위원회는 쟝저민, 리펑, 챠오스(喬石) 외에 쏭핑(宋平), 야오이린(姚依林), 안핑(安平), 리루이환(李瑞環) 등 총 6명으로 집단 지도체제를 구성하였다.

이러한 인사 개편에서 가장 획기적이고 관심을 집중시켰던 것은 당시 상해시 당위원회 서기로 있던 쟝저민(江澤民)을 일약 중앙의 제1인자인 당 총서기로 발탁한 점이다. 이는 덩샤오핑의 복심이 작용한 것으로, 그의 후계 구도와 완전히 일치하는 인물이었다. 다시 말하면, 그는 덩샤오핑이 추진하고 있던 경제 정책 면에서는 매우 개방적 태도로 이를 적극 수용하면서도 정치적으로는 상당히 보수적 성향을 지닌 점을 높이 평가하였던 것이다.

쟝저민은 본래 혁명 열사의 유족으로서 1926년 쟝수성(江蘇省) 양주 출생으로 숙부인 중국 공산당 지구당 위원 급 원로인 쟝상칭(江上淸)의 양자로 입양되었다가 그 숙부가 항일전쟁 중 전사함에 따라 열사 유자녀로 분류되었다. 쟝저민은 주로 상해에서 자라면서 1943년 상해 교통대학 전기과에 입학하여 1947년 졸업하였고 그 후 식품 회사 대표로 근무하다가 1972년 기술 전문가로 루마니아에 파견된 바 있었으며, 귀국 후에는 상해시 정부 관원으로 근무하면서 승진을 거듭한 끝에 1985년에 상하이 시장, 87년 이래 상하이시 당위원회 서기로 재직해 왔다.

한편, 「당13기 4중전회」를 계기로 쟝저민이 총서기로 임명되고 그 후 몇 개월이 지나 11월에 개최된 당13기 5중전회에서 덩샤오핑은 중앙군사위원회 주석 직까지 쟝저민에게 물려줌으로써 덩샤오핑은 사실상 당 지도부에서 완전히 은퇴하게 되었다. 덩샤오핑은 은퇴하면서 리펑(李鵬)과 야오이린(姚依林)등 새 세대 주요 지도자들을 불러놓고 쟝저민을 '새로운 집단지도체제의 핵심(新的领导集体核心)'이라고 강조하고 원만한 세대교체를 위해서는 '각 지도부가 의식적으로 이를 수호하고 지켜줄 것(有意识的维护这个核心)을 주문하였다[65].

이는 지방에서 파격적으로 발탁된 지도자인 쟝저민이 당시 중앙에서의 세력이 약한 한계를 극복해 주기 위한 덩샤오핑의 골육지책이었다. 이로써 덩샤오핑을 중심으로 한 제2세대 지도부는 모두 물러나고, 제3세대로서 쟝저민 중심의 집단 지도체제로의 사실상의 세대교체가 이루어지게 된 것이다.

그러나 덩샤오핑의 우려는 현실로 나타났다. 천안문 사태 이후 좌파 성향의 지도자들은 천안문 사태의 발생 원인이 시장 경제의 급속한 발전과 이로 인한 국가 통제의 약화에서 비롯되었다고 주장하고 다시 계획 경제 체제로 돌아가 이를 강화해 나갈 것을 요구하였다. 이 때가 천안문 사태 발생 직후였던 관계로 이들의 주장은 더욱 설득력을 갖게 되었으며 결국 신 지도부는 이들 보수파의 주장을 받아 들여 국가의 경제체제 개혁의 목표를 "계획 경제와 시장 경제의 상호 결합"(计划经济和市场经济互相结合)으로 수정하였다. 이는 쟈오즈양 집권기의 "국가가 시장을 조절하고, 시장이 기업을 인도(国家调节市场,市场引导企业)"하는 급진적인 경제체제 개혁의 목표에서 한 걸음 후퇴한 것으로서, 이로써 중국의 경제 개혁은 다시 한 번 정치체제에 의해 발이 묶이는 형세가 되었다.

이 당시 보수파 집단에서 주장된 것이 이른바 **천윈(陳云)의 조롱경제론(鳥笼經濟論)**이었다. 천윈은 덩샤오핑과 함께 항일전쟁을 수행해 온 중국의 제 2세대 원로 지도자로서 경제 운용에 있어서 <계획과 통제>의 중요성을 강조하였다. 그는 자신의 선집(選集)에서 "경제의 활성화는 반드시 '계획'이라고 하는 중앙의 지도하에 이루어져야 하며 계획을 떠나서는 안 된다. 그 관계는 마치 '새와 새장의 관계' 와 같은 데 (새는 국가경제를 의미하고, 새장은 국가 계획이라고 할 수 있다), 새를

65) 鄧小平, "鄧小平文選" 第3卷, 人民, 1993 "새로운 지도체제 성원들과의 담화"

너무 틀어쥐면 죽게 되지만 놓아버리면 날아가 버린다. 따라서 새를 새장에 가두어야 한다. 경제의 활성화를 새에 비유한다면 계획은 새장과 같다. 경제는 반드시 계획에 의하여 통제되어야 한다."고 주장하였다.[66]

2. 남순 강화(南巡講話)

지방에서 발탁되어 중앙으로 올라온 쟝저민(江澤民)에게는 집권 초기 이러한 좌파 지도자들의 압력에 밀려 개혁 정책을 과감히 추진해 나가기 어려웠다. 쟝저민은 아직 권력의 기초를 닦지 못했으며, 따라서 그의 지도 체제 하에서 개혁 개방은 지지부진해 갔으며, 국가 경제의 발전도 지체되고 있었다. 이는 개혁 개방에 모든 역량을 집중하여 국가 발전을 도모하려 했던 덩샤오핑을 더욱 초조하게 만들었다. 그는 자신이 설계한 개혁, 개방 정책을 보다 적극적으로 추진해 나가기 위해서는 자신이 다시 한 번 나서야겠다는 결심을 하게 된다.

하지만 베이징을 비롯한 북방 지역에서는 좌파 성향의 지도자들이 여전히 당권을 장악하고 있어 크게 효과를 발휘하기 어렵다고 판단하여 결국 그간 시장 경제 발전으로 그 혜택이 컸던 남부 지역을 순방함으로써 개혁 개방 정책의 가속화를 적극 유도할 필요가 있었던 것이다.

1992년 2월 그는 남부 광동성의 4대 경제 특구 지역을 방문하면서 개혁 개방의 필요성을 역설하고 국가의 미래를 위해서는 사상을 해방하고 개혁 개방을 적극 추진해야 한다는 메시지를 보냈다. 그의 연설문은 남부 지역 언론을 통하여 대서 특필되었고, 이에 대한 공감대가 형성되면서 우회적으로 좌파 지도자들에게 압력을 가하게 되었다. 덩샤오핑은 당시 군부의 지도자 양샹쿤(楊尙昆)을 동행시킴으로써 군부도 개혁 개방에 적극 동참한다는 간접적인 제스처도 함께 보냈다. 이것이 바로 유명한 「남순강화」(南巡講話)였다.

이 남순강화시 담화에서, 덩샤오핑은 과감한 개혁 개방을 독려하는 한편 "혁명이 생산력을 해방시켰듯이 개혁도 생산력을 해방시키고 발전시킨다"고 설명하고, "이러한 기회를 놓치지 말고 개혁 개방 정책을 적극 추진하여 경제 건설을 가속화시켜야 한다"고 강조하였다.

---

66) "陳云文選" 第三卷, 人民出版社, pp 87~104

또한 그는 "자본주의 국가에도 계획이 있고, 사회주의 국가에도 시장이 있다"고 주장하고 개혁 개방 정책을 추진할 때의 판단 기준을 사회주의 제도에 부합되는지 아니면 자본주의 제도에 부합되는지에 두지 말고 다음과 같은 몇 가지 사항에 두어야 한다고 지적하였다. 즉, 1) 사회주의 국가의 생산력 발전에 유리한 지 (是否有利于发展社会主义社会的生产力), 2) 국가의 종합 국력 향상에 유리한 지 (是否有利于增强社会主义国家的综合国力), 3) 인민 생활수준의 향상에 유리한 지 (是否有利于提高人民的生活水平) 등의 기준에 두어야 한다고 지적하였다. 이것이 바로 유명한 "세가지 유리(三個有利)" 사상이다.[67] 그는 담화에서, 이 세 가지 유리한 것에 부합되면 무엇이든 이념적인 속박에서 벗어나 과감히 실천해야 한다는 메시지를 당내 지도자에게 전하였으며, 아울러 이들에게 새로운 정치적 판단 기준을 제시한 것이었다.

그동안 베이징의 좌파 지도자들에 의해 어려움을 겪고 있던 쟝저민으로서는 이러한 정치적 신호에 적극 호응하게 되었고, 마침내 개혁 개방 정책을 다시 추진하려는 결단과 의지를 굳건히 하는 계기가 되었다.

그는 1992년 10월 개최된 「제14차 당대표대회」에서,「개혁 개방과 현대화 건설의 속도를 높여 중국 특색의 사회주의 사업 승리를 쟁취하자」는 제하의 정치 보고를 행하였다. 이 보고에서 차후 중국 경제 개혁의 목표를 <사회주의 시장경제체제> (社会主义市場经济体制) 수립으로 정하고, 과거 상하이에서 함께 일했던 주룽지 (朱镕基) 상해시위원회 서기를 정치국 상무위원 겸 국무원 부총리로 임명하여 개혁 개방 정책 추진에 협조토록 하였다.

또한 지도체제 인선에서도 쟝저민은 당 총서기와 함께 당 중앙군사위 주석직을 겸임하게 되었고, 대신 중앙고문위원회는 더 이상 두지 않고 폐지하되 새로운 중앙 기율검사위원회를 구성하였다. 이어서 개최된 당14기 1중전회에서는 쟝저민, 리펑, 챠오스(喬石), 리루이환(李瑞環), 주룽지(朱镕基), 류우화칭(劉華淸), 후진타오(胡錦濤) 등 총 7명을 중앙정치국 상무위원으로 임명하였다.

그 이듬해인 1993년 봄에 개최된 제8기 전국 인민대표대회 제1차 회의에서 쟝저민은 또한 국가주석 직까지도 겸임하게 되어 마오저뚱 이래 중국 지도부의 3개의 최고 직위를 모두 독점하게 되었다. 총리에는 리펑(李鵬)이 유임되었고 챠오스(喬石)는 전인대 상무위원장(국회의장 격)에, 그리고 리루이환(李瑞環)은 정치협상회의 주

---

67) 鄧小平, "鄧小平文選" 第3卷, 人民, 1993 "남순강화" 부분

석에 임명되었다. 덩샤오핑은 이렇게 장저민 체제를 강화하기 위해 세심하게 계산된 인사 조치를 단행하였으며, 이로써 장저민은 집단 지도체제 내에서 자신의 세력을 구축함은 물론 명실상부한 최고 지도자의 반열에 오름에 따라 제3세대 지도체제를 확립하는 기반을 마련하였다.

이렇게 「덩샤오핑의 남순강화」와 「제14차 공산당 전국대표대회」는 중국 특색의 사회주의가 이론적으로 자리를 잡고 또한 경제면에서도 개혁, 개방과 현대화 건설이라는 목표가 새로운 발전 단계로 진입하는 토대가 된 것이었다.

3. 사회주의 시장경제 체제의 수립

중국에서 경제개혁의 목표를 「사회주의 시장경제 체제」수립으로 정하고 시장경제 체제를 반영하는 정책을 취하기까지는 많은 시간과 노력이 필요하였다. 그 과정은 사회주의의 이념적 속박에서 벗어나는 과정이기도 했으며, 또한 이념적 성향이 강한 좌파 지도자들의 압력을 점차 극복해 나가는 과정이기도 하였다.

개혁 개방 이후 상당기간 동안 개혁파와 보수파 간의 이념 대립은 대화와 타협을 통해 경제체제 개혁 목표를 다음과 같이 변화시켜 가면서 설정되어 갔다. 가령, 개혁 개방 초기에는 "계획 경제를 위주로 하되, 시장 조절을 보충"(计划经济为主,市场调节为补)하는 것을 목표로, 1984년부터는 "계획이 있는 상품경제"(有计划的商品经济)를 목표로, 1987년부터는 "국가가 시장을 조절하고, 시장이 기업을 인도"(国家调节市场,市场引导企业)하는 것을 목표로, 1989년에는 "계획 경제와 시장 경제의 상호 결합"(计划经济和市场经济相结合)을 목표로 규정하였다.[68]

그 이후 「사회주의 시장경제 체제」를 경제 개혁의 목표로 명확히 규정한 것은 덩샤오핑의 "남순강화" 이후에 있은 「제14차 당대표대회」에서였다. 이 회의에서 경제개혁의 목표를 <사회주의 시장경제체제의 수립>으로 명확히 규정함으로써 그 후의 모든 개혁은 사회주의 시장경제 체제의 수립에 초점이 맞추어졌고, 다시 폭넓고 강도 높은 개혁 조치가 진행되기 시작하였다.

특히 1993년에 있은 헌법 개정 당시 이 내용이 적극 반영됨으로써 <사회주의 시장

---

68) 상기 표현들은 당 해에 열린 중국 공산당 대표대회 정치 보고서에 각각 수록되어 있는 것을 인용한 것이다.

경제체제의 수립>은 견고한 법적 제도화까지 이루게 되어, 사실상 중국 경제를 시장 경제 체제로 전환시키는데 큰 기여를 하게 된 것이었다.

중국 공산당은 1993년 11월 제14기 3중전회를 개최하고, 「사회주의 시장경제 체제 건설 문제에 관한 중공 중앙의 결정」을 통과시켰다. 이는 당14기 대표대회에서 제기한 경제 개혁의 목표와 기본 방향을 보다 구체화 시킨 것으로 사실상 "사회주의 시장경제"의 기본 틀을 제시하고 있었다.

첫째, 공유제를 기본으로 하되, 국유기업의 경영 방식을 개선하여 권한과 책임이 분명하고, 정치와 경제가 분리된 현대적 기업제도를 수립한다.

둘째, 전국적으로 통일된 개방형 시장체제를 수립하고 도시와 농촌, 국내 시장과 국제 시장 간의 연계를 강화시켜 자원의 최적 분배를 촉진한다.

셋째, 정부의 경제 통제 및 관리 방식을 전환하여 간접적 수단에 의한 거시조정 체계를 수립한다.

넷째, 노동에 따른 분배를 위주로 하여 공평한 수입 분배 제도를 도입한다. 다만 일부 지역 및 개인이 먼저 부를 축적한 후 이를 전 지역과 전 인민으로 확산하여 부유해지는 방식을 장려한다.

다섯째, 중국의 실정에 맞는 사회보장 체제를 수립하여 경제 발전과 사회 안정을 도모한다.

마지막으로, 농촌 경제의 개혁과 관련 농업생산책임제 등 농촌 발전을 위한 기본 제도를 견지해 나간다는 것이었다. 이러한 결정은 사회주의 시장경제 체제의 수립과 아울러 당시 중국 경제가 당면한 과제로서 국유기업 및 농촌 개혁의 기본방향을 제시하고 있다는 점에서 1990년대의 경제체제 개혁의 주요한 행동 지침으로서의 성격을 지녔던 것이다[69].

이후 1995년 9월 당 지도부는 다시 당14기 5중전회를 열어 향후 경제 및 사회 종합 발전계획의 성격을 지닌 「중공 중앙의 국민 경제와 사회 발전 제9차 5개년 계획 및 2010년 장기목표에 관한 건의」를 통과시켰다. 이 건의에는, 국민 경제 및 사회 발전의 주요 목표로서 2000년을 기점으로 1980년과 비교하여 4배로 증대시켜 인민들의 빈곤 현상을 해소하고 국민 생활을 개선하는 이른바 「원바오(溫飽)」 수준을 달성한다는 것이었다.

또한 2010년 중국 경제 및 사회 발전의 주요 목표를 2000년도 GDP의 2배를 달성하

69) 14大以來重要文獻選編,中共中央文獻硏究室編, 第3卷, 北京, 人民, 1996,1997,1998, pp 519~548

고 인민의 생활수준을 개선해 비교적 완전한 형태의 사회주의 시장경제 체제를 수립한다는 것을 확정하였다.[70]

경제 개혁과 함께 대외 개방의 폭도 빠른 속도로 확대 되었는데, 이 기간 중 나타난 대표적 성과가 바로 중국의 WTO 가입이었다. 중국은 개혁, 개방을 선언한 이래 약 20년간의 부단한 노력 끝에 마침내 2001년 11월에 세계무역기구(WTO)에 가입하게 되었고, 이로 인해 현재 세계 2위의 무역대국으로 성장하게 되었으며, GDP의 70% 정도가 대외 교역을 통해 실현됨으로써 개방 정도도 아주 높은 국가로 자리매김하고 있다.

한편, 제 3세대가 집권한 1990년대는 국가 경제와 사회 발전이 비약적으로 이루어진 시기인 반면 또한 여러 심각한 사회 문제도 함께 초래되기도 하였다. 가령, 급속한 경제 개혁과 개방으로 심각한 양극화 현상이 나타났는데, 그 결과 2012년 중국의 지니계수가 0.47에 달하여 국제적으로 공인하는 경계선인 0.4를 넘어섰다. 계층 간 양극화뿐만 아니라 지역 간 격차와 도시, 농촌 간 격차도 상당히 심각한 것으로 나타났으며 이러한 문제점 모두 앞으로의 중국 사회의 안정과 발전에 큰 불안 요인으로 작용하고 있는 것이 사실이다.

이 시기에 누적된 또 다른 심각한 사회 문제는 환경오염이었다. 경제 개발 열기로 난개발이 이루어지면서 생태 환경이 심각하게 파괴되고 있는 것이다. 현재 중국의 환경오염은 상당히 심각한 수준으로 중국의 전체 하천중 약 70%가 식수로 이용할 수 없을 만큼 오염되어 있다는 보고서도 있으며, 환경오염이 주민들의 건강에 심각한 영향을 주고 있다는 보고서도 나와 있다. 또한 환경재앙으로 매년 입는 손실도 엄청나게 늘고 있음도 확인되고 있다.[71]

4. 덩샤오핑 사망과 쟝저민 체제 공고화

이상과 같이, 제 3세대 집단 지도체제의 집권 시기 전반에는 경제체제 개혁을 가속화시키는데 당의 역량을 집중시켰으며, 상대적으로 정치 개혁은 천안문 사건 발

---

70) 전게서, pp 1480~1481

71) 상기 중국의 경제발전 과정상의 여러 문제점 들은 본 서 제 3장에서 다시 상세하게 설명하였다.. 동 관련 사항은 본 서 제 3장 참조

생 여파로 오히려 보수적으로 진행될 수밖에 없었으며, 주로 경제 개혁과 현대화 건설을 강화해 나가는 이론적 기반을 제공하는 수단으로 이용되었다.

1996년 이래 덩샤오핑은 약 6개월 이상을 병상에 누워 식물인간의 상태로 있다가 결국 1997년 2월 19일 93세를 일기로 사망했다. 쟝저민은 2월 25일 인민대회당에서 열린 추모대회에서 덩샤오핑의 그간의 업적을 높이 평가하면서 제3세대 지도자 그룹은 덩샤오핑의 이념을 계속 계승, 발전시켜 나갈 것임을 천명했다.

그러나, 당시의 실질적 지도자였던 덩샤오핑 사망으로 제3세대 지도부에게는 향후의 중국을 어떤 기치아래 이끌어 가야 하는 지의 노선 선택의 문제가 남겨져 있었다. 쟝저민은 그해 5월 중앙당교에서 개최된 연설에서 1) 덩샤오핑의 중국 특색의 사회주의 이론 건설을 견지해 나가며, 2) 사회주의 초급단계론을 견지해 나가며, 3) 경제 발전과 경제체제 개혁을 가속화 해 나가며, 4) 당의 건설을 굳건히 추진해 나갈 것임을 역설하였다. 이 발언은 제3세대 지도부가 덩샤오핑 사망 이후에도 기존의 노선을 굳건히 유지해 나갈 것임을 천명하는 중요한 의미의 언급이었다.

1997년 9월 「중국 공산당 제15차 전국 대표대회」가 베이징에서 개최되었으며, 동 회의에서 쟝저민은 집권 제 2기 첫 해를 맞이하여 「덩샤오핑 사상의 위대한 기치 아래 21세기를 향한 중국특색의 사회주의 건설 추진에 관하여」라는 정치 보고를 하였다. 그는 덩샤오핑 사상에 기초한 경제 건설을 당의 중심 노선으로 삼고 경제체제 개혁 과 정치 개혁 그리고 정신문명 건설을 강화해 나감으로써 경제발전 및 사회진보를 함께 실현해 나가야 할 것임을 강조하였다[72].

그리고는 지도자 인선에서 쟝저민, 리펑, 주룽지, 리루이환, 후진타오, 웨이지엔싱(尉健行), 리란칭(李蘭淸) 등 7 명을 정치국 상무위원으로 임명하고, 쟝저민을 당 총서기로 선출하였다. 이듬해인 1998년 3월 제9기 전인대 제1차 회의에서 쟝저민을 국가주석 겸 중앙군사위 주석, 리펑(李鵬을) 전인대 상무위원장, 그리고 주룽지(周鎔基)를 국무원 총리로 임명하였다.

덩샤오핑의 뒤를 이어 받은 쟝저민은 자신의 제2기 집권 기반 확립을 위해 먼저 향후 노선 방향 설정에 착수하였다. 당초 자신의 집권 초반에 「덩샤오핑 사상」을 이론적으로 정리하는 작업을 실시하여 "사회주의초급단계론(社會主义初级阶段論)"과 "중국특색의 사회주의 건설이론"(建设有中国特色的社会主义理论) 등을 제기한 바 있고, 이를 더욱 발전시키고 집대성하여 1997년에 열린 제15차 전국 당대

72) 中共黨史教程簡編, 濟南出版社, 2001, pp 295

표대회에서 덩샤오핑의 "중국특색의 사회주의 건설이론"(建設有中国特色的社会主义理论)으로 공식화하여 대외에 선포하였으며, 이를 중국 공산당의 지도사상에 추가함은 물론 1999년에 이루어진 헌법 개정 시에도 이를 정식으로 반영해 넣었다.

또한 사회주의 민주 정치의 발전을 위한 구체 방안도 제시하였다. 즉, 제15차 당대표대회 보고에서는 "사회주의 민주를 확대하고, 사회주의 법제 건설을 강화하며, 법에 의한 통치를 하는 사회주의 법치국가를 건설한다(依法治国, 建设社会主义法治国家)"고 설명하여 한층 더 발전된 개념을 제시하였다.

이는 중국 공산당이 "법치국가 건설'을 민주화를 실현하는 주요 수단으로 선택하였음을 보여 주는 것이었다. "사회주의 법치국가 건설"이라는 새로운 표현은 이 회의에서 처음으로 제기되고 채택된 것으로, 민주화 건설이란 측면에서는 한걸음 진일보한 것으로 간주될 수 있다.

또한 5년 후에 개최된「제16차 당대표대회」에서도 정치 개혁과 관련해 새로운 진전을 보였는데, 그것은 법치주의에 추가하여 기층 민주제도를 확대하고 촌민 자치를 발전시킨다는 내용이었다. 이로써 중국의 정치체제 개혁은 주로 법치주의 건설과 기층에서의 민주주의 확대를 통한 점진적인 정치발전을 도모하고 있음을 알 수 있다.

한편, 사회,문화적 측면에서도 쟝저민은 '반부패 투쟁'과 '중국특색의 사회주의 문화 건설'을 강조하고, 이의 실현을 위해 적극 노력하였다.

특히 천안문 사태 이후 등장한 쟝저민으로서는, 이 반부패 투쟁이 중요한 의미를 내포하고 있었다. 그것은 당시 시위에 참가한 학생들의 불만이 주로 당 간부와 정부 관료들의 부패에서 비롯된 것으로서, 이러한 반부패 투쟁을 적극 전개함은, 추락한 민심을 다시 확보할 수 있는 중요한 계기가 될 수 있었던 것이다. 또한 그동안 당내 권력 기반이 약했던 쟝저민으로서는 반부패 척결을 통해 일부 기득권 세력에게 타격을 가하고 자신의 세력을 확대시킬 수 있는 절호의 기회이기도 하였다. 이를 상징적으로 보여준 사건이 1995년에 발생한 "천시통(陳希同) 베이징시 당위원회 서기의 부패,독직사건"이었다.

천시통(陳希同)은 원래 오랜 기간 베이징시에 근무하면서 베이징시장과 베이징시 당위원회 서기 겸 중앙정치국 위원을 겸임하면서 당과 정부 각 분야에서 막강한 권한을 행사하고 있었다. 그래서 그는 상하이에서 올라온 쟝저민과 그 체제에 충성치 않고 그의 지시를 그다지 따르지 않았다. 베이징시의 최고 책임자인 베이징시

121

당위원회 서기의 비협조적 태도는 국가 최고 권력인 쟝저민을 더욱 어렵게 만든 것이 사실이었다. 그러나 이때 천시퉁이 개입된 비리 관련 제보가 들어왔고, 쟝저민은이 기회를 이용하여 수사를 강화하게 함으로써 엄청난 부패사건을 발견하게 되었다. 천시퉁과 그 부하들은 결국 1995년 부패를 이유로 모든 공직에서 해임되고 1998년 8월 그는 당에서 제명됨은 물론 재판에서 16년 형의 징역형에 처해졌다.

이는 쟝저민의 권력 강화 측면에서 여러모로 중요한 의미를 가지고 있었는데, 우선 당 고위 간부의 부패를 직접 수사하고 처벌함으로써 당 지도부의 부패척결 의지를 국민들에게 확실히 각인시켰으며, 다음은 자신에게 비협조적인 당 고위 간부는확실히 경질시키고 대신 측근을 전진 배치시킴으로써 자신의 권력기반을 강화하는기반으로 삼았던 것이다.[73)

쟝저민은 또한 "중국특색의 사회주의 문화 건설"을 강조하였다. 그는 집권 초반인 1996년 개최된 당14기 6중전회에서 "사회주의 정신문명 건설 강화에 관한 몇 가지 의견(关于加强社会主义精神文明建设的若干意见)"이라는 정치 보고를 하였는데, 이 보고에서 물질문명의 발전과 함께 정신문명 건설을 강조해야 한다고 역설하였다. 본래 이 주장은 이 회의에서 처음으로 제기된 것은 아니었으며, 그 이전에도덩샤오핑에 의해 개혁 개방 시행 과정에서 정신문명 건설도 함께 강화해야 한다는표현들이 줄곧 강조되어 왔었다.

그러나 쟝저민 집권기의 새로운 변화는 중국특색의 사회주의 문화 건설을 별도로강조한 것이다. 이 사회주의 문화 건설은 제15차 당대표대회 보고에서 처음으로 등장하였다. 이는 새로운 변화로 기존의 당대표대회 보고에서는 포함되지 않았었다.동 보고에서 쟝저민은 "정치, 경제 및 문화가 상호 조화롭게 발전되고, 물질문명과정신문명 건설이 잘 이루어져야 중국특색의 사회주의라고 말할 수 있다"고 강조하면서 '중국특색의 문화 건설'의 중심과제는 "인민들의 도덕적, 문화적 수준을 향상시키고, 경제 발전과 전반적인 사회 진보를 위한 지적 동력을 제공하며, 사회주의현대화 건설의 요구에 부합하는 공민을 양성하는 것"이라고 지적하였다.

또한 제 3세대 집권기의 정치 철학에는 기존의 내용에 "민족주의"도 가미되었다. 기존의 당대표대회 보고서에는 "민족주의"에 대한 내용이 전혀 없이 "사회주의 현대화 건설"이나 "중국특색의 사회주의 건설"에 대한 호소 위주였다. 가령,제 3세대 지도집단이 등장한 제14차 당대표대회 보고문에는 "세계 사회주의 사업과

73) 宗海仁, 하늘이 내린 지략가, 박경숙 역, 한국경제신문, 2003

인류의 진보를 위하여 공헌하자(为世界社会主义事业和人类进步做贡献)"는 표현을 썼으나, 제15차 당대표대회 보고문에는 "중화민족의 전면 진흥을 위하여 노력하자(实现中华民族的全面振兴)"는 표현을 썼으며, 제16차 당대표대회 보고문에는 "중화민족의 위대한 부흥을 위하여 분투하자(实现中华民族的伟大复兴)"는 표현을 사용하여 그 깊이를 심화시켜 나갔다. 이 후 이 표현은 정치 지도자들의 주요 연설에서 단골 메뉴로 등장하게 되었다.

이는 마오저뚱 시대의 "무산계급의 혁명을 위하여 전 세계 노동자들은 단결해야 한다"는 국제주의적 입장에서 "민족의 부흥을 실현"해야 한다는 민족주의적 입장으로 전환하고 있음을 보여주는 것이다. 다시 말하면, 그간 경제 발전에 힘입은 중국의 자신감의 발로와 또한 세계화가 진행됨과 더불어 국민적 결집력이 약화될 것을 사전에 방지하려는 의도로 해석될 수 있다.

5. 3개대표(三個代表) 사상의 공식화

쟝저민이 자신의 권력을 공고히 하는 과정에서 공산당의 정책 노선에 관한 향후 방향을 제시한 것으로서 가장 중요한 정치적 업적은 「三個代表論」 사상의 제기였다. "三個代表論" 사상은 쟝저민이 2000년 2월 광동성 고주시(高州市)에서 개최된 지도간부 3강 교육에 참석한 후 인근 광동지역을 시찰하면서 처음으로 제창한 것이었다. 그는 중국 공산당의 성격을 "중국 선진 생산력의 발전 요구를 대표하며(代表中国先进生产力的发展要求), 중국 선진 문화의 발전 방향을 대표하며(代表中国先进文化的前进方向), 중국의 광범한 인민 대중의 근본 이익을 대표(代表中国最广大人民的根本利益)하는 것"으로 규정하였다.

이는 기존의 당 강령에 규정한 "노동계급의 대표"라는 규정과 내용을 달리한 것으로 그는 또한 이 3개 대표에 대해 " 3개 대표를 실현하는 것은 공산당 건설의 근본이 되며 집정의 기초이자 역량의 근원이다 "라고 역설하였다.[74]

2002년 11월 베이징에서 개최된 「중국 공산당 제16차 대표대회」에서 쟝저민은 「전면적인 소강사회를 건설하고 중국 특색의 사회주의 사업의 신국면을 창설하자」는 제목의 정치 보고를 했다. 이 보고의 주요 내용은 1) 3개 대표 사상의 철저한

---

74) 齊鵬飛,, 楊鳳城 編著, 當代中國編年史, 人民出版社, pp 771~780,

이행 2) 전면적인 소강사회 건설을 위한 발전 목표 설정 3) 경제 건설과 경제체제 개혁 그리고 정치 건설과 정치체제 개혁 강화 4) 문화 건설과 문화체제 개혁 강화 5) 국방 및 군대건설 강화 6) 1국 2체제에 의한 조국의 완전한 통일 실현 7)국제 정세와 대외사업 강화 8) 당 건설사업 강화 등이었다.

　그러나 이 보고에서 중요하게 제시된 것은 우선 쟝저민의 '3개대표' 사상을 공산당 지도사상으로 확정하고 이를 규정한「중국 공산당 규약」을 통과시켰던 것이다. 동 규약에는 즉 '중국 공산당은 마르크스. 레닌주의, 마오저뚱 사상, 덩샤오핑 이론 및'3개대표 ' 사상을 당의 행동 지침으로 삼는다 '라고 적시하였다. 이 후 "三個代表"사상은 2002년에 열린 제16차 당대표대회에서 공산당의 중요한 지도 사상으로 채택되었고, 2004년 헌법 개정 당시 헌법 전문에도 반영되었다.

　한편, 동 회의에 이어 개최된 '당16기 1중전회'에서는 당 중앙위원회 임원과 중앙기율검사위원회 서기 등이 선출되었다. 우선 당 정치국 상무위원에는 후진타오(胡錦濤), 우방구어(吳邦國), 원쟈바오(溫家寶), 쟈칭린(賈慶林), 청칭홍(曾慶紅), 황쥐(黃菊), 우관정(吳官正), 리창춘(李長春), 루오간(羅干) 등 총 9명을 선출하였다. 또한 당 총서기에는 후진타오(胡錦濤)당 중앙군사위 주석에는 쟝저민江澤民, 그리고 중앙기율검사위원회 서기에는 우관정吳官正을 임명하였다.

　그 후 2003년 3월 개최된 제10기 전인대 제1차 회의에서는 후진타오가 국가 주석으로, 쩡칭홍이 국가 부주석, 쟝저민은 중앙군사위원회 주석, 우방구어는 전인대 상무위원장, 그리고 원자바오는 국무원 총리, 쟈칭린은 정치협상회의 주석에 임명되어 이른바 제 4세대로서의 후진타오 집권 제1기 체제를 완성하게 되었다.

VII. 제4세대 지도체제 등장과 후진타오 체제 확립

1. 제4세대 후진타오 체제 확립

덩샤오핑은 당초 마오저뚱의 말년의 착오가 개인의 장기 집권과 간부들의 고령화 등과 연관되어 있다고 판단하고 당내(黨內) 민주화를 위해서는 간부 정년제를 철저히 시행해 나가야 한다고 생각했었다. 그리하여 그는 천안문 사태 직후 당의 원로 간부들을 설득하여 권좌에서 물러나게 하고 젊은 피를 수혈시켜 새로운 집단 지도체제를 출범시켰다. 그러면서 그는 새로운 지도체제 간부들에게 간부정년제를 제도화 할 것을 요구하였다.

그 후 공산당의 지도자 인선에서는 우선 간부의 연령이 하나의 중요한 기준이 되었고-물론 법제화 된 것은 아니지만- 직급에 따라 연령 상한이 설정되어 있었다. 가령, 최고 지도기구인 중앙정치국 상무위원에는 만 70세를 초과할 수 없도록 정하였는데, 일설에 의하면 쟝저민은 이 간부정년제를 이용하여 당시 자신의 최고 라이벌이었던 챠오스(喬石)를 연령 문제로 권력의 핵심에서 물러나게 하였다고 한다.[75]

이에 따라 제3세대 지도체제의 임기가 만료되었을 때 새로운 제4세대 집단지도체제로의 교체가 자연스럽게 이루어 질 수 있었으며, 이러한 자연스런 세대 교체는 덩샤오핑 집권 때부터 차세대 지도자로 지목되어 중앙의 정치 무대에서 뼈를 굳혀온 후진타오(胡錦濤)와 같은 후계자가 결정되어 더욱 원만하게 이루어 질 수 있었다.

후진타오(胡錦濤)는 중국의 열악한 환경에서 잔뼈가 굳은 실무형 지도자로 알려지고 있다. 청화대학 졸업 후 그는 환경이 열악한 변방의 깐수성(甘肅省) 건설 현장에서 기술원으로 근무하다 당시 깐수성 당위원회 서기로 있던 공산당 원로 간부 송지엔(宋健)의 눈에 들어 지도자로 양성될 대상이 되었다고 한다. 당시만 해도 공산당은 후계자 양성에 커다란 관심을 기울이고 있었기에 각 연령층에서 인재를 발굴하여 양성하는 방식이 제도화되었고, 후진타오(胡錦濤)는 바로 이러한 제도의 산물이

---

75) 宗海仁, 하늘이 내린 지략가, 박경숙 역, 한국경제신문, 2003.

었다.

그는 후에 역시 쏭지엔(宋健)의 천거로 베이징으로 올라와 중국 공산당 청년단(共靑團) 제 1서기를 역임함으로써 차세대 지도자의 반열에 들어섰으며, 특히 젊은 간부들을 양성하기 위해 지방 행정 경험을 쌓게 하는 이른바 공산당의 인사 관행에 힘입어 중국 서남부의 빈곤한 지역인 꾸이주성(貴州省)의 당위원회 서기를 맡게 된다. 온화한 친화력과 강한 추진력을 가진 것으로 평가되는 그는 귀주성 최고책임자로서 집권하는 동안 통합의 리더쉽을 발휘하여 많은 일을 추진한 것으로 평가되었다.

공산당 최고 지도자로 발탁되기 까지는 여러 지역에 대한 경험이 필요하였기 때문에 일반적으로 중앙지도자 반열에 오르기까지는 지방 여러 지역으로의 파견을 걸쳐야 했다. 이에 따라 후진타오 역시 귀주성을 떠나 다시 중국내 가장 민감한 지역중 하나인 티벳(西藏)장족자치구 당서기로 임명되었다. 그는 티벳에서도 역시 업무를 잘 수행해 나갔으며, 천안문 사태와 같은 혼란한 상황을 맞으면서도 강력한 리더쉽을 발휘하여 자치구내의 질서를 안정적으로 유지해 나갔다.

이로 인해 덩샤오핑의 각별한 신임을 얻게 되고, 결국 덩은 후진타오를 쟝저민 이후의 차세대 지도자로 지목하는 결정을 내리게 되었다.[76] 후진타오는 자신과 비슷한 양성 과정을 거친 원쟈바오(溫家寶) 등과 집단지도체제를 구축하여 제4세대 지도체제를 구성하게 되며 이로 부터 중국은 제4세대 집권기로 들어서게 된다.

후진타오는 2003년 집권한 후 처음으로 주최하는 당16기 3중전회(2003년 10월)에서 "사회주의 시장경제 체제를 완성하기 위한 결정(中共中央关于完善社会主义市场经济体制若干问题的决定)"이라는 정치 보고를 행하였다.

이는 후진타오를 중심으로 하는 새로운 지도체제가 사회주의 시장경제 체제를 강력히 추진해 나갈 것이라는 첫 신호로 해석될 수 있다. 동 보고에서는 그동안 사회주의시장경제 체제 건설에서 많은 성과를 거두었음에도 불구하고, 여전히 성숙되지 못한 부분이 남아 있으며, 경제 발전으로 인한 많은 체제적 장애에 직면해 있음을 지적하면서, 앞으로 법적, 제도적, 그리고 정책적 정비를 강화해 나가야 할 것임을 밝혔다. 이는 제4세대 지도체제 하에서 중국의 시장경제 체제가 더욱 완성되고 성숙되어 갈 것임을 보여주는 것이었다.

한편, 제 4세대 지도부가 경제 분야에서 내놓은 또 하나의 중요한 화두는 '新農村

---

76) 祁英力, "중국의 리더-후진타오", 박동섭 역, FKL미디어, 2003.

건설'이었다. 2005년 12월에 열린 당16기 5중전회에서 "신농촌 건설을 추진하기 위한 의견(关于推进社会主义新农村建设的若干意见)"이라는 보고가 채택되었다. 이 보고에서는 "생산이 발전되고, 생활이 풍족하며, 풍속이 문명화되고, 농촌 모습이 깨끗하며, 관리가 민주적인(生产发展, 生活宽裕, 乡风文明, 村容整洁, 管理民主) 농촌 건설"을 신농촌 건설의 목표라고 밝히면서 이의 구체적인 방안들을 제시하였다.

중국 당 지도부가 이 시점에서 신 농촌 건설을 제기한 것은 다음 몇 가지 이유가 있었던 것으로 분석되고 있다. 첫째 도,농간의 과다한 격차이다. 2004년에 중국사회과학원 농업연구소의 보고에 의하면, 중국은 세계에서 도농 격차가 가장 큰 국가 중의 하나였다고 한다. 동 보고에서 "현재 농업과 농촌 발전은 힘든 발전 과정에 놓여 있어 기초시설이 취약하고, 사회사업이 낙후되어 있으며, 도,농간 수입 격차가 확대되어 심각한 모순"으로 작용하고 있다고 밝히고 있다. 이러한 격차는 사회적 불안정을 야기하는 주요 요인이 될 수 있기 때문에 그 대책이 시급하였다.

둘째는 도시의 압력을 완화하기 위해서였다. 농촌이 낙후되면서 농민들의 이농 현상이 증가하고, 이는 도시의 부담을 가중시키는 요인이 되었다. 특히 "농민공"의 문제는 중국의 주요 도시에서 골치 아픈 문제가 되고 있었고, 명절이나 연휴마다 귀향하는 농민공들로 인해 중국이 몸살로 앓고 있었다. 이러한 도시의 압력을 완화하는 방법으로는 농촌 발전을 통해 농민의 이농현상을 어느 정도 해소할 필요가 있었다.

셋째는 농업과 농촌, 농민이 중국 사회에서 차지하는 비중과 연관되어 있다. 중국은 전 세계의 8%에 해당되는 경작지로 세계의 21%에 달하는 인구를 먹여 살려야 하는 구조적 한계를 갖고 있는 나라이며, 국토의 대부분 지역이 농촌 지역으로서 국민의 70%가 농민의 신분인 구조였다. 따라서 이러한 3농 문제에 대한 근본적인 해결 대책이 없이는 국가의 총체적인 발전을 기대할 수 없었던 것이다.[77]

한편, 제4세대 지도체제의 통치 철학을 대표하는 슬로건은 「과학적 발전관」(科学发展观)과 「조화로운 사회(和谐社会) 건설」이었다. "과학적 발전관"이란 개념은 2003년 10월에 있은 「당16기 3중전회」에서 처음으로 제기되었다. 동 회의의 공식 보고서에는 "과학적 발전관"을 "사람을 중심으로 하며, 전면적이고 조화로우며 지속적인 발전관(坚持以人为本,树立全面协调可持续的发展观)"이라고 정의

77) 상기 '3농 문제'의 상세 내용은 본 서 제 3장의 "3농 문제"부분에 상세히 설명되어 있다

를 내렸다. 또한 이의 실현을 위해서는 다섯 가지의 조화로운 발전을 추진해야 한다고 지적하였는데, 그것은 곧 "도시와 농촌, 지역과 지역, 경제와 사회, 사람과 자연, 국내 발전과 대외 개방" 간의 조화로운 발전이었다.

"조화로운 사회"란 개념은 2006년 10월에 개최된 중국 공산당 제16기 6중전회에서 제기된 것으로 "과학적 발전관"과 상호 연관된 개념으로서, "과학적 발전관"이 수단이라면 "조화로운 사회"는 그 목표라고 볼 수 있다.

이 "과학적 발전관"과 "조화로운 사회론"은 2007년에 열린 「중국 공산당 제17차 당대표대회」에서 이후 당 사업을 지도하는 지도사상으로 채택되었고, 이는 제4세대 지도부의 역사적 지위를 확정 짓는 이론적 업적으로 자리매김한 것이다.

경제 분야와는 달리 정치 개혁에 있어서 후진타오 체제는 다소 보수적으로 접근하였으며, 주로 공산당 내부의 지도력을 강화하는 데 역점을 두었던 것으로 평가된다. 즉, 집권 초기에 열린 당16기 4중전회(2004년 9월)에서 공산당의 업무능력 강화에 관한 논의가 집중적으로 진행되었다. 과거 덩샤오핑과 쟝저민 집권 시기에는 이와 같은 논의가 없었으나 후진타오 체제에 들어오면서 이에 대한 논의가 계속 이루어 졌다.

동 대회의 공식 문건이었던 "당의 집정 능력을 강화하는데 대한 결정(关于加强党的执政能力建设的决定)"에서는 "무산계급 정당이 정권을 장악하는 것도 쉽지 않지만, 이러한 정권을 잘 장악해 가고 오래도록 유지해 나가는 것 또한 더욱 쉽지 않다. 공산당 집권이 원래부터 있었던 것이 아니며, 또한 영원히 지속될 것이라는 보장도 없다. 따라서 반드시 위기의식을 갖고 전 세계 각 정당들의 흥망성쇠 경험을 잘 받아 들여 스스로 집정 능력을 향상시켜야 한다."고 지적하였다.

이는 중국의 발전과 함께 나타나는 각종 사회 문제와 부작용, 그리고 공산당 간부 집단 내에서 여전히 근절되지 않은 수많은 부패에 대한 국민들의 불만이 증폭되어 가는데 대한 위기의식의 표현이었다. 이 회의를 계기로 공산당 내에서 "선진 교육 활동(先进教育活动)"이라는 대대적인 정풍 운동도 일어났다. 이 '정풍 운동'은 자아비판을 통해 자신이 스스로 잘못을 뉘우치고 반성하는 방식과 일반 민중들이 상소를 올린 것을 당 조직에서 적발, 조사를 진행하는 방식으로 진행되었는데, 이 과정에서 많은 부패 사건들이 적발되어 나왔다.

그 중에서도 고위직 간부의 부패사건으로 대표적인 것이 상하이 당위원회 서기 '陳良宇의 부패 독직사건' 이었다. 이러한 정풍 운동은 후진타오가 상하이 방으로 대표되는 기득권 세력을 몰아내고 자신의 권력 기반을 강화하기 위한 의도라는 설도 있었다. 공산당은 권력의 교체기마다 반부패 운동을 진행하는 특징을 보였는데, 이는 당내 권력 투쟁과도 깊은 관련이 있음을 시사한다. 이렇게 후진타오 체제 제 1기 집권 시기에서는 정치 분야에서의 공산당의 집정 능력을 강화하는데 주요 초점이 맞춰져 있었다.

2. 후진타오 체제의 제2기 집권

2007년 10월에 열린 「중국 공산당 제17차 당대표대회」는 후진타오 체제의 제1기 집권기가 끝났음을 의미함과 동시에 제2기 집권이 시작되었음을 의미하였다. 제2기의 지도체제는 안정된 집단지도체제를 유지해 나가는 가운데 후진타오 이후의 차세대 지도자들이 후계구도 수업을 받기 위해 일선에 전진배치 된 것을 특징으로 한다.

경제 분야에서 제2기 집권기에는 국내에서 "과학적 발전관"과 "조화로운 사회"로 대표되는 균형 발전 정책이 지속적으로 추진되어 나갔으며, 대외경제 교류에서는 기술집약적 산업의 국내 유치를 주된 목적으로 하되, 덩치를 키운 국내 기업의 국외 진출을 적극적으로 권장해 나갔다. 또한 막대한 외화 보유를 기초로 자원외교를 강화하여 경제 발전을 위하여 안정된 원자재를 확보하는 데 주력해 나갔다. 실례로 후진타오는 제 1기 집권기에 남아메리카에서 200억불의 투자를 약속하며, 2007년에는 수십 명의 아프리카 지도자들을 베이징으로 불러 투자와 지원을 약속하였다. 제2기에도 이러한 전략은 지속되었다.

정치 개혁에서는 계속하여 사회주의 민주정치의 길을 모색하는 데 집중하였다. 구체적인 조치로, 법치 강화, 기층민주 확대, 행정관리 체제 개혁과 서비스 형 정부(服務性政府)구축에 치중하였다. 또한 정치 영역에서 주된 초점은 사회적 안정을 유지하고 공산당의 지도력을 강화하는데 맞춰졌다.

대외 관계에서는 증대된 경제력을 기반으로 세계적으로 영향력 있는 중심국가로 나아가는 데 역점을 두면서 안정적인 발전을 위하여 양호한 외부환경을 조성하는 데 치중하였다. 이를 위하여 미국과 같은 강대국과 상호 협력을 강화해 나가고, 지역적인 국제 조직에 적극 참여하며, 대만, 홍콩 및 해외 화교를 포함한 중화 경제권 구축에 박차를 가하였다.

129

중국의 당·정 체제 및 주요 정책

제2부

001 당 및 정치 체제 개혁

002 개혁 개방 이데올로기의 발전

003 정치 제도에 관한 개혁

004 신중국의 사회 제도 개혁 및 정책

005 신중국의 경제 체제 및 정책

006 신중국의 대외 정책

I. 당 및 정치 체제 개혁

1. 기본적 당.정 체제의 형성

신중국은 1949년 '중화인민공화국'을 건립하면서 중국 공산당의 영도 아래 일부 부르조아지 집단만을 배제한 채 광대한 노동자, 농민 그리고 소자본가 계급 인민들의 단합과 협력을 바탕으로 한 인민민주주의 통일전선 성격의 연합정권을 수립하였다. 이 당시는 신건국 초기였기 때문에 일부 자본주의 방식을 인정한 채 신중국을 조속히 건설해야 했고 아울러 중국 인민들의 광범한 지지도 확보할 필요가 있었다.

그러나 신중국이 건립된 후 국내 정세가 안정되어 감에 따라 마오저뚱과 중국 지도부는 보다 완정된 사회주의 국가 건설을 구상하게 되었고 이로써 더욱 급진적 방식으로 사회주의 변혁과 개조를 추진해 나가기 시작하였다. 이른바 1953년 마오저뚱에 의한 '과도기 총노선'이었다.

그리하여 중국 공산당은 본격적으로 신민주주의에 입각한 전형적인 프롤레타리아 독재체제 수립을 위한 제도 정비에 착수하였다. 우선 1953년 중반 중앙과 지방에서 인민대표대회를 구성하기 위한 선거가 실시되었고 그 이듬해인 1954년 9월 「전국인민대표대회」를 구성하여 이 대회에서 중국 최초의 사회주의 헌법을 제정, 공포하였다. 또한 1956년 중국 공산당 제 8기 당대표대회에서 공산당 당헌 제정과 당 조직 정비를 거치면서 **'인민민주전정 (人民民主專政)'**에 의한 당 및 정치 제도를 수립하였다. 즉, **1954년에 제정된 「사회주의 헌법」**과 **1956년 당8기 전국대표대회에서 제정한 「공산당 당헌」**을 통해 공산당 영도에 의한 인민민주전정(人民民主專政)제도가 최초로 수립되었고 이 국가 체제는 오늘에 이르기까지 기본 골격을 유지해 오고 있는 것이다.

2. 중국 공산당

가. 공산당의 성격과 지도 사상

일반적으로 민주주의 정치체제에서의 정당은 권력을 장악하면 그 권력을 직접적으로 행사하기 보다는 먼저 집권 정부를 구성하고 이를 통해 권력행사를 간접적으로 추구하지만, 사회주의 정당은 일당 독재체제 유지를 통해 집권당이 중요한 정책을 직접 결정하고, 정책 집행을 통제하는 등 권력을 직접 행사하는 것이 주요 특징이다.

중국 공산당(共産黨)도 '사회주의 정당' 조직체로서, 중국내 모든 정치권력의 근원이 되고 있다. 본래 중국 정치제도의 특징이 '당-국가기구'의 형태로 동등하게 구성되어 있지만, 사실상 공산당의 정책을 국가조직인 행정부가 집행하고 공산당은 그 위에서 지도, 감독하는 기능을 갖는다. 그리고 전국인민대표대회가 최고 권력기관이라고 하나 실질적으로 공산당 중앙위원회가 이를 대신하고 최고 행정기관인 국무원은 당의 결정을 충실히 집행하는 기관이다.

중국 공산당은 2012년 말 현재 약 8,260만여 명의 당원을 보유하고 수백만 개에 이르는 다양한 하부 조직을 운영하는 전 세계에서 가장 규모가 큰 정치조직의 하나이며, 중국내에서 실질적인 최고 권력기관으로 기능하고 있다.

중국 공산당 제17기 당장(黨章)에 의하면, "중국 공산당은 중국 노동자 계급의 선봉대이자 동시에 중화 인민과 중화 민족의 선봉대이며, 중국 특색의 사회주의 사업의 영도 핵심이다. 또한 중국의 선진생산력 발전의 요구를 대표하고, 선진 문화의 추진 방향을 대표하며, 중국내 가장 광대한 인민의 근본 이익을 대표한다. 그리하여 당의 최고 이상과 최종 목표는 공산주의를 실현하는 것이다"라고 규정하고 있다.[78]

중국 공산당의 최종 목표와 관련하여 중국 공산당은 혁명 수행 과정에서 중국 현실에 맞는 새로운 민주 혁명 강령을 제정할 필요성을 느끼고 1921년 공산당 제1기 전국대표대회에서 최초로 <共産黨 黨章>을 채택하였다. 동 당장(黨章)에는 '중국 공산당은 프롤레타리아 계급 정당으로서, 당의 목표는 자산계급 타파를 통한 사회주의와 공산주의를 실현하는 것'이라고 명확히 규정하고 있

---

78) 中國共産黨黨章會編, 中共中央黨校出版社, 北京, 2007, pp 1~10

다.

그 이듬해 7월, 상해에서 개최된 당 제2기 전국대표대회에서 레닌의 식민지-반식민지 혁명 이론과 당시의 국제 정세와 국내 정세를 종합 분석하여 당의 최고 강령과 최저 강령을 채택하였다. 「최고 강령」은 "중국 공산당은 무산계급 정당이며, 그 목적은 무산계급을 조직하고 계급투쟁이라는 수단을 통해 노농(勞農)독재 정치를 수립하며, 사유재산 제도를 폐지하여 점차 공산주의 사회로 도달해 가는 것"이라고 규정했으며,「최저 강령」즉 당의 민주혁명 강령은 "내전을 종식시키되, 군벌을 타도하여 국내 평화를 수립하며, 제국주의로부터의 압박을 타파하여 중화민족의 완전한 독립을 달성하며, 장차 중국을 통일하여 진정한 민주공화국을 만드는 일"이라고 규정하였다.

또한, 중국 공산당은 창당 당시부터 '마르크스·레닌주의'를 당의 지도사상으로 삼아 왔으며, 제7대 당장에서 최초로 막스,레닌주의와 중국의 혁명 경험을 상호 결합하여 만들어 낸 '마오저뚱 사상'을 지도사상으로 채택하였으며, 제15대 당장에서는 개혁개방 시기에 맞추어 '덩샤오핑 이론'을 지도 사상으로 당장에 명시하였고, 제16대 당장에서는 쟝저민의 '3개대표 사상'을 행동 지침으로 정하여 지도 사상으로 규정하였다. 그리고 2007년 제17대 당장에서는 후진타오의 '과학적 발전관'을 당의 지도 방침으로 정하여 지도 사상으로 인정받고 있다.[79]

나. 共産黨 黨章(黨 章程, 黨憲)[80]

중국 공산당의 기능 및 조직, 그리고 향후 투쟁 방향을 적시한 이른바 공산당의 헌법 역할을 하는 共産黨 黨章(黨章程, 혹은 黨憲이라 부름)은 앞서 언급한 바와 같이 1922년 당 제2기 전국대표대회에서 최초로 채택되어 발전해 왔으며, 현재까지 약 14차례에 걸친 수정 작업을 통해 오늘에 이르렀다. 그중에서도 다

---

79) 전게서, pp 163, 중국 공산당의 지도사상에서 마오저뚱은 '사상'으로, 덩샤오핑은 '이론'으로, 쟝저민은 '3개대표 사상'으로 그리고 후진타오는 '과학적 발전관'이란 명칭으로 자신의 이미지를 특화시켜 당의 지도방침으로 규정하고 있다.

80) 고영근, 현대중국정치론, 부산외대출판부, 2007, pp 87~108.

음 세 차례의 당장(黨章) 개정은 중국 공산당의 역사적 변천 과정에서 아주 중요하고 의미 있는 당장 개정이었다.

①제7기 당장: 초기의 당헌들이 주로 구소련의 영향을 받아 이루어 졌던 것과는 달리 새로이 마오저뚱 사상을 지도사상으로 규정하는 등 중국 공산당의 독자적 색채를 발휘하였던 1945년의 제7차 당대표대회에서의 당장 개정

②제8기 당장: 신중국 건국이후 처음으로 개최된 당대표대회에서 명실상부한 사회주의 당 및 국가체제를 유지하는 기틀이 마련된 1956년의 제8차 당대표대회에서의 당장 개정

③제12기 당장: 개혁, 개방이 본격적으로 추진된 시점에서 이전의 마오저뚱 사상의 좌파적 요소를 제거하고, 새로이 당 체제를 재정비하려 했던 1982년 제12기 당대표 대회에서의 당장 개정이었다.

이러한 세 차례의 당장 개정은 모두 중국 정치혁명사에 있어서 당시의 시대적 상황을 반영한 중요한 역사적 문건들이었다.

현재의 당장(黨章)은 1982년의 제12기 당장 개정 이래 현재까지 개혁, 개방의 지속적 추진이란 관점에서 당의 지도 사상이나 정책 노선의 큰 변화 없이 당장 내용의 부분적인 자구 수정만 이루어진 채 그대로 유지되어 오고 있다. 따라서 제12기 당장(黨章)의 특징적 요소를 검토하게 되면 현재의 중국 공산당 당장의 기본 성격을 이해할 수 있는 바, 제12기 당장의 성격과 특징을 살펴보면 다음과 같다.

(1) 공산당의 기본 성격

이전의 당장들이 중국 공산당은 '무산계급의 정당이며, 무산계급 조직의 최고 형식'이라고 규정한데 반해, 제12기 당장에서는 중국 공산당은 "노동자 계급의 선봉대인 동시에 중국의 각 민족과 각 인민의 이익을 충실히 대표 한다"고 규정했다. 이는 과거의 당장이 공산당의 성격을 계급 정당으로 규정한 반면, 제12기 당장은 무산계급의 이익을 대표함과 동시에 전체 인민의 이익도 함께 대표한다는 것을 명문화 하였다.

(2) 공산당원의 자격 제한

이전 당장은 당원 자격을 '만 18세 이상의 중국 노동자, 농민, 중하층 농민, 그리고 혁명 군인과 기타 혁명 분자'로 제한한 데 반해, 제12기 당장은 '만 18세 이상의 중국 노동자, 농민, 군인, 지식 분자와 기타 혁명 분자'로 규정하여 사실상 모든 계층에서 공산당원이 될 수 있도록 그 자격을 개방하였다. 그 이후 제16기 당장 (2002년)에서는 18세 이상의 중국 노동자, 농민, 군인, 지식분자, 그리고 **기타 사회 계층의 선진 분자**라고 개정함으로써 **개인 기업가**도 당원이 될 수 있도록 그 자격을 더욱 확대시켰다.

(3) 계급투쟁의 비모순성

이전의 각 당장들은 계속혁명론을 주장한 마오저뚱 사상에 입각하여 '계급투쟁을 강령으로 삼는다'고 규정하였으나, 덩샤오핑에 의해 개혁 개방이 이루어진 제12기 당장에서는, "우리 사회에 존재하는 대부분의 모순은 계급투쟁의 성격을 지닌 것이 아니며, 계급투쟁은 결코 주요 모순의 해결 방안이 아니다'고 명시하여 당이 모순 해결을 위해 계급투쟁의 필요성을 제기치 않게 되었다.

(4) 공산당의 영도권 제한

당의 영도적 지배와 관련, 이전의 당장들이 '당의 일원화된 영도'(제10기), 당의 절대 영도'(제11기)를 규정한 데 반해, 제12기 당장은 동 규정을 삭제하고 '당의 영도는 모든 업무에서 포괄적으로 행사하는 것이 아니라 주로 정치, 사상 및 조직 영도에 국한되어야 하며, 반드시 헌법과 법률의 범위 안에서 활동해야 한다'고 규정하여 제한적인 영도권 행사를 명시하였다.

(5) 집단지도체제와 당, 정 분리

제12기 당장은 이전의 당장이 명시한 당내 민주주의 강조와 개인숭배 배격을 그대로 답습하면서도 '어떤 당원이라도 당의 중대 문제를 혼자 결정하지 못하며, 또한 개인이 독단을 행해서도 안 되고 개인이 조직을 능가할 수도 없다'고 규정하여 집단지도체제를 강조하였으며, 또한 '당은 국가의 행정 기관과 경제, 문화 조직이 주체적이고 독립적으로 활동할 수 있도록 보장해 주어야 한다'고 하여 당과 국가기구의 역할과 업무 관계를 명확히 구분하고 당의 기능과 역할을 분명히 하였다.

(6) 당 간부의 정년제 도입

제12기 당장은 당 간부의 종신제를 부정하고 '연령과 건강 상태가 업무를 계속하기에 부적합한 간부들은 국가의 규정에 따라 이직하거나 퇴직 또는 휴직해야 한다'고 규정하여 젊은 간부들이 요직을 맡아 당내 인사의 신진대사가 이루어 질 수 있게 하였다.[81]

제13기 이후부터의 당장 개정은 개혁, 개방 정책 시행 시기의 당장 개정인 제12기 당장의 기본 골격이 그대로 유지된 채 부분적인 자구 수정만이 이루어졌다.

①제13기(1987년)의 당장 개정: 각급 당대표대회의 대의원 선거에서 차액선거제를 도입, 실시하는 방안과 당내 민주집중제 실시를 보강하는 내용 수정

②제14기(1992년)의 당장 개정: 덩샤오핑이 제기한 '중국 특색의 사회주의 건설에 대한 이론'을 당장에 명기하는 내용 추가

③제15기(1997년)의 당장 개정: '덩샤오핑 이론'을 마르크스, 레닌주의와 마오저뚱 사상과 함께 중국 공산당 지도 사상으로 하는 내용 추가

④제16기(2002년)의 당장 개정: 쟝저민이 제기한 '3개대표의 중요 사상'을 당의 공식 이념으로 선언하는 동시에 중국 공산당을 '중국 전체 인민과 중화 민족의 선봉대'라고 규정하여 전체 국민의 정당임을 선언하였고, 또한 공산당원의 자격과 관련, '무산계급과 함께 지식 분자, 그리고 기타 사회계층의 선진 분자'라고 하여 개인 기업가도 당원이 될 수 있는 근거 마련

⑤제17기(2007년)의 당장 개정: '과학적 발전관'이 맑스,레닌주의, 마오저뚱 사상, 덩샤오핑 이론, 3개대표의 중요사상과 함께 중국 공산당의 지도 사상임을 선언하는 내용 추가

다. 당의 중앙 조직

---

81) 이와 관련된 규정으로는 2006년 8월 "당 지도간부의 직무 임기에 관한 임시규정"을 제정하여 원칙적으로 5년 임기의 두 번 이상의 연임 금지 규정을 입법화하여 시행중이다.

중국 공산당의 중앙 조직은 중국내 실질적인 최고 권력기관으로서, 당의 주요 정책 결정권을 가진 최고 핵심 권력기관이다. 이러한 중앙 조직에는 전국대표대회, 중앙위원회, 중앙정치국과 정치국 상무위원회, 중앙서기처 및 중앙군사위원회, 중앙기율검사위원회, 중앙고문위원회 등이 있다.

(1) 당 전국대표대회(당 대회)

통상 '당 대회'로 약칭해서 부르며, 매 5년 마다 한 차례의 전국대표대회를 개최하여 여기에서 향후 당의 주요 정책에 대한 보고를 청취하며, 또한 당 중앙위원회를 포함한 당내 주요 기구에 대한 지도자 인선을 실시한다.

공산당 창당 이래 현재까지 총 18차례의 전국대표대회가 개최되었으며, 동 대회의 대표는 선거를 통해 선출하도록 되어 있는 바, 주로 각 지방의 성, 시 및 자치구 당위원회에서 대표를 뽑아 대표로 파견하는 방식이다. 2012년 11월 개최된 제18기 전국대표대회에서는 전국에서 2,270명의 대표가 참석하였다.

전국대표대회는 원칙적으로 당의 중요 문제에 대한 결정권을 행사한다. 즉 공산당 당장에는, 1) 중앙위원회의 보고 청취 및 이에 대한 심의 2) 당의 중요 문제에 대한 토론 및 결정 3) 당장의 개정 및 수정 4) 중앙위원회를 포함한 당 중요 기구 지도자의 선출 권한을 갖는다고 규정되어 있다.

그러나 전국대표대회는 2천명 이상의 대규모 조직으로서 현실적으로 결정권을 직접 행사하기가 곤란(명목상의 최고 의결기구 역할)하기 때문에 동 대회 내에 별도의 중앙위원회를 두어 동 위원회로 하여금 실질적인 결정권을 행사하도록 위임하고 있다.

특히, 각 회기의 임기가 시작되는 첫 해에 개최되는 당 대표대회는 고위 간부들의 인선과 당의 중요 방침에 대한 결정이 이루어지게 되며 이 결정이 향후 5년간의 기본 체제를 유지케 한다. 또한 연이어서 행정부와 군부 등의 인선도 연쇄적으로 이루어져 전반적인 세대교체가 이루어지고, 이들 당직자들의 임기도 대표대회의 임기와 같이 5년간 함께 지속되게 된다.

(2) 당 중앙위원회(전체회의)

당 중앙위원회는 '**당 중앙**'으로 약칭해서 불리며, 전국대표대회(매 5년에 1회 개최) 폐회 기간 중 전국대표대회의 결의를 집행하고 당의 모든 업무를 총괄, 지도하며, 또한 대외적으로 중국 공산당을 대표하는 형식상의 당의 최고 정책결정기구이다.

앞서 언급한 바와 같이, 전국대표대회는 매 5년마다 한 차례 회의를 개최하면 곧바로 해산되고 그 이후에는 이 중앙위원회가 전국대표대회를 대신하여 당을 대표하고 당의 일상 업무를 지도하게 된다.

이 중앙위원회는 당 경력 5년 이상의 정 위원과 후보위원으로 구성되고, 통상적으로 매년 1회 혹은 경우에 따라서 매년 2~3회 전체회의(**중전회**로 약칭)를 개최한다. 중앙위원회 위원의 숫자는 매년 증가하는 경향을 보이고 있는데, 2012년 제18기 중앙위원회는 정 위원 205명과 후보위원 171명으로 총 376명으로 구성되었다.

중앙위원회의 주요 권한은, 첫째 당의 주요 정책을 결정하는 것이다. 공산당의 향후 정책 방향이나 노선 정립 등 당과 국가의 중심적인 정책 노선을 최종 결정한다. 둘째, 당의 주요한 직무를 담당하고 있는 지도 간부를 선출하는 권한을 갖는다. 당내 주요 보직으로서, 정치국, 정치국 상무위원회, 당서기처, 중앙군사위원회, 기율검사위원회 및 중앙고문위원회의 주요 지도자 간부를 선출한다.

일반적으로 중앙위원회는 전국대표대회에 의해 구성되고 동 대회의 권한을 위임받았기 때문에 그 임기는 원칙적으로 전국대표대회의 기간인 5년 임기와 운명을 같이 한다. 5년의 전국대표대회 기간 동안 매년 1~2차례 중앙위원회 전체회의가 개최되어, 통상 5~7차례의 중앙위원회 전체회의(중전회)가 열리며, 제1차 및 제2차 전체회의(1,2중전회)는 주로 당과 국가의 주요 지도자를 선출하고, 제3차 전체회의(3중전회)는 당과 국가의 정치, 경제 등 국정 전반에 관한 정책 방향을 결정한다. 그리고는 마지막 차수의 전체회의에서는 차기 전국대표대회에서 보고할 당 총서기의 정치보고 주요 내용 및 차기 지도부의 인사 구성안에 대한 초안을 점검하는 회의로 진행하는 것이 일반적 추세이다.[82]

다만, 약 370여명의 중앙위원회 위원들은 각 분야를 대표하여 중앙과 지방에서

---

82) 당 중앙위원회는 일반적으로 당 대회(5년) 기간 중 매년 1회 또는 2~3회 개최되는데, 동년 10~11월 개최되는 1중전회에서는 주로 당 및 행정부의 주요 지도자를 선출하고, 2차년도 2월 개최되는 2중전회에서는 당.정 조직 개편이, 3중전회에서는 당 대회 기간 중의 주요 경제정책 발표가 있으며, 4중전회에서는 당의 집정 능력 강화를 위한 지도사상 및 문화 건설 등이 논의된다. 그리고 마지막 중전회에서는 다음 차 당 대회를 위한 준비 작업이 진행되고 있다.

각자 고유 업무를 맡고 있어 1년에 한두 번 개최되는 중앙위원회 전체회의에 참석해서 주요 정책 결정에 참여하는 것 외에는 상시적으로 정책을 결정하거나 주도해 나가기 어려운 실정이다. 그래서 중앙위원회 전체회의가 개최되는 시기(통상 매년 10월경)를 제외한 평상시에는 중앙정치국과 정치국 상무위원회, 그리고 중앙서기처에 위임하여 동 기관으로 하여금 주요 정책을 결정하도록 하고 있다.

(3) 중앙 정치국과 정치국 상무위원회

중앙위원회 폐회 기간 중에는 중앙정치국과 정치국 상무위원회가 이를 대표하여 그 권한을 행사한다. 공산당의 최고 권력기관인 중앙위원회가 그 전체회의를 1년에 1~2차례 개최함을 감안할 때, 폐회 기간 중 일상적인 당의 주요 정책을 결정하는 기구인 「**중앙정치국 상무위원회**」가 실질적인 공산당의 최고 권력 기구인 셈이다.

정치국과 상무위원회의 주요 권한은 중국 공산당의 기본 노선, 방침, 정책 등을 포함하여 당과 국가의 중요한 문제들에 대한 대안 제시나 해결 방안을 마련하는 한편 국가의 중요 직책에 대한 인사권도 행사한다. 다만, 중앙정치국은 매월 1회 가량 **'중앙정치국 확대회의'**를 개최하여 당의 주요 정책 노선을 토론 결정하며, 정치국 상무위원회는 수시로 일상적인 결정들을 협의, 결정하게 된다.

중앙정치국은 정 위원과 후보위원으로 구성되며, 일반적으로 총 25명 내외로 이루어진다. 정위원은 보통 17명에서 25명 정도를 유지하고, 후보위원은 보통 1~2명 수준이다. 또한 이 중에서도 중앙정치국 상무위원회 위원은 6~9명으로 구성된다. 2012년 제18기 정치국원의 경우 정위원은 25명(후보위원은 없음)이며, 정치국 상무위원은 7명이다.

(4) 당 총서기

한편, 정치국과 상무위원회는 당 총서기에 의해 소집된다. 당장(黨章)에 의하면, 총서기는 정치국 상무위원 가운데서 선출하도록 규정하고 있으며, 그는 또한 정치국의 일상 업무를 처리하는 중앙서기처의 업무도 총괄하도록 하고 있다. 따라서 **당 총서기**는 사실상의 「중국 공산당의 최고 권력자이자 최고 통수권자」로 불리어 진다.

본래 당의 최고 권력 체제는 1921년 창당 당시 구소련 공산당과 같이 **당 총서기제**로 시작하였다. 그러다가 1935년 준의(遵義)회의에서 마오저뚱이 당 주석으로 선출되면서 1976년 사망할 때 까지 **당 주석제**를 유지해 갔다. 특히 신 중국 건립이후 당의 총서기제가 함께 도입되어 운용되긴 했으나 당시의 총서기는 당 주석의 지시를 받아 중앙서기처의 일상 업무를 관장하는 집행적 지위에 국한되어 있었다. 그러다가 개혁, 개방 정책이 시행되면서 1982년 제12기 당장 개정을 통해 당 주석제는 폐지하는 대신 당 총서기에게 정치국과 상무위원회를 소집, 정책을 결정하는 권한을 부여하는 한편 중앙서기처의 일상 사무도 함께 총괄하도록 해 명실상부한 당의 대표이자 최고 권력자로서의 기능을 부여하였다.

(5) 중앙 서기처

서기처는 당의 일상적인 업무를 처리하는 사무국이다. 공산당 당장에 의하면, 정치국과 상무위원회의 지도에 따라 당 중앙위원회의 일상적인 업무를 처리한다고 규정하고 있다.

서기처의 서기들은 정치국 상무위원회의 제청에 의해 중앙위원회 전체회의에서 선출된다. 중앙서기처의 구성은 총서기 외에 보통 약 6~9명(제18기에서는 총7명으로 구성)의 서기로 이루어진다.

또한 서기처 내에는 중앙판공청, 조직부, 선전부, 대외연락부, 통일전선부 등 약 10여개의 실무 부서 그리고 직속 기관으로 인민일보와 광명일보 등을 두고 있으며, 당과 국가의 일상적인 업무를 관장하고 그 집행 과정을 통할, 조정한다.

(6) 당 중앙군사위원회

공산당 내의 최고 군사 전담 기구로서, 인민해방군의 무장 역량에 대한 통수권한을 보유하고 있다.

중앙군사위원회는 주석 외에 부주석 2~3명, 그리고 4~8명의 군사위원으로 구성된다. 당초 중앙군사위원회의 구성은 시대에 따라 여러 차례 변화되었다. 건국 초기만 해도 군부가 갖는 영향력으로 인해 주석 외에 부주석이 5~6명 되었고 위원도 60명에 이르는 경우도 있었다. 그러다가 1982년 당 12기 당장부터 대폭 축소되고 간소화되어 주석과 2명의 부주석, 그리고 8명의 위원 등 총 10여 명의 위원으로 정착되었다. 2012년 제18기 전국대표대회에서는 주석 외에 부주석 2명 그리고 8명의 군사위원으로 구성되었다.

중앙군사위원회 위원들은 중앙위원회(전체회의)에서 선출되며, 특히 당12기 당장에서는 중앙군사위원회 주석은 반드시 중앙정치국 상무위원회 위원 중에서 선출되도록 규정하였으나, 덩샤오핑이 정치국 상무위원에서 퇴진한 1987년에는 동 규정이 삭제되고 중앙위원회에서 선출한다고만 규정 되었다.

「당의 중앙군사위원회」는 중국 인민해방군내 당 조직을 통해 군대 내의 정치, 사상 업무를 통제하고 관장하도록 하고 있다. 그리하여 주로 인민해방군[83] 의 내부 조직인 총 정치부를 통해 군대내의 사상 및 정치 공작 업무를 관장한다. 그러나 1982년 헌법에서 국가기구의 하나로서 국가주석 직속의 「국가중앙군사위원회」를 신설함으로써 군통수권을 동 위원회로 이관시킨 바 있다. 이로써 두 기관의 기능 및 권한이 「당 중앙군사위원회」는 주로 인민해방군 총 정치부를 통한 군의 정치, 사상 공작 업무를 지도하고 대신 「국가중앙군사위원회」는 군의 전투력과 일반 행정 업무를 지도, 관장하는 것으로 업무를 상호 분장하게 되었다. 다만 현재에도 이 두 기관의 구성원인 주석과 부주석, 그리고 군사위원은 상호 겸직하여 동일인이 맡고 있고, 당과 국가기구 내에서 모두 군사 업무의 최고 통수기관임을 감안할 때, 두 기관간의 구별은 사실상 무의미해 졌다고 하겠다.

(7) 중앙기율검사위원회

이는 당의 기율을 유지하고 집행하기 위해 당중앙 직속으로 설치된 전문기구로서 이전 문화대혁명으로 폐지되었던 「중앙감찰위원회」를 대체한 것이다.

1978년 개혁개방 정책이 진행되면서 당조직 및 당원들에 대한 기율을 강화해 나갈 필요성에 따라 당11기 3중전회에서 정식으로 설치되었으며, 동 위원회는 천원(陳雲)을 제1서기로 하는 총102명의 위원으로 구성되었다. 현재는 제1서기와 8명의 부서기, 그리고 약 115명의 기율검사위원으로 이루어져 있다

또한, 기능면에서는 과거의 감찰위원회와는 달리 독립적인 지방조직을 가질 뿐 아니라 그 권한에 있어서 당헌 및 당풍을 정돈하며 당 노선, 정책, 결의의 실천 상황

---

83) 인민해방군은 총정치부, 총참모부, 총후근부, 총장비부 등 4개 부문으로 구성되어 있다.

을 점검함은 물론 당 간부들의 부정부패 문제까지도 감독하는 등 포괄적 기능을 갖고 있어 이따금 권력 투쟁과 정권 확보를 위해 이 기관이 이용되는 경우도 있다.

(8) 지방 조직(성, 시, 자치구 당위원회)

중국 공산당의 지방조직도 당 중앙조직의 기능과 형태를 그대로 답습하여 상하간의 긴밀한 통제 관계를 유지토록 하고 있다. 예를 들면, 지방의 형식적 최고 기관으로서 5년에 한 번씩 열리는 **지방의 「당대표대회」**가 있다. 이는 각 성, 시, 자치구 뿐 만 아니라 그 밑의 현, 진 및 구 에도 당 대표대회를 두고 있다. 이 대표대회의 권한도 중앙 조직과 같이 동급 당위원회의 보고 청취 및 심의, 해당 지역내 당 주요 정책에 대한 토론 및 심의, 그리고 당위원회 위원 인선 및 상급 당대표대회에 파견할 대표 선임 등의 권한을 갖는다.

또한, 이 대표대회는 5년에 한 번 개최하고 바로 폐회되기 때문에 동 기간 중 각급 당위원회 전체회의가 실질적 권한을 가지며, 이는 또한 상무위원회가 구성되어 동 상무위원회 서기가 동 위원회의 실질적 권한을 행사하게 된다. 이 각급 성,시 및 자치구의 **「당 상무위원회 서기(약칭 당서기)」**가 지방의 최고 책임자 역할을 하게 된다.

지방의 각급 당 조직들은 당 중앙 및 공산당 중앙조직 내 관련 조직의 직접적인 통제를 받고 있다. 예를 들면 중앙기율검사위원회는 각 지방 당 조직 내의 기율검사위원회를 직접적으로 통제, 지도해 가면서 전국적으로 당내 기풍을 유지하고 당풍을 개선해 가고 있는 것이다.

3. 전국인민대표대회(전인대)

가. 전인대와 전인대 상무위원회

중화인민공화국 헌법 제2조에는, "중화인민공화국의 모든 권력은 인민에 속하고, 인민이 국가 권력을 행사하는 기관은 전국인민대표대회와 지방 각급 인민대표대회이다." 라고 규정하여 중국의 모든 정치권력은 입법부, 즉 전국인민대표대회에서 나오도록 하고 있다. 그런 만큼 중국의 정치 체제는 입법부가 사법부와 행정부를 통할 관리하고 지배하는 일원적 정치체제로서, 국가기구 즉, 국무원, 최고인민법원, 최고인민검찰원 등은 모두 전국인민대표대회에 종속되어 감독을 받는 하부 구조로 구성되어 있다.

이러한 정치체제 구성은 당초 신 중국 건립 당시 구소련의 경험이 중요한 준거 기준이 되었고, 레닌주의의 기본 사상을 그대로 답습한 결과라고 할 수 있다. 다시 말하면, 전국인민대표대회가 '인민이 주인'이라는 생각을 구현할 수 있는 최적의 정치 조직이라고 보고 이 기관에 모든 정치권력을 집중시키고자 한 것이었다.

이와 같이 전국인민대표대회(약칭 '전인대'라 불림)는 중국의 형식상 최고 권력기관으로서, 전국의 32개 각 성, 자치구, 직할시, 홍콩. 마카오 특구, 인민해방군 등 에서 선출된 대표들로 구성된다.

전인대 구성 방법에 대해 설명하면, 먼저 '인민대표대회(약칭해서 '**인대**'라 함)'는 보통 행정계층별로 ① 전국인민대표대회, ② 성, 시, 자치구 및 인민해방군 인민대표대회, 그리고 ③ 현(시,구)과 향, 진 인민대표대회 등 3단계로 구분된다. 그런데 최하위급 인대인 현(시,구)과 향, 진 인민대표들은 국민의 직접 선거에 의해 선출되며(임기는 3~5년), 현 및 향,진 인대는 다시 해당지역의 인구 비례에 의해 직, 간접 선거를 통해 성, 시, 자치구 인대에 대표를 보내게 된다. 이 인대에서 간접 선거를 통해 최고 3,500명까지 전인대 대표를 선출하게 된다.

다만 매 회기별 전인대 대표의 총수는 전인대의 상설 조직인 전인대 상무위원회가 그 당시에 결정하게 되나, 총 3,500명을 초과하지 못하도록 규정하고 있고 그 임기는 5년이며 매년 1회 전인대 대회를 개최하고 있다. 2013년 3월 구성된 제12기 전인대에는 총 2,987명의 대표로 구성되었다.

전인대 대회는 원칙적으로 전인대 상무위원회가 소집하며, 이 상무위원회는 필요하다고 인정하거나 전인대 대표 1/5이상의 요구가 있을 시 임시회의도 소집할 수 있도록 하고 있다.

전인대의 주요 기능은, 1) 헌법 개정과 수정, 법률의 제정과 개정(입법권), 2) 국가 주석, 부주석, 국무원총리, 부총리, 국무위원과 각 부 부장, 최고인민법원장, 최고인민검찰원 검찰장 등 주요 직위에 대한 선출 및 파면(임면권), 3) 국가경제 사회발전 계획 진행 상황 및 국가예산 집행에 대한 심의 및 비준(비준권), 4) 정부 및 사법기관의 집행에 대한 감독(감독권) 기능을 행한다.

이와 같이, 전인대는 국가의 최고 권력기관으로서 중요 기능을 행하고 있으나, 연간 1회의 대회만 개최하고 또한 약 3천명 이상의 대표들이 함께 모여 실질적인 권한을 행사하는데 어려움이 많은 실정이다. 따라서 전인대의 구체적이고 실질적인 사무를 '전인대 상무위원회'에 위임하여 이를 통해 그 기능을 행사하도록 하고 있다.

전인대 상무위원회는 전인대의 상설기관으로서 전인대 폐회 기간 중 전인대의 모든 권한을 행사하게 된다. 따라서 동 위원회는 통상 약 2개월에 한번씩(짝수 월의 하순) 개최되며 매회의 회의 기간은 7~10일 정도 이다. 또한 전인대 상무위원회는 위원장, 부위원장 13~19명, 비서장 1명과 상무위원으로 구성된다.

여기에서 **전인대상무위원회 위원장(혹은 상무위원장)**은 입법부의 수장이자 중국의 형식상의 최고 권력기관인 셈이다. 다만 전인대 상무위원장을 포함한 상무위원은 모두 국가 행정기관, 사법 또는 검찰 기관의 업무를 겸직할 수 없게 되어 있다. 2013년 제12기 전인대는 위원장 1명, 부위원장 13명, 비서장 1명과 161명의 상무위원으로 구성되어 각 분야에서 업무를 수행하고 있다.

이처럼 총 176명으로 구성된 전인대 상무위원회는 전인대의 상설기구로서, 전인대 폐회기간 중 전인대의 모든 위임된 권한을 행사한다. 특히, 최근 정치개혁의 요구가 증대되면서 전인대와 전인대 상무위원회의 역할과 권한이 증대되고 있는 추세이며, 또한 비록 완전하지는 못하지만 서방 자유민주사회의 의회 본연의 기능을 수행해 나가기 위해 전인대 자체적으로 자정 노력을 강화하고 있는 실정이다.

한편, 전인대 내에는 전문위원회와 상설기구로서 사무기구를 두고 있다. 이는 입법 업무의 역할 강화에 따른 전문성 추구와도 관련이 있다. 전문위원회(우리의 상임위원회에 해당)로는 민족위원회, 법률위원회, 내무.사법위원회, 재정.경제위원회, 외사위원회, 교육.과학.문화.위생위원회, 화교위원회, 환경.자원보호위원회, 농업.농촌위원회 등 9개의 위원회로 구성되고, 사무기구로는 예산공작위원회, 법제공작위원회, 대표자격 심사위원회, 홍콩.마카오 행정구 기본법 위원회 및 판공청 등이 있다.

나. 지방 인민대표대회

지방 인민대표대회는 성,직할시,자치구 인대와, 현,시,향,진 인대로 계층적으로 성립되어 해당 지방의 최고 권력기구로서의 역할을 수행한다. 성, 직할시, 자치구 인대의 대표들은 바로 그 밑의 인민대표대회에서 선출하여 구성되고 가장 낮은 단계인 현, 시, 향, 진 인대의 대표는 각 지역 인민들의 직접 선거에 의해 선출된다.

각급 지방인대는 해당 지역에서 헌법과 법률, 및 행정법규가 준수되고 잘 집행되는지를 감독하고, 법률이 규정한 권한에 따라 결의를 통과시키고 반포하는 권한을 갖는다.

각 지방 인대는 또한 상무위원회를 구성하여 해당 인민대표대회에 대해 업무를 보고하게 되고, 동 인대의 폐회 기간 중 해당 지역의 중요 정책을 결정하고, 지역 국가기관의 중간 간부들의 임면 권한도 갖는다. 지방인대 상무위는 주임, 부주임, 그리고 약간의 위원으로 구성되며, **지방인대 상무위원회 주임(혹은 지방 인대 주임)**이 형식상 최고 지도자이다.

4. 국가 주석

국가 주석은 국가의 수반으로서 우리나라의 대통령에 해당되나, 그 권한은 사뭇 다르다. 군통수권을 가지지 않으며, 전국인민대표대회에서 선출되는 일종의 명예직에 해당된다.

중국내 헌법에서는, "국가 주석은 중화인민공화국을 대표하며, 외국사절을 접수하고, ...외국과 체결한 조약과 중요한 협상을 비준하거나 폐지할 수 있으며, 또한 국사와 관련된 활동을 한다"고 규정하고 있다.

국가 주석의 주요 권한으로는, 1) 국가를 상징적으로 대표하며 2) 대외적으로 외국 사절을 접수하고 해외주재 전권 대사를 파견, 소환하며, 외국과 체결한 조약 및 협정을 비준 또는 폐기한다. 그리고 3) 전인대의 결정에 따라 법률을 공포하며 4) 총리, 부총리, 각 부장과 위원회 주임 등의 임면권을 갖고 5) 국가 훈장, 명예 칭호를 수여하며, 6) 계엄령과 선전포고, 동원령을 공포할 권한을 갖는다.

당초 1954년 헌법에서 국가 주석제가 신설되어 마오저뚱이 초대 국가 주석으로 선출되었는데, 이때 만 해도 국가 주석이 군통수권과 국가 수반으로서 실질적인 최고 통수권자로서의 권한을 가졌었다. 그러다가 마오저뚱이 추진한 대약진 운동이 실패로 끝나고 당권파가 정권을 잡으면서 류샤오치(劉少奇)가 제2대 국가 주석이 되었으나 문화대혁명으로 숙청되고, 국가 주석이 유명무실해 지면서 결국 폐지되었다.

그 이후 덩샤오핑에 의한 개혁 개방 정책이 시행된 후 1982년 헌법에서 국가주석제가 새로이 부활되어 리센니엔(李先念), 그리고 양샹쿤(陽尚昆)이 국가 주석으로 임명되었으나 그 이전에 갖고 있던 군통수권을 중앙군사위원회로 이관함으로써 상징적인 국가수반으로서의 기능만 갖게 되었다. 그런 이후 쟝저민(江澤民), 후진타오 등 제 3세대와 제 4세대 지도자가 국가 주석을 승계해 맡으면서 그 권한도 점차 확대되어 실질적인 권한을 갖는 최고지도자로 자리매김해 가는 추세이다. 다만 그 직책은 보통 공산당의 최고 권력자인 당 총서기가 국가 주석 직을 겸직하고 있어 사실상의 실질적 권한을 갖는 것으로 인식되고 있다.

국가 주석과 부주석은 헌법 규정에 따라 전국인민대표대회에서 재적 과반수 찬성에 의해 선출되며, 그 임기도 전인대 임기와 같이 5년으로 중임은 가능하나 3회 연임은 할 수 없게 하고 있다.

5. 국가 중앙군사위원회

「국가중앙군사위원회」는 중국 국가기구상에서의 최고 군사지도 기관으로 전국의 무장 역량을 총괄 지도하고 있다. 이 군사위원회는 군통수권을 보유한 주석, 그리고 부주석과 약간의 위원 등으로 구성되며 이들은 전인대에서 선출되므로 권한 행사에 있어서 전인대에 책임을 지게 된다.

당초 신 중국 건립 당시에는 동 기능을 담당하는 '국방위원회'가 있었으나, 군통수권을 국가 주석이 갖고 있어 실질적인 군권은 국가 주석에게 부여되어 있었다. 문화대혁명으로 국가 주석제가 유명무실해 지면서 군통수권이 다시 당 주석과 당 중앙군사위원회로 이전되었다. 그러다가 1982년 헌법에서 다시 당 중앙군사위원회와는 별도로 국가기구 내에 '국가중앙군사위원회'를 설치하여 인민해방군의 군사 역량을 통제, 지휘토록 하는 한편 '당 중앙군사위원회'는 인민해방군의 정치, 사상 공작을 지도, 감독하도록 업무를 분장하였다. 이는 그동안 공산당의 군대였던 인민해방군을 국가의 군대로 전환시키고 아울러 당권과 군권을 분리하는 법적, 제도적 토대를 갖추게 하려는 의도였다.

그러나 당 중앙군사위원회와 국가 중앙군사위원회는 동일인이 각 직위를 모두 겸직하고 있기 때문에 사실상 그 권한이나 기능에 있어서 차별이 없고 권한 행사도 함께 이루어지고 있어 실질적 차이는 거의 없는 실정이다.

1982년 헌법 개정으로 새로이 탄생한 국가중앙군사위원회의 초대 주석에는 덩샤오핑이 임명(당시 국가 주석은 리센넨, 당 총서기는 후야오방)되었고, 이후 제 3세대 지도체제에서는 쟝저민 당 총서기가 국가 주석과 국가 중앙군사위원회 주석을 겸임하였으며, 2003년 후진타오 제 4세대 지도체제가 성립되었을 때도 쟝저민은 후진타오에게 국가 주석과 당 총서기직을 이양하되, 군통수권을 보유한 국가 중앙군사위원회 주석직은 계속 유지해 나갔다. 그러다가 2004년 제16기 4중전회에서 국가중앙군사위 주석 직에서 사임하고 이 직위를 후진타오에게 물려줌으로써 후진타오는 당 총서기과 국가 주석, 그리고 국가 중앙군사위원회 주석이라는 이른 바 당, 정, 군의 최고 실권자로서의 지위를 모두 독차지하게 되었다.

6. 국무원

신중국의 헌법에서는 국무원을 '국가 최고 행정기관'이며 '중앙정부'로 규정하고 있다. 따라서 국무원은 전국인민대표대회의 집행기관이며 최고 국가행정기관으로서, 전국인민대표대회 폐회 중에는 그 상설 기관인 전인대 상무위원회에 책임을 지고 업무 활동에 관하여 보고하도록 하고 있다.

국무원의 구성은 행정 수반으로서의 **국무원 총리** 밑에 부총리 4명, 국무위원 5명, 비서장 1명, 그리고 중앙 정부의 행정부처인 각 부(부장)와 위원회(주임) 27명(중국인민은행장 포함) 그리고 특정 전문 분야를 담당하는 각종 직속기구 등으로 구성되나, 그 실제 규모와 기능은 각 시기에 따라 변해 왔다.

신 중국 건립 원년인 1949년 중앙 정부의 기능으로서 최초로 '정무원'이 설립되었는데, 이는 구소련의 모델을 토대로 30개의 각 부서와 4개의 위원회로 구성되었다. 그러다가 1954년 9월 제1차 전국인민대표대회에서 중화인민공화국 헌법이 최초로 제정되면서 정식으로 '국무원'으로 개명되었고 30개의 각 부서와 5개의 위원회를 두게 되었다. 이와 동시에 조직 내에서의 최고 권한을 그 조직의 최고 행정가에게 부여하는 행정수반 책임제(行政首長負責制)를 시행하였다.

그러나 이렇게 강화된 행정부 조직은 대약진운동을 계기로 다시 축소되었고 심지어는 문화대혁명 10년을 지나오면서 오히려 공격의 대상이 되는 등 행정기관으로서의 제 구실을 거의 못하다가 1979년 덩샤오핑이 집권하면서 다시 그동안의 각급 혁명위원회와 문화혁명소조가 장악했던 행정 집행 기능을 각급 인민정부에게로 환원하여 기능을 회복하면서 당초의 기능이 가능하게 되었다.

　　1982년 헌법에서는 국무원에 대해 **총리책임제**를 다시 규정하여 국무원 총리의 권한을 강화시켰음은 물론 각 부와 위원회에 대해서도 그 최고 책임자인 **부장과 위원회 주임**에 대해서도 행정책임제를 규정하여 해당 부서의 업무를 직접 책임지도록 하였다. 다만 국무원 각 부와 위원회 내에는 행정 책임자 외에도 각 당위원회와 당조 등 공산당 조직이 구성되어 있어 이 당 조직이 정치, 사상 공작 혹은 당 노선 방침과 관련하여 행정책임자의 권한을 통제해 나가고 있다.

　　국무원의 주요 권한은 1) 법률에 근거한 행정 법규 및 명령의 제정, 공포 2) 각 부 및 위원회, 지방의 각급 행정기관에 대한 업무 지도 3) 국민경제, 사회발전 계획 수립 및 국가예산의 편성과 집행 4) 성, 시, 자치구 범위 내에서 일부 지구에 대한 계엄 결정 등을 포함한다.

　　한편, 국무원의 조직과 관련, 각 기구 및 인원을 축소하려는 노력도 전개되었다. 정부 기구를 축소하려는 노력은 1982년 덩샤오핑에 의해 처음 제기된 이래 매 5년마다 개최되는 전국대표대회 전체회의를 계기로 지금까지 총 5차례에 걸쳐 진행되었다. 1982년에 이루어진 개혁 작업은 그 이전 약 100여개의 상설 기구를 61개로 축소하였고, 1988년 기구 개혁 시에는 각 부와 위원회를 41개로, 직속 기구를 19개, 그리고 비상설기구를 44개로 축소, 정리하였다. 상기 두 차례의 기구 개혁은 주로 정부 기구간의 업무 조정과 통폐합을 통해 행정기구를 경제적이며 효율적으로 구성하는데 초점을 두었다. 이에 반해 1990~2000년대에 이루어진 세 차례의 기구 개혁은 모두 개혁, 개방 시기에 맞추어 사회주의 시장경제 체제를 운영하는데 적합한 정부의 직능으로 변화시키는데 중점을 두었다.

　　이와 같이 국무원은 그동안 약 다섯 차례의 정부기구 개편을 단행하여 현재는 각 부와 위원회 수가 총 29개로 축소되고, 부총리와 국무위원수도 각각 4명과 5명으로 감축되는 등 행정 개혁을 통한 조직 간소화를 어느 정도 달성하였다고 보고 있다.

　　행정부의 수반인 **국무원 총리**는 국무원 운영에 있어서 포괄적 권한과 책임(행정 수반 책임제)을 가지고 있으며, 총리를 포함하여 부총리, 국무위원, 그리고 비서장으로 구성된 **국무원** 상무회의를 주재한다. 총리, 부총리, 국무위원의 임기는 5년이고 1회에 한하여 연임할 수 있다.

한편, 중앙정부인 국무원과는 별도로「지방 인민정부」도 국가 최고 권력기관인 인민대표대회의 집행 기구로 규정되어 있다. 이 지방 인민정부는 행정계층별로 성, 시, 자치구 인민정부, 현(또는 시)급 인민정부, 그리고 향, 진 인민정부로 구성되어 있다. 물론 향, 진 밑에는 우리의 통, 반과 같은 대중 자치조직으로서 주민위원회(시,구)와 촌민위원회(농촌)가 있다. 이들은 주민의 직접 선거에 의해 위원회 주임을 뽑아 자치적으로 운영하는 등 주민자치 조직이라고 하나 사실상 지방 인민정부의 통제 하에 운영되고 있다.

지방 인민정부는 해당 지역의 인민대표대회에 의해 구성되며, 이 지방 인민대표대회에 업무를 보고할 책임을 진다. 따라서 그 임기도 지방 인대의 임기와 일치한다.

지방정부의 권한은, 우선 법률이 정하는 범위 내에서 해당 행정구역내의 경제, 교육, 과학, 문화, 위생, 체육, 건설, 재정, 공안 등의 모든 행정 업무를 통할, 집행한다.

여기서 중앙정부인 국무원과 지방정부간의 관계를 설명하면, 다분히 중앙집권적이며 또한 서열에 따른「**이중적 통제**」가 이루어지고 있다. 각급 인민정부는 기본적으로 해당 행정구역의 지방 인민대표대회에 업무를 보고할 책임을 지며, 또한 차상위 지방 인민정부를 포함한 중앙정부인 국무원에 대해 보고할 책임을 함께 지게 된다. 즉, 지방인민정부는 각 기능별로 차 상위 인민정부의 지도 감독을 받음과 동시에 국무원내의 각 부와 위원회의 통제와 지도 감독도 함께 받는 이중적 통제를 받고 있다.

7. 최고 사법기구

신중국 헌법에는 중국의 최고 재판기관으로서 '최고인민법원' 그리고 최고 검찰기구로서 '최고인민검찰원'을 둔다고 규정하고 있다. 이는 서방 민주주의 정치체제에서 사법부로서의 대법원과는 별도로 최고검찰기관을 독립 기관화하여 헌법기관으로 규정한 것은 중국의 특이한 정치체제 중 하나이다.

(1) 최고 인민법원

신중국의 최고 재판기관으로서, 각 지방의 각급 인민법원과 전문 인민법원의 재판 활동을 총괄, 감독하며, 전국인민대표대회와 전인대 상무위원회에 책임을 진다. 그 구성은 「최고 인민법원장」 외에 부원장 13명과 약간의 심판위원회 위원 등으로 이루어지며, 이들의 임기는 각각 5년으로서 1회에 한하여 연임이 가능하다.

최고 인민법원 아래에는 각 행정계층별로 고급 인민법원(성 급), 중급 인민법원 (지구 급), 기층 인민법원(현, 진 급)을 두고 있고 이와는 별도로 특별 인민법원도 설치되어 있다.

(2) 최고 인민검찰원

신중국의 최고 검찰기관으로서, 각 지방의 각급 인민검찰원과 전문 인민검찰원의 검찰 활동을 지도, 감독하며, 전국인민대표대회와 전인대 상무위원회에 책임을 진다.

그 구성은 「최고인민검찰장」 외에 부검찰장 11명 및 약간의 검찰위원회 위원 등으로 구성되며, 이들 모두 임기 5년에 1회에 한하여 연임할 수 있다.

최고 인민검찰원 아래에는 성, 자치구, 직할시 인민 검찰원과 그 분원을 두고 있으며 그 밑으로는 현, 시, 자치주 인민 검찰원을 두고 있다. 또한 이와는 별도로 특별검찰원으로서 인민해방군 군사검찰원과 철도운수 검찰원을 두고 있다.

8. 인민정치협상회의(정협)

현 중국의 국체(國體)는 인민민주주의독재(人民民主專政)이고, 정체(政體)는 인민대표대회제도이다. 또한 중국의 기본 정치 체제는 공산당이 영도하는 다당 간의 협력과 정치협상 제도 그리고 민족구역 제도이다. 이러한 중국의 정치체제 탄생은 역사적으로 공산당과 홍군에 의한 신중국 건립 역사와 깊이 연관되어 있다.

1948년 중국 공산당이 신중국을 건립하면서 국민당을 제외시키는 대신 공산당과 각 민주당파들이 협력하여 구성된 새로운 정치협상회의를 제안하였고 각 민주당파는 이에 호응하여 인민민주주의 독재에 입각한 신중국 탄생에 적극 동참하였다. 그리하여 이 조직은 1949년 9월「인민민주주의 통일전선」이란 조직으로 설립되었 다가 신중국 건국 초기 임시 헌법에 해당하는「정치협상회의 공동강령」이 제정되 어 '중국정치협상회의'가 사실상의 신중국 초기의 의회 역할을 대행하였다.

1954년 신 헌법이 제정됨으로써 의회 기능을 담당할「전국인민대표대회」가 공 식 설립되었고, 따라서 이 '정치협상회의'는 공산당 영도에 의한 다당 협력과 정 치 협상을 위한 기구로 그 기능을 바꾸어 계속 존치시켰다. 다시 말하면, 국가의 중요 정책에 대한 정책 자문과 동시에 신중국의 숙원사업인 국가 통일전선 업무 즉 대만과의 통일, 홍콩, 마카오의 접수 문제 등 중요 사안에 대한 업무 협의체로서의 기능을 담당하게 되었다.

정치협상회의는 전국인민대표대회와 같이「전국위원회」와「상무위원회」로 구 성되어 있다. **정치협상회의('정협'으로 약칭) 전국위원회**는 일부 공산당원, 8개 의 민주제당파, 인민단체, 소수민족, 홍콩. 마카오 교포 등의 대표 인사 약 2000여 명으로 구성된다.

이들 정치협상회의 위원들은 먼저 행정계층별로 전국정치협상회의, 성, 시, 자치 구 정협 지방위원회, 그리고 현(시, 구)과 향, 진 정협 지방위원회로 구분되어 있으 며, 우선 현과 향, 진 등 기층에서 직접 선거와 간접 선거를 통해 인구비례에 따라 성, 시, 자치구 지방위원회에 대표를 보내면 이들은 다시 간접선거를 통해 정협 전 국위원회에 최고 2,000여명의 범위에서 정치협상회의 전국위원을 선출하게 된다. 2013년 3월에 개최된 제12기 정협 전국위원회는 총 2,237명의 전국위원으로 구성되 었다.

이들 전국위원의 임기는 5년이며, 통상 매년 1회 개최되는 전체회의에 참석하여 권한을 행사하며, 이 전체회의 개최 시기는 통상 매년 3월 초 개최되는 전국인민대 표대회 전체회의 바로 직후에 이어서 개최되게 된다.

전국 정협의 주요 기능은 1) 전국위원회의 주석, 부주석, 비서장 및 상무위원 선 출 2) 국가의 중요 방침에 대한 자문, 토의 참여, 제안 및 비판 3) 정치협상회의의 규약 개정, 결의 채택 및 정협 상무위원회 사업 보고에 대한 심의 등을 포함한다.

이와 같이 정치협상회의 전국위원회가 사실상의 중요 권한을 행사하고 있으나 매 년 1회의 전체회의만 개최하고 또한 약 2천명 이상의 대표들이 함께 모여 실질적인 권한을 행사하는데도 어려움이 많다. 따라서 정치협상회의의 구체적이고 실질적인 업무를 정협 상무위원회에 위임하여 이를 통해 그 기능을 행사하도록 하고 있다.

  정치협상회의 상무위원회는 정협 전국위원회의 상설기관으로서 매년 1회 개최되는 전국위원회 전체회의 폐회 기간 중 전체회의의 결의를 집행하고 전국인민대표대회 또는 국무원에 제출할 결의안을 심의, 채택하게 된다. 정협 상무위원회는 주석, 부주석 23명, 비서장 1명 과 상무위원(298명) 등 총 323명으로 구성된다.

  한편, **정치협상회의 주석**은 이 정치협상회의의 최고 책임자로서 정치협상회의 상무위원 중에서 선출하도록 되어 있다. 그러나 실질적으로는 주로 공산당에서 직접 선출하여 임명하고 있고, 매 회기별 공산당 전체회의에서 전인대 상무위원장과 함께 정치국 상무위원(7~9명) 중에서 정협 주석을 겸직하고 있다. 따라서 정치협상회의 주석은 공산당 내에서도 당 총서기, 국무원 총리, 전인대 상무위원장에 이어 정치권력 서열 4위로 자리매김하고 있다.

  인민정치협상회의에는 또한 여러 전문기구를 두고 있으면서 각종 중요 정책이나 방침에 대한 제안, 비판을 위한 연구, 분석을 하도록 하고 있다. 이들 기구에는 제안위원회, 인구 자원 환경위원회, 문서 역사 학습위원회, 경제위원회, 교육 과학 문화 위생 체육위원회, 민족 및 종교 위원회, 홍콩 마카오 대만 화교위원회, 사회 및 법제위원회, 외사위원회 등을 두고 있다.

9. 당과 국가기관(전인대, 국무원)과의 관계

  중국 공산당과 국가기관, 즉 전인대와 국무원 등은 모두 신중국의 헌법상 기관으로서 각자 범위 내에서 독자적 기능을 수행하도록 하고 있다. 그러나 실질적으로 모든 국가기관은 공산당의 일당독재 체제하에서 공산당의 지배와 통제에 따라 움직이고 있는 것이다.

  중국 공산당 제17기 당장(黨章)에 의하면, "중국 공산당은 중국 노동자 계급의 선봉대이자 중화 인민과 중화 민족의 선봉대이며, 중국 특색의 사회주의 사업의 영도 핵심이다. 또한 중국의 선진 생산력 발전의 요구를 대표하고, 선진 문화의 추진 방향을 대표하며, 중국내 가장 광대한 인민의 근본 이익을 대표한다. 그리하여 당의 최고 이상과 최종 목표는 공산주의를 실현하는 것이다"라고 규정하고 있다[84]. 이와 같이 공산당은 중국인민의 근본 이익을 대표하면서 노동자계급의 선봉대 역할을 하기 때문에 국가의 최고 대표기관인 전국인민대표대회를 지배하며 아울러 선진 생산력을 발전시키고 선진 문화를 이끌어 가는 최고 집행기관인 국무원도 아울러 지도, 감독하게 된다.

이렇게 공산당이 중국의 정치체제를 지도하고 통제하는 것은 바로 마르크스.레닌주의이론에 기원하고 있다. 막스.레닌주의에서는 당이 프롤레타리아 계급의 전위대로서 동 계급을 선도하고 지도한다고 규정하고 있다. 즉, 프롤레타리아 계급을 대표하고 있는 당만이 사회주의 달성을 위한 정책을 펼 수 있고 종국적으로는 공산주의를 실현할 수 있는 정당성을 가진 유일한 정당이라고 주장한다.

중국 공산당도 이러한 기초아래 자신의 당만이 사회와 계급이익을 대변할 수 있고 다른 단체는 잘 모르기 때문에 모든 부문에서 당의 총괄적 지도와 통제를 받아야 진정한 사회주의의 길로 갈 수 있다는 것이다.

이러한 공산당의 지도와 통제 방법으로는 당,정 기관의 인사권 독점과 각 기관의 조직 활동에 대한 사전 심사 제도를 들 수 있다. 먼저 당은 각 조직의 인사권을 완전 독점하면서 각급 간부의 임면권을 통해 공산당이 바라는 방향으로 노선을 정립해 가고 있다.

둘째, 당은 인민대표대회의 활동과 국가 미래의 기본방향에 대한 결정 등 모든 사항을 사전에 심사하고 지침을 제시함으로써 깊이 관여하게 된다. 따라서 인민대표대회는 헌법상 최고 권력 기관으로 규정되어 있으나, 사실상 중국 공산당에 의한 '거수기' 및 '고무 도장' 역할만 하게 되고, 중앙 정부 또한 당이 결정한 정책을 충실히 이행하고 실천에 옮기는 집행 기관의 역할만 수행하고 있는 것이다.

이와 함께 당이 국가기관을 통제하는 방법도 조직적이고 다면적으로 하고 있다. 즉, 당은 각급 국가 기관에 '당위원회와 당조(黨組)'를 구성케 하여 당의 통제력을 확보하고 당의 정책과 노선을 정확히 이행해 가는지 지도 감독하도록 하고 있다.

이러한 당위원회와 당조는 인민대표대회와 국무원 그리고 지방 정부의 각급 계층별로 다양하게 구성되는데, 일반적으로 '당위원회'는 국가기관 내에서 당원을 관리하고 당의 업무를 관장하기 위해 만들어진 기구이며, 이 당위원회 내에서 중요한 정책 결정을 위해 소수(보통 3~5명)의 당 간부들로 구성된 조직이 당조(黨組)인 것이다. 따라서 당조는 해당 국가기관의 최종적인 결정권을 갖고 있는 부서인 셈이다.

155

---

84) 中國共產黨黨章會編, 中共中央黨校出版社, 北京, 2007, pp 1~10

당조의 책임자인 **당조** 서기는 통상 해당 국가기관의 장이 맡고 있으나, 일부 최고 책임자가 당원이 아닐 경우 차상급 간부(부부장 등)가 당조 서기를 맡아 그 기관의 실질적인 최고 책임자 역할을 하는 경우도 있다.

한편, 1978년 덩샤오핑에 의한 개혁, 개방 정책이 시행되면서 당과 국가기관간의 관계에서도 변화가 나타났다. 덩샤오핑은 신중국 건립 이래 당이 권력을 독점하면서 각종 폐해와 비효율성이 나타났고 또한 문화대혁명과 같은 개인숭배와 일인독재 현상이 출현하였다고 보고, 당의 지도력을 보다 건전하게 개선하기 위해 당과 국가기관간의 관계를 적극 개혁해야 한다고 생각했다.

우선 당의 영도적 지배를 인정하면서도 인민대표대회의 입법기능을 강화시켰다. 즉, 인민민주주의 법제를 강화하고 당 정책의 적실성을 높여 나가기 위해 인민대표대회로 하여금 입법 기능을 충실히 하도록 제도화하였다. 그러면서 1982년 헌법 개정에서는 "공산당을 포함한 전 사회의 모든 정당, 단체, 그리고 각종 기관은 관련 법률을 준수해야 하며, 또한 법률의 범위 내에서 그 권한을 행사하여야 한다."고 규정하여 당의 권한에 제약을 가하는 한편 입법 기관의 권한은 한층 강화시켜 주었던 것이다.

이러한 정책의 전환은 그동안 거수기 역할만 해 오던 전국인민대표대회의 입법 기능을 상대적으로 활성화시키고 그 권한을 강화시키는 결과를 가져왔다.

한편, 행정부의 권한 또한 그동안 당의 절대적 우위에 따른 지도-복종관계에서 당과 행정부를 분리시키는 작업이 진행되면서 국무원의 권한도 강화되기 시작하였다. 구체적으로는 1982년 헌법 개정을 통해 "당이 정부의 고유 업무인 정부 정책을 집행하는데 직접 개입해서는 안된다"고 규정하였다.

이에 따라 그동안 행정 업무에 관여하기 위해 설치되었던 당 관련사무처들은 정부기구 개편과 함께 철폐 혹은 축소되었다. 또한 당과 정부의 기능 분리 노력에 따라 당 지도자가 정부 직위를 겸직하지 못하도록 하여 당에 의한 정부 지배도 어느 정도 제한을 받게 되었다.

II. 개혁·개방 이데올로기의 발전

1. 덩샤오핑의 개혁 개방 이론

덩샤오핑의 개혁.개방 이데올로기를 잘 대변해 주는 것은 바로 이른바 **"흑묘백묘론"**(黑猫白猫论)이다. 그는 일찌기 1962년에 "농업 생산을 어떻게 회복할 것인가?"(怎样恢复农业生产)라는 연설에서 "어떠한 생산 방식이든 농업생산 발전에 도움이 되면 좋은 방식"이라고 지적하면서 "검은 고양이든 흰 고양이든 쥐만 잘 잡으면 좋은 고양이"(不管是黑猫白猫抓老鼠就是好猫)라는 비유로 설명하였다.[85]

이처럼 덩샤오핑이 주장하는 혁명 이데올로기는 곧 신중국이 건립되면서부터 중국 공산당이 줄곧 주장해 왔던 '경제 현대화의 실현'이라는 대전제 하에 다음과 같은 두 가지 이념적 요소로 대변될 수 있을 것이다. 하나는 바로 신중국 건립 직후 류샤오치 주석이 제안하여 채택된 『4개 현대화』(농업, 공업, 국방, 과학기술의 현대화)이고, 다른 하나는 덩샤오핑이 남순강화를 통해 발전시켜 온 『사회주의 시장경제론』이다.

먼저 『4개현대화 계획』이 처음으로 제기된 것은 본래 1978년 10월 인민일보에 게재된 "경제 법칙에 따른 경제 실행을 통해 4개 현대화를 실현해 나가자"라는 후치아오무(胡喬木)의 논문에서 유래된 것이었지만, 중국 공산당은 이 논문을 토대로 당의 당면 목표로 승화시켜 결국 1978년 12월의 당11기 3중전회에서 이 '4개 현대화'계획을 중국이 달성해야 할 가장 중요한 국가 목표로 설정했던 것이다.

본래 이 4개 현대화 계획의 연원은 1950년대 신중국 초기로 거슬러 올라가며, 당시에 이미 한차례 제기되었던 이론이다. 이 주장은 당초 류샤오치가 제안한 이론으로, 신중국의 중심 임무는 경제 건설과 현대화 달성에 두어야 한다고 주장함으로써 대중 노선을 중시한 마오저뚱의 혁명 제일주의 노선과 대립되었던 것이다. 1956년 제8차 당대표대회에서 류샤오치는 정치 보고를 통해 당의 기본 노선으로서 '경제

---

85)"新京報", 2004.8.20

건설과 현대화 달성'을 역설하였으며, 이러한 현대화 정책이 제8차 공산당 장정에서 채택되어 "당의 기본 임무는 계획적으로 국민경제를 발전시키는데 있다. 중국은 하루속히 강력하고 현대화된 농업, 공업, 교통. 운수 및 현대적인 국방력을 보유하지 않으면 안된다"고 규정함으로서 4개 현대화 계획의 필요성을 강조하였다.

이러한 4개 현대화 추진은 류샤오치에 이어 덩샤오핑, 조우언라이 등에 의해 계승되었으나, 당시 마오저뚱에 의해 이 노선이 구소련을 모방한 것으로 격렬히 비판되었고 이어서 문화대혁명이 발생함에 따라 더 이상 국가 정책으로 구체화되지 못하였다. 그러다가 1978년 덩샤오핑이 재 복권되고 개혁, 개방 정책이 시행됨으로써 다시 빛을 발하여 이후 개혁 개방 정책을 시행해 나가는데 있어서 중요한 정책 노선으로 자리매김하게 되었다.

둘째로 덩샤오핑의 개혁, 개방 이데올로기로서 중요한 것은 『사회주의 시장경제론』이다. 1978년 이래 덩샤오핑에 의한 현대화 계획이 본격적으로 시행되면서 사회내의 부작용도 심각해져 갔다. 즉, 인민들 중에는 그동안 가졌던 사회주의 우월성에 대한 확신에 동요가 일어났고, 이러한 가치관이 점차 붕괴되면서 당과 국가에 대한 권위도 따라서 위협을 받기 시작하였다.

중국의 지도층으로서는 당 노선의 전환기를 맞아 정치, 사회적 혼란을 막고 개혁, 개방 정책에 대한 정당성을 확보할 필요가 있었던 것이다. 이에 따라 제시된 것이 바로 『사회주의 초급단계론』과 『사회주의 상품경제론』이며, 이것이 발전되어 하나의 이념으로 승화된 것이 바로 『사회주의 시장경제론』이다.

우선 『사회주의 초급단계론』이란 중국이 사회주의를 추진함에 있어서 발전 단계상 초급 단계에 와 있기 때문에 사회주의의 최고 발전 단계로 진입하기 위해서는 이를 위한 충분한 물적 토대를 구축할 필요가 있다는 이론이다. 즉, 중국의 사회주의는 사회주의 초급 단계에 있고, 이 초급 단계의 기본 과제로서 먼저 생산력을 발전시키고 현대화를 실현하기 위해 전력을 다해야 한다는 것이다.

「사회주의 초급단계론」이 처음 제기된 것은 1987년 제13차 당대표대회에서 쟈오즈양(趙紫陽) 총서기가 행한 정치 보고에서였다. 그는 이 정치 보고에서 "중국은 생산력이 낙후되고 상품 경제가 충분히 발전되지 못한 채 사회주의가 수립되었기 때문에 상당 기간은 사회주의 체제를 유지하면서도 자본주의 방식에 의한 공업화와 현대화를 달성하는데 총력을 기울여야 한다."고 주장하였다.

이 사회주의 초급단계론의 내용은 다음과 같이 세 가지로 요약된다. 1) 중국은 사회주의 체제이기 때문에 이를 굳건히 견지해 나가야 한다. 2) 중국의 사회주의는 초급 단계에 와 있기 때문에 이상적인 사회주의로 발전하는데 시간이 오래 걸릴 수밖에 없다 3) 초급 단계의 과제는 생산력을 발전시키고 현대화의 실현을 가속화해 나가는 것이다. 이는 곧 정치적으로는 사회주의 이념에 따라 당과 국가 체제를 견지해 가면서도 경제면에서는 자본주의적 시장경제 체제를 유지, 발전시켜 나간다는 체제 개혁의 방향을 암시한 것이었다.

또한 『사회주의 상품경제론』이란, 본래 '계획'과 '시장'은 서로 배타적인 것이 아니라 상호 보완적이라는 입장에서 출발하며, 사회주의 계획경제하에서의 시장의 역할과 기능을 적극 도입한 이론이다. 다시 말하면 '사회주의'와 '상품경제'는 상호 공존할 수 있다고 전제하면서 사회주의 경제체제는 오히려 상품경제를 발전시킴으로써 더욱 빨리 완성될 수 있다는 것이다. 따라서 사회주의 경제에서도 시장 기제를 적극 활용하고 경제 원칙과 각종 수단을 통한 거시적인 경제 관리가 긴요하다는 것이었다.

이 두 가지 이론은 향후 중국 전역에서 시장 기능이 회복되고 시장경제가 활성화되어 가면서 한 단계 더 발전된 『사회주의 시장경제론』으로 발전해 가는 근저와 기반이 되었다. 사회주의 시장경제론이 처음으로 공식 제기된 것은 1993년 11월 당 14기 3중전회에서 '사회주의 시장경제체제 수립에 관한 약간의 문제에 관한 당 중앙의 결정'이 채택되면서였다.

동 결정은 사회주의 시장경제 체제의 특징에 관하여 첫째 기업제도에 있어서 국가 소유와는 구별되는 법인 재산권을 가진 자기책임의 기업제도 운영, 둘째 경쟁적이지만 질서 있는 시장경제체제 확립 그리고 국가에 의한 효율적인 거시적 통제를 들었다. 따라서 사회주의 시장경제론이란, 계획이 아닌 시장 기능에 따라 각종 자원의 배분이 이루어지는 반면 국가는 재정, 세제, 금융 정책 등을 운용하는데 있어서 원칙적으로 시장 메커니즘을 통하여 거시적인 통제를 유지해 나가는 것이라 하였다.

요컨대, 덩샤오핑의 이데올로기는 경제 건설을 중심 임무로 삼아 4대 현대화 계획을 달성하고 중국 실정에 맞는 사회주의 시장경제 체제를 발전시켜 가는 것으로 요약할 수 있다. 이러한 점에서 덩샤오핑의 정치 경제 이데올로기를 다음과 같은 몇 가지로 평가해 볼 수 있다.[86)]

첫째 덩샤오핑의 이데올로기는 "실사구시(實事求是)"의 정치 철학이다. 덩샤오

159

---

86) 이와 관련된 내용은 "등소평문선" 제3집의 연설문에 잘 정리되어 있다.

핑은 실제 현장에 대한 조사 결과를 근거로 하지 않고 이론이나 서책에 의거하여 공리공담(空理空談)하는 것을 싫어하였으며, 정책을 실행함에 있어서 실제 상황에 부합하는지 여부를 중요한 기준으로 삼아야 한다고 주장하였다. 그는 각종 연설에서 늘 실사구시를 강조하였으며, 자신을 무슨 派인가 묻는다면 "실사구시파"라고 대답하겠다는 말을 여러 번 반복한 바 있다.

둘째는 "발전 중심"의 정치 철학이다. 그는 일찍기 "發展是硬道理"라는 명언을 남겼으며 현재도 많은 중국지도자들이 이를 입버릇처럼 인용하고 있다. 덩샤오핑은 발전을 위해서는 약간의 모험 정신이 필요하다고 역설하고 세상에는 시작하기 전부터 가능하다고 장담할 수 있는 일이 없기 때문에 주저하지 말고 과감히 밀고 나갈 것을 주문하였다.

셋째는 "독립자주, 독립사고"(獨立自主, 獨立思考)의 정치 철학이다. 덩샤오핑은 정치에 참여한 전 생애를 거쳐 외국의 간섭과 압력을 직접 체험한 인물이다. 그는 근대 역사 시기에 서구 열강들의 침략, 건국 이후의 서방과의 대립, 소련의 대국주의 등을 겪으면서 자국의 발전을 위해서는 "독립자주, 독립사고"의 정치 철학이 중요함을 인식하였다. 그는 말년에 신세대 정치지도자들과의 대화에서 국제 정세가 어떻게 변화해도 흔들리지 말고 자기의 길을 갈 것(走自己的路)을 주문하였으며, 이론가들은 이를 덩샤오핑 이론의 중요한 내용으로 기술하였다. "중국 특색의 사회주의"는 바로 덩샤오핑의 이러한 정치 철학을 반영한 것이었다.

넷째는 "도광양회"(韜光養晦)의 정치 철학이다. 덩샤오핑은 중국이 여전히 발전 도상에 있는 국가로서 아직 세계의 중심 국가로서의 실력을 갖추지 못했기 때문에 절대 나서지 말아야 한다는 주문을 하였으며(不當頭), 실제로 그는 "실권을 가지고 있을 때에는 전력을 다하여 국내 건설에 매진해야 한다(一心一意搞建設)"고 주장하면서 모름지기 "외교는 국내 발전을 위한 양호한 외부환경 마련에 치중해야 한다"는 외교 원칙을 제시하였다.[87]

2. 쟝저민의 3개 대표 사상

쟝저민이 자신의 권력을 공고히 하는 과정에서 공산당의 정책 노선에 관한 향후

87) 鄧小平, "鄧小平文選" 第3卷, 人民, 1993

방향을 제시한 것으로서 가장 중요한 정치적 업적은 "三個代表論" 사상의 제기였다. "三個代表論" 사상은 쟝저민이 2000년 2월 광동성 고주시(高州市)에서 개최된 지도 간부 3강 교육에 참석한 후 인근 광동 지역을 시찰하면서 처음으로 제창한 것이었다. 그는 중국 공산당의 성격을 "중국 선진 생산력의 발전 요구를 대표하며(代表中国先进 生产力的发展要求), 중국 선진 문화의 발전 방향을 대표하며(代表中国先进文化的前 进方向), 중국의 광범한 인민 대중의 근본 이익을 대표(代表中国最广大人民的根本利 益)하는 것으로 규정하였다. 이는 기존의 당 강령에 규정한 "노동계급의 대표"라는 규정과 내용을 달리한 것으로 그는 또한 이 3개 대표에 대해, "시종일관 3개 대표를 실현하는 것은 공산당 건설의 기본이며, 집정의 기초이자 역량의 근원이다"라고 역설하였다.

이 3개 대표 사상을 처음 제창한 이후, 쟝저민은 2001년 7월 「중국 공산당 창당 80주년 대회에서의 담화」(일명 7.1 강화로 약칭)에서 이 '3개 대표' 사상을 공식 발표하였다. 이 담화는 3개 대표 사상이 형성되게 된 역사적 근거를 설명하고 이어서 동 사상을 철저히 시행해 나갈 것을 요구하는 내용이 담겨있고 아울러 중국 특색의 사회주의 건설을 지속적으로 발전시켜 나가기 위한 방향을 제시한 역사적인 선언서였 다.[88]

한편, 이 시점에서 이 '3개 대표' 사상이 제기되었던 것은 당시 급변하는 중국 사회의 변화 현실에 적응하려는 당 지도부의 고민의 결과임과 더불어 중국의 경제, 사회 발전이 급속히 이루어지면서 쟝저민의 권력 기반이 공고화된데 따른 자신감의 발로로 해석되고 있다.

다시 말하면, 첫째, 사회주의 시장경제체제가 확립됨에 따라 중국의 계층구조에 변화가 발생하여 이에 적응하기 위한 공산당의 계급적 외연구조를 확대할 필요성이 제기되었고, 이에 따라 공산당의 성격을 기존의 계급정당에서 대중정당으로 변모시 켜 변화를 모색하려는 노력의 일환이었다. 또한 쟝저민 집권 후기에 들어서면서 자 신의 권력기반이 점차 안정을 되찾고 있고 더군다나 개혁 개방 정책이 성공적으로 진행됨에 따라 이제 본인도 자신감을 갖고 자신의 독창적인 지도 사상을 내놓을 필요가 있었던 것이다.

본래 과거 중국 공산당의 각 세대 지도부들은 국민 통합과 노선 정립 차원에서 자신의 집권기에 독창적인 지도 사상을 내놓은 바 있다. 제 1세대 지도부는 마오저

---

88) 齊鵬飛,楊鳳城 編著, 當代中國編年史, 人民出版社, pp 769~771, pp 821

뚱 사상을, 제 2세대 지도부는 덩샤오핑 이론을 제창하였다. 이와 같이 쟝저민도 제 3세대 대표지도자로서의 위치를 확고히 하기 위해서도 주체적인 독창적 사상을 내놓을 필요가 있었고, 이러한 결실이 "三個代表論"으로 나타났던 것이다.

2002년 11월 북경에서 개최된 중국 공산당 제16차 대표대회에서 쟝저민은 「전면적인 소강사회를 건설하고 중국 특색의 사회주의 신국면을 창설하자」는 제목의 보고를 했다.

이 보고에서 쟝저민 주석은 '3개 대표' 사상을 공산당 지도 사상으로 확정하고 이를 규정한 「중국공산당 장정」을 통과시킨 것이었다. 이로써 3개 대표 사상은 중국 공산당이 마르크스. 레닌주의, 마오저뚱 사상과 덩샤오핑 이론을 계승, 발전시켜 나가면서 당이 장기적으로 견지해야할 지도 사상으로 되었다.

3. 후진타오의 「과학적 발전관」과 「조화로운 사회 건설」

제4세대 지도부의 통치 철학을 대표하는 슬로건은 "과학적 발전관"(科学发展观)과 "조화로운 사회(和谐社会) 건설"이다. "과학적 발전관"이란 개념은 2003년 10월에 있은 당16기 3중전회에서 처음으로 제기되었다. 동 회의의 공식 보고서에서는 "과학적 발전관"을 "사람을 중심으로 하며, 전면적이고, 조화로우며 지속적인 발전관"(坚持以人为本, 树立全面协调可持续的发展观)이라고 정의를 내렸다. 또한 이의 실현을 위해서는 다섯 가지의 조화로운 발전을 추진해야 한다고 지적하였는데, 그것은 곧 "도시와 농촌, 지역과 지역, 경제와 사회, 사람과 자연, 국내 발전과 대외 개방"간의 조화로운 발전이었다.

"조화로운 사회"란 개념은 2006년 10월에 있은 중국 공산당 제16기 6중전회에서 제기된 것으로 "과학적 발전관"과 상호 연관된 개념이었다. 즉, "과학적 발전관"이 수단이라면 "조화로운 사회"는 그 목표라 할 수 있다. 2006년 당16기 6중전회에서 채택된 "사회주의와 조화로운 사회 건설을 위한 몇 가지 중대 문제에 관한 결정"(关于构建社会主义和谐社会若干重大问题的决定)에서 그 추진 배경에 관하여 다음과 같이 설명하였다. "현재 우리 사회에는 조화로운 발전에 부정적 영향을 주고 있는 적지 않은 모순들이 존재하고 있다. 그 주요 내용은 도시와 농촌, 지역과 지역, 경제와 사회의 발전 불균형이며, 이외에 인구와 자원간의 갈등, 群众들의 요구와 사회건설 낙후와의 격차, 사회발전요구와 지도간부 수준 간의 격차, … 등 현상들이 존재한다. 따라서 조화로운 사회를 건설하는 것은 국가의 부강과 민족의 진흥, 인민의 행복을 위한 중요한 保障장치인 것이다.”

이처럼 제4세대 지도부가 “과학적 발전관”과 “조화로운 사회 건설”을 대표적인 통치철학으로 삼은 데는 그간의 개혁 개방과 경제 발전 과정에서 누적된 각종 사회적 불균형을 우선 치유하지 않고서는 지속적인 발전과 사회 안정, 그리고 공산당의 영도적 지위를 보장할 수 없다는 위기의식에서 나온 것으로 풀이된다.

개혁 개방 이후부터 쟝저민의 집권기에 이르기까지 중국은 줄곧 불균형의 발전 전략을 선택하여 왔다. “선부론”(先富論)으로 대표되는 불균형 발전 전략은 국토가 넓고, 환경 조건이 다양하며, 발전 조건이 다른 중국의 실정에서 균형적인 발전을 이루어 갈 수 없다는 인식하에 우선 조건이 구비된 지역과 사람들이 먼저 발전의 길로 나아가게 해야 한다는 것이었다. 이는 중국의 현 사회 실정을 감안할 때 필요한 결정이었으며, 결국 안정적이고 건전한 경제 발전을 견인하는 역할을 해왔다. 그러나 이 불균형 발전 전략은 다른 한 편으로는 심각한 사회적 부작용을 낳는 결과도 초래하였다.

따라서 제4세대 지도부로서는 그 모순의 치유를 통치의 주요 목표로 설정하고 불균형의 발전 전략에서 균형 발전 전략으로 전환해 나가되, 이의 실현을 위한 수단으로 “과학적 발전관”과 “조화로운 사회”를 제기한 것이었다.

이 “과학적 발전관”과 “조화로운 사회론”은 2007년에 열린 중국공산당 제17기 당대표대회에서 향후의 당 사업을 지도하는 지도사상으로 채택되어 제4세대 지도부의 역사적 지위를 확정하는 이론적 업적으로 자리매김하였다.

III. 정치 제도에 관한 개혁

1. 개혁 개방 초기의 정치 체제 개혁

덩샤오핑의 개혁, 개방 정책 시행이래, 중국의 정치체제 개혁은 1980년 8월 덩샤오핑이 <당과 국가의 지도 체제 개혁에 관하여>란 연설문을 발표하면서부터 본격적으로 진행되기 시작하여 그 후 7년이 지난 1987년 당 제13기 전국대표대회에서야 비로소 구체적이고 명확한 개혁 내용들이 제시되었다. 쟈오즈양 총서기는 1987년 7월 후야오방 총서기의 사임에 따라 당 총서기로 임명된 후 덩샤오핑의 지시에 따라 바로 정치체제 개혁 작업에 착수하였다. 그는 몇 개월간의 작업을 통해 이에 관한 보고서를 작성, 동년 11월 개최된 당13기 전국대표대회에서「중국 특색의 사회주의 길로 매진하자」는 보고서를 발표함으로써 향후의 정치체제 개혁에 관한 방향과 청사진을 제시하였다.

동 보고서는 우선, 개혁의 장기 목표로서 '고도로 민주적이고 법제화된 사회주의 정치체제를 구축하는 것'이라고 하고, 이를 위한 단기 목표로서 1) 당, 정 기능의 분리, 즉, 정부 각 부문에 설치되어 있는 당 조직을 폐지하고 당과 정부가 이원적으로 지배를 하도록 하는 것 2) 새로운 공무원 제도의 신설, 즉 공무원을 정무직 공무원과 실무직(직업) 공무원으로 나누어 실무직 공무원은 공개경쟁 시험을 통해 선발하여 합리적인 관료기구를 제도화하는 것 3) 다양한 사회적 이익을 대변하기 위해 이익단체 간의 대화와 협의를 제도화하는 것, 이를 위해서는 곧 지역 대표로 구성된 인민대표대회 내에 직능 대표도 함께 선출해야 한다는 것 그리고 4) 사회주의 민주 제도 정비를 위해 간부 선출시 **차액선거제(差額選擧制)**[89]를 도입하고, 사회주의 법체계를 정비해야 한다는 것 등을 제시하였다.

---

[89] 차액선거제란, 후보자의 수가 당선자 수 보다 많은 상태에서 치러지는 선거로서, 1980년 1월부터 치러진 인민대표대회 선거법에서는 대표후보자의 수를 대표자의 수의 1.5배에서 2배 이상으로 해야 한다는 규정을 신설, 일정 한도의 경쟁 원칙을 제도적으로 보장해 주는 선거제도의 일종이다.

당초 이 개혁안은 본래 경제 체제 개혁을 위해 제시된 것이었다. 당시 덩샤오핑과 개혁파들은 "중국의 경제 발전과 현대화"를 당의 최고 당면 목표로 설정하고 이러한 목표 달성을 위해서는 우선 경제 체제 개혁이 선행되어야 하나, 그 이전에 기존의 관료주의적인 정치 체제를 근원적으로 개혁치 않고서는 중국의 경제 체제를 개혁할 수 없다는 인식에서 나온 것이었다.

따라서 당시의 정치체제 개혁은 사회주의 체제가 갖는 문제점이나 한계 등 체제 자체를 근원적으로 개혁하려는 것이라기보다는 경제를 발전시키기 위한 수단으로서 행정의 비능률이나 관리상의 비효율을 시정하기 위한 일종의 행정기구 개혁에 지나지 않았고 다분히 제한적이었다.

그렇지만 당시의 상황에서는 이러한 체제 개혁을 위한 시도는 매우 획기적인 제안이었으며, 그 주요 내용으로는 1) 당·정 분리 원칙 2) 관료주의 폐단 극복 3) 정부기구의 개혁 4)간부 인사제도의 개혁 5) 선거제도의 개혁 6)사회주의 민주 법제의 확립 등으로 요약될 수 있는 바, 이를 분야별로 간단히 설명하면 다음과 같다.[90]

(1) 당·정 분리 원칙

당. 정 분리는 개혁의 가장 중요한 핵심 과제로서, 이 당.정 분리 원칙이 제기되게 된 것은 과거 당 업무와 행정 업무가 혼동되어 처리되어 온 결과 행정의 모든 분야가 당에 의해 장악되어 갖가지 부정과 비리, 그리고 비능률이 만연되어 왔었기 때문에 당. 정 분리 원칙을 통해 실질적으로 국가 행정기관의 권한을 강화하여 당의 국가기관에 대한 간섭을 배제하고자 함에서였다.

이 당. 정 분리에 관한 규정은 1982년 제정된 신헌법에서 채택되어 명문화되었다. 1982년 헌법 제54조에는 " 모든 국가기관, 인민해방군, 각 정당 및 대중단체, 각 기업 조직은 모두 헌법과 법률을 준수해야 하며, 어떠한 조직이나 개인도 헌법과 법률을 초월한 특권을 향유하지 못한다."고 규정하여 공산당의 특권을 헌법으로 금지시켰다.

이에 따라 당 제13기 전국대표대회 이후 당. 정 분리에 관한 구체적인 실시 방안이 마련되어 시행되기 시작하였다. 그 실시 방안으로는 1) 각급 조직 속에 설치되어 있던 당위원회의 역할을 점차 축소시키거나 폐지 2) 정부 업무를 전문으로 담당하

165

---

90) 김익도, 이대우, 현대중국의 정치, 부산대 출판부, 2009, pp 231~239

는 당위원회 서기 혹은 상무위원회의 직무 폐지 3) 당 내부 기관 중 정부 업무와 중복되는 부서의 폐지 등이 포함되었다.

그리하여 1988년 6월부터 중국 공산당은 국무원의 일부 부서를 제외하고는 각 부서에 설치된 당 지부를 단계적으로 폐지해 나갔으며, 또한 각 지방별로 국영기업내의 당 기구에 대한 해체 작업도 진행되었으나 이에 대한 반발도 만만치 않았다. 일부 당직자들은 당. 정 분리가 오히려 당의 지도력을 약화시켜 당에 의한 정책 결정과 감독 기능에 혼란을 가중시킬 수 있다고 주장하기도 하였다.

이러한 반발 가운데 1989년에 발생한 천안문 사태는 이 당. 정 분리 작업을 중단시키는 결정적인 계기가 되었다. 이 천안문 사태 발생 직후 발언권을 확보한 당내 보수파들은 이 개혁 작업이 결국은 당의 지도를 약화시키고 당과 국가기관간의 유대를 이완케 하는 주범이라고 비판하면서 중단되어 이전의 상태로 회귀되고 말았다.[91]

(2) 관료주의 폐단 극복

중국에서는 그동안 사회주의 체제에서 고쳐야 할 관습으로 '관료주의'라는 말을 많이 사용하고 있다.

본래 중국 공산당 및 당 이론가들은 중국에서 관료주의가 발생하게 된 배경으로 과거 오랜 기간 동안 권위주의적 봉건주의 사상이 유지되어 왔고, 봉건 군주들의 타락과 방종으로 무사안일 주의와 무책임 주의가 팽배하였으나, 사회주의 체제가 도입되면서 상호 갈등과 모순이 발생하여 관료주의적 작풍이 생겨났다고 주장하고 있다. 따라서 이러한 관료주의를 극복하기 위해서는 우선 간부들의 사상을 개조하는 한편 인민 대중들에게는 이들의 낙후된 의식을 극복하여 제고시켜 나가는 것이 급선무임을 지적하였다.

먼저 덩샤오핑은 개혁, 개방 정책을 시행하면서 당 간부들의 사상 개조의 중요성을 강조하고 관료주의적 행태에 관해 ① 과도한 권력 집중에 따른 가부장적 지배 ② 당원 및 간부들의 특권 남용 ③ 파벌주의와 분파활동 ④ 무사안일과 무책임, 형식주의 등 4가지를 지적하였다.[92]

---

91) 전게서, pp 232~234

92) 전게서, pp 298~306

(3) 정부기구의 개혁

정부 조직에 관한 개편 문제는 신중국 성립 이래 정부의 업무가 계속 팽창하면서 기능이 서로 중복되고 상대적으로 비대해진 정부 조직 및 기구를 축소, 조정하는 한편 관료 인원도 대폭 정리하여 업무의 비능률과 비효율을 개선하고자 하려는 목적에서 시작하였다. 이는 특히 경제 체제 개혁과도 밀접히 연관되어 있어 덩샤오핑의 경제 개혁 드라이브를 뒷받침해 줄 수 있는 경제담당 부서를 보다 효율적으로 개선시켜 국가의 경제 개발 계획과 거시적 경제 관리를 성공적으로 추진하려는 의도에서였다.

따라서 제1차로 국무원에 대한 기구 개혁이 1982년부터 단행되었다. 과거 약 100여개의 중앙부서 기구가 61개 부서로 통합, 축소되었다. 그리고 국가 경제의 사령탑 역할을 맡아 온 국가계획위원회의 권한은 상대적으로 강화되었다. 하지만 당시만 해도 국가계획위원회는 경제 개혁의 핵심기관으로 권한은 강화되었으나 조직상에서는 오히려 인원이 감소되었고 또한 전문가가 부족하여 사실상 질적 저하를 초래하는 등 기구 개혁으로 각 부서의 어려움은 컸다.

그리하여 제2차 국무원 기구 개혁이 이루어 졌는바, 1987년 제13기 당대표대회와 이어서 1988년 초 제7기 전인대 제1차 회의를 통하여 이 개혁안이 심의 통과되면서 진행되었다. 새로운 개혁안에 따라 국무원의 부, 위원회는 당초 61개 부서에서 14개 부.위원회를 폐지하고 10개부서를 신설하는 등 일련의 과정을 거치면서 최종적으로 41개 부서로 축소되었으며 인원도 전체의 1/5에 해당하는 약 10만 명이 감원되었다. 특히 국가경제위원회는 이 개혁안을 통해 거시적인 경제 관리만을 담당토록 하고 나머지 세부 관리 기능들은 신설된 부서로 이양시켰다.

이후 정부기구 개혁은 지방정부에도 계속 확대되었으나 당시 경제체제 개혁 과정에서 각종 부작용이 발생함에 따라 경제에 대한 중앙통제 강화 필요성이 당내 일부 보수파들에 의해 제기된 데다가 1989년 6월 천안문사태 발생 등으로 이 정부기구 개혁은 계속 확대되지 못하고 정체되었다.[93]

(4) 간부 인사제도 개혁

---

93) 전게서, pp 235~236

덩샤오핑 등 개혁파들이 간부 인사제도 개선을 중심 개혁 과제로 제기한 이유는 우선 젊은 인재를 발굴, 양성하여 간부의 전문화를 기하고, 국가의 행정관리 능력을 향상시키고자 함에 있었다.

그리하여 당 제13기 전국대표대회에서 '국가공무원 임시조례'를 제정하여 장기적으로 국가공무원법 제정을 목표로 준비해 나갔다. 이 규정에 의하면, 국가 공무원을 정무직 공무원과 실무직 공무원으로 구분하고, 정무직 공무원은 정책 결정을 담당하는 고위 공무원으로서 임기제로 하되 각급 당위원회의 추천을 받아 선거에 의해 선출되는 공무원으로 규정하였고, 실무직 공무원은 정책을 집행하는 공무원으로서 정년제로 하고 법률에서 정한 시험을 통과한 자 중에서 선발하도록 하였다.

또한 공무원 제도 개혁과 아울러 제기된 문제는 노간부 종신제와 퇴직 후의 우대 조치에 관한 시정 방안이었다. 따라서 당 중앙과 각급 당위원회 간부들의 임기를 3년으로 제한하고 퇴직자를 위해서는 중앙과 각 성에 고문위원회를 설치하는 등 종신제 폐지에 따른 충격을 완화하는 조치까지 병행하였다.

그러나 이러한 간부 인사제도 개혁도 개혁 진행 과정에서 기존 간부들의 저항이 워낙 컸던 관계로 결국 한계에 부딪혔고 따라서 제도 개혁에 대한 구체적인 방침도 정하지 못한 채 중단되었으며, 2000년대 이후로 넘어가게 되었다.[94]

(5) 선거제도의 개혁

중국의 선거 제도는 두 가지 점에서 큰 변혁을 가져 왔다. 하나는 당 최고 지도자들의 기존 종신제를 폐지하고 정년제를 실시한 것이고, 다른 하나는 당 및 국가 간부와 지방 각급 간부들의 선거에서 직접 선거와 경쟁 선거 제도가 도입되었다는 점이다.

우선 1982년 당 제12기 당 대표대회에서 당과 국가기관의 최고지도자, 즉 당 총서기와 국무원 총리에 대한 겸직을 금지하였으며, 1982년 개정된 신헌법에서는 국가 주석과 부주석, 전인대 상무위원장과 부위원장, 국무원 총리와 부총리급 등 국가 요직에 대한 지도자의 연속 3선을 금지하는 규정도 명문화 하였다. 다만 당시 덩샤오핑이 맡고 있던 중앙군사위원회 주석 직은 예외적으로 3선 금지 조항을 삭제하였다.

---

94) 전게서, pp 236~237

둘째로, 당 중앙은 1979년 지방인민대표대회에 관한 선거법을 개정하여 그동안 향.진급 수준에서만 실시되던 직접 선거 제도를 현급 지방인대 대표 선거에까지 확대하였다. 과거 1953년 선거법에서는 縣과 區가 설치된 시 이상의 각급 인민대표는 차하급 인대에서 「간접선거」로 선출하도록 규정되어 있었다. 그러나 1979년 선거법에서는 향진급을 확대하여 현급까지도 「직접선거」에 의해 선출하도록 규정하였다.

또한 1953년 선거법은 단일 후보를 내세워 동인에 대한 찬반 투표로 대표를 선출하는 등액 선거를 실시한데 반해, 1979년 선거법은 후보자 수를 당선자보다 많도록 하는 이른바 「차액선거제」를 도입함으로서 경쟁을 통한 보다 공정한 선거가 이루어지도록 했다. 다만 차액의 범위를 직접선거의 경우는 1/2에서 2배로 하고, 간접선거는 1/5에서 1/2로 규정하는가 하면, 필요시 단일후보 선거도 할 수 있도록 예외 조항을 두기도 하였다. 그리고 실질적으로 일반 유권자나 인민대표들이 후보를 인선할 수 있도록 하였다(피선거권). 즉 후보 인선 과정에서 과거 공산당과 인민단체가 후보자 추천권을 독점하던 것을 이제는 공산당이나 인민단체 외에도 일반 유권자나 인민대표가 3명이상의 동의만 있으면 모두 후보를 인선할 수 있게 하였으며, 무기명 비밀 투표방식도 도입되어 비밀 투표를 어느 정도 보장받게 되었다.[95]

(6) 사회주의 민주 법체제 정비

사회주의 민주 법체제를 강화시키기 위한 조치는 쟈오즈양 총서기가 1987년 당 제13기 전국대표대회에서 한 정치 보고에 잘 나타나 있다. 여기에는 인민대표대회 운영방식 개선, 인민정치협상회의의 위상 강화, 언론. 출판에 대한 보도규제 완화, 그리고 사회주의 법 질서 강화 등 조치를 담고 있다.

주요 내용으로는, 첫째, 인민대표대회의 운영 방식에 대한 개혁이 이루어져 인민대표대회의 주요 심의 과정이 비록 제한적이지만 처음으로 대외에 공개되었으며 전체회의 개최 시 일반인들의 방청권도 허락되었다. 1989년 제11기 전국인민대표대회 제2차 회의에서는 처음으로 「전국인민대표대회 의사규칙」이 제정되어 전인대 대표들의 1/5이상의 요구에 따라 임시회의를 소집할 수 있게 하였고 전인대 대표의

---

95) 전게서, pp 237~238

발언이 인쇄, 발행되거나 신문 발표 혹은 기자회견을 통해 일반 대중에게 공지될 수 있도록 하였으며 또한 전인대 전체회의시 일반인들이 방청할 수 있는 방청 제도도 도입하였다.

둘째, 공산당과 민주제당파 그리고 민간단체간의 '대화와 협상'을 중요시하여 인민정치협상회의의 위상 강화와 체질 개선을 위한 방안들이 강구되었으나, 실질적인 후속조치들이 나오지 않아 별 진전은 없었다.

셋째, 개혁, 개방 이래 일반인들은 신문, 잡지 등 언론을 통해 비교적 자유롭게 의사를 발표할 수 있었으며, 또한 언론의 보도 통제도 확연히 완화되었다. 그러나 이러한 언론과 표현의 자유는 1989년 천안문 사건의 발생으로 진전을 보지 못하고 결국 과거로 회귀되어 버렸다.

넷째, 사회주의 법질서 강화를 위해 사법기관이 법에 따라 독자적으로 권한을 행사할 수 있게 하는 문제도 대두되었다. 그러나 이것도 사법권의 독립으로는 발전하지 못한 채 단지 공산당의 압력으로부터 사법부가 어느 정도 간섭받지 않는 정도에 그치고 말았다. 한편 경제체제 개혁이 이루어지면서 경제 관련법은 많이 제정되었으나 천안문 사태 발생으로 인해 행정소송법 등 정치 체제에 관한 법률은 논의에서 제외되면서 흐지부지 되어갔고, 이는 언론.표현의 자유 등과 함께 제 3,4 세대 지도부가 추진해야 할 장기 개혁과제로 넘어 가게 되었다.[96]

2. 행정 기구 개혁

개혁, 개방 이후 중국의 행정 개혁은 주로 1978년 이래 전개되어 왔던 경제 체제 개혁의 원만한 진행을 위한 수단으로 전개되어 왔다. 물론 개혁, 개방이후 정치체제 개혁을 위한 조치가 있었으나 이는 어디까지나 경제 체제 개혁의 가속화를 위한 수단적 조치에 지나지 않았으며, 따라서 당시의 정치체제 개혁의 핵심은 주로 행정 개혁 특히 행정기구 개편이나 조직의 효율성 증대를 위한 내부 개혁 과정에 지나지 않았었다.

이러한 배경하에 당시의 행정 개혁의 주요 목표로는 1) 행정의 비효율성 제거 2) 행정관리 체계의 규범화, 3) 중국의 행정관리 체계를 사회주의 시장경제 체제에 맞

---

96) 전게서, pp 237~239

도록 적응 및 관리 4) 국가공무원제도의 확립 5) 우수한 젊은 행정 관료의 육성 등이었다.

또한 행정기구 개혁 전개 과정에서도, 중국 정부는 1978년 개혁, 개방 정책 실시이래 현재까지 총 다섯 차례에 걸친 대대적인 행정기구 개혁을 단행한 바 있다. 1982년, 1988년, 1993년과 1998년 그리고 2004년 각각 한 차례씩의 대규모 행정기구 개편이 이루어졌으며, 이 다섯 차례에 걸친 개혁 과정은 인원 및 기구의 감축⇒ 확대⇒재감축 ⇒재확대 라는 순환을 계속 되풀이 하는 연속적 과정이었다. 또한 이 시기에 행정기구 개혁이 이루어지게 된 것은 바로 이 시점이 중국의 당정 최고지도자가 새로이 개편되어 새로운 세대의 통치가 시작되는 시점이었기 때문이기도 하였다.

제1차 국무원에 대한 기구 개혁이 단행된 것은 1982년이었다. 이 시기의 개혁은 '인원 감축과 정부기구 축소(精兵簡政)'가 핵심이었다. 중국의 당정 지도자로서는 개혁, 개방 정책을 시행해 나가는 과정에서 그동안 지나치게 비대해진 중앙정부 조직을 간소화 하는 한편, 거시경제 관리를 담당하게 될 부서로 하여금 경제개혁에 대한 총괄적 조정을 하도록 권한을 부여할 필요가 있었다.

이 최초의 정부 기구 개혁 실시 결과, 과거 약 100여개 정도 있었던 중앙부서 기구를 61개 부서로 통합, 축소시켰다. 국가기본건설위원회, 국가농업위원회, 국가기계공업위원회, 국가계량총국 등 일반 부처의 집행부서와 중복되는 위원회 부서는 합병, 통합되었다. 그리고 국가 경제의 사령탑 역할을 맡아 온「국가계획위원회」에 경제 개혁에 관한 총괄 조정 기능을 부여하는 등 그 권한을 상대적으로 강화시켰다.

하지만 국가계획위원회는 경제 개혁의 핵심기관으로 그 권한은 컸을지언정 당시만 해도 간부의 질적 향상을 추구한다는 명목 하에 실무 직원에 대한 인원 감축을 시도함으로써 오히려 인원이 감소되었고 또한 전문가도 부족하여 사실상 제 기능을 수행하지 못한 채 오히려 업무의 질적 저하를 초래하는 등 부작용이 더욱 컸다.

이와 더불어 비록 각 부서의 인원 감축을 통해 고연령, 관료 수준의 낙후성 등은 어느 정도 해결되었으나 이것도 시간이 지남에 따라 감축된 인원이 여전히 행정기구에 남아 있다가 다시 복귀하는 현상이 발생하여 큰 성공을 거두지 못하였다.

이 과정에서 제2차 국무원 기구 개혁이 재차 이루어졌다. 1987년 제13기 당대표대회와 이어서 1988년 초 제7기 전인대 제1차 회의를 통하여 이 개혁안이 심의 통과되었는데, 이 제2차 개혁의 핵심은 단순히 기구 철폐와 합병, 그리고 인원 감축 등에 국한하지 않고 정부가 어떤 기능을 해야 할 지에 대한 보다 근원적인 '정부기능의 전환(職能轉變)' 문제에 두었다. 이 새로운 개혁안에 따라 국무원의 부, 위원회는 당초 61개 부서에서 14개 부.위원회를 폐지하고 10개부서가 신설되는 등 일련의 과정을 거치면서 최종적으로 41개 부서로 축소되었으며 인원도 전체의 1/5에 해당하는 약 10만 명이 감원되었다.

이 때 새로이 신설된 부서는 물자부, 운수부, 에너지부, 건설부 등 경제 관련 부서와 인사부, 노동부 등 행정개혁 관련 부서였다. 특히 「국가경제위원회」는 이 개혁안을 통해 거시적인 경제 관리만을 담당토록 하고 나머지 세부 관리 기능들은 신설된 부서로 이양시켰다. 이러한 개혁은 지방정부에도 확대되었으나 당시 각종 부작용 발생으로 경제에 대한 중앙 통제 필요성이 당내 일부 보수파들에 의해 제기된 데다가 1989년 6월 천안문사태 발생 등으로 계속 확대되지 못하고 정체되었다.

그러다가 1992년 초 덩샤오핑의 남순강화를 계기로 쟝저민의 제 3세대 지도체제가 성립되었고, 그 원년인 1993년 초 다시 제3차 행정기구 개혁이 진행되었다. 이때의 개혁은 정부가 추진 중인 사회주의 시장경제 체제에 부합하는 정부 행정관리 체제를 건립하는 문제와 이에 따른 정부 기능의 질적 전환을 그 목표로 삼았다. 그러나 이러한 정부 기능의 질적 전환도 원만히 이행되기에는 역부족이었다.

1998년 들어 또 한 차례의 행정기구 개편이 이루어 졌는데, 이 시기의 개혁은 중국 경제의 시장화 과정 중 정부의 새로운 기능 및 요구가 제기되면서 정부와 시장, 정부와 기업, 그리고 중앙과 지방정부와의 관계 등을 순리에 맞게 처리해 나가기 위한 행정 기구 개편에 중점을 두었다. 이러한 목표에 맞추어 당시 제 1단계는 중앙 정부 개혁, 제 2단계는 지방정부의 개혁 등 두 단계로 나누어 전개시켜 갔다. 제 1단계로서 중앙 정부의 경우는 40개 부.위원회를 29개로 과감히 축소하고, 정부 기관의 인원 역시 원래 3만 4천여 명의 직원을 1만 7천여 명으로 줄여 절반 이하로 감축시켰다. 제 2단계는 1999년 7월부터 시작하여 2001년까지 진행되었는데, 성급 지방 정부 및 그 산하 기관을 평균 55개에서 40개 부서로 줄이는 한편 지방정부 직원에 대해서도 절반가량의 인원을 감축시켰다.[97]

3. 간부 인사 제도 개혁

97) 현대중국의 이해, 한울아카데미, 2007, pp 168~174

(가) 간부인사 제도(관료제)의 역사적 배경

중국의 간부인사 제도는 신중국이 탄생된 역사적 배경과 사회 체제에 따라 독특하게 형성되어 왔다. 이 중국의 관료제는 최초에 구소련의 간부인사 제도 모델인 '노멘클라투라 제도'에서 시작되었다. 이 **노멘클라투라 제도**란, '각급 당위원회가 임명권을 갖는 고위공무원 직위에 대해 향후 임명될 예비공무원 후보자 명단을 작성한 명부'를 일컫는 것으로서, 이 명단에 의거해서 고위 공직자의 임면이 이루어지는 제도를 말한다. 그러나 1960년대 중반부터 문화대혁명이 진행되면서 이러한 전통적 의미의 관료제는 큰 타격을 받아 기본적으로 시행하는 것조차도 어려워졌다.

그러다가 덩샤오핑의 개혁, 개방 정책이 시행되면서 다시 중국의 관료제는 원래의 상태로 회복되긴 하였으나, 시대적인 상황 변화와 젊고 유능한 간부의 선발, 양성 필요성으로 인해 동 인사 제도는 새로운 발전의 기반을 구축하면서 개혁해 나가기 시작하였다.

최초의 인사제도 개혁은 1978년 제11기 3중전회 이후부터 1986년에 이르기까지 이루어졌다. 우선 문화대혁명으로 붕괴된 관료제를 회복하기 위해 각급 인사 조직들을 재건시키고 이 기관으로 하여금 인사관리 업무를 통일적으로 관리토록 하였다. 그리고 초보적이지만 각종 인사 관련 규정들을 제정하여 시행케 했다. 예를 들면, 1980년에 민정부가 제정한 '간부의 임용 배치에 관한 임시 규정' 1982년 인사부의 '간부의 채용, 임용에 관한 약간의 규정' 그리고 1982년에는 당 중앙에서 제정한 '간부의 퇴직제도 건립에 관한 규정' 등이었다. 다만 이 당시의 개혁은 간부인사에 대한 체계적인 개혁 방안이 마련되지 않은 상태에서 초보적이고 실험적 요소가 강한 임시 규정이었으며, 보다 전반적이고 종합적인 개혁은 다음 단계에서 이루어 질 수밖에 없었다.

2단계 개혁은 1986년 당 제13기 전국대표대회에서 당 중앙이 정부조직 개혁을 위한 간부인사 개혁안을 제출하면서 부터였다. 이때부터 새로운 인사관리 기법에 의한 중국식 인사관리 체제가 형성되었다. 무엇보다도 서방식 국가공무원 제도의 도입은 중국 인사제도 개혁의 획기적인 계기를 마련하였다.

1989년 천안문 사건 발생으로 관료제 개혁은 일시 중단되었으나, 1992년 덩샤오핑의 남순강화를 계기로 다시 개혁, 개방 정책이 제 궤도로 돌아오면서 그동안 중단되었던 인사제도 개혁도 새로운 전기를 맞이하였다.

1993년 들어 '국가공무원 제도에 관한 임시조례'가 반포되어 시행됨에 따라 국가공무원제도도 법적 뒷받침을 받아 순조롭게 진행되어 갔다. 특히 이 당시 개혁의 특징은 사회주의 시장경제 체제에 맞는 정부 기능의 전환, 현대기업제도의 확립이라는 체제 개혁과 맞물려 사회주의 시장경제체제에 상응하는 고급 인재를 양성하는 것을 목표로 하여 과학적인 직위분류제를 통한 인사관리 체제를 형성하는 한편 현대적인 국가공무원제도를 확립해 나가는 것이었다.[98]

(나) 국가 공무원제도의 내용

중국에서 '국가 간부'라 함은 통상적으로 당 기관원, 국가공무원, 국가기관원, 그리고 국영기업체 임원 등을 모두 포함하여 통칭하여 부르며, 전국적으로 약 4천만 명에 이른다. 이 중에서 '국가공무원'의 의미는 국가공무원법의 적용을 받아 국무원을 비롯한 정부기관 및 지방 정부에서 공개경쟁 등 방법으로 채용되어 일정한 임기(정무직) 혹은 장기간(실무직) 근무하는 공무원을 말하며, 현재는 중국 전체적으로 약 420만 명 정도이다.

포괄적 의미에서의 '국가 간부'를 채용, 선발하는 인사 조직으로는 **공산당의 조직부와 국무원의 인사부**가 있으며, 지방정부도 이에 상응하는 인사기구가 있어 통상 이들 선발 조직을 통해서 임용, 배치 및 면직 등이 이루어지고 있다.[99]

중국의 간부인사 제도 개혁에서 가장 큰 의의를 가지는 것은 동 개혁으로 중국의 국가 공무원 제도가 확립되고 정착되어 가고 있다는 점이다. 1993년 중국 국가공무원 제도에 관한 임시조례가 반포되어 현재까지 잘 시행되어 오고 있다. 동 조례의 구성은 1) 총칙, 2) 공무원의 권리, 의무 3) 공무원의 직위 분류 4) 공무원 관계의 발생 5) 공무원 관계의 변경 6) 공무원 관계의 소멸 7) 공무원에 대한 관리, 감독 등으로 이루어져 있는 바, 이를 구체적으로 설명하면 다음과 같다.

(1) 공무원의 직위 및 직렬 분류

중국의 공무원 제도는 **직위분류제**를 기초로 하되 **일부 계급제**를 혼용하는 혼합

98) 전게서, pp 183~188

99) 전게서, pp 191~192

방식을 취하고 있다. 이는 과거 한국의 경우와 같이 당초 계급제에서 직위분류제로 전환하면서 과도기적으로 취하고 있는 제도 방식이다.

중국 국가공무원의 직위 분류 직제는 크게 정무직(간부급)과 업무직(실무자)으로 구분되며, 직급은 1~15급으로 구성된다. 정무직은 헌법 및 해당기관 조직법에 따라 임기제로 실시되며, 선거 등 방법에 의해 선발되기 때문에 일반 대중의 지도 감독을 받는다. 반면 업무직은 동 '공무원 제도에 관한 조례'에 따라 선발, 임용 및 관리되고, 관련 법률에 의하지 않고는 면직되거나 해임되지 않는 등 직업공무원으로서의 신분 보장을 받고 있다.

여기에서 '업무직 공무원'의 직위는 크게 '행정 직문'과 '전문기술 직문' 등 2개의 직문(職門)으로 구분되며, 행정 직문은 또한 25개 직조(職組)와 115개 직계(職系)로 구성되고, 전문기술 직문은 8개 직조와 23개 직계로 이루어져 두 직문 아래 총 33개 職組와 138개의 職系로 구성되어 있다. 또한 이와는 별도로 정치사상 업무 직계와 생활서비스관리 직계란 '특별직계'를 두어 별도 관리하고 있다.[100]

(2) 공무원의 선발 및 임용(공무원 관계의 발생)

중국의 공무원 선발은 다양한 방식으로 이루어지고 있다. 즉, 1) 공개채용, 혹은 2) 경쟁을 통한 보임제도, 그리고 여타분야에서의 전직 등 다양한 경로를 통해 공무원을 임용시키고 있다. 우선 공개채용의 경우는 일정한 학력을 가진 자는 공개시험에 응시하여 통과한 자에 한해 1년간의 시보기간을 거쳐 정식 채용된다. 또한 자격요건이 필요한 경우 임명에 있어 차이를 두고 있다. 예컨대 학사는 13급 주임과원, 석사는 12급 주임과원, 박사는 11급 주임과원 등 차별하여 임용할 수 있도록 했다. 이와는 별도로 직위분류제적 개방형 직위의 경우 공석인 직위와 자격요건이 공고되고, 이에 적합한 자격소지자가 있을 경우 공개경쟁 선발 절차를 거쳐 임용된다.

공무원의 임용 주관기관은, 정무직의 경우는 중앙당 조직부 및 각급 당위 조직부에서 채용 및 관리하고 있고, 업무직의 경우는 국무원산하 인사부 및 각 지방정부의 간부국 등 인사담당기관이 선발, 관리하고 있다. 다만 공개채용 시험은 총 15개 급 중에서 하위 6개급 (15~10급) 업무직 분야의 주임과원 이하에 대해서만 실시하고 있으며, 이 시험은 중국 인사부가 총괄적으로 담당하고 있다.[101]

---

100) 전게서, pp 194

(3) 공무원의 상벌, 승진 및 교육훈련(공무원 관계의 변경)

중국 공무원의 상벌, 승진 및 재교육을 위한 과정은 전 공무원을 대상으로 실시하는 '근무성적평정제도'에 기초하고 있다. 이는 공무원이 일정한 직책에서 어느 정도 성과적으로 업무를 수행하였는지에 대한 평가 기제이다. 이 근무성적 평정은 총 18개 항목에서 우수(A) 적격(B) 기보적격(C) 부적격(D) 등 네 등급으로 나누어 평가하고 있다. 이러한 평가 결과를 기초로 공무원에 대한 재임용 여부, 상벌, 승진 및 재교육 등이 이루어지고 있다.

한편, 중국 공무원 제도에는 인사 교류와 관련한 순환보직제와 회피 제도를 두고 있다. 공무원들의 부정부패를 방지하기 위해 일정 기간 근무한 후에는 여타 직위로 보직을 순환시켜 부패에 쉽게 연루되지 못하도록 하고 있고, 또한 같은 지방관서나 동일 부서 혹은 감찰, 인사, 재무 등 특정 부서에는 부부, 직계 존비속 등 친인척 관계에 있는 공무원이 함께 근무치 못하도록 법으로 정하고 있다.[102]

(4) 공무원의 퇴직(공무원관계의 소멸)

동 제도는 공무원의 퇴직 규정을 신설하여 남자는 60세, 여자는 55세로 정하여 이 연령에 이르면 자동적으로 퇴직하도록 하였다. 이에 따라 과거 퇴직규정이 없었던 관계로 세대교체가 어려워 조직이 정체되는 현상 등이 완전히 해소되게 되었다.

동 규정이 도입된 이래, 실제로 3차례의 정부기구 개혁이 실시되면서 근무성적 평정에서 탈락한 약 50%의 공무원이 공직을 떠났으며, 35세 이하의 공무원이 전체의 약 40%이상을 차지하게 되었다고 한다. 이로써 중국 공무원의 세대교체와 더불어 고학력을 소지한 우수 한 공무원이 증가하여 공무원의 질적 향상에도 기여를 하게 되었다.[103]

4. 선거제도 개혁

101) 전게서, pp 195

102) 전게서, pp 196

103) 전게서, pp 197 상기 기구 개혁 중 청년공무원의 사상에 관한 조사 보고

신중국에서 인민의 합법적인 정치참여 수단은 ① 선거 ② 정부기관 방문 및 면담 그리고 ③ 민원 진정 등이다. 이 중에서도 가장 적극적인 정치 참여 방법은 **선거를 통한 참여** 방식이다. 우선 선거제도는 각급 대표기관의 대표와 기타 정부 관료를 선출하는 수단이며 정치제도의 중요한 구성 부분이다. 이 선거 관련 절차나 형식은 헌법과 각종 선거법, 그리고 기타 관련 법률에 의해 규정되어 있으며, 일반적 절차로는 1) 선거기구의 설립 및 선거구 확정 2)유권자 자격 확인과 유권자 등록 3) 예비후보자 인선 및 예비선거 4) 정식후보자 경선과 투표, 개표 등으로 진행된다. 현재 중국에서 시행되고 있는 지방선거의 종류는 현급 이하 인민대표 즉, ① 현급(우리의 '군'에 해당) 인민대표대회 대표 선출, ② 향.진급(우리의 '읍·면'해당) 인민대표대회 대표 선출, ③ 촌민위원회와 社區주민위원회(우리의 '동·리'해당) 대표 선출, 그리고 기초단체장으로서, ④향장, 진장 및 촌당위원회 서기 선거 등이 있다. 이하에서는 선거의 종류에 따라 각 선거제도의 특징 및 절차에 관해 설명하도록 하겠다.[104]

가. 지방인민대표대회(현, 향, 진)대표 선거

우선 중국의 선거관련 법적 제도화 과정을 살펴보면, 신중국 건립 직후인 1954년 초 제1기 전국인민대표대회(우리 국회에 해당)가 구성되어 여기에서 최초로 중화인민공화국 헌법이 제정되어 선거에 관한 일반적 내용이 규정되었다. 그리고 이를 근거로 동년 9월 '중화인민공화국 전국인민대표대회와 지방 각급인민대표대회 선거법'이 정식으로 통과되면서 비로소 전국적인 선거가 실시되게 된다. 그러나 당시의 선거제도는 군중 동원에 의한 거수표기 등 사회주의 국가에서만 볼 수 있는 공개 투표였으며, 또한 기층조직 일부를 제외하고는 대부분 간접선거 방식을 취하고 있었기 때문에 진정한 의미의 선거라 할 수 없었다. 더군다나 문화대혁명을 거치면서 이러한 선거제도는 사실상 유명무실한 상태를 지속해 갔다.

선거제도상 일대 전환을 가져오게 된 계기는 바로 덩샤오핑에 의한 개혁, 개방 정책이 시행된 1978년부터였다. 1979년 「전인대 및 각급 지방인대 선

---

104) 유세희, 현대중국정치론, 서울, 박영사, 2005, pp 135~161

거법」과「지방인대 및 지방 인민정부 조직법」에 대한 개정작업이 진행되어 1980년 1월 1일부로 정식 시행되면서 선거제도에 대한 획기적인 변화가 이루어졌다. 이 1979년 선거법 개정의 주요 내용을 살펴보면,

첫째, 과거 향.진 급(우리의 '읍·면' 해당)에서만 행해지던 직접선거의 범위를 현 급(우리의 '군'에 해당)으로 확대하였다. 1953년 선거법에서는 縣과 區가 설치된 시 이상의 각급 인민대표는 차하급 인대에서 간접선거로 선출하도록 규정하였다. 그러나 1979년 선거법에서는 향진 급을 확대하여 현 급까지도 직접선거에 의해 대표를 선출하도록 규정하여 다수 인민의 정치참여를 확대시키는 기반을 마련하였다.

둘째, 1953년 선거법은 단일후보를 내세워 동인에 대한 찬반 투표로 대표를 선출하는 등액 선거였는데 반해, 1979년 선거법은 후보자 수를 당선자보다 많도록 하는 이른바 **차액선거제**를 도입함으로서 경쟁을 통한 공정 선거가 이루어지도록 했다. 다만 차액의 범위를 직접선거의 경우는 1/2에서 2배로 하고, 간접선거는 1/5에서 1/2로 규정하는가 하면, 필요시 단일후보 선거도 할 수 있도록 예외 조항을 두기도 하였다.

셋째, 1979년 선거법은 사실상 일반 유권자나 인민대표 중에서 후보를 인선할 수 있도록 하였다(피선거권). 즉 후보 인선 과정에서 과거 공산당과 인민단체가 후보자 추천권을 독점하던 것을 이제는 공산당이나 인민단체 외에도 일반 유권자나 인민대표가 3명이상의 동의만 있으면 모두 후보를 인선할 수 있게 하였으며, 또한 선거권에 있어서도 과거 계급투쟁의 대상이었던 지주나 반혁명분자에게 가하였던 선거권 제한을 없애고 일정 연령 이상이면 누구나 선거권을 부여하는 이른바 보통선거 제도를 회복하였다.

넷째, 무기명 비밀투표 방식을 도입하여 비밀투표를 보장받게 되었으며, 또한 후보를 추천한 각 당이나 단체, 혹은 유권자가 각종 방식을 동원하여 후보자를 소개하고 홍보, 선전할 수 있게 하였다.[105]

이 1979년 선거법은 이후 4차례의 개정(1982년, 1986년, 1995년 및 2004년)과정을 거치면서 보다 민주적으로 발전되어 나갔다. 주요 수정 내용을 보면, ① 그동안 농촌과 도시의 인구대비 대표수의 비율에 차이를 두었던 규정을 점차 축소해 나가다가 2004년 개정 시에는 완전 해소하고 일률적으

---

105) 전게서, pp 139~143

로 인구 15만 명당 대표 1인을 선발하도록 규정하였다. ② 과거의 예비선거가 사실상 단일후보를 사전에 미리 확정하는 선거였던 폐단을 해소하기 위해 예비선거 과정에 유권자들의 충분한 토론과 협상이 이루어지도록 하였다. 다시 말하면, 예비선거시 다수의 유권자들이 의견을 개진토록 하고 득표 순서에 따라 정식 후보자를 내도록 함으로써 후보 인선 단계에서 개입하기 쉬운 당과 정부의 영향력을 원천 봉쇄코자 했다. ③ 후보자에 대한 단순한 소개보다는 유권자들이 후보자들 개개인과 직접 대면하여 대화할 수 있도록 하여 사실상의 경쟁선거가 되도록 하였다. 그리고 ④ 유권자들이 대표를 파면할 수 있는 파면권을 규정하였는데, 예를 들면 현급 인대 대표는 유권자 50명이상, 그리고 향진급 인대 대표는 유권자 30명 이상이 서명할 경우 파면을 요구할 수 있도록 했다.[106]

앞서 본 바와 같이, 지방인민대표대회 선거는 현급 인대 선거와 향진급 인대 선거로 나누어져 있어 1980년 당시에는 전국적으로 460개 단위를 지정하여 현급과 향진급 인대 선거의 기반으로 삼았다. 1979년 선거법 개정에 따라 1981년 초부터 직접선거가 실시되어 오고 있으며, 현재까지 현급 선거는 2012~13년에 제9차 선거가 실시되었고, 향진급 선거는 2010~11년에 제11차 선거가 실시되어 오고 있다. 당초 현급 인대와 향진급 인대 대표의 임기는 3년으로 동일하였으나, 1993년 헌법 개정으로 현급 인대 대표는 5년, 향진급 인대 대표는 3년으로 바뀜에 따라 동 선거도 시차를 두고 실시되게 되었다.

이들 지방 각급 인민대표대회 대표의 선거 절차에 관해 살펴보면, 먼저 선거기구 설립 및 선거일정 확정 등 준비단계, 대표자 정원 분배와 유권자 등록, 후보자 추천 및 정식 후보자 확정, 후보 소개 및 투표 등의 6단계를 통해 진행되고 있다.[107]

첫째, 준비 단계에서는 선거기구 설립으로서, 선거위원회를 설치하여 이 위원회가 직접선거를 주도하도록 하고 있다. 이 선거위원회는 원칙적으로 성급 또는 현급 인대 상무위원회의 지도 감독을 받도록 하고 있고 선거위원장 역시 당의 비준을 받아 성급 또는 현급 인대 상무위원회에서 임명한다.

179

---

106) 전게서, pp 142~143

107) 이정남, 중국의 기층선거와 정치개혁, 그리고 정치변화, 폴리테니아, 2007, pp 112~118

선거위원회는 주임 1명과 2~3명의 부주임 위원을 포함하여 9~15명의 선거위원으로 구성된다.

둘째, 대표자 정원 분배와 후보자 등록 단계로서, 우선 대표자 정원은 현급 인대의 경우 대표 총수는 원칙적으로 120명으로 하되, 인구 5000명당 대표 1인을 원칙으로 하여 인구가 165만 명 이상인 현은 대표 총수를 450명 이상 초과하지 못하도록 하였다. 또한, 향진급 인대의 경우 인구 1,500명당 대표 1인을 원칙으로 하되, 인구가 6만 명 이상인 향은 대표 100명을 초과해서는 안 되고, 인구 13만 명 이상인 향은 대표 130명을 초과하지 못하도록 하고 있다. 이를 감안하면 대체적으로 현급 인대 대표의 정원은 대략 120~450 명 선에서, 그리고 향진급 인대 대표의 정원은 40~130명 선에서 결정되고 있는 것이다.

다음은 유권자 등록으로서, 유권자는 동일 선거구에 거주하는 자로서 만 18세 이상이면 누구나 유권자로 등록될 수 있다. 과거처럼 반혁명 분자 등 정치적 이유에 의해 선거권이 제한을 받지 않도록 했다.

넷째로는 후보자 추천과 정식 후보자 확정 단계로서, 예비후보자 추천방식은 공산당, 민주당파, 사회단체가 연합하여 추천하는 **조직 추천 방식**과 유권자 10명 이상이 연명으로 추천하는 **유권자후보 추천 방식**이 있다. 과거에는 주로 조직 추천 방식이 일상적이었으나, 최근에는 지역자치제와 민주주의 방식이 도입되면서 베이징, 상하이, 텐진 및 저장성 등 지역별로 유권자들이 직접 추천하는 방식이 점차 확대되는 추세이다.

다음 후보자 확정의 경우 예비후보자수는 반드시 확정후보자수보다 많아야 한다. 그리고 보통 정식후보자들은 예비후보자 중에서 약 1/3정도만이 정식후보자로 확정된다. 다만 확정방법에 있어서는 유권자 대표로 구성된 유권자소조에서 토론과 협상을 통한 방식과 예비후보자 선거를 통해 이루어진다. 과거에는 주로 당의 지침에 따라 토론과 협상으로 확정되었으나, 최근에는 2004년 선거법 개정으로 정식 후보자 확정은 토론과 협상을 통해 결정할 수 없으며, 예선을 통한 선거 득표수에 따라 이루어져야 한다고 명문화하고 있다. 이는 후보를 확정함에 있어 공산당과 정부의 영향력을 줄이고 유권자들의 민의가 반영될 수 있도록 하는 경쟁선거의 의미를 갖는 것이다.

마지막으로 투표의 진행과 정식후보자 확정 단계로서, 투표 방식은 각 지방인대에 따라 약간의 차이가 있으나, 일반적으로 1) 투표구 설치를 통한 투표 2) 이동투표함을 돌리는 방식 3) 선거대회를 여는 방식과 4) 위임투표 방식 등이 있다. 최근 투표소에서 설치하는 방식이 늘고 있고 상대적으로 선거대회를 여는 방식이 줄어드는 추세이다. 그러나 여전히 위임투표와 이동투표함을 통한 선거행위가 각 지역에서 활용되고 있어 문제점으로 지적되고 있다. 또한 정식 후보자는 투표참가자의 과반수 득표에 의해 당선이 확정되며, 과반수 득표자가 없을 경우 재선거를 통해 다수를 획득한 자가 당선되나 항상 차액선거가 되도록 하였다.

이와 같이 중국의 지방 인민대표대회 선거 과정은 개혁, 개방 이래 실질적으로 많은 개선이 이루어 진 게 사실이나, 아직까지도 공산당과 인민단체들에 의해 사전에 이미 확정된 상태에서 형식적 선거를 실시한다거나, 자유로운 경선 보다는 주로 토론과 협상에 의해 결정되는 경우가 주를 이루고 있다.

그럼에도 불구하고 2003년 5월에 실시한 션젼(深圳)인대 선거와 동년 12월의 베이징 (北京)인대 선거는 경쟁 선거가 도입된 하나의 중요한 전환점이 되는 선거였다. 동 선거는 모두 자기 추천 방식이 적극 도입되어 션젼의 경우 약 10여명의 과학 기술자, 사영기업주, 학자들이, 베이징의 경우는 20여명의 후보자들이 자기 추천과 자유 경선에 의해 선거에 참여, 인민대회 대표로 선출되었다. 즉, 지방 기층선거에서 민주적이고 자유로운 경쟁 선거가 이루어지는 중요한 계기가 되었다.

나. 기층(촌민위원회와 社區 주민위원회) 선거

이상은 지방인민대표대회라는 제도권 내에서의 선거제도인데 반해, 이제 제도권 아래의 기층 즉, 지역인민대표가 아닌 말단 기층 대중의 자치조직으로서, **촌민위원회와 시구(社區) 주민위원회**가 있다.

촌민위원회(우리의 '리'에 해당)는 농촌의 일정 부락을 관리하는 주임(우리의 '이장'에 해당)과 부주임, 그리고 약간의 위원들로 구성되며, 반면 시구(社區) 주민위원회(우리의 '동'에 해당)는 이 촌민위원회와 동일하게 도시 지역에서의 주민 자치조직으로서 도시지역 사구 주민들의 관리를 맡고 있다. 따라서 이 자치조직에 대한 선거는 지방 인대 대표 선거보다 훨씬 자율적으로 선거가 진행되고 있다.

촌민위원회의 시발은 1980년 말 광서장족 자치구에서 농민들이 자치 조직으로서 이 위원회를 조직하면서 부터였는데, 1982년 헌법에 이를 직접 명시하면서 새롭게 자치조직화 되었다. 그 이후 1987년 제6기 전인대 상무위 회의에서 「중화인민공화국 촌민위원회 조직법 임시조례」가 채택되어 1988년 촌민위원회 직접선거가 전국적으로 실시되면서 중국 최초의 촌민위원회 직접선거가 이루어 졌으며 이후 점차 제도화의 길로 들어서게 되었다.

하지만 처음에는 이 촌민자치 실시 과정에서 찬반양론이 대립되는 등 순조로운 진행이 이루어지지는 못하였다. 촌민자치를 찬성하는 부류는 주로 중앙관료들로서 이들은 촌민자치를 통하여 선출된 지도자는 농촌 지역의 경제를 발전시키고 촌에 대한 통제를 가능하게 해주며 또한 촌민이 직접 선출한 관계로 임명된 관료보다 국가의 정책을 더욱 원만히 집행할 수 있을 거라는 판단에서였다. 이에 반해 이를 반대하는 부류는 지방의 현급 이하 관리나 당 관료로서 중국의 농민들은 아직 문화적 소질을 갖추지 못해 민주적 자치를 실시할 준비가 안 되어 있고 현 중국의 국정에도 맞지 않는다고 주장하였다.[108]

이러한 논쟁 가운데서도 결국 당 중앙과 민정부를 중심으로 한 중앙정부의 강력한 의지로 촌민자치는 비교적 순조롭게 실시되었고, 1987년 11월 전인대 상무위원회에서 「촌민위원회 조직법 임시조례」가 통과되면서 전국적으로 확대되어 이후 3년에 한 번씩 정기적으로 실시되게 되었다. 그리하여 1998년에는 정식으로 「촌민위원회 조직법」을 제정, 통과시켰고 여기에 촌민자치의 내용을 민주선거, 민주적 정책 결정, 민주적 관리, 민주적 감독으로 추가하여 명문화 하였다.

이와 같이 촌민자치 제도의 특징은 ① 촌민대표대회의 민주적 결정과 감독, ② 촌민위원회의 민주적 집행, 그리고 ③ 이들 간부 및 대표에 대한 민주적 선거라고 할 수 있겠다.

촌민자치의 제도적 구성을 살펴보면, 먼저 촌 단위의 최고 권력기관으로 「**촌민회의**」가 있다. 이 촌민회의는 해당 촌의 18세 이상의 촌민 전원이

---

108) 전게서, pp 118~126

참석하는 대표기관으로 촌민자치 활동의 기본 규약을 제정하거나, 촌민의 이익과 관련된 모든 중요 문제에 관한 결정권을 보유하고 있다.

그러나 이 촌민회의가 워낙 대규모이기 때문에 1992년부터「촌민대표대회」를 조직하여 촌민회의의 상임기구 역할을 하도록 하였다. 이 촌민대표대회가 사실상의 최고 권력기관 기능을 수행하고 있다. 이 촌민대표대회는 촌민의 직접선거에 의해 대체로 10가구당 1명씩 선출된 촌민대표, 촌 당지부 간부, 촌민위원회 간부 및 지역 유력인사 등으로 구성되며 이들은 1년에 3~5차례 정도 대표대회를 소집하여 촌의 각종 현안에 대한 정책을 결정하는 한편 촌민위원회의 집행 상황을 감독하도록 하고 있다.

다음으로는 촌의 행정 집행기관의 기능을 가진「촌민위원회」가 있다. 이 촌민위원회 구성은 촌민의 직접선거에 의해 선출된 1명의 주임(우리의 '이장'에 해당)과 2~6명의 부주임 그리고 촌민위원으로 구성되며 이들의 임기는 모두 3년이다. 그 역할과 기능은 크게 행정적 성격의 기능과 자치적 활동 기능으로 대별된다. 먼저 행정적 기능은 농민의 납세, 교육, 가족계획, 농산물 수매계약 등 향진 정부의 행정 기능을 위임받아 처리하는 업무이며, 자치성 활동으로는 주로 농촌의 공공 및 공익사업, 문화 활동 전개, 환경보호 등 업무이다.[109]

이러한 촌민자치와 함께 농민의 정치참여의 가장 일반적인 형태는 촌민대표대회 대표와 촌민위원회 간부를 선출하는 선거행위인 것이다. 다만 이 촌민위원회 선거는 선거법이 별도로 존재하지 않기 때문에 각 지방 인대 상무위에서 하부규정으로서 '촌민위원회 조직법 실시방안'이라는 세칙을 별도로 제정하여 이에 따라 선거절차, 조직 및 운영 방안 등을 정하고 있다.

촌민위원회 선거는 1988년 촌민위원회 조직법이 시행된 이래 3년에 한 번씩 실시해 오고 있으며 현재까지 전국적으로 10차례 선거가 실시되었으며, 선거도 각 지방별로 비교적 자유롭고 민주적인 방식에 의해 실시되어 직접선거는 물론 보통선거 그리고 무기명 비밀투표와 차액선거 등을 모두 도입하여 선거가 진행되어 오고 있다.[110]

한편, 도시에서의 기층 자치조직으로서「社區주민위원회」(혹은 居民委員

109) 전게서, pp 33~42

110) 유세희, 현대중국정치론, 서울, 박영사, 2005, pp 153~154.

會라고도 함, 우리의 동에 해당)가 있는데, 그 연원은 신중국 초기인 1954년으로 거슬러 올라간다. 당시 도시 주민의 업무와 기층 조직 건설을 강화키위해 전인대 상무위에서 '도시 가도판사처 조직 조례'와 '도시 주민위원회 조직 조례'를 채택하였다. 이 조례에 근거하여 도시의 구(區)급 행정구역 밑에 몇 개의 구역을 나누어 **가도판사처**와 **도시주민위원회**를 설치하여 지역주민의 행정 업무는 물론 주민들의 의견과 각종 요구들을 수렴하여 전달하는 기능을 수행토록 했다. 그 이후 1989년 "**도시주민위원회 조직법**"이 정식 통과되면서 도시주민위원회는 법률적 근거를 마련하게 되었고 도시 기층 조직 개혁이 진행되면서 도시주민위원회는 '**社區주민위원회**'로 개칭되어 이를 중심으로 한 도시 자치제가 실시되기에 이르렀다.

도시 사구(社區)의 관할 범위관련 조직법은 당초 100~700 가구 정도의 규모로 정하도록 하였으나, 1999년 사구(社區)개혁을 통해 1000~1500가구로 확대되었으며, 사구(社區)의 조직에 있어서도 사구(社區)의 정책결정 기구로 **社區住民代表大會**를 두고, 정책집행 기관으로 **社區住民委員會**를 설치하였으며, 사정기관으로서 **社區監察委員會**와 **社區黨支部** 등으로 구성되어 있다.

사구(社區)주민위원회 선거는 1999년 민정부가 일부 도시 지역에 26개 시범사구(示範社區)를 지정하여 자치행정 구역으로 삼도록 하였고 요녕성 션양시의 사구(社區)를 필두로 하여 상해, 난징 등 해당 도시에서도 선거를 통해 사구위원회가 결성되도록 함으로써 점차 발전되어 갔다.

다만 이 사구주민위원회는 주민의 이동이 빈번한 도시지역에 위치하고 있어 주로 사구주민대표대회를 통해 구성원을 선출하는 이른바 간접선거 형태를 취하는 경우가 많았다. 그러나 최근에는 이 사구주민위원회 선거에서도 차액선거와 직접선거를 도입하는 사례가 점차 늘고 있는 추세이다.[111]

다. 향(진)장 및 촌당위원회 서기 선거

중국 기층조직의 최하위 기초 자치단체 조직으로서 향(鄕), 진(鎭)(우리의 읍, 면에 해당)의 수장인 **향(진)장**과 **촌 당위원회** 서기가 있다. 이들은 그

---

111) 李凡 主編, 中國基層民主發展報告, 西北大學出版社, 2003, pp 317~342

동안 당 중앙이나 성 위원회에서 직접 임명해 왔으나 1990년대 들어 일부 간접 선거가 도입되었고, 또한 중국의 지역자치 제도가 발전해 감에 따라 2000년대 들어 시범적으로 직접 선거도 일부 시행되고 있다.

다만 직접선거의 방식은 각 지방별로 다양한 방식을 취하고 있는데, 예를 들면 공개적으로 후보자를 직접 추천받는다거나, 후보자 자신이 스스로 천거하여 등록하는 방법 등 다양한 방식이 도입되고 있다. 또한 후보자 자격 요건도 과거에는 공산당원만 입후보할 수 있다는 등의 제한 규정을 철폐하여 누구나 등록할 수 있는 등 민주적 방식에 의한 선거가 시행되어 가는 추세이다.

여기에서 기층 행정조직의 수장으로서 중국 정치개혁에서 중요한 의미를 지닌 **향장(鄉長), 진장(鎮長)** 선거에 대해 살펴보면, 우선 '향'과 '진'은 중국의 최하위 기층 행정단위로서, 2008년 현재 전국적으로 약 19,500개의 향과 20,500여 개의 진이 있다. 향(진) 정부는 위로는 국가기관과 연결되고 아래로는 농촌의 기층사회와 직접 연결되어 있다는 점에서 향(진) 정부의 실질적 행위는 바로 국가의 통치행위로 간주되고 있다. 따라서 향진정부의 행위는 곧 농민들에게는 국가권력으로 비춰지고 국가의 권위와 정당성의 기초로 여겨지는 것이다.

향(진) 정부의 구성은 중앙정부와 마찬가지로 보통 「향(진)인민대표대회」, 「향(진)인민정부」 그리고 당 조직으로 이루어져 있다. 향(진)인민정부는 국가의 기층 행정기관이면서 또한 향(진)인민대표대회의 집행기관으로서 이중적 통제를 받고 있으며 향(진)장 1명, 부향(진)장 2~4명 밑에 전문기관을 두고 있다.

향(진)장의 인선은 원래 지방조직법상으로는 향(진)인민대표대회 주석단혹은 향(진)인대 대표 중 10인 이상의 추천으로 향(진) 인대에서의 선거로 선출할 수 있다고 규정하고 있으나, 실제로는 상급기관인 현의 당 상무위원회의 결정에 따라 이를 향(진)당위원회를 경유하여 향(진) 인대 주석단에 통보하면 주석단에서 이를 정식 결정하는 절차로 인선해 오고 있는 것이다. 이를 통해 보면 바로 향(진)장은 상급 당정기관에서 공산당의 이익을 대변할 수 있는 자를 일방적으로 임명해 오고 있음을 알 수 있다.

이러한 의미에서 향(진)장의 직선제 도입은 지방정부의 수장을 주민들이

185

직접 선출한다는 점에서 그 정치적 의미는 매우 크다고 할 수 있다. 즉, 기층 인민과 직접적으로 연결되어 있는 향(진)정부의 관리를 기층 인민이 직접 선출한다는 것은, 정부와 기층인 민간간의 긴장 관계를 해소할 수 있는 기반을 마련하고 또한 중앙정부의 정책이 기층 인민의 이익과 배치되지 않도록 적절히 조정 역할을 하여 중앙정부와 기층 인민간의 관계를 원활히 연결시켜 주는 선순환의 기능을 한다는 것이다.

1998년말 쓰촨성(四川省) 일부 향에서 향(진)장 직접선거가 실시된 이래, 2004년 4월 윈난성(雲南省)내 7개 진에서 향(진)장 직접선거가 실시되는 등 향(진)장 직선제를 향한 일련의 실험적 조치가 진행되고 있다. 비록 이 같은 시도가 전국적으로 확대되지 못하고 일부 지역에 한정되고 있지만 앞으로 이 향(진)장 직선제가 전국적으로 확대될 지 여부는 중국 당 지도부의 민주선거에 대한 개혁 의지 여부에 달려 있다.

현재 지방 기층 주민들의 향(진)장 직선제 실시에 대한 지지 여론이 점차 확산되고 있고 또한 중국 기층 인민들의 정치의식 또한 제고되고 있음을 감안할 때, 이 향(진)장 직선제가 전국적으로 확대되어 시행될 가능성도 배제할 수 없고 이렇게 될 경우, 중국의 민주적 선거 개혁과 맞물려 그 정치적 파장도 클 개연성이 크다 하겠다.[112]

5. 지방 분권화 개혁

가. 중앙정부와 지방정부와의 관계

중국의 중앙과 지방간의 관계는 국가통일, 민족단결, 경제발전 및 사회안정 등과 밀접히 연관되어 발전해 왔다. 당초 1950~60년대 계획경제 시기에는, 중앙과 지방 관계가 단순히 명령하고 통제하는 상명하달식 관계였는데 반해, 개혁개방 이후에는 타협과 이해를 기반으로 상호 이익 창출을 우선으로 하는 관계로 변화된 것이다.[113]

이하에서는 중앙과 지방과의 관계 발전 과정과 지방분권화의 내용 및 특

112) 이정남, 중국의 기층선거와 정치개혁, 그리고 정치변화, 폴리테니아,2007, pp 84~89

징 등을 살펴보고자 한다.[114]

(1)1949-1978: 신 중국 초기

중국 공산당은 신 중국 성립 직후 중앙과 지방간의 관계를 처음으로 연구하기 시작하였다. 마오저뚱은「10대 관계를 논함」이란 문장에서 "중앙과 지방의 두 개의 적극성은 한 개의 적극성보다 훨씬 낫다."라고 지적하면서 두 가지 적극성의 독립성과 권리라는 개념을 제기하였다.[115] 이는 당시 중앙과 지방이 비교적 동일한 위치에서 지방도 어느 정도 자율성을 가지고 적극적으로 권한을 행사할 수 있는 시기도 하였다.

(2)1978-1990: 개혁, 개방 추진 시기

개혁 개방 이후, 중국은 역시 "두 개의 적극성"이라는 기본 원칙하에 "권한위임(下放權利)"을 특징으로 하는 지방자치 정책을 실시하기 시작하였다. 즉, 중앙과 지방의 직책을 분담하되, 중앙은 대방침 제정과 감독기능 수행에 책임을 지는 대신, 지방은 자체의 지방 관련사항을 관리해야 한다는 것이었다. 1990년대 초까지 이러한 "권한 위임"이라는 추세는 계속되었다.

(3)1990-현재: 새로운 조정 시기

1990년대 이후부터 중국은 중앙과 지방 관계를 조정하는데 있어서 상당한 발전을 이루었다. 1988년 9월 중국 공산당 제13기 6중전회에서는 "중앙이 여전히 지방의 이익을 존중하고 고려해야 한다"는 내용을 적시하였다. 이는 중국 최고 지도자의 중앙-지방 관계의 구조 및 관점에서 획기적인 변화

---

113) 중국의 현행 헌법에서는 중앙과 지방 국가기관에 대한 책임 범위와 관련, "중앙의 통일적인 지도하에 지방의 자율성과 적극성을 충분히 발휘하도록 하는 원칙을 취한다."라고 규정하고 있다. 이러한 원칙은 그동안 구체 방식에 있어 상호 미세한 조정을 거치면서 일련의 국가기구 개혁 작업으로 이어져 왔다.

114) 朱光磊,『當代中國政府過程』,天津人民出版社, 2002, pp 9

115)『毛澤東選集』第 5卷, 人民出版社, 2008, pp 275-276

를 의미하는 것으로서, 단순한 "권한위임"이나 "이익양허" 차원이라기보다는 보다 규범화된 지도와 감독 실시 및 분업과 조화를 추구하고자 하는 의미였다.

현재 중국의 국가 행정기구의 기본 이념은 "중앙권위 수호"와 "지방권익 존중"이라는 두 가지 대전제에서 출발하고 있는 것이다. 즉, 중국은 하나의 통일체이지만 각기 특색 있는 여러 지방으로 구성되어 있어 각 지방의 발전은 불균형적으로 발전할 수밖에 없다. 따라서 지방 자원의 불균형, 인력의 불균형, 재정의 불균형 등 많은 문제가 존재하기에 중앙의 통합적 조정 관리 능력이 긴요할 수밖에 없다는 것이다.

나. 지방분권화 정책 추진 배경

실제로 중국은 광활한 영토와 수많은 인구를 가진 나라로서 지역별 복잡성과 다양성의 특징을 지니고 있다. 즉 중앙에서 결정한 정책은 어느 파벌과 지역에도 적용될 수 있는 포괄적인 기본 방침이며, 그 세부적인 집행은 바로 지방 및 하급 단위에 위임되어 지역 실정에 맞게 집행되어야 하는 형태이다. 따라서 소위 "해당 지역의 구체 조건과 실정에 의거한다(因地制宜)"는 원칙하에 지방은 정책집행 과정에서 중앙의 정책을 해당 지역 상황에 근거해 재해석할 수 있는 기본적인 자율 공간을 가지게 된 것이다.

개혁 개방 이후 덩샤오핑이 실시한 '분권화 정책'은 당-국가 관계의 근본적인 변화를 초래하지 않는 범위 내에서 경제적 자율성을 추구하도록 하였는데, 이 정책 시행으로 지방 행정의 자율성도 크게 확대되었다. 즉, 중앙의 과중한 부담을 경감하는 동시에 지방의 적극성을 유발하여 경제적 효율성을 제고시키도록 분권화 개혁이 추진된 것이다.

지방은 중앙으로부터 각종 권한과 이윤 유보를 허가받음으로써 자율성과 권한이 증대되었고, 이에 반해 중앙지도부는 지방의 적극적 참여를 통해 개혁 노선의 지지와 효과적인 정책 추진을 보장받게 되어 상호 간에 전략적 연합이 형성된 것이다.[116]

---

116) 유세희, 현대중국정치론, 박영사, 2005, pp 173-206.

다. 지방분권화의 주요 내용

이와 같이 지방분권화 정책은 재정, 물자, 금융, 투자 등 각 영역에서 추진되었으나, 그 중에서도 재정부문에서의 개혁이 가장 두드러지게 나타났는바, 그 변화의 주요 내용은 다음과 같다.

① 재정관계의 변화

개혁개방 이전에는 중앙정부가 국가의 재정수지를 통일적으로 관리하는 소위 "統收統支"체제로서, 지방은 국영기업의 재정수입을 포함한 각종 세수를 중앙에 일괄 상납하고 필요한 재정 지출은 중앙으로부터 다시 배분받는 형태를 유지해 왔다.

그러나, 1978년 개혁 개방 이후 중국 정부는 경제 분야에서의 결정권을 지방정부와 기업에 이양하는 정책을 시행하였다. 즉, 각 지방정부는 중앙과의 계약에 의해 일정 기간 해당 지역에서 징수한 재정 수입 중 일정 부분만을 중앙에 상납하고, 나머지는 지방재정으로 유보하여 지방 자체 지출로 충당할 수 있게 한 것이다. 이로 인해 그동안 정부가 직접 계획 관리하던 생산유통 영역에서의 지시도 대폭 감소되고, 농업과 공업 분야에서도 상부 지시에 의한 계획들이 대부분 폐기되어 사실상 시장이 그 조절 기능을 대신하게 되었다.

또한, 1994년에 실시된 분세제(分稅制)개혁으로 중앙과 지방간의 재정관계도 재조정되었는데, 이 분세제는 국가세무국이 징수하는 중앙세(관세, 소비세, 국유기업의 소득세 등), 지방세무국이 징수하는 지방세(영업세, 개인소득세 등), 그리고 공통세(共享稅, 부가 가치세 등) 등 세 가지 세금 종류에 따라 중앙과 지방의 몫이 사전에 분할 결정되어 중앙과 지방이 각각 재정수입의 원천을 안정적으로 확보할 수 있도록 한 것이다.

② 물자관리부문의 변화

중앙정부는 기존의 '물자관리국'과 '국가계획위원회'에서 관장하던 물자의 생산과 조달을 지방 및 시장체제에 이양하는 개혁을 추진하였다. 예를 들면, 공업부문에서 국가계획위원회에 의해 관리되던 산품의 수가 1980년대에는 120여종이었는데 반해, 1992년에는 36종으로, 전체 공업생산액에서 차지하는 비중이 40%에서 7%로 감소되었다. 가격 부문에서도, 과거 대부분이 중앙정부의 계획에 의해 통제되던 방식과는 달리 농산품의 약 10%, 공업 소비품의 약 15% 및 생산자재의 약 30%만이 중앙정부가 통제하고 나머지는 지방에 맡겼다. 물자유통 면에서도 국가에 의해 통일적으로 분배되던 물자가 1979년의 256종에서 1993년의 12종으로 대폭 감소되었다.[117]

③ 투자부문의 변화

한편, 중앙정부는 지방의 투자결정권도 크게 위임해 주었다. 예를 들어, 기초건설 분야의 경우, 기존에는 투자규모가 1,000만 위안 이상인 프로젝트에 대해 국가계획위원회의 사전 허가를 받도록 하였으나, 1985년 이후부터는 3,000만 위안까지 지방정부가 자율적으로 심사, 허가할 수 있게 하였다. 그리고 광동, 복건, 해남, 상해 등 연해지역에 대해서는 보다 큰 투자 재량권을 부여하였으며, 경제특구 지역을 중심으로 외국 투자에 대한 자체심사권도 단계적으로 확대하였다.[118]

④ 금융부문의 변화

또한 기존에 '인민은행'이 화폐 발행과 금융 업무를 모두 총괄하던 획일적인 체제를 폐지하고, 인민은행을 중앙은행으로 전문화하되, 각 산업 및 기능별로 다양한 금융기관을 신설하였다. 또한, 예금과 대출이 중앙은행에 의해 통일적으로 관리되던 기존 체제로부터 지방 분점 및 지점이 상급기관과 예금 및 대출액을 청부계약에 의해 결정함으로써 지방은행의 자율적인

---

117) 李金早, 張峰,「我國中央與地方經濟管理權限的總體格局」, 魏禮群編,『市場經濟中的中央與地方經濟關係』, 中國經濟出版社, 1994, pp 35

118) 魏禮群, 李金早,「建立中央與地方經濟管理合理分權的新體制: 我國中央與地方經濟管理權限關係研究」, 魏禮群編,『市場經濟中的中央與地方經濟關係』, 中國經濟出版社, 1994, pp 8, pp 36~38

자금관리 권한도 확대해 주었다.

라. 지방분권화의 특징 및 효과

중국의 지방분권화 과정에서 나타나는 주요 특징을 살펴보면, 첫째, 당초 경제 의 효율성 제고를 목적으로 추진되었던 분권화 정책이었으나 사실상 지방 관료 조직의 권한과 기능을 크게 변화시켰다. 즉, 과거의 지방정부는 중앙정부가 결정한 정책을 그대로 집행하는 정책수행자의 위치였으나 이제는 정책 결정과 집행을 함께 하는 주요 행위자로 변화되었다.

둘째, 중앙과 지방간의 역학관계에 있어서 중앙 통제력과 지방 자율성의 병존현상이 나타났다. 중앙의 어떠한 정책도 완벽하게 중앙의 의도대로만 작동하는 것이 아니라, 지방의 협조를 필요로 하였기 때문에 지방에 대한 중앙 통제는 시기별, 지역별 및 사안별로 각각 다르게 나타났다. 즉, 중앙과 지방간에는 중앙의 정치적 통제와 지방의 경제적 자율, 그리고 중앙의 통제 기능과 지방의 분권적 기능이 상호 혼합 내지 병존하는 형태를 띠게 되었다.

셋째, 중앙과 지방은 과거의 '명령과 복종' 관계로부터 이제는 이익 배분 혹은 갈등 해결을 위한 '협상관계'로 바뀌었다. 상호 갈등의 이면에는 협력의 필요성이 존재하기에 중앙과 지방은 권력투쟁의 관계라기보다는 항상 균형점에 도달하는 것은 아니지만 이익의 균형을 모색하는 관계라고 할 수 있다.[119]

이러한 특징을 지닌 지방분권화는 중국의 경제 발전에도 커다란 긍정적 효과를 가져다주었다. 먼저 중앙계획체제의 전반적인 이완은 지방 및 기층 단위의 적극성을 유발시켰고, 이는 지방경제 활력과 경제력 증강에 크게 기여하였다.

더군다나 중국은 개혁개방 이래 30년간 연 평균 9%이상의 고성장을 유지하고, 2003년 이후부터는 10%대의 고속 성장을 기록하고 있다. 2008년 글로벌 경제위기의 여파로 2009년도 이래 현재까지 경제성장율이 8% 이상을 유

---

119) 김흥규, 개혁시기 중국내 정부간 관계 변화: 통제에서 타협과 계약으로, 『중소연구』 29권 1호, 2005.

지하고 있으나 여전히 경제 강국으로 발돋움하는데 그 성장 동력을 잃지 않고 있다.

그러나, 지방분권화가 확대되어 가면서 또한 이에 따른 부정적 효과도 나타나고 있다. 즉, 금융개혁 조치로 인해 각 지방에서는 인민은행의 허가 없이 신용사를 비롯한 각종 금융기관이 신설되었고, 자금 모금, 채권 발행, 내부 주식, 대출 위탁 등 임의적인 대출 방식이 남용됨으로써 금융 질서가 문란케 되기도 하였다.

또한 물자부문에서의 분권화는 오히려 각 지역 간에 물자 확보를 둘러싼 경쟁을 과열시켜 소위 '시장 분할'이라는 불리한 환경이 조성되고 있고, 투자부문의 분권화도 지역간 중복투자, 산업간 불균형 투자, 경기 과열 등의 문제점을 야기하고 있다.

또한 분세제의 시행은 재정권(財權)과 업무권(事權)의 불일치, 그리고 수입과 지출의 불균형 문제를 낳아 현급 이하 지방정부의 재정압박을 가중시켰다. 즉 재정 권한은 상급정부에 집중되는 반면, 업무추진에 대한 의무는 갈수록 하급정부로 이양됨으로써 지방정부가 해야 할 일은 많아진 반면, 재정능력은 약화되어 이로써 지역간 격차가 확대되고 현급 및 향진급 정부의 재정곤란 현상은 더욱 심화되어 갔다.[120]

요컨대, 지방정부는 ① 중앙 정책의 대리집행자, ② 지방사회 이익의 대변자, 그리고 ③ 지방정부 자체의 이익을 추구하는 세 가지 기능을 동시에 수행하며 각각의 이익의 균형을 유지해 나가는 유기체적 조직인 것이다. 다만 중국이 시행중인 분권화 정책은 지방정부로 하여금 정책 집행의 대리인이라기보다는 행위 주체로서의 성격을 보다 강하게 부여해 준 측면이 강하였다. 즉, 지방정부는 하나의 권력체로서 권력과 이익의 증대를 추구하는 존재이며, 분권화 추세는 이런 경향을 더욱 두드러지게 하였다.[121]

120) 焦國華,「我國分稅制財政體制存在的問題及對策」,『北京財會』,2003. 第11期.

121) 유세희, 현대중국정치론, 박영사, 2005. pp 183-193.

Ⅳ. 신중국의 사회 제도 개혁 및 정책

1. 중국의 종교 정책

가. 역사적 배경

역사적으로 중국은 4대 문명 중 유일하게 자생(自生)종교를 만들지 않은 국가였다. 고대 중국의 통치권자에게 가장 시급한 문제는 ①治水 문제 ②토지 분배 ③인구 관리 등 생존을 위한 문제로서, 이에 관심을 집중함으로써 종교가 자생할 여유가 없었던 상황이었다. 오히려 신앙보다는 정치적 집권 기반 확립을 위한 사회 질서와 통치권 확립을 우선 과제로 삼았으며, 이러한 결과 기원전 약 2천년 경에 「봉건(封建)제도」라는 특이한 정치 제도가 도입되었다. 이 제도 하에서는 종족의 단결 문제와 가부장(家父長)에 의한 질서 확립 문제가 우선시 되었으며, 아울러 현실 위주의 사상이 중요시되었다. 이것이 후대를 거치면서 유학(儒學)으로 발전되었지만 유학 역시 종교의 역할은 했을지언정 진정한 종교로 발전하지는 못하였다.

이와 같이, 중국에 자생 종교가 탄생하지 않았기에 중국민들은 오히려 종교에 대해 개방적 태도를 가지게 되었고 이것이 다신(多神)종교를 받아들이게 된 기반이 되었다. 중국에는 일찍부터 불교, 기독교 및 이슬람교로 구별되는 세계 3大 종교가 모두 전래되었고, 기원 후 1세기부터는 이 3大종교가 중국의 고유 문화와 결합하면서 전통 문화의 일부분으로 인식되어 오다가 현재에 이르게 되었다.

신중국 성립 이후의 중국 종교는 주로 기존의 종교 이론에 마르크스·레닌주의 개혁 사상이 포함되었기에 종교 이론 자체에 큰 변화가 있었다. 중국 공산당은 신중국을 통일한 직후 종교 문제와 관련된 모순들이 전체 중국 인민 내부의 주요 모순과 밀접한 관련이 있다고 보고 무신론에 입각하여 이 종교 문제를 엄격히 관리하고자 하였다. 중국 지도층의 입장에서는 이 종교 문제를 바로 인간의 의식주 문제와 같다고 보고 단시일 내에 변화와 개선이 이루어질 수 없기 때문에 마르크스-레닌주의와 마오저뚱(毛澤東)사상의 '사회주의 과학 이론'에 기초하여 완벽한 정치 학습을 실시하고 국가 차원의 종교 정책을 완성해 시행해 나가야 할 것임을 강조하였다.

나. 종교 관련 법률 및 제도

따라서 신중국의 종교 제도는 법률상으로는 모든 국민에게 신앙 및 포교의 자유를 보장하고 있지만 실질적으로는 많은 제한을 하고 있는 실정이다. 즉, 관련 법률에서는, 중국 공민이 종교 신앙의 자유를 향유함과 동시에 법률이 규정한 의무도 함께 이행할 것을 강조하고 있다.[122] 그러면서 어떠한 단체, 종교도 인민의 근본 이익과 민족 단결, 국가 통일을 보호해야 한다고 명시함으로써 종교 활동도 법률의 틀 안에서만 허용되도록 제한하고 있는 것이다.

신중국 헌법 제36조에서는 '종교 신앙의 자유는 공민의 기본 권리'라고 명시되어 있다. 동 조항은 "① 중화인민공화국 공민은 신앙의 자유를 가지고 있다 ② 어떠한 국가 기관, 사회단체와 개인도 중국 공민에게 종교를 믿거나 믿지 말 것을 강요할 수 없고, 종교인과 비종교인을 차별할 수 없다 ③ 국가는 공민들의 정상적인 종교 활동을 보장한다"라고 명시되어 있다. 또한 ④ 어떠한 사람도 종교를 이용해 사회질서를 어지럽히거나 공민의 신체를 해하거나 국가 교육제도에 지장을 주어서는 안 되며 각 종교 단체와 종교 업무 기관은 외부세력의 지배를 받지 않는다"라고 규정하고 있다.

중국 지도부는 그동안 이 헌법 규정을 토대로 각종 정책과 문건을 발표하면서 종교에 대한 공산당 차원의 관리를 해 왔었다. 1988년 5월에는 지방 성(省)급으로는 최초로 광동성에서 <광동성(廣東省) 종교활동 장소에 관한 행정관리 규정>이란 문건을 공표하여 시행하면서 부터 이후 여타 다른 지방 정부에도 확산되어 이와 유사한 문건들이 공표되어 시행됨으로써 종교 업무를 정부규제에 의해 통제해 나가려 했다.

---

122) http://www.gov.cn/test/2005-06/22/content_8406.htm

그러다가 1994년 1월 중국 국무원에 의해 전국적 차원의 법률이 반포됨으로써 보다 통일된 종교관련 업무 관리가 이루어지게 되었다. 국무원 제144호 및 145호 령인 <중화인민공화국 국내 외국인 종교활동 관리 규정>과 <종교활동장소에 관한 관리 조례>는, 중국 정부가 전국적인 범위에서 법률의 형태로 종교 업무에 관한 관리를 강화한 것이며, 또한 중국의 종교 정책을 법제화하여 시행한 것이었다. 다시 말하면, 1994년에 발표한 이 두 법규는 국무원이 그동안 종교 업무를 '정책의 아래' 두었던 것에서 '법제의 아래'로 옮긴 것일 뿐 아니라, 더 나아가 정부가 법률의 형태를 띠면서 전국적인 규모로 종교 업무에 관한 관리와 규제, 보호, 유지, 제한을 강화하겠다는 것을 표명한 것으로서, 현재까지도 이 법규의 기본 틀은 계속 유지되어 오고 있다[123].

한편, 종교 활동 장소와 관련하여, 동 조례 제2조에서는 "종교 활동 장소를 설립하려면, 반드시 등록을 하여야 한다."라고 규정하였는데, 이것은 한편으로는 종교활동 장소에 대해 법률의 보호를 받도록 하는 의미도 있지만, 반면 그 주된 목적은 중국 정부가 종교 활동 장소를 효율적으로 관리하려는 의도라고 보는 것이다.

따라서 중국 정부로서는 합법성을 인정받은 종교 단체나 조직, 그리고 종교 교직원, 종교 활동장소 등에 대해 독점적 통제권을 가지고, 종교 업무를 지휘 감독할 수 있게 되었다. 특히 동 규정에서는 삼자회, 기독교협의회, 삼자교회 등이 외국 교회가 사용할 수 있는 유일하고 합법적인 기독교 활동 장소라고 지정하고 있다. 반면, 합법적인 허가를 받지 못한 불법적인 종교 단체나 활동장소들은 법률의 제재를 받거나, 활동을 정지, 혹은 취소당할 수 있다고 규정하고 있다.

다만 문제는 이 종교 관련 규정이 우리나라를 비롯한 외국인들의 중국내 종교 활동에 있어서 가장 큰 제약 요인으로 작용하고 있다는 것이다. 동 규

---

123) 동 법규 제정 당시의 국무원 종교사무국장 장성주어(張聲作)는 법규 공포 직후 가진 좌담회 석상에서 "이 두 종교법규의 공포는, 앞으로 종교 신앙 자유의 정책을 전면적으로 정확하게, 장기적으로 안정되게 관철시키는 데 크게 기여할 것"이라고 하였다. 사실 두 종교 법규가 발표된 지 얼마 후, 7명의 외국인과 홍콩의 기독교인들이 허난성(河南省) 팡청현(方城縣)에서 동 규정을 위반했다 하여 체포된 일이 발생하였다. 이와 같이 장성주어의 발언과 외국인의 체포 사실은, 두 종교 법규가 분명히 중국의 종교 사무와 활동에 실질적 영향을 끼치고 있다는 것을 알 수 있게 해준 것이었다.

정은, 중국내 모든 종교 활동은 오직 중국내 종교계하고만 함께 진행할 수 있도록 하고, 중국 종교 단체의 초청을 받거나 관련 종교사무 부처의 허가를 받아야만 비로소 설교 및 종교 활동을 할 수 있도록 규제하고 있다.

이 규정을 위반했을 때에는 외국인도 중국인과 마찬가지로 관련 법률에 따라 제재 혹은 처벌 받도록 하고 있다. 예를 들어, 종교 활동장소와 관련하여 신도의 집에서 진행하는 일상적인 종교 활동(즉, 불상 설치, 경전 암송, 교회 출석, 기도, 설교, 세례, 수계, 금식, 종교 축제, 기념추도식 등)은 법률의 보호 아래 비교적 간섭을 받지 않으나, 외국 혹은 외국 종교 단체가 국내 공민들에게 특정 종교를 믿도록 강요하거나 포교 및 선교를 하는 경우 강력한 법 제재 및 추방 조치가 따를 수 있다.

한편, 중국 정부는 종교와 교육의 분리 원칙에 따라 초,중등 교육과정에서 종교를 분리하여 시행하고 있다. 즉, 중국내 학생들을 대상으로 한 어떠한 종교 교육도 실시하지 않으며, 다만 일부 대학 교육기관과 연구소 등에서 종교학에 대한 강의와 연구 활동을 제한적으로 허용하고 있다.

다. 종교 담당 기관

중국 정부의 종교업무를 총괄, 관리하는 기관으로서, 국무원 산하의 「국가종교사무국」이 있다. 이 기관은 다음과 같은 주요 기능을 수행 한다.[124]
① 신앙의 자유를 보장하며, 종교단체와 종교 활동의 합법적 권리를 보장한다. 그리고 종교인의 정상적인 포교 활동도 보장한다.
② 국내외 종교 현황을 조사하고 종교 이론 문제를 연구한다.
③ 종교 법률, 법규 등의 초안과 종교 활동의 구체적 정책을 제정한다.
④ 종교 법률과 정책 실행을 관리 감독한다.
⑤ 종교 정책과 종교 법제의 선전과 교육 사업을 벌인다. 등
또한 중국의 각 지방에는 지방정부 내에 '종교사무부'가 설립되어 종교 관련 법률, 법규 실행에 관한 행정 관리와 감독을 담당토록 하고 있다. 이 종교사무부는 종교 단체와 종교 활동장소의 내부 업무를 간섭하지 않는다고 명시하고 있으나, 사실상 각 지방에서 행해지는 주요 종교 업무와 행사 등

---

124) http://www.sara.gov.cn/GB/jqgy/zs/

에 깊이 관여하여 지도, 감독 등 통제해 나가고 있는 것이다.[125]

라. 중국의 종교 현황

현재 중국에 퍼져있는 종교는 불교, 도교, 이슬람교, 천주교와 기독교 등을 들 수 있다. 이들 종교 신자는 통털어 약 1억명에 달하고 종교 활동 장소도 전국적으로 약 8만 5천여 곳이 등록되어 있으며, 종교 지도자는 약 30만 명에 달한다. 또한 3,000여개의 종교 단체가 중국 전역에 분포되어 있고, 각 단체의 종교지도자 양성소도 74곳에 이른다.[126] 전국적인 종교 단체로는 중국불교협회, 중국도교협회, 중국이슬람교협회, 중국천주교애국회, 중국천주교주교단, 중국기독교 3자애국운동위원회, 중국기독교회 등이 있다.[127]

중국에 퍼져있는 대표적 종교의 현황을 살펴보면,

(불교) 중국에서 불교는 2000여 년의 역사를 가지고 있으며, 현재 중국내에 불교사원은 13,000여 개가 있고, 출가한 승려만 해도 20만 명에 이른다.

(도교) 도교는 중국에서 발현하여 1700여 년의 역사를 가지고 있다. 현재 1,500여 개의 도교 사원이 있으며, 남녀 신도는 250만 명에 달한다.

(이슬람교) 이슬람교는 7세기경 중동 지역에서 중국으로 도입되었다. 이슬람교는 회족, 위구르족 등 중국내 10여 개 소수민족의 신앙으로서, 이들 소수민족의 인구는 총 1,800만 명에 이르고 3만여 개 모스크사원이 존재하고 있다.

(천주교)천주교는 7세기경 서방에서 중국으로 도입되었고, 아편전쟁 이후 신도의 규모도 대폭적으로 늘어났다. 현재 중국내 천주교인은 1,000만 명에 이르고 있고 교리전도자도 18,000 명에 달한다. 중국 전역에 교회당이

---

125) http://www.gov.cn/test/2005-06/22/content_8406.htm 다만, 종교 활동장소 신청시 구비해야 하는 기본 조건으로는 다음과 같은 6가지 조건이 있다. ① 고정된 장소와 명칭 ② 정기적으로 참여하여 활동하는 신도 ③ 신도의 관리 조직 ④ 종교 활동을 주최하는 종교 교직원과 종교 규정에 부합하는 인원 ⑤ 관리 규정 ⑥ 합법적인 경제 수입 등

126) http://news.xinhuanet.com/ziliao/2003-01/18/content_695312.htm

127) http://news.xinhuanet.com/ziliao/2003-01/20/content_697788_1.htm

12,000여 개가 있고 회합 장소도 25,000여 곳이 있다.[128]

(티벳 불교) 티벳에는 1,700여 곳의 불교 활동장소가 있다. 티벳 승려와 여승은 46만여 명에 달하는데, 매년 라싸를 찾는 순례자만도 100만 명 이상에 달한다. 중국 정부는 티벳의 라마불교에 대한 박해가 자칫 집단적 봉기를 불러올 것을 우려해 법규와 제도를 통해 간접적으로 규제하고 있다. 1980년대 이후 중국 정부는 2억 위안(한화 약 420억)을 들여 포탈라(Potala)궁을 포함한 5개 사원을 보수하고, 북경과 라사에 중국 장족어학원과 고급 불교학원 및 티벳 불교학원 등을 개설하는 등 규제와 장려 정책을 병행해 나가고 있다.[129]

2. 중국의 소수민족 정책

가. 소수민족의 개념 및 구분

신중국에서 소수민족이라는 개념 도입에 중요한 영향을 미쳤던 것은 이른바 구소련의 「민족이론」이었다. 즉, 중국은 구소련의 민족이론을 수용하여 중국내 소수민족을 구분하는 조건으로서, ①공통의 언어 ②공동 지역 ③공동의 경제생활 ④공통의 문화를 배경으로 한 심리적 동질성을 지닌 공동체 등 스탈린이 제창한 『민족성립의 4대 구성요소』를 기준으로 중국의 소수민족을 규정하였다.

그리하여 중국 정부는 1953년 최초로 제1차 전국 인구조사를 실시하여 총 41개의 민족으로 구분하였고 이어서 1964년 실시한 제2차 전국 인구조사에서 53개 민족, 그리고 1982년과 1990년에 각각 제3차와 제4차 전국 인구조사를 실시하여 최종적으로 총 56개의 중화민족으로 규정하였다. 특히 1953년에 실시한 제1차 전국 인구조사에서는 당시 400여 개의 소수민족 그룹이 소수민족 자치를 인정받기 위해 신청하였으나 최종적으로 41개 민족만을 승

---

128) http://www.gov.cn/test/2005-06/22/content_8406.htm

129) http://news.xinhuanet.com/ziliao/2003-01/20/content_697788_1.htm

인하였다 한다.(여기에 조선족이 포함됨)

이 당시의 민족 승인 작업은 국무원 산하의 소수민족 업무를 전담하고 있던 『중앙민족사무위원회』에 의해 주관되었는데, 실질적으로 어떤 집단들이 어떠한 기준으로 인정되었고, 또 어떤 집단이 제외되었는지에 대한 상세한 기록은 현재 찾을 수 없다 한다. 다만, 학계의 일반적 견해로는, 산지가 많아 복잡하고 다양한 소수민족을 가지고 있던 운남성과 귀주성 지역의 수백여 소수민족에 대해서는 이를 크게 묶어 공인하였으며, 또한 청대에 반란이 빈번하게 일어났던 서부 깐수(甘肅)성과 닝샤아(寧夏)자치구 지역의 무슬림 집단들은 이들의 세력 결집을 방지하기 위해 오히려 회족(回族), 동샹족(東鄉族), 사라족(萨拉族), 바오안족(保安族) 등으로 분리하여 승인하였다고 알려지고 있다.

한편, 중국의 주체 민족인 '한족'을 규정함에 있어, 당시의 중국 지도부는 일반 중국인들의 민족의식이 희박해 졌다는 인식하에 신중국 이전의 국민당이든 공산당이든 통일된 중화민족을 건설하기 위해서는 '주체 민족'인 한족의 정체성을 확립하여야 한다는 생각에 따라 각 지역에 따라 문화적 차이가 큰 여러 집단들을 한데 묶어 '한족'이라는 이름으로 하나가 되도록 하였다 한다.130)

나. 『민족지역 자치제도』

(1) 연 원

중국은 마르크스주의의 민족 이론에 따라 각 소수민족은 평등하다는 원칙하에 중국내 소수민족에 관한 문제에 관심을 갖고 신중국 성립 초기부터 중국의 국정에 부합하는 『민족지역 자치제도』의 기본 틀을 잡아 나갔다.

우선, 1941년 5월 샨시, 깐슈, 닝샤 변경 지역을 대상으로 <陝甘寧 변경

---

130) 1988년 페이샤오퉁(費孝通)이 제기한'중화민족 다원일체이론 (中華民族多元一體理論)'은, 한족을 중심으로 중화 패권 장악을 위해 여러 민족들이 융합되어 형성된, 즉 다원적 통일을 이룬 '중화민족 대가족'이란 개념 형성의 근간이 되었으며, 당시 개혁개방 정책을 시행하던 과정에서 나타난 여러 문제점 그리고 1990년대 동구권 사회주의 국가 몰락 등으로 인한 각종 정체성 혼란 등에 고심하던 중국에 큰 반향을 일으켰던 것이다.

지역 민족자치구 설치강령>을 제정, 공포하여 "민족 평등 원칙에 따라 몽골족, 회족은 한족과 함께 정치, 경제, 문화면에서 평등하고 동등한 권리를 행사하는 '몽골족, 회족 민족 자치구'를 건립한다."고 적시하면서 민족지역 자치제도 실행의 단초를 마련하였다. 그 뒤, 1947년 5월 당 지도부는 중국 최초로 내몽고에 자치구를 설립하고, 기타 민족지역에 대해서도 민족지역 자치 실행 방침을 지시하였다.

마침내, 1949년 <중국 인민정치협상회의 공동강령>을 제정하면서 "각 소수민족이 밀집해 있는 지역에 「민족지역 자치」를 실행하고, 소수민족의 인구와 지역 크기를 고려하여 각각 민족자치 기관을 건립한다."라고 규정하여 민족지역 자치 정책에 대한 기본 방침을 확립하게 되었다.

신중국 정부는 건국 직후 민족지역 자치에 관해 1952년 **<중화인민공화국 민족지역 자치에 관한 실시 강요>** (이하 **<실시강요>**라 칭함)를 최초로 공식 발표하였다. 이 **<실시강요>**를 바탕으로 1954년 최초의 헌법에 이 민족 자치 제도가 규정되었으며, 동 헌법 조항은 "소수민족의 분리, 독립은 인정하지 않되, 이들의 자치권을 인정 한다"고 적시하였다.

현재는 상기 헌법 규정을 토대로 하여 제정된 **<민족지역자치법>**(1984년 공포, 2001년 개정)에 따라 구체적인 민족지역 자치제도가 시행되고 있다.[131]

(2) 소수민족 정책 내용

(가) 민족 자치 정책

우선 <민족지역자치법>에서, 중국 민족지역 자치의 두 가지 기본 특징은 첫째 자치기관의 설립과 건설 문제이고, 다른 하나는 설립된 자치기관의 자치권 행사 문제였다. 동 법은 민족자치의 성격에 관하여 다음과 같이 규정하고 있다.

---

131) 동 자치관련 법률은 이외에도 <국무원 '중화인민공화국 민족지역자치법'의 진일보 관철 실시를 위한 몇 가지 문제 통지>, <국무원 '중화인민공화국 민족지역자치법'실시 몇 가지 규정>, 그리고 각 민족자치 지역의 약 133개 자치조례와 384개 단행 조례가 시행되고 있다.

① 민족지역 자치는 중국 공산당과 행정부의 통일적 지도아래 헌법에서 규정한 바에 따라 시행한다. 소수민족 밀집지역을 기초자치 지역으로 정하되, 이 지역은 중화인민공화국에서 분리될 수 없는 불가분의 일부분이다.

② 민족지역 자치의 성격은 소수민족 인민의 자치이며, 그 자치 기관은 중국 인민의 민주집중제적 집권의 구체적인 형식이다.

③ 민족자치를 행하는 모든 지방은 반드시 헌법 규정의 일반 원칙에 따라야 하며, 국가의 관련 정책, 법령을 집행하고 규정에 적시된 의무를 이행하여야 한다.

④ 소수민족 지역 내의 각 소수민족은 모두 민족지역 자치를 실행할 권리를 가지고 있으며, 또한 자치 기관을 설립하여 관리한다.

또한 민족자치 지역 설치와 관련, 민족자치 지역은 보통 자치구, 자치주, 자치현(기)의 3단계 행정단위 계층으로 분류되며, 현재는 전국적으로 5개 자치구와 30개의 자치주 그리고 120개의 자치현(기)으로 구성되어 있다.

민족자치의 내용과 관련 <민족지역자치법>의 규정에 의하면, 민족자치를 위한 자치권은 정치 분야(제19~24조), 경제 분야(제25~35조), 문화 분야(제36조~42조), 인구 정책, 생활 개선 및 생태환경 보호(제43조~45조)등을 모두 포함한다고 규정한 바, 그 내용은 다음과 같다.

① 입법권을 행사한다. 민족자치지역의 인민대표대회는 현지 소수민족의 정치, 경제, 문화적 특징에 의거하여 자치조례와 단행조례를 제정한다. 다만, 동 자치구의 자치조례와 단행조례는 전인대 상무위원회의 비준에 의해 효력이 발생한다.

② 국가 기관이 제정한 관련 법률의 융통성 있는 집행 권한을 행사한다. 즉, 민족자치지역의 실정에 부합하지 않는 상급기관의 결의, 결정, 명령, 지시 등은 민족자치지역 자치기관이 합리적인 범위에서 현 실정에 맞게 수정하여 집행 할 수 있다는 것이다. 다만 이를 위해서는 상급 국가기관의 사전 비준이 요구 된다.

③ 민족 언어와 문자를 사용할 권한을 갖는다. 민족자치 지역의 자치 기관은 직무를 수행할 때, 민족자치지역 조례 규정에 따라 소수민족 언어를 포함하여 한 가지 이상의 언어와 문자를 사용할 수 있다.

④ 소수민족 간부를 양성할 권한을 갖는다. 민족자치 지역의 자치 기관은 각급 간부를 비롯하여 과학기술, 경영관리 등 전문 인재 간부와 여성 간부를 양성한다.

⑤ 공안부대를 조직할 권한을 갖는다. 민족자치 지역의 자치 기관은 현지 실정을 감안하여 국무원의 비준을 받아 지방의 치안과 보호를 맡을 공안부대를 조직할 수 있다.

⑥ 자주 경제를 발전시킬 권한을 갖는다. 경제 건설의 방침, 정책, 계획에 근거하여 합리적으로 생산관계를 조정하고 개혁경제 체제를 관리한다.

⑦ 재정 관리 권한을 행사한다. 국가재정 체제에 의거하여 민족자치 지역의 자치기관은 자주적으로 재정수입을 창출하거나 사용할 수 있다.

⑧ 문화, 교육의 자주적 발전 권한을 행사한다. 민족자치 지역의 자치 기관은 현지 교육제도, 학교 설립, 학제, 교육 내용, 교육 용어 등을 결정하며, 빈곤지역에 대한 민족교육을 지원, 육성한다.

(나) 민족 문화 정책

소수민족 문화 정책의 기본 원칙으로는, 첫째 소수민족 언어와 문자에 대한 사용 및 발전을 보장하는 것, 둘째 중앙과 지방 민족대학에서 모두 소수민족 언어 과정을 개설하며, 민족지역 학교에서도 중국어와 소수민족 언어를 함께 배울 수 있는 기회를 부여하는 것, 셋째 소수민족의 고유 풍속, 관습도 중국의 기본 정책에 배치되지 않는 한 보호되어야 한다는 것 등이다.

이러한 소수민족 문화 정책의 주요 내용은 <민족지역자치법> 제6조와 제38~42조 규정에 잘 표현되어 있다.

① 제6조 : 민족자치 지역의 자치 기관은 민족 문화의 우수한 전통을 계승·발전시키고, 민족 특색의 사회주의 정신문명을 건설하며, 각 민족의 사회주의 의식과 과학 문화 수준을 부단히 제고한다.

② 제38조 : 민족자치 지역의 자치 기관은 문학, 예술, 신문, 출판, 방송, 영화 등 분야에서 민족 특색의 문화 사업을 자주적으로 발전시키고 가속화한다. 또한 민족자치 지역의 자치 기관은 민족의 서적을 수집, 정리, 번역, 출판하는 한편 민족의 명승고적, 유물, 역사적 문화유산을 보호하여 계승,

발전시킨다.

③ 제39~42조 : 자치기관은 과학기술, 의료, 위생 발전 계획을 자주적으로 결정하고, 체육 사업을 자주적으로 발전시키며, 문화예술, 위생체육 분야에서의 국내외 교류를 증진시킬 수 있다.

(다) 소수민족 간부 정책

소수민족 간부 양성의 기본 원칙은 1950년 중국 정부가 공포한 <소수민족 간부 양성 연습 시행방안>에서 최초로 규정하고 있다.

동 규정은 신중국 초기 '소수민족 간부를 대거 양성할 것'을 규정하고 소수민족 지역의 상황에 따라, "보통의 정치간부 양성을 우선으로 하고, 전문기술 간부 양성을 차선으로 한다. 또한 소수민족 출신 간부를 양성함과 동시에 소수민족 업무에 종사하는 한족 간부도 함께 양성한다"는 원칙을 확정하였다. 이후 1982년 통과된 <중화인민공화국 헌법> 제122조는 "국가가 민족자치 지역과 본토 민족의 각급 간부를 대량 양성해야 한다"고 규정하였고[132], 2005년 5월 후진타오 총서기는 중앙 민족 업무회의에서 "다양한 수단과 방법으로 민족자치 지역을 도와 경제 사회 발전에 필요한 전문 인재를 양성하여 소수민족 지역 발전을 가속화하고 민족 단결을 촉진 한다"고 표명한 바 있다.

이러한 법적 토대를 기반으로 실질적인 소수민족 간부 양성과 임용 등이 신중국 초기부터 시행되어 왔었다. 1954년 중앙당 학교는 티벳반, 신장반 등 소수민족 지도간부 양성반을 개설하여 소수민족 간부의 정치사상 교육을 강화해 왔으며, 1993년 원난 소수민족 간부반, 연변조선족자치주 민족간부반, 귀주 소수민족간부반 등 단기 민족반을 추가로 개설하였고, 중앙조직부와 국가민족사무위원회가 공동으로 민족지역의 주장, 주위 서기, 현장 양성반을 운영해 왔다. 또한 1983년 이래 국가민족사무위원회는 중앙민족대학을 비롯하여 각 지역에 민족대학을 설립하여 소수민족 간부를 양성하고 있고, 우수한 젊은 소수민족 간부들도 양성하여 전국 지청 예비간부 중 소수민족

---

132)1978년 제11기 삼중전회 이후, 당 중앙은 소수민족 간부 '四化'원칙 즉, 혁명화, 청년화, 지식화, 전문화 등을 실현할 것을 요구하였다.

간부가 10% 이상을 차지하도록 배치하고, 현급 예비간부 중에서는 소수민족 간부가 11% 이상을 유지하도록 하고 있다.

(라) 소수민족 우대정책

소수민족 우대 정책의 가장 대표적인 것으로는 **'출산배려 정책'**과 **'대학 입시 가산점 정책'**을 들 수 있다. 예를 들어, 부모 중 한 명이 소수민족일 경우, 그 자녀는 스스로 민족을 선택할 수 있는데, 사실상 이들 대부분이 소수민족 신분을 선택하는 이유는 보통 위의 두 가지 우대 정책의 혜택을 기대하기 때문이라 한다.

첫째, 신중국은 인구 억제 정책의 일환으로 한자녀 정책을 시행하고 있으나, 소수민족에게는 출산배려 정책 일환으로 인구 1000만 명 이하의 소수민족에게는 한 쌍의 부부가 2명의 자녀를 출산할 수 있도록 하였고, 또한 특별한 경우 3명의 자녀도 허가하는 경우도 있다. 다만 이 경우에도 4명의 자녀는 철저히 금지되고 있다. 다만, 인구 1000만 이상의 소수민족에 대해서는 예외 없이 '한 자녀' 정책을 시행하여야 하는 등 구체적인 출산 정책은 각 자치구나 지역에 따라 약간의 차이를 두고 있다.

둘째, 대학입시 가산점 정책이란, 변경지역, 산지, 목초지, 그리고 소수민족 밀집지역의 소수민족 입시생에게는 일반 대학 입학시험 전형 때 최소 10점 이상의 가산점을 부여함으로써 이들 소수민족이 대학 입학에 어느 정도 혜택을 받도록 하고 있다.

다) 민족자치 제도의 한계

(1) 민족식별 문제

중화인민공화국 정부는 민족 식별 사업을 통해 현재까지 한족을 포함하여 총 56개 민족을 식별, 승인해 왔으나, 현재까지도 아직 약 70만 명에 이르는 소수민족이 미식별 민족으로 남아 이들의 민족 승인을 기다리고 있다.

현재는 이들 중 대다수가 한족 혹은 다른 소수민족으로 등록되어 있는 상태로서, 민족 식별 사업의 주요 과제로 여기고 있다. 예를 들어 라마불교를 믿지 않으면서 현재 티벳,운남 등지에 거주하는 등인(滕人)은 티벳족으로 분류되는 것을 반대해 오고 있고, 운남 지역의 커무인(克木人)은 1973년 베트남에서 하나의 민족으로 공인되었음에도 불구하고 중국내에서는 여전히 승인을 받지 못하고 있는 실정이다.

(2) 우대정책 유지 필요성 여부

현재의 중국 소수민족 정책은 구소련의 민족 이론을 근간으로 하여 형성된 정책이나, 구소련이 해체되면서 중국내에서는 소수민족 정책에 대한 반론이 제기되었다. 다시 말하면, 구소련의 경우 소비에트 연방이 성립된 이후, 소수민족이 국가에 의해 공인됨으로써 민족 간의 통혼도 감소되는 등 국가통합에 영향을 미쳤고, 또한 소수민족 우대정책은 구소련 주체 민족인 러시아족의 불만을 야기시켜 소련 해체의 원인을 제공하기도 하였다는 것이다. 중국내에서도 사실상 대학입시 가산점 부여와 같은 민감한 문제 등에서 한족들로부터 형평성 문제가 제기되고 있는 것이다.

(3) 문화소멸 문제

현재 민족자치 지역의 학교에서는 중국어와 소수민족 언어를 동일하게 교육받을 수 있는 기회가 제공되고 있지만, 대다수의 소수민족 아동들은 오히려 중국어 학교를 선택하고 있다. 이는 소수민족들이 만일 중국어 구사 능력이 떨어질 경우 구직시장에서 한족과의 경쟁에서 도태될 수 있다는 우려에서 나온 선택이라 여겨지며, 이로써 소수민족 언어 사용이 감소하게 되면, 소수민족 내 다음 세대들의 언어와 문자 구사능력이 현저히 떨어지는 등 민족 문화의 소멸에 영향을 미칠 것이 우려되고 있는 실정이다.

3. 중국의 인구 정책

가. '한자녀' 정책(산아제한 정책)

1949년 중화인민공화국 성립 시기의 전국 총인구는 5억 4167만 명이었다. 그러나 사회가 안정되어 경제 발전이 이루어지고 또한 보건 위생 여건도 현저히 개선되면서 중국 전체 인구는 급격히 증가해 1969년에 이르러 이미 8억 671만 명의 인구를 갖게 되었다. 이때부터 중국 정부는 심각한 인구문제에 봉착하게 되었고 70년대 말부터 중국의 부부들이 한 자녀만을 낳도록 하는 이른바 산하제한 정책을 시행하여 더 이상의 인구 증가를 막고 출생률을 낮추어 가야만 하였다.

1979년 이래 시행된 이 정책은 한 부부가 한 자녀만을 갖도록 하는 이른바 일종의 가족계획 정책으로, 동 정책이 시행되면서 인구출생률이 1978년의 18.3%에서 2007년에는 12.1%로 하락했고, 중국의 인구 유형에 있어서도 '높은 출산율, 낮은 사망률, 높은 성장률'에서 '낮은 출산율, 낮은 사망률, 낮은 성장률'로 변화되어 이제는 이른바 저출산 시기로 접어들게 된 것이다.

이 산아제한 정책의 기본 내용은 「만혼만육(晚婚晚育)」 및 「소생우생(少生优生)」으로 설명될 수 있다. 먼저 '만혼만육(晚婚晚育)'이란 결혼을 늦게 하고 아이를 늦게 낳는다는 뜻으로 중국에서 규정하고 있는 결혼 연령은 남자 22세, 여자 20세로서 규정된 연령에서 3년 이상 결혼을 늦추면 '만혼'이라 할 수 있고, 여성이 24세 이후 출산을 하게 되면 '만육'이라 한다. 따라서 만혼만육을 권장하는 것은 인구증가율 감소에 중요한 의의를 가지는 것이다.

또한 소생우생(少生优生)이란 곧 '소생'은 한 부부가 한 자녀만을 낳게 하는 정책으로 다만 부모 중 한 사람이 소수민족인 경우와 첫 자녀가 장애를 가진 아이일 경우 예외적으로 두 명의 자녀를 낳을 수 있도록 했다. 그리고 '우생'은 건강하고 똑똑한 영아를 출산할 수 있도록 장려하는 정책이다. 법적으로 근친결혼이나 유전성 질환자와의 결혼을 금지하며, 결혼과 관련한 전문적인 자문기구를 설립하여 관리와 보건 활동을 강화해 나가는 것이다.

나. 한자녀 정책의 효과

중국은 1978년 개혁 개방 이후 산아제한 정책을 강력히 시행하고 추진해 온 결과, 불과 20년이 안된 2000년대에는 중국의 전체 인구수를 현격히 감소시킬 수 있었고 인구 유형에 있어서도 근본적인 변화를 가져 와 세계인구 발전에도 큰 공헌을 하게 되었다.

(1) 총인구수의 안정적 통제

개혁 개방 이래 실시한 한자녀 정책으로 중국 인구 출산이 지속적으로 하락하였다. 1987년부터 인구출생율과 자연성장률이 안정적인 하락세를 유지했고, 1998년 인구 자연성장률이 처음으로 10%이하로 하강한데다 2004년에는 6%이하로 감소하여 중국 인구가 안정적인 성장 시기로 진입하게 되었다. 2007년 말 현재 전국 총인구는 13억 2129만 명으로서 출생률은 12.10%를 유지하였고 반면 사망 인구는 913만 명이고, 사망률은 6.93%로서 자연증가율은 5.17%를 유지하고 있다.

인구 유형에 있어서도 '높은 출생률, 낮은 사망률, 높은 자연증가율'의 전통 패턴에서 '낮은 출생률, 낮은 사망률, 낮은 자연증가율'의 현대 패턴으로의 변화를 이룩하였다. 연말 총인구는 1978년의 9억 6259만 명에서 2007년의 13억 2129만 명으로 증가하여 연간 1.1% 성장률을 기록하며, 개혁 개방 이전(1949년-1977년)의 연간 2.0%의 성장 속도에 비해 0.9% 하락한 성장률을 보였다. 이러한 중국의 인구 유형의 변화는, 선진국의 경우 보통 백여 년이 걸렸던 과정을 30년도 채 안 되는 짧은 기간에 이루어 낸 것으로 평가하고 있다.

(2) 노동시장의 취업난 완화에 기여

인구증가율의 하락은 매년 새로이 성장하는 노동력 인구 수를 확연히 감소시켰으며 중국 노동력 시장에서의 취업난도 완화시켰다. 중국은 세계에서 인구와 노동력이 가장 많은 국가로서, 현재 도시와 농촌에서 매년 새로이 성장하는 노동력은 1000만 명 이상으로 노동력 공급이 수요보다 많은 것이 중국 경제발전 과정에서 장기간 겪고 있는 문제점이다. 만약 인구의 빠른 성장을 효과적으로 막지 못한다면, 중국은 최소한 4억 명의 취업 문제를 더 해결해야 할 것이며, 이는 중국의 사회 화합과 안정에도 부정적 영향을 미칠 수 있는 것이었다.

4. 중국의 교육 제도 및 정책

가. 교육제도의 현황

중국의 교육제도는 우리나라와 유사한 취학전교육, 의무교육인 초등교육 (6년제)과 중등 (3년제) 및 고등학교 교육(3년제), 그리고 최고학부인 대학교육(4년제, 전문대학 3년 포함)으로 나뉘며, 그 외 직업 교육과 성인 교육 등이 있다. 이하에서는 의무교육과 대학 교육 그리고 직업 교육에 대해 상술하겠다.

(1) 의무교육

① 신중국 초기의 교육(1949~1979)

신중국 건립 당시 중국의 문맹율은 80%, 초등학교 입학률은 20%, 중학교 입학률은 6%를 차지하는 등 당시 국민들의 교육 수준은 극히 낮은 실정이었다. 하지만 당시에는 우선 국가 체제를 정비하고 경제 건설에 박차를 가할 시점이었기 때문에 중국 정부로서도 국민 교육에 관심을 갖고 투자할 여력이 없었다. 약 10년간의 문화대혁명이라는 암흑기를 거쳐 1970년대 말부터 개혁 개방 정책이 시행되면서 우수한 인재와 후진 양성의 필요성이 절실하였고, 이에 따라 중국정부는 9년 의무교육을 중점사업으로 채택하는 동시에 전 국민에 대한 의무교육 정책을 시행하였다.

② 초등교육의 보급 (1980-1985)

중국 정부는 1980년「초등교육 보급에 관한 결정」을 채택하고, 1990년 이전까지는 초등 교육을 전국적으로 보급시킬 것을 지시하였다. 또한 1983년에는「농촌학교의 교육개혁에 관한 통지」를 발표하여 중학교 교육을 전국적으로 보급시킬 것도 지시하였다. 이러한 초.중등 교육 보급을 위한 주요 조치로 "두 다리로 걷기"(兩條腿走路)방침을 채택하였다. 인구가 많고 경제가 미발달한 지역을 위주로 농촌기층, 기업, 군중을 충분히 동원시켜 학교를 설립하도록 하였다. 그리고 여러 유형의 학교 운영 방침도 채택하였다. 즉, 전일제 학교 외에 소학반, 교학반 형식의 교육도 함께 운영해 나가는 것이었다.

③ 9년제 의무교육의 보급 (1986-2000)

1985년 중국 정부는「교육시스템 개혁에 관한 결정」을 통해 9년제 의무교육을 체계적으로 실행해 나갈 것을 제시하였으며, 이후 1993년에는「중국 교육개혁의 발전개요」를 통해 2000년까지 9년제 의무교육을 전면 보급시킬 것을 지시하였다. 동 개요에서는 9년제 의무교육 보급의 주요 조치로서 아래와 같이 열거하였다. 1996년까지 전인대에서「의무교육법」을 공포한다. "두 가지 기본점(9년제 의무교육과 청소년 문맹 퇴치)"을 교육 발전의 중점사업으로 삼는다. 실사구시와 단계적 추진의 업무 방침을 실행한다. 의무교육의 투자 수준을 제고시킨다. 교사의 업무 수준을 높인다 그리고 교육 감독 제도를 구축하여 활성화한다는 것이었다.

④ 9년제 의무교육의 전면적 보급 및 제고(2000-현재)

2000년대 들어 중국에서의 9년제 의무교육은 기본적인 보급 단계를 지나 전면적 보급과 강화 및 제고 단계로 진입하였다. 2006년 전인대 상무위원회는 새로운 「의무교육법」을 반포하였고, 각고의 노력 끝에 2007년 후반까지 의무교육 보급률이 99.3%에 도달하게 되었으며, 보급 현도 전국 지방 현의 98.5%에 달하게 되었다.

　⑤ 서부지역에 대한 "공략계획" 제정

　중국 정부는 현재까지 교육에 있어서의 두가지 기본점(**兩個基本点**, 9년제 의무교육 및 청소년 문맹 퇴치)를 기본적으로 실현하였다고 보았으나, 여전히 중국 서부와 북부의 농촌 지역은 기초교육 시설이 부실하고, 도시와 농촌간의 교육 발전 수준에도 불균형이 발생하고 있으며, 특히 서부 지역의 410개 빈곤 현에 대해서는 여전히 "두 가지 기본점"을 실현하지 못하고 있다고 판단했다.
　그리하여 2004년에 「서부 지역의 "두가지 기본점" 공략계획(2004-2007)」(이하 "**공략계획**"이라 약칭)을 반포하고 서부 지역에서의 기초교육 문제 해결을 위한 정책을 적극 추진해 나갔다.
　우선 세 가지 목표로서, 첫째, 서부 지역의 초등학교 입학률을 90%이상, 문맹 퇴치수는 600만 명, 청소년 문맹퇴치률을 5% 이하로 하락시킬 것, 둘째, 서부의 각 성과 신쟝 생산건설 부대는 "두 가지 기본점" 실현을 위해 적극 노력할 것, 셋째, 2007년까지 410개현에 "두 가지 기본점"을 완전히 실현할 것 등을 설정하였다.
　상기 공략계획을 성공적으로 추진한 결과, 이 지역에서의 의무교육 보급률도 크게 개선되었으며, 국가 교육부의 전면 조사 결과, 서부지역의 410개 공략 현 중 368개가 이미 "두 가지 기본점"을 실현한 것으로 파악되었다.

　(2) 대학교육

　중국 정부는 1977년 덩샤오핑의 직접 지시로 중국 전역에서 대학교 입시 제도를 부활하였다. 이는 그 이전 문화대혁명의 혼란 상태에서 새로이 교육 제도를 수습한 최초의 개혁이자, 개혁 개방의 서막이기도 하였다. 그 이후 1978-1998년까지 약 20년간은 중국의 대학교육 사업이 안정적으로 확대된 시기였다.
　이 기간 동안, 중국의 대학교는 598개에서 1,022개로, 연간 대학 입학자

수는 40만 명에서 108만 명으로, 재학생 규모는 86만에서 341만으로 증가함으로써, 연평균 증가율이 평균 5~7%를 기록하였다.

중국 정부는 1999년부터 대학교육의 질적 향상을 위해 "대학교 교육규모 확대"라는 정책을 제정, 발표하여 대학교육의 대중화를 기하였다. 그 결과, 2005년에는 전문대학을 포함한 대학 입학생 수가 2,300만 명에 달하여 세계 1위를 기록하였다.

2007년에는 전국 대학 입학생 수가 2,700만 명, 대학교 입학률도 23%를 차지하였고, 대학 졸업생이 7,000만 명을 능가함으로써 중국도 이제 대학교육의 대국으로 발돋움하게 되었다.

한편, 1978년부터 대학원 입학 제도도 부활하여 1981년부터 학위제도를 시행하였고, 2003년부터는 교육부에서 대학원 창조교육 정책을 시행함으로써 그 후 5년 동안 많은 발전을 가져왔다. 2003-2007년간 대학원 교육투자 총액은 8,000만 위안으로서 100여개 관련 부서에서 300여개 연구프로젝트를 추진하였는데, 현재 전국의 박사학위 수여자만도 24만 여명, 학사학위 수여자는 180만 여명에 달하고 있다

(3) 직업교육

1978년 덩샤오핑은 "국민경제 발전의 수요에 적응하기 위해 반드시 여러 유형의 학교 발전 비율, 특히 농업중학교, 중등직업학교, 기술학교의 비율을 적당히 고려해야 한다."라고 제시한 바 있다. 1994년 장쩌민도 제2차 전국교육업무회의에서 "교육구조를 조정하는 관건은 여러 가지 유형의 직업학교를 설립하여 다량의 초급, 중급 인재를 배양하는 것이다."라고 지적하였다. 2006년 후진타오도 중앙정치국 제34차 단체학습 시 "의무교육의 보급과 공고화, 직업교육의 발전, 대학교육의 수준 제고 등이 '11.5'계획의 교육 사업에 관한 세 가지 주요 임무임을 강조하였다.

또한 직업교육에 관한 법제 건설도 점차 구축해 나갔다. 1996년 5월 "직업교육법" 제정은 중국의 직업교육 업무를 입법화 시킨 것으로서, 이후 중국의 직업교육 개혁과 발전을 위한 충분한 법적, 제도적 보장 장치였으며, 각급 지방 정부의 직업교육에 관한 조례, 규칙 등을 제정하는 제도적 근거

로 제공되었다.

5. 중국의 언론, 문화 정책

가. 중국 언론의 법적 근거

언론의 자유는 인간의 생존권적 기본권 중 가장 중요한 자유의 개념 중의 하나이다. 오늘날 중국에는 언론의 자유가 있느냐는 질문을 많이 던지지만, 중국 정부는 당연히 언론의 자유가 있다고 강조한다. 문제는 '언론의 자유'에 대한 개념이 서방 국가와 인식상의 차이가 있어 이에 따른 오해라고 주장한다.

즉, 중국에서의 언론·출판의 자유는 중화인민공화국 헌법 조항에 상세히 열거되어 있다고 한다. 1982년 12월 개정된 중국 헌법 제35조에는 "중국 공민은 언론·출판·집회·결사 및 시위에 대한 자유를 가진다"고 규정하고 있다. 다만 "공민은 신문의 자유를 포함하여 내적인 자유과 권리를 행사함에 있어 국가적, 사회적, 집체적 이익과 기타 공민의 합법적인 자유와 권리에 손해를 끼쳐서는 안된다"고 규정하고 있다.

이와 함께 공산당 강령내의 당내<黨內 정치 생활에 관한 약간의 준칙>에서는 "당의 잡지는 반드시 당의 노선, 방침, 정책과 정치 관점을 선전해야 한다"고 규정하고 있으며, 아울러 "당 중앙이 내린 결정에 대해 만일 어떤 중대한 정치적 이론이나 정책 문제 혹은 당원들의 의견이 있을 경우 일정한 과정을 거쳐 이의를 제기할 수 있으나, 이를 잡지, 방송의 공개 선전을 통해 중앙의 결정과 상반된 언론을 발표하는 것은 허락하지 않는다"고 제한하고 있다. 이는 곧 중국에서의 언론의 자유는 사회주의 제도와 헌법이 부여한 범위 내에서만 향유할 수 있는 자유와 권리라 말 할 수 있는 것이다.

1949년 신중국 성립 직후 중국 공산당은 언론매체를 가장 중요한 혁명도구로 삼았으며, 중국 언론 역시 정치 우위의 일방적인 '위로부터 아래로'라는 대중 선전 매체로서의 기능에 충실하였다. 이러한 생각은 현재까지도 변함없이 지속되어 오고 있다. 중국은 어려운 시기에도 언론의 중요성을 인식하고 일련의 신문사, 방송국, 통신사, 잡지사를 창립해 나갔으며, 오늘날 대부분의 유명 언론들도 바로 이러한 역사적 배경과 정치적 목적을 기반으로 출발한 것이다.

나. 현행 제도와 현황

중국의 현 주요 언론매체로는, 우선 일간지 분야에서는 중요 전국지로서 인민일보, 광명일보, China Daily, 중국청년보, 공상시보, 매일전신, 국제상보, 금융시보, 중국소년보, 경제일보, 경제참고보 등이 있으며, 방송망으로는 중국 중앙텔레비전(CCTV), 중앙 인민방송국 그리고 라디오 北京과 각 지방의 지방방송국 등이 있다. 특히, 라디오 베이징(北京)은 38개 외국어로 주간 980시간을 방송하는 국제 라디오방송이다.

(1) TV

중국의 TV 방송국은 중앙 방송국과 지방 방송국으로 구성되며 중앙방송(CCTV)은 중국 전역에 방송되고 있으며 "중국을 하나로 묶는다"는 정책 실현을 위한 가장 중요한 매체수단이다. 이밖에 각 성, 자치구, 직할시별로 지역방송국이 있으며, 광대한 농촌에는 주로 유선방송이 보급되어 있고, Hong Kong의 위성 방송도 수신 가능하다. 또한 베이징에는 외국 청중을 대상으로 한 '중국 국제방송국'이 있고, 매일 43종 언어로 세계 각지에 방송되고 있다. 중국의 첫 TV방송국인 이 방송국에는 현재 4개 채널의 중국어 프로그램이 있다.

(2) 라디오

중앙방송과 지방방송으로 나뉘며 일부 남부 지방에서는 광뚱어(廣東語)로 방송되는 자체 라디오 방송국을 보유하고 있기도 하다. 베이징(北京)에서는 해외 방송을 전문으로 하는 국제방송국(國際廣播電台)와 음악 방송인 북경음악방송(北京音樂台) 등이 있다.

(3) 신문

중국의 신문은 중앙신문과 지방신문으로 나뉜다. 중국에서 발간되는 신문의 종류는 총 2137종에 달한다.

(4) 특수 잡지, 정기간행물 및 출판사

중국에는 특수 분야를 다루는 잡지가 많이 발간되고 있어 전문분야와 관심분야의 자료수집이 용이하다. 대표적인 것으로는 중국 화공, 경공품 소식, 중국 농업과학, 북경의학, 건축, 과학통신 보도, 반도체학보 등이 있다. 중국의 현존 출판사는 대부분 전문 업종의 분업에 따라 설립되어 자체의 독특한 도서출판 분야를 가지고 있다.

(5) 통신사

중국에는 현재 『신화통신사』와 『중국신문사』2개의 통신사가 있다. 신화통신사는 국영 통신사로서 국내 뉴스를 집중적, 통일적으로 발표하고 있다. 신화사 본사는 베이징에 있고 각 성, 자치구, 직할시, 홍콩·마카오 및 100여 개 국가와 지역에 지사를 두고 있다. 매일 중국어, 영어, 프랑스어, 스페인어, 러시아어, 아랍어 등 6개국의 언어로 국내외에 뉴스와 사진을 전송한다. 중국신문사는 해외학교, 홍콩·마카오, 대만, 외국 국적의 중국인을 대상으로 하는 통신사로서, 본사는 베이징에 있고 매일 전송 또는 항공편으로 뉴스 원고를 발송하여 해외의 중문신문사와 간행물에 대한 원고를 제공하고 있다.

다. 언론 자유의 한계

(1) 당에 의한 사전 검열 통제

일반적인 기사 자료는 공산당 당국으로부터의 승인을 요하지 않으나 社說과 뉴스는 모두 공산당 중앙위원회의 사전 동의를 요하고 있다. 예를 들면,

정월 초하루 설날과 5월 1일 노동자의 날에 人民日報와 赤旗 그리고 해방군 보에 게재되는 社說은 중국 공산당 중앙위원회와의 긴밀한 협의하에 이들 신문 논설위원들에 의해 공동으로 작성되고 있으며, 또한 새로운 정책을 발표하거나 현재의 당 노선을 강조하는 사설 등에도 유사한 절차들이 적용되고 있다.

이러한 주요 사설의 발표는 당 정치국 상무위원장 혹은 부위원장의 사전 허가를 받아야 하는데, 그럼에도 불구하고 최근에는 당내 의견이 첨예하게 대립되는 문제에 대하여 상반되는 주장이 자주 나타나기도 한다.

(2)「금둔공정」(인터넷 통제 시스템)

신화넷에 따르면, 2008년 6월 현재 중국의 네티즌은 세계에서 가장 많은 2억 5300만 명으로 집계되었으며, 이외에도 192만 개의 웹사이트가 있고, 84억의 웹페이지를 두고 있다 한다.

인터넷은 원래 각종 정보를 자유롭게 얻을 수 있는 정보의 천국이지만 중국에서는 현재 봉쇄된 섬이나 마찬가지 상태이다. 중국 공산당과 공안부는 현재 '공안공작 정보통신화 공정'(이른바「금둔공정(金遁工程)」)을 실시하고 있다. 이 공정의 목표는 전 중국인의 인터넷 사용을 적절히 통제하고 감시하는 것으로서, 공안부는 2003년 9월 64억 위안을 투입해 제1기 공정을 시작하였다. 13억 중국인 중 12억 5천만 명의 정보가 중국 관련기관의 시스템에 입력되어 있다고 하며, 현재 약 3만 명의 인터넷 경찰이 투입되어 활동 중이며, 서방 기업의 최신 기술도 적극 도입해 통제 수위를 높이고 있다고 한다.

최근에는 베이징의 모든 PC방에 사용자의 얼굴을 촬영하고 신분증을 스캔하는 장비가 설치되어 사용자의 신상 정보와 인터넷 사용 내역이 실시간으로 감시되고 있다고도 한다.[133]

---

133) 이른바 우마오당(五毛黨)으로 불리는 네티즌들은 중국 정부에 유리한 글을 올릴 때마다 중국 돈 5마오를 받는다고 한다. 희망지성 보도에 따르면, 홍콩대 '중국언론 연구프로젝트'班志遠 연구원이 '원동경제평론(遠東經濟評論)' 7월호에 기고한 글에서 "중국 정부가 지지하는 우마오당이 최소 28만 명에 이를 것으로 추산하며, 이들의 월수입은 2천에서 5천 위안"이라고 인용하여 밝히고 있다.

Ⅴ. 신중국의 경제 체제 및 정책

1. 경제체제 개혁

가. 경제체제 개혁의 발전 과정

1978년 개혁, 개방 정책이 시행되면서부터 시작된 중국의 경제체제 개혁은 아래와 같이 주로 4단계의 발전 과정을 거치면서 진행되어 왔다.[134]

① 개혁시작 단계 (1978-1984)
- 1978년 중국 공산당 제11기 3중전회를 계기로 그동안의 집단경제의 전형이었던 농촌지역의 인민공사를 폐지하고 농업의 사영화를 시행
- 기업인에게 자주권을 부여하는 시범 지역을 설정하고, "조정, 개혁, 정돈, 제고"의 8자 방침을 시행하는 3개년 경제조정 정책을 실시
- 1982년 제12차 당대표대회에서 "계획경제를 주로 하되, 시장의 조절을 부수적으로 한다"는 방침을 결정하여 '시장'의 개념이 처음으로 도입됨
- 션전(深圳), 쥬하이(珠海), 산토(汕頭), 샤먼(廈門) 등 4개의 경제특구를 신설

② 개혁의 전면시행 단계 (1984-1992)
- 개혁의 중심이 농촌에서 도시로 이전해 가게 된 시기로서, 1984년 10월 중국 공산당 제12기 3중전회에서 '사회주의 상품경제' 개념을 최초로 도입하였고, 중국 경제개혁의 중요한 임무의 하나로서 시장경제 체제의 점진적 정비를 통한 개혁의 심화를 거론

216

---

134) 范恒山, 中國經濟體制改革的歷史進程和基本方向, http://www.lnxfgj.gov.cn/print.asp?articleid=275

- 1987년 10월 제13차 당 대표대회에서 "사회주의의 계획적 상품경제 체제는 계획과 시장이 내재적으로 통일된 체제"라 하여 사회주의 경제체제에서 시장기능의 강화를 주장
- 대외개방을 더욱 확대하여 동부 연해지역 14개 도시를 개방하고, 외국 자본과 기술을 도입해 중국의 경제 발전을 시도

③ 『사회주의 시장경제』의 초보적 구축 단계 (1992-2000)
- 1992년 10월 제14차 당 대표대회에서 쟝저민(江澤民)총서기는 "중국의 경제체제개혁의 목표는 '사회주의 시장경제 체제의 건설에 있다'"고 선언함으로써 향후의 경제개혁 방향을 명확히 제시
- 1993년 3월 제8기 전인대 제1차 회의에서 '사회주의 시장경제'의 전면적인 실시를 중화인민공화국 헌법에 규정
- 1997년 10월 제15차 당대회에서는 "공유제를 기초로 한 계획경제와 시장 조절을 유기적으로 결합한 경제 체제와 운영 제도를 시행"하여 사회주의 경제개혁을 추진할 것을 강조

④ 『사회주의 시장경제』 활성화 단계 (2000-현재)
- 2002년 10월 제16차 당 대표대회에서는 "2020년까지 성숙된 사회주의 시장경제체제와 더욱 활발하고 개방적인 시장시스템을 구축"할 것을 제기
- 2004년 10월 중국 공산당 제16기 3중전회에서 '과학적 발전관'과 '조화로운 사회 건설'이라는 중요한 전략 사상을 제기하여 사회주의 시장경제체제에 이론적 기초를 제공
- 2005년 10월 중국 공산당 제16기 4중전회에서 '과학적 발전관'과 '조화로운 사회 건설' 이념을 전면적으로 반영하여 2006-2010년간의 제11차 5개년 계획을 제시
- 2007년 10월 제17차 당 대표대회에서는 11.5계획을 유지하면서 "통일, 개방, 경쟁, 질서"의 현대 시장시스템 구축을 가속화할 것을 제시. 즉, 중 국 정부가 중점적으로 추진해야 할 사업으로서 농업, 첨단기술, 장비제조업, 교통 인프라건설, 에너지 절약, 생태환경, 과학기술, 교육, 공공설비 등을 제시

- 2008년 7월 국무원은 '2008년 경제체제개혁 심화에 관한 의견'을 승인하여 체제개혁의 9가지 임무로서 행정관리체제, 세제, 금융투자, 국유기업 및 비공유제, 농촌경제, 사회체제, 대외경제체제 개혁 심화, 환경보호 매커니즘 완비 등으로 확정하고 이를 각 정부 부처에 시달함.[135]

나. 개혁의 성과 및 문제점

이러한 발전 과정을 거쳐 온 중국의 경제체제 개혁은 그동안 비교적 성공적으로 진행되어 중국의 경제에 획기적인 성과를 거둔 것으로 평가되고 있지만,[136] 그럼에도 불구하고 아직도 여러 가지 문제점을 안고 있다.[137] ① 환경, 에너지 및 기후변화 등 지속 발전이 가능한 부문 등에서 여전히 문제가 많고, ② 소득분배 제도에 대한 노력 부족으로 빈부격차 문제가 갈수록 심화되고 있는 것이다. 즉, 중국의 경우 빈부격차의 정도를 나타내는 지니계수가 0.4를 초월하여 0.5에 이를 정도이다. 2006년 중국의 공식적인 도농간의 국민소득 격차는 3.3 : 1이나, 사실상 공공서비스, 의무교육, 기본 의료 등을 포함할 경우 실질적인 격차는 5~6 : 1 정도로 나타나고 있다. ③ 정부 개혁이 심화됨에 따라, 정부 기능에 대한 전환 속도가 느린 점을 이용하여 지방과 각 부서는 자체 이익을 위해 각종 심사를 약화시키는 등 부작용이 나타나고 있다. ④ 정치체제 개혁이 경제체제 개혁보다 뒤떨어져 이것이 오히려 경제 개혁의 발전을 저해하는 요소로 작용하고 있다는 것이다.

2. 장기 발전(거시경제 조정) 정책

가. 전개 과정

---

135) 国办转发发改委关于今年深化经济体制改革工作意见的通知, 新華网, 2008.7.29

136) 魏禮群, 改革開放30年, 經濟體制改革的重大進展和經驗, 人民日報, 2008.10.15, http://www.qianlong.com/

137) 張卓元, 回顧經濟改革30年, 前線, 2008.12.

(1) 장기 경제개발 구상(1976-2000)

장기 경제개발 구상(1976-2000)이란, 당시 문화대혁명으로 피폐해 있던 중국 경제를 살리기 위해 새로이 정권을 장악한 덩샤오핑을 중심으로 한 신 당권파들이 1975년 1월 제4기 전인대 1차회의에서 발표하였다. 그러나 동 구상은 1976년에 연이어 발생한 주요 사건 즉, 조우언라이(周恩來)사망과 톈안먼(天安門)사건 발생 그리고 마오저뚱(毛澤東) 사망 등으로 인해 추진 되지 못하다가 1978년 2월 제5기 전인대를 통해서 다시 그 기본 골격을 제 시할 수 있었다.

이 구상의 구체적 내용은 우선 제1단계(1976-85)로서 1976-85년간 공업화 체계와 국민경제 체제를 정비하고 제2단계(1986-2000)로는 2000년까지 농 업, 공업, 국방 및 과학기술 분야에서 「4개 현대화」를 달성하여 사회주의 강국을 건설한다는 것이다. 하지만 당시의 중국 지도부는 개발자금이나 사 회간접자본 시설 부족 등 경제의 기본 인프라도 갖추어지지 않은 채 여전히 중공업 우선 개발전략을 추진하였으며, 아울러 사회주의 계획경제의 폐해에 대한 인식 부족과 무리한 목표 설정 등으로 동 구상을 실천해 나가는데 여 러 문제점이 속출함으로써, 결국 이 10개년 계획은 실행에 어려움을 겪고 중도에 폐기되고 말았다.

(2) 3개년 경제조정 정책 병행 실시(1979-1981)

1979년 6월 제5기 전인대 제2차 회의는, 현대화 계획을 추진하기 위한 기 초 단계로서 "조정, 개혁, 정돈, 제고"의 4가지 방침과 중점 추진 10개 항 목을 내용으로 하는 3개년 경제조정 계획 실시를 결정하였다. 그러나 이러 한 조정 정책도 당시의 중국경제가 안고 있던 산업간 불균형, 고급 기술인 력 배양 및 경영관리 능력의 부족, 에너지 문제, 국제수지 악화 등 만성적 문제들을 단시일 내에 해결할 수는 없었으며, 이러한 조정 및 개혁 기간을 6차 5개년 계획과 병행하여 1985년까지 연장하기로 하였다.

(3) 제6차 5개년 계획(1981-1985)

1982년 11월 제5기 전인대 제5차 회의에서 확정된 제6차 5개년 계획(1981-85)은 "조정, 개혁, 정돈, 제고"의 4가지 방침을 포함한 경제조정 계획을 계속 추진하면서, 중공업보다는 경공업 발전에, 그리고 고도성장 보다는 경제의 효율을 중시(당초 성장목표를 연평균 4%로 책정)하는 방식을 채택하였다. 이러한 안정적인 개혁 정책 추진에 힘입어 제6차 계획기간 중 연평균 10%의 고속성장을 달성하는 등 당초의 목표를 훨씬 상회하는 성과를 보였으나, 반면 생산과잉, 에너지 및 원자재 부족, 곡물 감산, 인플레이션, 무역적자 심화 등 부작용과 부정부패, 소득불균형 심화 등 사회병리 현상도 함께 양산하게 되었다.

(4) 제7차 5개년 계획(1986-1990)

1986년 4월 제6기 전인대 4차 회의에서 확정된 제7차 5개년계획('86-'90)은 고도성장에 따른 폐단을 시정하기 위해 제6차 5개년 계획 기간보다 2.5% 낮은 연평균 성장률 7.5%의 안정성장 정책을 추구하면서 경제체제 개혁의 정착에 주력하였다. 특히, 투자의 중점을 에너지 개발 및 수송, 통신망 정비 등 기간산업 육성에 치중함으로써 국가의 장기목표 달성을 위한 90년대 고도성장을 위한 기반을 구축하였다.

한편 중국은 동 기간 중 효율적인 경제 발전을 위해 중국의 전 지역을 발전 수준과 지리적 위치를 고려하여 동부, 중부 및 서부의 3개 지대로 구분하여 별도의 발전 전략에 따라 추진해 나감과 동시에 동,중,서부 3개 지대 간 "由東向西"의 경제 연계 및 신기술 흡수 등을 더욱 강화해 나갔다.

(5) 治理整頓期 : 7.5계획 말기와 8.5계획 초기(1989-1991)

1987년 10월 당 제13기 대표대회에서 결정된 가격 개혁 실시로 전국적으로 물가가 급격히 상승(소매물가상승률: 1985~87 연평균 7.4%, 1988년 상반기 12.7%, 하반기 24.5%)한데다가 1989년 6월에 발생한 천안문 사태로 인해 천윈(陳雲)을 위시한 당내 보수파들이 주도권을 장악함으로써 경제 개혁도 치리정돈(治理整頓)을 핵심으로 한 긴축정책을 실시하였고 인플레 억제를 최우선 과제로 삼았다.

(6) 제8차 5개년계획(1991-1995) 및 국민경제 사회발전 10개년 계획(19-91-2000)

그러나 이 긴축 정책도 1989년 말부터 부분적으로 완화하여 1990년 12월 당 13기 7중전회에서 보다 장기적이고 종합적인 정책으로 발전해 갔는 바, 이 8.5 계획의 주요 정책기조는 다음과 같다. ① 농업을 최우선 산업의 하나로 설정하여 농업 중점 정책을 실시 ② 기초공업과 기초설비에 대한 정책 우선 실시 ③ 집약경영을 통한 경제효율 제고를 핵심과제로 하여, 상업, 상품, 기업 등에 대한 구조 조정 추진 ④ 개방을 확대하되, 과거의 연해 중심 개발전략을 탈피, 주변국과의 경제교류를 확대하고 ⑤ 아태지역내 경제 공동체 형성에 능동적으로 참여한다는 것 등이었다.

또한 **국민경제 사회발전 10개년 계획(1991-2000년)**을 발표하여 산업구조 조정에 역점을 두는 중장기 발전계획을 마련하였다. 이른바 ① 농업, 기간산업, 인프라를 우선적으로 정비하고 ② 가공산업분야의 재편, 개조, 향상과 더불어 전자산업의 진흥을 추진하며 ③ 건설업과 3차산업 발전을 중점적으로 추진하며 ④ 3차산업의 발전을 가속화하여 당시 GDP의 1/4에 불과한 3차산업의 비중을 2000년에는 1/3로 제고시키는 것을 목표로 삼았다.

(7) 제9차 5개년계획(1996~2000)과 2010년 장기발전 전략(1996-2010)

「9.5계획」의 주요 목표를 살펴보면, 우선 ① 대외중시 정책보다는 국내 경제를 중시하는 경제성장 방식의 채택, ② 경제 운용 메커니즘의 시장화, ③ 정부 기능에 대한 개혁(정부조직 및 기능개편), ④ 성장 중심에서 경제, 사회 분야 균형발전 모색 등을 『4대 방침』으로 정하고 향후 2000년까지 다음 거시경제 지표를 달성하는 것을 목표로 설정하였다. 즉, 연평균 GDP 성장률 9.3%, 고정자산투자 증가율 30%, 1인당 GDP 성장률을 도시는 6.7%, 농촌은 5.4%까지 달성하며, 소비자 물가 상승률은 7% 이내로 유지, 그리고 재정수지는 2000년까지 수지 균형을 달성하되, 국제수지의 경우 경상수지 균형과 함께 자본수지의 적절한 흑자를 유지토록 한다는 것이다.

이와 함께 '2010년 장기발전전략(1996-2010)'을 발표하여 그 전략 목표로서 ① 5대 경제특구와 상해 浦東특구에 대한 기존 정책을 견지해 나가며 ② 금융, 유통 등 분야에서 국내시장을 단계적으로 개방하며, ③ 국유기업의 경영 체질을 시장경제체제에 맞게 개선한다는 것이다. 또한 ④ 국유기업의 대형화, 그룹화를 통해 국제 경쟁력을 배양하고, ⑤ 세계인구의 22%를 차지하나 경지면적은 10%에 불과한 중국의 농업 현실을 감안, 농업개발을 위한 외자 도입과 황무지 개간을 적극 추진해 나간다는 것이다.

또한, ⑥ 양쯔강 삼협(三峽)댐, 황하댐, 베이징-상해간 고속철도 등 대규모 프로젝트를 추진하며 ⑦ 균형있는 고용구조 형성과 함께 3차산업을 대폭 육성하고, ⑧ 군수기술을 민간산업화에 활용하며, ⑨ 내륙진출 외자기업에 대한 우대 정책을 확대하며 ⑩ 2010년까지는 2000년 GDP의 2배 증가를 목표로 삼았다.

(8) 제10차 5개년 계획(2001-2005, 10.5계획)

「10.5계획」은 21세기가 새로이 시작되는 시점에서 중국의 현대화 건설을 위한 제 3단계 전략의 최초 5년간의 발전 계획이었다. 이 10.5계획이 입안되게 된 배경에는 우선 그간의 경제체제 개혁을 통해 중국의 생산력 수준이 크게 향상되어 상품 부족 현상이 기본적으로 종식(溫飽 달성)되었으며 인민 생활도 크게 향상되어 풍요로운 생활이 가능한 **전면적인 小康수준**을 향하여 다음 단계로서 사회주의 현대화를 위한 새로운 발전단계를 추진할 필요성에서 제기된 것이다.

이 10.5계획의 주요 전략 목표를 보면, ① 국민 경제의 발전 속도를 지속 유지하여 2010년 GDP를 2000년 GDP의 2배로 증가시키도록 하며 ② 국유기업 개혁을 통해 현대기업제도를 도입하며, 사회보장 제도의 건전화를 통해 민간 분야에서의 국가 경쟁력을 제고시키며, ③ 인민의 취업 기회를 확대하여 도시 및 농촌 주민의 수입 확대를 통해 국민의 생활수준을 개선하며 ④ 과학기술 및 교육 분야 발전을 통해 정신문명과 민주법제 건설에 기여토록 하는 것 등이다.

(9) '2008년 경제체제 개혁 심화에 관한 의견' 확정

한편, 국무원은 2007년 말 국가발전개혁위원회가 제출한 '2008년 경제체제 개혁 심화에 관한 의견'을 승인함으로써 경제체제 개혁을 위한 9가지 임무를 확정하고, 각 정부 부처에 시달하였다.

① 행정관리 체제 개혁 심화: 정부기구 개혁(인력, 기구, 기능 전환)
② 세제 개혁 심화: 세제개혁(자원세, 증치세, 부동산세, 환경보호세)
③ 금융 개혁 심화: 금융기업 개혁, 금융 감독 체계 구축(환율 탄력성, 금융감독 협력 매커니즘 마련), 투자체제 개혁
④ 국유기업 개혁 및 비공유제 경제 발전 추진: 국유기업 개혁(구조조정 심화) 독점기업과 공공사업 개혁(철도, 전신, 전력망 등), 비공유제 경제 발전 촉진(시장진입, 세금, 신용 담보 등)
⑤ 요소시장 건설 추진: 자본시장의 안정적 발전 촉진(차스닥 개설), 토지시장규범화, 인력자원시장 규범화(취업촉진법, 신노동계약법 실시)
⑥ 농촌경제 체제 개혁: 농촌종합개혁 심화, 농촌금융개혁 추진, 임업, 개간 및 수자원 체제 개혁
⑦ 자원절약, 환경보호 매커니즘 완비: 자원 환경 가격결정 매커니즘 완비(원유, 천연가스, 전기료 등), 자원 유상사용 제도 및 생태환경보상 매커니즘완비, 에너지절약 및 오염물 배출감소 매커니즘 완비
⑧ 사회 체제 개혁: 소득분배 제도 개혁 심화(최저 임금조정, 직원임금 인상 매커니즘, 기업임금 조례 등), 사회보장제도 완비(퇴직양로금, 양로보험 등), 의약 및 위생체제 개혁
⑨ 대외 경제체제 개혁 심화: 외자유치 이용 관리 체제 완비(승인 절차 간소화, 심의, 비준 관할부처에 이양), 해외투자관리 체제 완비

(10) 제11차 5개년 계획(2006-2010)의 산업별 발전 목표 및 정책방향

제11차 5개년 계획의 산업별 발전 목표는, 우선 중국 경제를 시장 중심과 기업 중심의 자주적인 혁신 능력을 배양하고, 기존의 노동집약 산업에 대한 경쟁 우위를 유지해 나간다는 것이다.

① 철강 산업

구조 조정을 통해 철강업계의 경쟁력을 향상(맹목적인 투자는 억제)시키되, 중국의 경제발전 상황과 자원, 에너지 및 환경보호 수준에 맞는 합리적인 규모를 유지한다.

2010년까지 제품의 구조 조정을 통해 철강제품의 질적 수준을 향상(기계, 화학공업, 자동차, 조선, 가전 등 발전 지원)시켜 나가며, 철강 산업 분야 중 핵심 기업에 대한 규모 확대를 통해 산업의 집중도를 향상 (10대 철강사의 생산 비중을 2010년까지 50%, 2020년에는 70%로 향상)시켜 나간다. 또한 환경친화적인 제철소를 건립하도록 노력한다.

② 석유화학 산업

에틸렌 설비 규모를 지속적으로 제고하고 선진 생산기술을 도입하며 신제품 개발을 통해 제품의 다양화를 추구해 나간다. 특히, 업-다운 스트림의 유기적 연계를 통해 수직적 계열화를 도모한다.

③ 섬유 산업

과거의 양적 성장에서 벗어나 질적 고도화를 달성하되, 2010년까지의 판매액을 생산 물량보다 2배 이상 높은 연평균 12.7% 향상시킨다. 또한, 에너지/용수 이용에 있어서 효율성을 높이고 폐수배출량을 줄이도록 노력하며, 산업용 섬유생산의 비중은 동기 대비 54%에서 50%이하로 낮추도록 한다.

④ 자동차 산업

승용차의 독자 모델을 개발하고, 핵심부품 산업을 발전시키며 업체의 자체브랜드 육성을 통해 동시다발적인 도약 전략을 추진한다. 즉, 중.소 승용차의 독자 모델 개발을 위해 대형 글로벌 자동차업체를 적극 육성해 나간다.

또한 브랜드 인지도 제고를 위해 정부예산을 확대하여 지원하고, 미래형

자동차 분야의 경쟁력 우위 확보를 위한 지원을 강화한다. 엔진, 트렌스미
션 등의 국산화를 위해 관련 외국업체를 인수하고 국내업체간의 합병을 유
도한다.

⑤ 조선 산업

대규모 투자로 규모의 경제 효과를 창출하고, 아울러 기술개발을 위해 정
부의 집중 지원을 통한 기술경쟁력을 확보한다. 그리하여 2015년까지 선박
건조량 2,400만 DWT로 세계 시장점유율 35%(세계1위)를 확보한다.
3대 현대화 대형조선기지(발해만, 양쯔강 하류 및 광조우 주강지역)를 중
심으로 11차 5개년 계획 기간 중 4~5개 업체는 세계 10위 이내, 20개 업체
가 50위 이내 진입을 목표로 한다.

⑥ 일반기계 산업

수입의존적인 기계류의 자급도를 제고하고 부품 국산화율을 향상시킨다.
    - 공작기계 : 국산 공작기계의 부품 사용 비율을 60%이상으로 제고
    - 건설중장비기계 : 자체 유명브랜드 육성, 제품의 품질경쟁력 제고
    - 섬유기계 : 기업구조조정을 통해 집약화되고 전문화된 생산을 추구
    - 농업기계 : 농업부문의 종합적인 생산능력 제고

⑦ IT,전자 산업

향후 15년 내에 세계적인 IT강국으로 성장할 수 있도록 전자제품별로
특색 있는 국가 전자정보 산업단지를 조성한다. 여타 산업으로의 파급효과
를 극대화 하고 수출 증대를 기대할 수 있는 대규모 집약적 국가 정보사업
기지를 건설한다. 특히, 세계 전자산업분야에서 중국의 지위 향상을 기하여
중국이 세계 전자제품의 연구개발, 가공 및 생산기지가 되도록 구축한다.

⑧ 통신기기 산업

정보산업통신(통신서비스업)과 전자(제조업) 분야를 양대 핵심으로 삼아 '전신전자 강국'을 건설한다. 그리하여 중국 IT산업의 부가가치액을 2조 2,600억 위안으로 증대시킨다.(GDP에서 차지하는 비중 10%로 증대) 또한 중국 IT산업의 매출액을 7조 위안으로 증대시켜 소프트웨어 및 시스템의 통합매출액을 1조 위안으로 증대(수출총액의 IT제품 수출비중 35%로 증대)시킨다.

3. 재정 정책

가. 현 재정 체제

현 중국의 재정 체제는 사회주의 체제가 갖는 중앙집중식 '통수통지' 재정체제(統收統支 財政體制)를 그대로 유지하고 있다. 즉, 모든 재정 수입과 지출이 중앙에 집중되는 재정관리 체계로서, 지방정부나 국영기업에게는 재정상 일체의 재량권도 주어지지 않는 이른 바 일괄 수입과 일괄 지출의 방법을 실행하는 중앙집권적인 재정체제인 것이다.[138]

나. 국가 재정 정책의 연혁 및 내용

(1) 1970년대 말까지의 재정 정책

① 신중국 초기의 재정 정책

중국은 신정부 수립 직후 장기간의 전쟁으로 국민경제는 악화되었고 철도, 도로 등의 산업기반 시설도 크게 파괴된 상태였으며 이로 인해 극심한 인플레이션이 유발되어 국민 생활을 크게 압박하고 있었다. 특히 중국 공산당은 신정부 수립 이래 계속된 전비(戰費) 충당, 900만 명에 달하는 군인·

---

138) 박정동, 현대중국경제론, 법문사, 2003, pp 90-91

공무원·교직원에게 지급해야 할 행정 비용, 그리고 일본과의 전쟁을 통해 취득한 기관 및 기업에 대한 유지비용 등이 재정지출의 큰 비중을 차지하고 있었다.

이에 더불어 1951년에는 한국전 참전으로 군사비가 증대하여 물가상승 방지를 위해 재정지출을 삭감시켰고, 반면 농업세 인상, 주류·담배 등에 대한 전매세 신설, 계약세와 화물세 등의 인상 조치를 통해 재정수입을 늘릴수밖에 없었다. 이처럼 중국은 국가 재정수지의 균형을 유지하고 물가 안정을 확보하기 위한 조치로서, 이제까지 분산·실시되었던 국가재정 관리를 통일된 국가재정 관리로 전환하는 한편 고도로 집중된 '통수통지'의 국가재정 관리체제로 전환하게 된 것이다.

② 제1차 5개년 계획기의 재정 정책

1953~1957년간 제1차 5개년 계획기에는 중공업을 중심으로 18.5%의 공업성장률이 달성되는 등 공업 부문에 의한 국가 재정수입은 크게 증가하였다. 반면 농업 부문에 대한 국가 재정수입은 10% 미만이었고 농업 성장율 역시 4.5%로서 극히 미미한 수준이었다.

다만 중국 정부로서는 제1차 5개년 계획 기간 중 대규모 경제 건설을 추진하면서 국가재정을 균형 상태로 유지하는 것이 적합하지 않다고 보고, 국가재정 정책에 있어서 중앙의 통일적 지도를 기반으로 지방의 자율성도 고려하지 않을 수 없었다.

따라서 중국 정부는 이를 감안 국가예산 관리체계를 대(大)행정구 예산 대신 현(縣)예산을 추가로 설치하여 전국을 중앙, 省(市·區), 縣(市)의 3급 예산으로 나누어 실시하게 되었다.

③ 대약진 시기의 재정 정책

그러나 대약진 시기에 중국은 국가계획 목표를 과도하게 설정한 나머지 적자재정이 계속 유지되어 여러 부작용이 나타났으며, 특히 재화의 원활한 유통, 국가재정의 원활한 분배 등도 적절히 이루어지지 못하였다.

이에 따라 그동안 중앙에서 각 지방의 예산을 총괄적으로 결정한 후 예산수입과 지출 비율을 정하였던 것을 폐지하고 대신 지방의 예산수입에 근거해서 예산 지출을 결정하였다(이 제도는 이후 5년간 시행). 또한 하방재산권(下放財産權-권력을 하급기관에 분산이관(分散移管)한 재산권)을 시행함으로써 중앙의 재산권을 지방으로 분산시켰는데, 이러한 재정 정책은 또한 지방 예산의 수지 범위를 명확히 하고, 그 권한을 확대시키는 계기가 되었다.

④ 경제조정기와 문화대혁명기의 재정 정책

대약진기의 재정정책은 지방의 재산권을 확대시켰으나 상대적으로 중앙의 재정권한을 감소시키는 결과를 초래하였으며, 더욱이 경제계획의 목표를 과도하게 설정함으로써 재정 면에서 어려운 처지에 이르게 되자 경제계획을 전면적으로 조정하기 위한 조정 정책이 시행되었고, 이 조정 정책은 재정적자를 해소하고 농업생산을 증가시키는데 주력한 것이다.

한편,1976년 4인방의 체포로 10년간에 걸친 문화대혁명은 종결되었으나, 국민경제는 극도로 피폐하고 거의 붕괴상태에 이르렀다. 그 영향은 문혁기간만이 아니라 그 이후에도 커다란 후유증을 남겼다. 즉, 문혁을 통해서 국가 경제는 1) 재화의 축적률이 높아졌고, 2) 기초건설 투자계획이 지연되어 경제효율이 악화되었으며, 3) 기업경영의 부실로 기업 적자가 확대되어 이 적자를 국가재정으로 충당시켜야만 했다.

(2) 1980년대 이후의 재정 정책

① 1980~84년의 재정 개혁

덩샤오핑의 개혁·개방 정책이 시행됨에 따라 민간 기업들은 「이윤유보제(利潤留保制)」와 「손익책임제도」를 시행하였다. 그 결과 기업의 자주권이 확대되고, 근로자의 수입이 기업의 경영 성과에 의해 좌우됨으로써 과거의 평균주의적 운영의 폐단을 극복할 수 있었으며, 기업과 근로자의 수입도 또한 증가하였다. 정부와 기업의 기능을 분리한다는 원칙 아래 **이윤상납제**를 납세제로 바꾸고 납세 후 이익은 기업소유로 하는 '**이개세(二個稅) 제도**'를 1983년부터 실시하였다. 이 '이개세(二個稅)제도'의 실시로 국가는 재정수입의 안정적 확보를, 기업은 기업이익의 안정적 확보를, 그리고 개인은 개별이익 증대라는 상호 윈-윈 게임이 이루어지게 되었다.

　다만 이 재정체제 개혁은 상당한 정도의 재정 권한을 지방정부로 이전하게 되어 재정의 분권화를 진전시켰다는 점에서 의의는 있었으나 반면 지역이기주의 심화로 상품의 유통 장애 발생, 맹목적인 생산과 중복 건설, 그리고 공상세(工商稅)의 중앙 귀속으로 인한 지방의 적극성 결여라는 문제점도 함께 대두되었다.

　② 1985~88년의 재정 개혁

　1985년에는 '이개세 제도'의 단점을 보완하기 위하여 '이윤유보제'와 '이개세제도'의 장점을 취한 절충 형식인 「**도급경영책임제(承包經營責任制)**」가 실시되었다. 이 제도는 생산수단의 공유제를 유지하면서도 소유와 경영을 분리시킴과 동시에, 정부와 기업의 기능을 분리시킨 것으로서, 소유자인 국가와 경영자인 기업 간에 일정한 계약을 통하여 기업 경영의 자율성을 보장하는 제도인 것이다.

　이러한 경제 상황에 맞추어 중국 정부는 1988년부터 1990년까지 각 지역에 대해 상이한 형식의 「**재정청부제**」를 실시하였다. 이는 국유기업에서 실시되고 있던 도급경영책임제를 재정 제도에 도입한 것으로서, 중앙정부와 지방정부가 서로 계약제를 채택하고, 중앙정부에의 납부 비율을 계약에 의해 재조정해 나가는 방식이었다.

　이같은 재정청부제의 실시로 (1) 중앙과 지방 재정의 분배관계에 있어서 투명도를 한 단계 제고시킬 수 있었으며 이에 따라 경직된 예산 관계가 호전되기 시작하였으며, (2) 지방의 재정자주권이 확대됨에 따라 각 지방정부가 계획했던 각종 지방 건설 및 투자를 촉진시킬 수 있었다.

　③ 1992~94년의 재정 개혁

중국 재정부는 재정개혁 차원에서 1992년부터 텐진(天津), 랴오닝(辽宁), 선양(沈阳), 다롄(大连), 저장(浙江), 칭다오(青岛), 우한(武汉), 충칭(重庆), 신장(新疆) 등 9개 지역을 대상으로 「분세제 재정체제(分税制財政體制)」를 시범적으로 실시하였다.

「분세제(分税制)」란 보통 '분세청부제(分税請負制)' 또는 '분세포간제(分税包干制)'라고도 하며, 국가 재정수입을 세목에 따라 중앙 수입, 지방 수입 및 공동 수입으로 구분하고, 이 구분된 세목의 기초 위에서 현행 재정 청부제를 적용해 시행해 나가는 제도이다.

먼저 중앙정부와 지방정부의 행정권을 명확히 구분해 전체 재정수입을 중앙세, 지방세, 그리고 중앙 및 지방이 공유하는 공동 수입 분으로 구분하고, 공동 수입 분에 대한 중앙과 지방간 분할 또는 배분 원칙은 일정 주기별로 중앙정부와 지방정부가 합의하에 결정하도록 하였다. 이 제도에 의해 그동안 복잡했던 중앙과 지방의 재정수입원을 재정리함으로써 각급 정부의 재정 부담을 명확히 하는 계기가 되었다.

④ 1995~2003년까지 재정 정책 변화

1997년 아시아의 금융위기로 인해 중국 경제도 힘든 상황에 직면하게 되었으며, 그 중에서도 특히 수출액 감소는 국가 재정에 큰 타격을 주었다. 이러한 수출액의 감소로 국유기업 노동자 1천만 명이 실직하였고, 내수시장 또한 위축된 상황에서 당 중앙 및 국무원은 적극적인 재정 정책과 안정된 화폐 정책을 시행하기에 이르렀다.

중국 정부는 당시의 아시아 금융위기에 대처하고 재정적자를 해소키 위해 금융위기가 발생한 시기부터 이후 3년간 대규모 국채를 발행하였다. 즉, 은행을 통해 3,600억 위안 규모의 국채를 발행하여 사회간접자본에 1조 5,000억 위안을 투자하였다.

2002년도에 내수 위주의 경제 성장 지원을 목적으로 예산에 있어서 적자 재정을 편성하였다. 이로써 당시의 재정적자가 사상 처음으로 3,000억 위안(약 375억 달러)을 초과한 것이었다. 이렇게 적자재정을 편성하여 주요 재정투융자 사업에 투자되었는바, 대부분 도시지역의 사회안전망 건설, 정부

기관 및 기업의 임금 인상, 서부대개발, 농촌 인프라 건설 등에 사용되었다.[139]

다. 최근 재정 정책의 주요 특징

1998년과 2008년의 금융위기 시기에 실시된 적극적인 재정 정책은 모두 당시의 위기 상황 대처, 경기 후퇴 방지를 목적으로 하는 하나의 중요한 거시정책 조정 과정이었다. 당시 중국 정부는 정부지출과 사회수요를 확대하였으며 사회투자를 끌어들여 경제 성장을 유지해 나가는데 주력하였다.

다만, 1998년과 2008년이 상호 다른 점은 1998년은 아시아 지역에 국한된 지역성 금융위기였기에 재정 정책도 금융 영역에 집중된데 반해, 2008년에는 범세계적인 경기 침체가 서방 선진국에서 신흥시장 및 개도국에까지 확산됨으로써 금융 영역을 넘어 실물 경제로까지 확대된 점이다. 이에 따라 중국 정부는 금융의 유동성을 확보하고 지속적인 성장이 이루어지도록 내수 확대를 근간으로 하는 주요 정책들을 시행해 나갔다.

여기서 2008년에 중국 정부가 취한 재정 정책은 아래와 같은 3가지 특징을 지니고 있다.

① 투자 조치가 주로 민생문제 해결, 특히 낙후지역과 저소득층에 관련되어 있었다. 예를 들면, 주거지 건설, 농촌 기초시설 건설, 의료 및 위생 강화, 문화교육 사업 확대, 생태환경 건설, 도시 폐수 및 쓰레기 처리시설 건설, 수질오염 방지 강화, 지진재해 지역의 복구사업 강화 등에 지원되었다.

② 도시와 농촌의 소득 제고를 위한 세제 개혁을 최초로 단행하였다. 즉, 전국의 모든 업종에 적용되는 부가가치세에 대한 환급조치를 실시하여 7억위안(한화 1,200억원 상당)에 해당하는 기업부담을 덜어 주고 대신 이를 기업의 기술개발에 투자하도록 독려하였다. 그리고 도시의 봉급생활자, 자영업자, 중소기업의 소득세를 낮추고, 신용대출을 확대하여 소비를 자극해 나갔다.

---

139) 박정동, 현대중국경제론, 법문사, 2003, pp 195-201

③ 각종 재정 조치들이 단기적 목표와 장기적 목표가 모두 결합된 조치였다. 즉, 경제성장 촉진과 구조 조정을 결합해 하이테크 산업화 건설과 산업기술의 발전을 가속화하는 것으로서, 예를 들어 저소득층의 의료위생 서비스체계 강화, 중서부지역 농촌의 교육 시설 보수, 중,서부 지역의 특수교육 학교와 농촌 종합문화센터 건설 추진 등 조화로운 사회를 구축하기 위한 제반조치들이었다.

4. 금융 통화 정책

가. 중국의 화폐

현재 중국에서 사용되는 화폐 단위는, 위안(元), 각(角), 분(分)으로, 1위안이 10각, 1각이 10분이다. 지폐는 100위안, 50위안, 20위안,10위안, 5위안, 2위안, 1위안, 5각, 2각, 1각, 2분, 1분짜리가 있으며, 동전은 1위안, 5각, 1각, 2분, 1분짜리가 있다. 중국의 인민폐는 베이징시 서남쪽 백지방(白紙坊)에 위치하고 있는 인민폐 공장에서 설계되어 발행되고 있다.

중국의 화폐 제도는 중앙은행으로서의 중국인민은행이 발행하는「인민폐」를 법정화폐로 하여 계획적인 화폐 유통을 지향하고 있다. 당초 1948년 12월 중국인민은행이 설립됨으로써 인민폐의 발행이 시작되었으며, 1955년 3월 인민폐의 액면가가 너무 커서 계산이 불편한 문제 등을 해결하기 위해 인민폐 10,000위안을 1위안으로 하는 화폐 개혁을 실시하여 신인민폐가 발행되게 되었다.

나. 화폐 관리제도

중국 화폐 관리의 주요 특징은, 첫째, 인민폐가 유일한 합법적 화폐로서, 중국내 시장에서 인민폐의 유통만이 허가되고 있다. 둘째, 인민폐의 발행 권리는 국가에 있으며, 중국인민은행의 본점이 전국 유일의 화폐발행기관이며 기금의 발행도 여기서 집중 관리하고 있다. 셋째, 모든 국영기업과 정부

기관·단체·부대·학교와 집체에 대해 현금 관리나 임금 관리, 그리고 결산에 대한 관리를 행한다. 동 기관의 허가 없이는 인민폐를 휴대하고 국경을 출입할 수 없다. 넷째, 인민폐의 외화에 대한 환율은 중국인민은행 본점이 통일적으로 정하며, 인민폐의 발행·유통·관리에 있어 어느 국가의 화폐제도와 종속 관계를 맺지 않는다. 마지막으로 외화 및 각종 변형된 화폐 유통을 엄금하며, 출토된 금과 은은 국가 소유로 귀속된다.

인민폐의 발행권한은 최종적으로「국무원」에 있다. 국가는 매년 국민경제 발전의 수요에 따라 화폐 발행 계획을 세우며, 화폐 발행과 관련된 사항은 중국인민은행이 그 책임을 진다. 중국인민은행 본점은 발행 계획에 근거하여 국가가 비준한 한도 내에서 기금 발행 등을 집중 관장한다. 중국인민은행 각 분·지점의 발행 금고와 전문 은행의 업무 금고는 본점을 대리하여 보관하고, 기금 발행이 필요할 때에는 상급기관에의 보고를 통해 중국인민은행 본점이 허가한 금액의 한도 내에서 사용할 수 있다.

다. 화폐 유통 체계

중국의 화폐 정책은 화폐 가치의 안정과 경제 발전이라는 두가지 목표에 따라 실행되고 있다. 즉, 중국 정부는 현재의 중국 특성을 고려하여 신용대출 총액의 증가를 억제하는 이른바「화폐공급량 조절 정책」을 통해 화폐 가치의 안정과 동시에 경제 발전을 촉진하는 이중 목적을 실현하고 있다.

중국의 화폐유통 체계는 지금도 중국인민은행의 현금유통 관리와 각 부문의 기금 감독에 의지하고 있다. 현금관리 부문은 현금보유에 있어 현금보유 한도액을 조사, 결정하여야 하며, 한도를 넘는 현금은 반드시 은행에 입금시켜야 한다. 각 부문 간의 경제 교류에 있어서도 기준결산 금액 이하의 현금을 통한 소액 지불 이외에는 물자를 구매할 때도 반드시 은행을 통한 대체결제를 하여야 하며 현금은 휴대할 수 없다.

라. 최근의 중국 통화 정책

2008년 미국발 글로벌 금융위기가 발생한 이래 중국 중앙은행의 통화정책은 이전의 '긴축'에서 '적절히 완화된' 통화정책으로 그 기조가 바뀌었다. 중국인민은행은 2008년 9월부터 5회에 걸쳐 예대금리를 인하해 대출 금리를 평균 5.31%로 인하시켰다. 또한 4회에 걸쳐 예금 지급준비율을 인하해 대형 금융기관의 예금지준율도 15.5%로 하락시켰다. 그리고 공개시장에서 중국인민은행의 어음 발행 강도도 약화시켜 나갔다.

이러한 일련의 '완화된 통화정책'을 실시한 결과 국내 신용대출은 폭발적으로 증가했으며 이에 따라 고정자산 투자도 활성화되어 실물 경제가 점차 회복되기 시작하였다.

중국인민은행은 2010년도 당시의 통화 정책 기본 방침을 다음과 같이 설정하였다. 적절히 완화된 통화 정책을 계속 시행하고 국내외 경제 동향과 가격 변화에 따라 정책의 속도와 강도를 조절해 정책의 유연성과 지속성을 증대시켜 간다는 것이었다. 즉, 경제의 안정적인 고속 성장 유지와 금융 리스크 방지 사이의 관계를 적절히 처리하고 인플레에 대한 기대 심리를 유의하여 관리해 간다는 것이다

현재에도 중국의 통화 정책은 표면적으로는 그리 큰 변화는 없지만 실제로 내부 조정을 통해 어느 정도의 변화를 도모해 가고 있는 중이다. 즉 '신용대출 구조 조정'과 '인플레 기대심리 관리'를 통화 정책의 최대 목표로 삼고 조정해 나가고 있다고 하겠다.

5. 환율 정책

가. 환율제도 개혁 과정

환율체계	시 기	주요 특징 및 변동사항
계획환율제도	1949-1979	- 일괄적인 수지관리, 집중관리 및 통일관리 원칙 - 70년대 이전에는 환율변동이 없는 고정환율제

이중환율제도	1979-1984	- 「공식환율」은 외자유치나 관광관련 거래에 적용 - 81년부터 수출 촉진과 수입 억제를 위해 　무역거래에는 「내부결제환율」을 적용
환율 단일화	1985-1986	- 공식환율의 평가절하로 환율 단일화 실현
이중환율제도	1987-1993	- 기업간 외환거래를 통한 「조절 환율」과 정부가 　정하는 「공정 환율」의 이중환율제도 운영 - 무역의 대부분이 조절환율을 통해 거래
관리변동환율 제도	1994-1997	- 조절환율을 기준으로 환율단일화 - 기업간 외환조절센터 폐지 - 은행간 외환조절센터 구축
미국달러와 페그제도	1997-2005	- 금융당국의 개입으로 환율변동폭이 달러당 　8.27-8.28 위안 　사이에서 사실상 고정
통화 바스켓 제도	2005-現	- 더 이상 달러화에 고정되어 있지 않고 여러 　종류의 화폐 　를 선택하여 가중치를 두는 통화 바스켓 제도

나. 현행 환율제도

　중국인민은행은 2005년 7월 위안화 환율 제도를 기존의 미국달러화에 고정(페그)하여 운영하는 환율제도에서 '**통화바스켓 기준 관리변동 환율제도**'로 변경하였다.

　이 새로운 환율제도는 위안화 환율이 더 이상 달러화에 고정되어 있지 않고 여러 종류의 화폐를 선택하여 가중치를 두는 통화 바스켓 제도로 변환하여 실시하는 것을 의미한다. 그러나 통화 바스켓 제도를 실시한다는 것이 반드시 바스켓 통화를 고정한다는 것을 의미하는 것은 아니며 시장 수요와 공급 상황에 따라 통제가 가능한 관리변동환율 제도를 실시하는 것이다. 특히, 2005년 당시를 기준으로 하여 환율수준의 합리적인 조정을 위해 위안화 대 달러화의 환율을 즉시 2% 절상시켜, 1달러 대 8.11위안의 환율로 조정한 것이다.

다. 최근 위안화 환율 동향

2005년 7월 환율제도가 변경된 이래 위안/달러 환율은 계속 꾸준히 절상해 왔다. 2005년에 2.5% 절상하던 것이 2006년에는 3.3%, 그리고 2007년에는 6.5%로 계속해서 그 절상 폭이 커 갔다.

그러나, 중국 정부는 국내 경제적 요인으로 위안화 절상을 계속 용인할 수밖에 없었으며 이에 따라 시장에서의 위안화 절상 속도는 더욱 가속화 되어 갔다. 즉, 2007년 하반기 이후 지속된 인플레이션 압력과 투자 과열 현상으로 인해 이를 완화하기 위해서라도 중국 정부는 암묵적으로 위안화 절상을 용인할 수밖에 없었다.[140)

현재는 중국 경제의 고도성장에 힘입어 1달러에 6.05위안대의 환율을 유지하면서 위안화의 추가 절상문제와 관련하여 긍정적 시각과 부정적 시각이 함께 병존하고 있다. 우선 긍정적 측면은 "더욱 빠른 속도의 위안화 평가절상은 중국이 안고 있는 경제적 과제를 해결하고 국제 경제의 안정화에 도움을 줄 것"이라는 것이다. 또한 변동환율제도 도입 이후 중국 기업들의 환율 변화에 대한 대응력이 향상되어 위안화가 절상되더라도 오히려 국내 구매력이 증가되는 등 긍정적 요인이 크다고 주장하고 있다.

반면, 부정적 시각으로는, 급격한 환율절상은 투기자금 유입과 고용 불안 등을 야기시켜 이에 따른 경제성장 둔화가 우려된다는 것이며, 아울러 위안화 절상과 물가 상승을 동시에 억제하려는 기존의 정책은 오히려 경제 구조의 문제점을 야기하여 물가 통제를 더욱 어렵게 할 것이라는 것이다.

6. 외환관리 제도

---

140) 실제 시장에서의 구매력이나 실질 환율 등을 고려한 위안화 환율은 저평가 상태에 있었다. 실질 환율은, 통화바스켓 구성 11개국의 물가수준과 무역 비중을 반영해 산출한 환율로서,100 을 기준으로 봤을 때, 이를 하회하는 94.8로 평가되었던 것이다.

가. 기본 법규

중국은 1996년 1월 발표된「중화인민공화국 외환관리 조례」에 의거하여 중국내 각급 기관, 개인, 중국주재 외국기관, 외국인 거주자에 대해 아래와 같은 원칙에 따라 외환관리를 실시하고 있다.

① 모든 외환 관리는 집중관리ㆍ통일경영을 원칙으로 하고, 외환관리 기구는 국가외환관리국과 그 분국으로 한다.
② 외환의 수입과 지출에 대한 계획은 연도별 계획과 분기별 계획으로 작성되며, 분기별로 외환관리국과 국가계획위원회가 계획에 대한 집행 상황을 분석하여 수정 여부를 결정한다.
③ 외환 수입의 안정적인 확보를 위해 모든 지방정부와 각 수출입공사는 수출액과 외환관리액을 하달받는 도급경영책임제를 실시한다.
④ 다만, 경제특구와 보세구역 등 특정 지역은 외환관리에 있어 일반 지역보다 우대하는 정책을 취한다.
⑤ 외국인 투자기업의 경영여건 개선을 위해 외자기업에 대해서는 상대적으로 유리한 외환관리 정책을 실시한다.

나. 현행 외환관리제도

중국은 외화 현금에 대해서는 국가가 집중 관리하고 있으나, 기업과 일반 기관에 대해서는 별도로 무역 또는 무역외 거래로 획득한 외환의 일부를 직접 사용할 수 있는 권리를 부여하는 외환 보유제도를 실시하고 있다. 다만 기업 등이 보유하고 있는 외환에 대해서는 그 사용 한도를 정해 그 범위 내에서 사용토록 하고 외화 현금은 은행에 예입하거나 외환시장을 통해서만 매매하도록 하고 있다.

이와는 별도로 중국은 대외무역이 급격히 확대되면서 고도로 집중된 계획과 행정적 규제만으로는 효율적인 외환 관리가 불가능하다는 판단 아래 경제조절 수단에 의한 외환 관리도 함께 도모하고 있다. 특히, 중국의 환율은 외환관리국이 공표하는 공정 환율과 외환조절 시장에서의 수급 상황에 따라 결정되는 이중 환율 제도를 실질적으로 운용하고 있다.

다. 외환관련 기구 및 은행의 외환 업무

(1) 외환관련 기구

중국의 외환관련 기구로는, 중앙은행으로서 외환을 총괄 관리하는「중국인민은행」, 그리고 중국인민은행의 관리 하에 외환 관리를 전담하는 행정기관인「국가외환관리국 및 그 분국」,외환업무 전문은행으로서의「중국은행」과 외환관리국이 제한적인 범위 내에서 외환업무의 취급을 인가한「중국내 금융기구」로 나누어진다.

본래 외환의 예금, 대출과 국제 결제 등 모든 외환 업무는 중국의 외환전문은행인 **중국은행**에 의해 독점되어 왔다. 그러나 대외 개방으로 대외무역 규모가 급격히 확대되면서 점차 외환 업무 취급도 분권화되기 시작했다. 1979년에 **중국국제신탁투자공사**가 설립됐으며, 1981년에는 **중국투자은행**이 설립되어 외환업무를 취급할 수 있게 되었다.

특히 1986년에 개최된 중국인민은행 제3차 이사회에서는 연해 개방도시와 경제특구의 각 전문 은행 총행과 분행에 대해서도 외환업무를 취급할 수 있도록 허용하였으며, 또한 1988년 외환관리국은 전문은행의 전국 분행에서도 외환업무를 취급할 수 있는 권한을 부여하고 각 지방 은행에서도 외환업무를 취급할 수 있도록 허용하였다.

(2) 국가외환관리국(國家外換管理局)

1979년 3월 국무원은 외환관리 업무를 총괄하기 위하여「**국가외환관리총국**」의 설립을 승인하고 중국은행에 대한 관리를 하도록 하였다. 1982년 8월에 지금의 **국가외환관리국**으로 개칭한 외환관리국은 외환 관련 규정을 제정·실시하는 한편 모든 외환 거래를 국가의 정책에 따라 관리하도록 하고 있다.

외환관리국의 주요 임무를 보면, ① 외환관리에 대한 방침, 정책, 법규를 입안하여 국무원 또는 중국인민은행의 승인을 거쳐 실시 ② 국가의 외환수지 계획, 외자도입 계획, 국제수지 계획의 집행 상황을 감독하고 국제수지표를 작성·발표 ③국가보유분의 외환을 관리·감독 ④ 인민폐의 외국 통화에 대한 환율을 조정·발표 ⑤ 전국의 대외 채무를 등록, 통계, 감독하며, 외채의 사용에 대하여 감독·검사 ⑥ 무역 외환과 무역외 외환에 대한 관리 ⑦ 외국인 투자기업과 그 직원, 중국주재 외국기구와 그 직원에 대한 외환관리 ⑧ 전국의 외환조절 센터 관리 9) 외환 업무의 조사 등이다.

외환관리국은 성·자치구·직할시에는 1급 분국(지방사무소)을, 전국의 주요 도시 및 경제특구에는 2급 분국을 설치하고 있으며, 외환이 집중되고 있는 일부 현과 시에는 지국을 설치하고 있다.

(3) 중국인민은행(中國人民銀行)

1983년 9월 국무원으로부터 중앙은행의 권한을 부여받은 「중국인민은행」은 중국의 전반적인 금융 및 외환관리 정책과 관련 법규를 제정·시행하고, 외환에 대한 종합적인 신용대출 계획을 작성하여 국무원의 비준을 받아 시행하는 권한을 갖는다.

주요 기능으로는 ① 외환보유고와 금보유량을 결정하여 중국은행에 위탁 관리 ② 전국의 외채 통계에 대한 등기 및 감독을 책임 ③ 상업차관의 도입과 해외채권 발행에 있어 통화의 종류, 차입지역, 시기, 이자율, 상환시기 등을 심사하여 허가 ④ 국가의 국제수지 계획 및 외자도입 계획 작성에 참여 ⑤ 외자 또는 중외합자 금융기구의 중국내 설립과 증자 또는 합자 금융기구의 해외진출 허가 등을 들 수 있다.

(4) 일반은행의 외환 업무

원래 「중국은행(中國銀行)」은 국가외환관리국의 허가를 받은 외환 전문은행으로서 중국내 기타 금융기구가 취급하고 있는 외환업무 외에 국가의 외환보유고를 관리하는 기능과 외환자금의 대출 창구 기능을 담당하고 있다. 이와는 별도로 1988년 국무원의 '연해지구 발전전략'이 발표된 이래

239

연해 지역에 대한 경제발전 촉진을 위해 수출상품 생산기업이 원자재를 수입, 가공 후 재수출하는 기업에 대해 단기 무역회전 외환대출도 실시하고 있다.

중국은행 이외의 일정한 조건을 갖춘 은행은, 외환관리국으로부터 모든 외환업무에 대한 감독을 받으면서 허가된 범위 내에서 외환업무를 취급할 수 있도록 하고 있다. 현재 중국내에서 외환업무를 취급하고 있는 은행은 전국 모든 지역에서 영업활동이 가능한 은행과 영업 대상지역이 설립된 지역으로 한정된 은행 등 두 분류로 나누어진다.

우선 전국적인 은행으로는 중국은행 외에 중국투자은행, 중국공상은행, 중국인민건설은행, 중국농촌은행, 교통은행, 중신실업은행 등 전문 은행들이고, 지방 은행으로는 복건흥업은행, 광동발전은행, 심천발전은행, 초상은행 등이 있다.

또한, 외화자본금 규모가 일정액을 초과하고 있는 중국 자본의 비은행 금융기구, 예를 들면, 신탁자본공사, 재무공사, 증권공사, 융자성리스공사, 보험공사, 기타 금융공사 등이 외환 업무를 담당하고자 할 때는, 외환관리국에 신청하여 '**외환업무 취급 허가증**'을 발급받아 허가된 범위 내에서 외환업무를 취급할 수 있다.

한편, 중국내 외자계 금융기관으로는 외자은행, 외국은행의 중국내 지점, 중외합자은행과 합자금융회사의 네 가지 형태로 나누어진다. **외자은행**은 중국내에 본점을 둔 100% 외국자본의 은행을, **외국은행 지점**은 외국은행이 중국내에 설치한 지점을, **중외합자은행**은 외국은행과 중국자본은행이 중국내에 합자의 형태로 설치한 은행을, **합자금융회사**는 외국은행과 중국자본의 은행이 합자의 형태로 중국내에 설립한 금융회사를 가리킨다.

이러한 외자계 금융기관이 설립되기 위해서는 일정한 조건을 갖추어야 하는데, 외자은행을 설립하거나 외국은행이 중국내에 지점을 설치하고자 할 때에는 3년 이상 중국내에 상주 대표기구를 설치해야 하며, 합자금융기구를 설립하고자 할 때에도 외국측 투자자는 중국내에 일정기간 상주 대표자를 두어야 한다. 그리고 외자은행과 합자은행의 등록 자본금은 3,000만 달러 이상, 합자금융회사는 2,000만 달러 이상이어야 하며, 외국은행 지점의 경우는 1,000만 달러 이상이어야 한다.

이러한 조건을 구비한 외국은행은 소정의 서류를 갖추어 예비신청과 정식 신청 절차를 밟아 설립 허가증을 수령하고, 허가증 수령후 30일 이내에 등록 자본을 납입하고, 아울러 **공상행정관리국**에 등기해야 한다.

외자계 금융기구의 업무는 주로 중국내 외자기업과 무역 권한을 가지고 있는 비외자계 기업, 외국인, 화교 및 홍콩·마카오·대만 동포에 대한 외환관련 서비스에 한정되며, 인민폐에 대한 입출금은 원칙적으로 취급치 못하도록 하고 있다.

라. 외환 관리 체계

(1) 수입에 따른 외환 관리

중국의 기업들이 수입대금으로 사용할 수 있는 외환은 수입하는 기업, 수입제품, 외환 출처에 따라 사용 원칙과 사용 범위가 정해져 있으며, 개별 기업이 사용할 수 있는 외환은 중앙정부 또는 지방정부로부터 분배받은 외환과 기업이 자체적으로 보유하고 있는 외환이다.

중국에서는 수입권한을 보유하고 있는 기업이 외국으로부터 상품을 수입하기 위해서는 외환관리국으로부터 외환 사용 허가를 받아야 한다. 특히 수입허가증 관리 품목이거나 수입쿼터 배정 품목인 경우에는 별도로 외환 사용에 대해 상무부의 승인도 받아야 한다.

또한, 수입상이 보유하고 있는 외환을 사용하여 상품을 수입하고자 할 때에는 수입대행 무역회사가 해당지역 외환관리국에 수입결제 구좌를 개설해야 하며, 국내의 수입상이 해당 무역회사에 상품 수입을 위탁할 때에도 기업이 보유하고 있는 외환을 동 구좌에 입금시켜야 한다.

수입대금의 지불 방식은 송금방식, 추심방식, 신용장 결제방식이 모두 이용되고 있으며, 대규모의 상품과 생산 설비를 수입하는 경우에는 은행의 선수취보증장(L/G) 방식도 이용되고 있다. 원래 수입 대금은 선지급에 의한 수입을 금지하고 있으나, 선진 기술과 주요 설비를 수입하는 경우에는 제한적으로 허가하고 있다.

(2) 수출에 따른 외환 관리

중국 정부는 수출로 획득한 외환의 해외 도피를 방지하기 위해 1991년부터 수출대금의 회수에 관한 확인 제도를 실시하고 있다.

또한 모든 수출 대금의 결제는 은행을 통해 처리하는 것을 원칙으로 하고 있다. 다만 예외적으로 무역회사가 화물 운송 후 일련의 수출 증빙서류를 외국의 수입상에게 직접 우송할 수 있게 하였고, 또한 은행을 통하지 않고도 수출대금을 회수할 수 있도록 인정하고 있다.

중국도 다른 국가들처럼 상품의 품질, 납기, 착오 발송, 수량 부족 등으로 크레임이 제기되는 경우에는 수출 대금을 반환하여야 하는데 이 경우에는 외환관리국에 '외화 수출대금 반환신청서'를 작성, 송금통지서 등과 함께 제출하고 외화반출 승인을 받아 은행을 통해 외환을 반출할 수 있다.

(3) 무역외 외환 관리

중국 정부는 원칙적으로 중국내에서의 외화 유통을 금지하고 있다. 따라서 원칙적으로 외국으로부터 송금되어 온 개인의 외환은 외환보유 규정에 따라 개인이 은행구좌에 예치하여 보유하거나, 공정(또는 조정) 환율로 외환 업무를 취급하는 은행에 매각토록 하고 있다. 특히 1991년 12월부터는 개인도 은행을 통해 외환조절센터의 조정 환율로 외환을 매각하거나 매입할 수 있도록 허용하고 있다.

7. 외국인 투자 유치 정책

가. 외국인 직접투자의 발전 배경

중국에서의 외국인 직접투자는 사실상 1979년 개혁 개방 정책 시행 이후부터 이루어졌다. 덩샤오핑의 개혁 개방 이래 외국기업이 중국내에서 활동할 수 있는 법률안이 통과되었고, 외채와 주식 발행을 통한 외자조달의 금지 규정도 완화되었으며 외국 무역에 대한 각종 통제도 해제되었다. 이에 따라 1979년 광동지역에 경제특구(Special Economic Zone)가 설정되었고, 이 지역에 한해서 외국기업에게 세제 혜택과 행정적 지원, 기업 활동의 자율권도 보장해 주었다. 그리고 외국기업에 대한 세제 혜택도 자국 기업의 33% 세율을 15%로 낮추어 주었다.[141] 다만 이 당시의 외자 도입은 주로 정부의 신용을 바탕으로 한 대외 차관이 주를 이루었다.

1992년부터 중국시장에 도입된 외자는 빠른 속도로 증가하였다. 같은 해 덩샤오핑의 남순강화(南巡講話)를 계기로 시장경제 체제 구축을 위한 외자 도입은 더욱 활성화되었고, 특히 1996년부터 대형 글로벌 기업체들을 끌어들이기 위해 대형 투자, 첨단기술 투자에 외국인이 지분 참여할 수 있도록 하여 외국의 투자 관련 규제를 전면적으로 해제시켜 나갔다.

1997년에는 금융위기에도 불구하고 중국에 대한 외국인 투자는 높은 수준을 유지해 나갔고 국무원에서는 외국 투자기업에 대해 자체 생산 설비와 원자재를 수입하는 경우 일정 한도에서 관세와 수입 통관세를 감면해 주었다.

2002년 2월 주룽지(朱镕基) 국무원 총리는 국무원 제346호 법령을 통해 새로운 《외국인투자 안내지침》을 발표하였다. 그 주요 내용은 ① 농업 신기술, 농업 종합 개발 및 에너지, 교통, 중요 원자재 공업 분야 ② 하이테크 기술, 선진기법 기술, 제품성능 향상에 도움이 되는 기술이나 국내 생산 능력이 부족한 신 설비 및 신소재 분야 ③ 시장수요 적응 및 품질 향상을 통한 국제경쟁력 제고에 도움이 되는 분야 ④ 신기술, 신설비, 에너지 절약형 원자재 등을 통해 환경 오염을 감소시킬 수 있는 분야 ⑤ 중서부 지역에 대한 우수 인력 및 자원 투자 등 국가 산업 정책에 부합하는 분야에 한해 투자 유치를 지원하고 관련 혜택을 계속 부여하겠다고 발표하였다.

나. 외국인 직접투자의 형태

외국인 직접투자의 형식은 주로 합자, 합작, 외국인 독자경영, 외자기업과 외상투자주식제, 합작개발 등 5가지 형태로 나눌 수 있다. 당초 1997년

---

141) 『中國統計槪要』, 中國統計出版社, 2002, P155

이전까지는 중국본토 기업과 외국기업이 서로 합자(合資)하는 형식이 주를 이루었으나, 1999년 이후 외국인 독자경영(48.5%)이 합자형식(41.7%)을 초과하게 되었고, 그 추세도 계속 늘어나 2001년에 이르러서는 외국기업의 독자투자 경영이 59.8%에 달하게 되었다.[142]

외국인 투자의 분포는 2차산업이 가장 높고, 그 다음으로 3차산업, 1차산업 순으로, 1차산업에 대한 외국인 투자 비중이 비교적 적은 이유는 중국 농촌경제가 가족을 기반으로 하는 토지도급제의 형식을 취하고 있어 외국인 투자의 경제 수익성이 낮기 때문이며, 또한 3차산업에 대한 외국인 투자 가운데는 부동산업에 대한 비중이 가장 높고 금융, 보험, 상업 및 정보 통신 등에 대한 투자는 아직 높지 않는 상태로 나타났다.[143]

지역별 분포 현황을 보면, 1980년대에는 주로 광동성, 복건성에 집중되었는데, 이는 홍콩 및 대만과의 지리적 접근성과 언어 그리고 문화의 유사성에 의한 것으로 여겨진다. 그러다가 1990년대 이후 외국인 투자 환경이 획기적으로 개선되면서 외국인 투자는 점차 지역별로 다변화되어 갔으며, 특히 상하이 및 강소성 지역에 외국인 투자가 급증하면서 상대적으로 광동성에 대한 외국인 투자의 비중이 감소하는 추세였다. 전반적으로 광동, 강소, 복건, 상하이 지역에 대한 외국인 투자가 50%를 초과한 상태이다.

다. 중국의 외국인 투자유치 정책

(1) 지역별 경제특구 설치

중국 정부는 개혁 개방 정책 시행 초기 대외 경제개방의 시범지역으로 1979년 광동성과 복건성 지역에 4개의 경제특구(深圳, 珠海, 汕頭, 廈門)를 지정하여 외자기업에 대한 세제와 무역관리 면에서 우대 혜택을 부여하였다. 이러한 우대 정책이 실효를 거두면서 1984년부터 설립되기 시작한 '경제기술개발구' 그리고 1991년부터 국무원이 비준한 '하이테크 기술개발구' 그리고 보세(保稅)지역 등에도 이 우대 정책이 확대 적용되어 중국의 대부분 지

---

142) 中國 商務部, www.moftec.gov.cn, 2009

143) 中國經濟情報網, www.cei.gov.cn

역이 경제특구화 되는 결과를 가져왔다. 현재 중국에는 52개 경제기술 개발구, 53개 하이테크 기술개발구, 그 외 상해 푸동(浦東)신구와 수조우(蘇州)원구 등 400여 개 성급 및 현급 개발구가 설치, 운용되고 있다.

(2) 업종별 투자유치 정책

중국 정부는 《외상 투자방향 지침 임시규정》과 《외상투자 산업지도목록》에서 외국인 투자 업종을 장려, 허가, 제한, 금지 등 4가지로 분류하고 있다. 다만, 《외상투자 산업지도 목록》에는 허가 업종에 대해서는 구체적으로 명시하지 않고, 장려, 제한, 금지 업종에 대해서만 나열하고 있다.

특히 투자 장려 업종에 대해서는 자금, 세금, 토지사용료 등에서의 우대 혜택을 주고 있을 뿐만 아니라 사회기반시설 등 투자 금액이 많은 경우에는 기타 수익성이 높은 부대사업을 경영할 수 있도록 허가해 주기도 한다.

반면, 투자 제한 업종은 조건부 또는 단계적으로 개방을 허가하며, 외국 기업과 합자하는 중국 파트너는 국유자산이 아니라 반드시 자체 자금 또는 보유 자산을 투자해야 하고, 국무원 관할부서의 사전 심사와 허가를 받아야 한다. 투자 장려, 제한, 금지 업종에 해당하지 않는 업종은 자동적으로 허가 업종으로 분류된다.

투자 장려 및 제한 업종 인가 기관으로는, 우선 투자 총액이 3천만 불 이상인 경우에는 중앙정부(상무부, 국가발전계획위원회)가 인가한다. 그리고 투자 총액이 1천만 불 이상, 3천만 불 미만인 경우에는 성, 직할시, 경제특구, 국무원급에서 인가하며, 투자총액이 1천만 불 미만인 경우에는 각 시정부나 현·구 정부가 인가하도록 하고 있다.

다만, 투자 제한 업종에 투자하는 경우에는, 우선 항목건의서를 지방정부, 또는 개발구 등 투자심사 기관에 제출하여 심사를 받고, 심사에 통과한 경우 중앙정부로 이관된다. 중앙정부 주관부문(국무원의 상무부, 국가발전개혁위원회)은 이관된 서류에 대한 심사를 거쳐 승인이 나면, 신청업체로부터 가행성보고서(사업 타당성 보고서)를 다시 제출받아 최종 심사를 거쳐 인가하게 된다.

구분	해당업종
장려업종	-농약, 비료, 농업개발 -에너지, 수송, 건설엔지니어링 -기계, 전자, 자동차부품, 석유화학, 원자재 등 전략산업 -공급부족 산업, 수입대체효과가 큰 업종 -수출로 인한 외화가득률이 높은 분야 -중서부 지역의 자원개발 및 자원활용형 투자 -마이크로 전자기술, 생명공학, 정밀기기, 해양자원개발, 신소재 -자원재생, 환경오염 처리 공학 등 하이테크 분야 -상품모두가 직접 수출이 허용되는 항목

제한업종	-중국에서 이미 개발완료 또는 기술도입을 하였거나 생산능력이
	  이미 시장수요를 충족시키고 있는 업종
	-흑백·컬러 TV, 라디오, 녹음기, 손목시계
	-국내무역업, 대외무역업, 여행업, 부동산 및 서비스(외국인 단독
	  투자 불허)
	-금융 및 관련업종
	-인쇄업, 출판발행 업무, 수출입 상품 검사, 감정업무, AV제품 제
	  작
	-출판, 발행, 전자출판물
	-중국정부 규정 및 중국이 체결 또는 가입된 국제조약에 제한
	  되고 있는 기타 산업

금지업종	-방송, 영화, TV, 신문업 -무기생산업 -상품 선물, 금융 선물 등의 파생금융 업무 -전력공업 및 도시공공사업 -담배 등 전매사업 -중국정부 규정 및 중국이 체결 또한 가입하고 있는 국제조약 에서 금지된 기타산업

8. 국유기업 개혁 정책

가. 국유기업 개혁 추진 과정

　　중국 기업의 종류는 소유권 형태에 따라 편의상 국유기업, 집체기업, 사영기업 및 외자기업으로 나누고 있다. 국유기업이란 명칭은 1992년 말까지 '국영기업'으로 사용되다가 1993년부터 '국유기업'으로 공식 바뀌게 되었다.

　　중국의 국유기업은 '소유권은 국가에 있으나 경영권이 독립된 경영 실체'로 정의할 수 있다.[144] 다시 말하면, 국유기업이란, 중앙 및 지방의 국가기관이나 사업소가 관리, 경영하는 기업을 뜻한다. 국유기업을 「**전민소유제 기업**」으로 부르기도 하는데, 이는 생산 자재가 공유, 즉 '전 인민 소유'라는 의미에서 사회주의 공유제적 성격을 지닌 의미인 것이다. 1978년부터 시작된 이 국유기업 개혁은 대체로 아래와 같은 3단계로 나누어 발전되어 갔다.[145]

　　❑ 제 1단계: 초보적 탐색 단계(1978-1984년)

　　1978년 당 제11기 3중전회부터 1984년의 당 제12기 3중전회까지 중국 경제 개혁의 기본 사상은 기업의 자주권을 확대하고, 고도로 집중된 계획체제를 바꾸어 기업의 시장화를 촉진시켜 나가는 것이었다. 따라서 국유기업에 대한 '경영' 개혁도 이러한 방침에 따라 함께 추진되었는데, 이는 곧 기업 경영자의 권력을 확대하는 한편 조세제도 개혁을 통해 개혁 성과에 대한 인센티브를 부여하는 것이었다.

　　하지만 이 제1단계 개혁은 상품생산자들을 국유기업 개혁 대상으로 한 것이 아니라, 경영자를 개혁 대상으로 하고 있어 기존의 계획경제 체제를 완전히 변화시키지 못하였고, 당시의 개혁 과정도 기업의 "자주 경영"보다는 "기업의 자주 경영을 적당히 확대 한다"는 등의 완전한 개혁보다는 현 계획경제 체제를 근간으로 하되 기업의 자주권만을 어느 정도 확대하고자 하는 미진한 개혁에 지나지 않았다.

　　❑ 제 2단계: 양권(兩權)분리 단계(1985-93년)

---

144) 趙海均, 『30年 1978-2007年 中國大陸改革的個人觀察』, 世界知識出版社, 2008

145) 周天勇, 夏徐遷, 我國國有企業改革與發展30年, 人民網, 2008.9.17

양권 분리란, 중국의 경제개혁에서 실시한 도급경영 책임제의 일종으로서, 소유권과 경영권을 분리하는 것을 의미한다. 따라서 1985년부터 1993년의 제14차 3중전회에 이르기까지 중국의 국유기업 개혁의 전략적 방침은 곧 '양권 분리를 실현하는 것'이었다.

당시 중국 정부는 『기업법』을 반포하고 경리 책임제와 도급경영 책임제를 실시함으로써 기업이 독립적인 상품 생산자이며 경영자 역할을 하도록 용인하고, 국가의 소유권과 기업의 경영권을 분리하는 개혁을 추진하고 있었다.

즉, 제 2단계 개혁의 주요 목표는 기업이 독립적인 경영 실체로 발전하고, 자주 경영과 손익자체 책임을 갖는 상품 생산자와 경영자가 되어 스스로 일정한 권리와 의무를 수행하는 법인이 되는 것이다.

하지만 당시에는 국유기업의 권리가 여전히 지방정부 혹은 관련부문에 의해 통제되어 자율적이지 못하였고 또한 "이중가격제"(双軌制)가 광범위하게 시행되어 국유기업의 이윤이 경영 상황에 잘 반영되지 못하였다. 결국, 중국 정부는 이를 해소하는 차원에서 이전의 "권리위임, 이윤추구" 제도에서 "도급경영책임제"로 적극 전환하기에 이르렀다.

이 '도급경영책임제'는 1987년부터 대, 중형 국유기업을 대상으로 광범위하게 실시되었는데, 이로써 국유기업의 경영자주권이 많이 향상되긴 하였으나, 여전히 정부의 제한도 많이 받고 있어 문제점으로 대두되었다.

❑ 제 3단계: 현대 기업 제도 건립 단계(1993-2003)

1992년 이후에는 전체 경제체제 개혁의 중점을 '국유기업'에 두고 <경영 메커니즘 전환 조례>를 제정하여 현대적 기업제도 건립을 목표로 다양한 개혁을 추진해 갔다. 즉, 1993년 이후의 개혁의 중점을 '주식합작제로의 전환'으로 삼고, 기존의 개혁 방향은 계속 유지해 나가되 전통적인 핵심부문인 공유제 부문의 개혁을 본격적으로 시행해 나갔다.

1993년 11월 제14차 3중전회에서는 국유기업의 개혁 방향을 현대기업제도로 설정하였다. 현대기업제도란, 시장경제적 요소가 강한 이른바 "재산권 분립, 권리책임 명확, 정부와 기업 분리, 과학적 관리" 등의 제도 실행을 통해 기업이 자주 경영을 하되, 손익에 대한 자체 책임을 지는 시장경제체제의 주체가 되도록 하는 제도였다.

그리하여 1999년 9월 제15기 4중전회에서는, 국가가 반드시 통제해야 할 영역으로 "국가 안전과 관련된 업종, 자연 독점적 업종, 주요 공공재와 서비스제공 업종, 기간산업과 하이테크 산업 등 핵심 기업" 등 4개 핵심 영역으로 한정하고, 이를 제외한 다른 영역에서는 가능한 한 민영화하여 일반 사영 기업으로 운영될 수 있도록 허용하였다.

2001년 말, 중국의 WTO 가입과 함께 국유기업의 개혁 목표도 단순한 소유 및 경영의 분리나 민영화 등에서 벗어나 **국제적 수준의 경쟁력 강화**로 그 중점이 전환되었으며, 정부의 지원 없이도 자생력을 보유할 수 있도록 재무 건전성을 강화하는데 중점을 두게 되었다.

이 개혁 실시 결과, 1996-2002년 사이 국유기업수가 1/3로 감소된 반면, 사영기업은 3배가량 증가하였다. 특이한 현상으로는 사영기업의 급속한 성장과 사영기업가의 재산 축적에 따라 신흥자산가 계층이 급속히 부상하게 되었고 이들이 중국에서 중요한 역할을 담당하는 비중 있는 신흥 사회세력으로 떠올랐다.

❏ 심화추진 단계 (2004-현재)

2002년 제16차 당 대회 이후부터 국유기업 개혁은 현대기업제도의 심화, 국유자산 관리 방식의 전환, 자본시장 개혁 등과 함께 새로운 단계로 진입하게 되었다.

2003년 10월 제16기 3중전회에서는 「사회주의 시장경제체제 활성화를 위한 결정」을 통해 소유제의 핵심이자 근간인 재산권 문제로서의 현대재산권 제도를 제정할 것을 지시하였다. 그리하여 처음으로 재산권 제도가 국가 정책으로 제시되었고, 국유기업 개혁의 임무와 목표 또한 이 재산권을 투명하게 하는 것으로 전환되었다.

2005년 2월 국무원은 「개체, 사영 등 비공유제 경제 발전을 지지하는 것에 관한 약간의 의견」(「非公 36條」라 약칭)을 발표하여 비공유제 즉, 사영경제의 발전 공간을 더욱 확대시켰다. 이후 국유기업과 자본시장 개혁이

동시에 진행되었는데, 2005년 4월 중국 주식감독위원회는 주식 개혁의 시범 사업을 시작하였고, 2006년 말까지 주식배분 개혁이 완성됨으로써 국유기업의 발전에 아주 유리한 기반을 조성하였다.

나. 최근의 국유기업 개혁 동향 및 문제점

최근의 중국 국유기업 개혁은 **구조조정 심화**에 역점을 두고 있다. 독점업종과 공공사업에 대한 개혁, 예를 들면, 철도, 전신, 전력망 등 분야에 대한 개혁을 적극 추진하는 한편 시장 진입, 세금, 신용 담보 등 관련 정책을 통해 사영경제 체제로 적극 전환해 나가고 있는 중이다.

당초 1993년부터 추진해 온 현대기업제도 건립이라는 목표 아래, ① 조건을 갖춘 대형 국유기업은 국유 독자회사 혹은 주식회사로 개조하고, ② 중형 및 소형 국유기업, 집체기업 등은 주식합작 기업으로 개조하여 민영화 등을 추진하고 있다.[146]

이와 같이 중국 정부의 강력한 의지에 따라 시행된 국유기업 개혁이 어느 정도의 실효를 거두고 특히 공사형의 현대 기업제도를 갖추고 나가고 있으나, 여전히 다음과 같은 구조적인 문제점을 안고 있다.[147]

첫째, 재산권 행사 등 제도적 측면에서 그 실효성이 미약하다. 몇 년간의 국유기업 개혁에도 불구하고 여전히 재산권 문제, 기업의 운영시스템과 외부환경간의 상호 조화 문제 등으로 큰 현안으로 존재하고 있다. 특히 국유기업의 운영 규칙과 시장경제 법칙이 상호 유기적으로 연결되지 못하고 있는 것은 가장 큰 문제이다.

둘째, 구조개혁이 철저하지 못해 여전히 노동자의 합법적 권리보호, 실업문제, 소득격차 문제, 국유자산 유실과 부패 등은 아직도 해결되지 못하고 있는 현안이다. 국민경제에 있어서 이른 바 "풀어 주면 일단 생기가 띠되, 생기가 돌면 곧 혼란해진다."(一放就活, 一活就亂)는 속담이 있듯이 불안정한 경제 체제에서 여전히 구조 개혁이 완벽히 이루어지지 못하고 있으며, 중복투자, 맹목투자 등 비효율성도 상존하고 있다.

---

146) 改革開放30周年, http://news.cctv.com   2008.10.3

147) 周天勇, 夏徐遷, 我國國有企業改革與發展30年, 人民網, 2008.9.17

셋째, 효율적인 심사시스템이 부재하고, 기술 인재가 많이 유실된 상태이며, 재산권의 불명확성으로 인해 국유자산이 유실 되는 경우 또한 심각한 실정이다.

다. 중소기업 개혁 정책[148]

(1) 발전 과정[149]

당초 중소기업들은 기존의 사회주의 계획경제 체제로 인해 많은 어려움을 겪어 왔으나, 개혁 개방 정책이 시행되고 사회주의 시장경제 체제가 도입되면서 큰 발전을 이룩해 왔다. 특히 2002-2007년 동안 중국의 중소기업은 경제사회의 급속한 성장과 함께 가장 빠른 발전을 이룬 시기로 평가되고 있다.

중국 정부는 2003년도에 이르러서야 일반 사영기업의 규모에 대한 표준을 정하였다. 즉, 중소기업이라 하면, 중형기업의 표준을 종업원 2,000명 이하, 고정자산 3억 위안 이하 및 연간 매출액 4억 위안 이하로, 소형기업의 표준을 종업원 300명 이하, 고정자산 3,000만 위안 및 연간 매출액 4,000만 위안 이하로 정하고, 이에 해당하는 사영 기업을 말한다.

원래 중국의 사영기업은 개혁개방 이후에 나타난 이른바 「개체호(個體戶)」에 그 연원을 두고 있다. 물론 신중국 이전에도 이러한 소기업 형태의 개체호가 있었으나, 신중국 설립 이후 각 지역 단위를 인민공사 체제로 통합해 나가면서 민영기업은 사실상 해체된 상태였다. 그러다가 덩샤오핑에 의한 개혁 개방 정책이 진행되면서 이 개체호는 다시 활력을 되찾고 각 도시별로 우후죽순처럼 탄생하기에 이르렀다.

중국 정부는 이후 여러 차례에 걸친 거시경제 조정 정책을 시행하면서 국영기업과 함께 민영기업에 대한 진흥 정책도 실시하였으나, 1997년 동남아

---

148) 중소기업의 정의와 관련, 중국정부는 2003년도에 중소기업 표준을 종업원 2,000명 이하, 고정자산 3억 위안 이하 및 연간 매출액 4억 위안 이하로; 소형기업 표준을 종업원 300명 이하, 고정자산 3,000만 위안 및 연간 매출액 4,000만 위안 이하로 정하고 있다.

149) 陈乃醒, 试论以防经济下滑为主导的中小企业政策走向, http://www.sme2000.com.cn/index.asp

시아에서 발생한 금융위기로 인해 그동안 성장세를 보이던 중소기업 중에서 부도기업이 증가하고 실업률이 계속 증가하였다.

결국, 2001년 중국이 WTO에 가입하면서 외자 도입과 외국인 직접투자가 획기적으로 증가하였고 이러한 추세에 맞춰 2004년부터 2007년간 중국의 중소기업들은 새로운 고속 성장의 기회를 맞게 되었다. 이러한 고도성장은 한편으로 통화공급 팽창, 신용대출 확대, 무역흑자 확대, 외환보유고 증가, 물가의 구조적 상승 등을 초래하였고, 이의 해결을 위해 중국 국무원은 2007년 경제의 고도성장으로부터의 과열 방지와 가격의 구조적 상승으로 인한 인플레이션 방지라는 "2개의 방지(双防)정책"을 적극 시행하여 "안정적인 재정 정책 및 긴축 정책"을 실시해 나갈 것을 지시하였다. 또한, 일부 제품의 수출 환급세 취소, 에너지 소모 제품에 대한 수출관세 상향 조정 등의 조치도 취해 나갔다.

(2) 중소기업에 대한 정부 대책

중국 정부는 2008년 이래 상하이, 광동 지역 등 그동안 급속한 경제발전을 이룬 지역을 중심으로 산업구조 조정을 위한 조사(Survey)를 실시하고 그 대책을 강구하였으나, 현재 중소기업이 직면하고 있는 문제는 생존 여부에 관한 것으로서, 사실상 중국의 경기 하락 방지를 위한 정책이 긴요하다는데 인식을 함께 하고 있다.[150]

이에 따라 중국 정부는 현 중국 경제의 하락을 방지하고 지속가능한 경제 성장이라는 기본 전략을 정하고 중소기업을 발전시킬 수 있는 부양 정책을 아래와 같이 시행 중에 있다.[151]

① 시장메커니즘 체제에 대한 지속적인 개혁 추진

다양한 경제주체들이 중국내에서 공정하게 경쟁할 수 있도록 끊임없는 입법을 통해 시장 개혁과 관리 법제화를 추진하고, 민영기업의 진입 영역을

---

150) 陈乃醒, 试论以防经济下滑为主导的中小企业政策走向, 人民日報, 2008.11.10

151) 陈乃醒, 试论以防经济下滑为主导的中小企业政策走向, 人民日報, 2008.11.10

확대한다. 이를 위해 <반독점법>(2008.8.1 시행)을 제정함으로써 시장의 공평한 경쟁을 통해 중소기업의 발전에 유리한 환경을 조성한다는 것이다.

② 신용대출 환경의 최적화

중소기업의 자금난 해결을 위해 금융 시장에 대한 전면적인 개혁을 진행하였으며, 민간은행과 금융회사의 설립을 허가하는 한편, 인민은행도 소액 대출이 가능토록 하고, 주요 은행의 중소기업 대출도 확대해 나갔다. 일부 지역에서는 향촌 기업의 자금난 해결을 위해 농촌 금융협력 조직을 설립하였고, 상하이에서는 주식 및 증권을 담보로 한 융자 방식도 시행함으로써 개인 사업자에게까지 소액 대출을 허용하고, 대출 이자율도 크게 감소시켰다.

③ 중소기업 발전을 위한 전문 기금 설립

신설된 전문 기금으로는, 정보산업부에서 담당하는 중소기업 발전촉진기금, 과학기술부에서 담당하는 중소기업 기술혁신 기금, 상무부에서 담당하는 국제시장개척 전문기금, 농업부에서 담당하는 농업상품가공 전문부조기금 등이 있다. 동 기금액은 총 10억 위안 이내로 규모는 그리 크지 않으나 중앙부처가 기금 설립을 공식화하였다는 점에서 정책적으로 시사하는 바가 크다.

9. 정보통신 기술 정책

가. 과학기술의 한 분야로서의 IT (1985-1998)

이 시기에는 중국의 과학기술부가 IT 관련 정책뿐만 아니라 여타 과학 기술 진흥도 포함하여 정책을 관장하던 시기이다. 1992년 국무원과 과학기술부는 '국가 중장기 과학기술 발전강령'을 발표하여 향후 20년간 중점 발전시킬 과학기술 분야로 22개 중점 과학기술 분야를 선정하였는데, 이 중에서

컴퓨터기술, 인공지능기술, 비선형 수학, 계산 수학, 과학 공정 계산이론, 위성 통신 및 광섬유 통신 기술, 컴퓨터 제조 및 데이터 통제 기술 및 감측 감응 기술 등이 IT와 관련한 중점 분야로 선정되었다.

이 기간 중 기안되고 시행된 주요 프로젝트는「국가중점 공업성시험 과제계획」, 「국가공정 연구중심 건설계획」, 「성화계획(星火計劃)」, 「과학기술 성과중점 보급 계획」, 「국가중점 실험실 건설계획」, 「반등계획(攀登計劃)」, 「국가 자연과학 기금 과제계획」, 「국가 하이테크 발전연구 계획(863 계획)」, 「횃불계획(火炬工程)」 등으로서, 이 중에서 IT정책과 깊은 관련을 갖고 있는 것이 이른바「국가 하이테크 발전연구 계획(863 계획)」과 「횃불계획(火炬工程)」 이다.

이「863 계획」은 80년대의 동서 이념분쟁 아래에서 중국의 국가 생존 전략으로 내놓은 계획으로서 동 계획이 발표될 당시의 국제 정세를 보면 1983년 미국이 스타워즈(Star Wars)프로젝트를 통하여 국방력을 강화하려 하였고, 유럽에서는 EURICA 프로젝트를 시행하였던 시기였다. 이에 불안을 느낀 중국으로서는 세계적인 기술 선진국과의 기술 격차를 인정하면서 이들을 따라 잡기 위한 프로젝트를 1986년 3월에 발표하였는데, 이것이 바로「863 계획」인 것이다.

이「863계획」은 15년 계획으로 마지막 9차 5개년 계획에서 최종 성과를 거두기 위해 7차 5개년 계획과 8차 5개년 계획 기간을 준비 기간으로 삼았으며, 이 863계획을 통해 18개 첨단 과학기술연구센터가 설립되었고 관련 과학기술 산업의 발전에 기여 하였다. 그리고 이 15년의 기간 동안 약 3만 명의 연구원을 양성해 내었는데, 이들이 바로 현 중국의「IT 1세대」로 불리면서 중국의 IT계를 장악하고 있다.

또한, 「횃불 계획(火炬工程)」은 중국이 전자, 정보, 생물, 신소재, 환경 등 분야에 대한 중점 연구를 통해 제품의 상품화와 국제화를 추진하기 위해 종합적인 하이테크 산업단지를 조성해 나가는 것을 목표로 삼았다. 이러한 계획의 성과로 1998년 현재 53개 하이테크 산업 개발 단지가 만들어졌고, 이 외에도 전국에 100여 개의 하이테크 기술 창업 서비스 센터가 있으며, 그 안에서 육성되고 있는 하이테크 기업의 수만도 무려 5,000여 개에 달하고 있다.

나. IT중점 정책 추진 시기(1998~2005)

중국 정부는 IT산업의 특수성과 중요성을 인정하고, 기타 과학 기술 분야와 분리 육성하기 위해 1998년에 우전부(우리의 체신부에 해당), 전자공업부, 라디오,영화,텔레비전부, 전력부 등 4개 부처를 통합하여 **「정보산업부」**를 창설하였다.

이 후부터 정보산업부는 실질적인 정보산업 정책의 총괄적인 수립과 집행을 담당하는 정부기관으로 발돋움하였다. 특히, 소프트웨어를 포함한 정보통신 및 IT 전반을 관장하는 기본 정책들이 바로 제10차 5개년 계획(이하 "10.5계획")에 반영되어 나타났는데, 이 10.5계획은 중국 정보 산업의 목표와 발전을 위한 중국 정부의 강력한 의지를 담고 있었다.

이와 같이, 제10차 5개년 계획 보고서에는 첨단산업 육성과 전통 산업의 정보화를 산업 정책의 제 1과제로 꼽았으며, 전자 공업의 발전을 바탕으로 정보 산업을 육성시켜 나간다는 것을 목표로 하였다. 즉, IT산업 중에서도 정보통신 산업의 발전, 기업의 정보화, 사회의 기초 정보망 구축 등에 보다 역점을 두어 추진하는 것이었다.

다. 현행 제도 및 정부 정책

중국 정부가 현재 추진중인 정보통신 기술 정책은 제 11차 5개년 계획(2006~2010)의 추진 목표에 일목요연하게 잘 정리되어 있다. 2005년 10월 제16기 중앙위원회 제5차 전체회의에서, 향후 5년간 중국의 경제, 사회의 발전 방향을 규정한 "제11차 5개년 계획 건의"안을 심의 통과시켰고, 이 11.5 계획 기간 동안 중국은 IT 산업 육성과 각 산업 분야에서의 정보화를 추진해 나가겠다는 목표를 확정하였다.

먼저 11.5 계획 기간 중 IT 산업의 발전 목표로는, 2006년부터 IT분야 연평균 성장률을 20%로 유지하되, 2010년 IT 산업의 부가가치액을 2.26조 위안으로 증가시켜 GDP에서 차지하는 비중을 10%로 증대시킨다는 것이다. 또한 IT 산업의 매출액을 7조 위안으로 증대시키고 IT 제품의 수출 비중을 전체 수출총액의 35%로 증대하는 것이었다.

이외에도 전국의 전화 사용자 수를 10억 명, 인터넷 사용자를 2억 명으로 증가시키며, 이동전화 보급률도 전체인구의 45%에 이르도록 설정하였다.

10. 지역 발전 정책

가. 서부 대개발 사업

(1) 추진 배경

중국의 서부대개발 사업은 **서기동수(西氣東輪), 남수북조(南水北調)** 등 대규모 프로젝트를 통해 낙후되어 있는 서부지역을 개발하여 중국 내부의 지역 간 경제 격차를 해소하려는 국가적 사업 중 하나이다. 원래 중국의 서부지역은 전 국토의 72%를 점하는 반면 인구는 28.5%에 불과한 곳으로서, 이 서부대개발 사업은 중국의 국가경쟁력 강화와 지역 균형 발전을 위해 결코 간과할 수 없는 시급한 과제였다.

우선 중국은 경제가 발전해 감에 따라 지역간 경제 격차도 날로 커지고 있는 점이 심각한 문제로 대두되었는데, 주로 베이징, 상하이, 션전 등 동남부 연안 지역은 개혁개방 이후 '先富論'에 의한 집중 투자로 급속한 경제 성장을 이룩한 반면 서부 내륙 지역은 계속 낙후되어 빈곤지역으로 전락해 갔다.[152]

둘째, 자원의 효율적 배분과 에너지 자원의 안정적 확보를 위해 필요하였다. 석유를 비롯한 에너지의 안정적 확보는 매우 중요한 국가 과제로서, 석유, 천연가스, 철광석, 망간 등 많은 지하자원이 매장되어 있는 서부지역의 에너지를 동부로 옮기는 일은 매우 중요한 일이었다.

셋째, '조화로운 사회 건설'을 통한 정치적 안정을 추구할 필요가 있었다. 중국의 입장에서는 시위로 인한 사회 불안이 확산되면 외국인 투자 감소 및 철수, 국내 직접 투자의 감소, 소비 성향의 위축 등 중국 경제의 지

---

152) 이 先富論의 시행 결과, 2003년의 경우 상해시의 1인당 GDP가 6000달러를 넘은 반면, 가장 낙후된 서부지역인 귀주성의 경우는 400달러에도 못 미친 것은 좋은 일례이다.

속적 성장에 큰 타격을 줄 우려가 컸다. 특히, 소수민족이 주로 거주하고 있는 서부 지역의 경우 동부 지역에 비해 소득이 지나치게 낮아 심각한 사회불안 요인이 되었다. 이러한 인식의 바탕에서 중국은 '조화로운 사회 건설'이란 슬로건을 내걸고 각 지역의 균형 발전을 통한 사회 안정과 조화를 추진해 나갈 필요가 있었다.

(2) 대상 지역 및 세부 사업 내용

서부대개발 지역은 중국 서부지역의 12개 성·시·자치구가 포함된다. 즉, 重慶市, 四川省, 雲南省, 貴州省, 陜西省, 甘肅省, 靑海省, 寧夏자치구, 新疆자치구, 廣西자치구, 西藏자치구 등 12개 성·시·자치구가 대상 지역에 포함되었다. 이러한 서부지역 대개발을 위한 세부 사업 내용을 살펴보면,

西氣東輪: 서부지역의 천연가스를 상해 등 동부 연안지역으로 연결시키는 프로젝트
南水北調: 양쯔강의 풍부한 수자원을 수로 건설을 통해 물이 부족한 황하지역으로 연결, 공급하는 프로젝트
西電東送: 서부 내륙 지역에 발전소를 건설하여 동 지역에서 생산된 전력을 동부 연안지역으로 송전하는 프로젝트
靑藏鐵道: 중국의 청해성과 티벳을 잇는 대규모 철도 건설 사업 등을 포함하고 있다.

(3) 추진현황 및 한계

중국 정부는 2000년 초 중국 국무원 산하에 이의 전담 부서로서 「서부대개발 판공실」을 설립하였으며, 이 기관이 주도적으로 추진한 서부대개발 사업은 '10.5계획(2001-2005년)'에 각종 관련 내용들이 포함되면서 구체화되었다.
'10.5계획'에 포함된 서부대개발 사업 주요 내용은 「다양한 서부대개발

정책 실시관련 통지 및 세부원칙」 환경보전과 관련한「서부 퇴경환림(退耕
還林) 사업 추진에 관한 의견」 그리고 인재 유치 및 육성을 위한「서부대
개발 인재계획」등 이었다. 특히, 2002년 말 개최된 공산당 제16차 전국대
표대회에서는 안정적인 대출 확보, 투자환경 개선, 외자유치 등 추가적인
정책 방안도 마련되었다.

▶ 서부대개발 정책의 시기별 추진목표

시 기 별	추 진 목 표
개발초기(2000~2005년)	개발계획 및 정책수립, 주요기구 수립, 홍보, 기초 건설 가속화
대규모개발(2006~2015년)	서부지역 개발능력 제고, 투자규모 확대
전면발전(2016~2050년)	서부지역의 도시화, 시장화, 국제화 수준 제고

▶ 서부대 개발 주요 사업

추진사업명	주요 내용
1. 西安-南京 철도의 西安-合肥 구간 건설	2005년에 西安-合肥 구간 995km 철도 건설
2. 重慶-懷化 철도 건설	重慶-懷化 간의 철도 650km 구간 건설 추진
3. 서부 간선도로 건설	국가 주요간선도로 및 빈곤지역과 연결되는 도로 1,700km 건설
4. 공항 건설사업	西安 咸陽 국제공항, 成都 口流 국제공항, 蘭州 中川공항 등 건설
5. 重慶 고가철도 건설 1기 공정사업	중경시의 교통상황을 완화하기 위해 13.5km길이에 총 14개 역을 경유하는 고가철도 건설
6. 柴達木 분지 천연가스 수송관 건설공사	柴達木-西寧-蘭州에 이르는 연간 수송규모 20억m³의 가스 수송관 건설(총연장 953km)

7. 발전설비 및 홍수방지 용 수리시설 공사	- 四川의 都江堰과 成都의 물공급량을 500m³ 늘리 고 매년 34억 kW의 전력을 생산 - 寧夏회족자치구의 7만 7,000ha의 토지를 관개, 연 간 7억kW의 전력을 생산
8. 생태계 조성 사업 및 황무지 개간 조림사업	13개성에 걸쳐 경작지로 이용되던 34만ha의 토지를 녹화하고, 43만ha의 황무지에 인공조림 또는 초원 을 조성
9. 칼륨비료공사	청해성 鹽湖지역의 칼륨비료 생산, 농업생산성 향상 및 경제발전
10. 고등교육 기초시설	국채발행을 통해 자금을 조성, 서부지역 고등교육기 관을 지원

그러나 이 서부대개발 사업은 여전히 열악한 자연 환경 및 인프라 시설 부족 등 요인으로 인해 투자유치에 한계를 드러내고 있다. 특히 서부 지역은 고원지대가 많고 적은 강우량으로 사막화 현상이 심화되고 있어 이러한 자연환경 자체가 경제발전의 제약요인이 되고 있었다. 또한 철도망도 전국 수준에 크게 미달하여 교통망이 열악한 서부지역은 다른 지역에 비해 운송 원가가 높아 외부 투자를 유치하기가 어려운 형편이다.

이에 더불어 서부대개발을 위해 필요한 재정의 상당 부분을 동부 연안 지역에서 조달해 와야 하나, 투자 유치가 쉽지 않고 자체적인 자본공급 능력도 한계에 봉착해 있으며, 또한 투자도 대형 프로젝트 위주로 이루어지고 있기 때문에 소득문제, 취업문제 등 복지 문제를 해결할 수 있는 중·소형 프로젝트가 활성화되지 못하고 있는 실정이다.

나. 동북 진흥 계획

(1) 동북진흥 계획의 특징

중국 정부는 그동안 4대 경제특구, 동부 연해지역 개발구, 서부 대개발 사업 등 주요 거점 지역의 지역 발전 전략을 추진해 온데 이어, 과거 일본의 점령지였던 동북 3성 지역 개발을 위해 2007년 8월 《동북진흥 추진 종합 계획》을 발표하였다. 그 주요 내용은, 그동안 동북 3성 지역에 한정되어 온 '동북진흥 계획'에 지리적으로 가깝고 경제적으로 유대 관계가 깊은 내몽고 자치구 동부지역을 편입시키고, 랴오닝성(遼寧省)과 따리엔(大連)으로 하여금 이 지역의 경제 부흥을 위한 견인차 역할을 하도록 한 것이다. 또한 그동안의 지역발전 계획과는 달리 구체적인 목표 수치를 제시하고 동시에 각 프로젝트를 구체적으로 명시한 최초의 구체화된 종합 계획이었다.

(2) 추진 목표

2007년에 발표된 《동북진흥 종합계획》은 제11차 5개년 계획(2006-2010)을 통해 시행되는 사업 중에서 공업, 농업, 서비스업, 지역 간 협조 등 각 분야별로 동북진흥 정책을 설정하여 추진하였다. 다시 말하면, 동북진흥정책의 향후 10-15년간의 목표를 '4개의 기지와 1개의 보장구'로 형성해 향후 15년 이후에는 '경제개발 수준이 비교적 높은 중요 경제성장 구역'으로서의 지위를 확립하겠다는 목표를 설정한 것이다.

동북지역 2010년까지 경제성장 목표

구분	지표	2005년	2010년	연평균 증가율(%)
경제성장	1인당 GDP(위안)	15,318	21,889	7.4
	식량종합생산능력(만톤)	8,614	9,450	1.9
경제구조	GDP중 제3차산업 점유율(%)	38	41	(3)
	GDP중 비공유제 점유율(%)	36	48	(12)
	GDP중 연구개발비 점유율(%)	1.3	2	(0.7)
	도시화 율(%)	52	55	(3)
에너지,	단위GDP당 에너지 감소율(%)	-	-	(20)*

환경분야	단위공업 생산액당 물소비감소율(%)	-	-	(30)*
	경지보유량(만 헥타르)	2,548	2.553*	(0.2)
	주요 오염물질 배출 감소율(%)	-	-	(10)*
	공업고체폐기물 종합이용율(%)	51.9	60초과*	(8.1)
	산림 복개율(%)	34	38*	(4)
사회발전	도시등록실업율(%)	4.2	5미만	(0.8)
	도시기본양로보험가입자수(만명)	2,550	3,270*	(5.1)
	신형농촌합작의료율(%)	-	80초과*	-
	국민평균교육연수(년)	9	10	(1.0)

*주 : ( )는 5개년 합계, *는 필수목표치

또한 추진 목표 중 중요한 부분은 내몽고 자치구의 동부 지역을 동북진흥 계획에 편입시킨 것으로서, 동북 경제권의 범위를 요녕성, 길림성, 흑룡강 성과 내몽고 자치구의 동부 지역으로 설정함으로써 전체 면적은 145만㎢, 인구는 1억 2000만명으로 확대되었다. 따라서 동북3성 지역 내 경제 성장의 핵심 과제인 자원의 안정적인 확보를 위해 내몽고 동부지역을 활용토록 하 였고, 또한 내몽고자치구로서도 역시 동북 3성과의 제휴를 통해 풍부한 천 연자원을 개발할 수 있도록 하였다.

이 동북진흥계획의 가장 중요한 내용은 곧 《5점1선 계획》으로서, 이 계 획이 동북지역 발전의 축이 되고 있다. 즉, 동북진흥계획은 **하얼빈-대련을 잇는 경제구역**과 **발해만 연해지역**을 지역경제의 주축으로 삼아 개발을 진행 할 것임을 표명한 것이다.

구체적으로 말하면, 우선 하얼빈-대련 경제지역(1선)은 하얼빈과 대련을 남북으로 묶는 세로축으로 삼고 그중에 「대련경제구」, 심양을 중심으로 한 요녕성 중부 도시의 「료중(遼中)경제구」, 장춘과 길림을 중심으로 하는 「장 길(長吉)경제구」, 하얼빈-따칭-치치하얼을 묶는 「하다치(哈大濟)공업벨트」 등의 4대 경제구를 건설하는 것이며, 또한 가로축의 연해경제대로는 동북 유일의 해안선인 요녕성 연해 지역에서 압록강의 단동에 이르는 지역으로서

장흥도, 영구시, 금주만, 단동시, 장하화원구 등 5개 지역(5점)이 하나로 연결되는 《5점1선 프로젝트》이다.

이와 같이,이《5점1선》프로젝트는 중앙정부의 종합계획에 포함되어 동북 경제의 리더로서 요녕성의 중요성이 강조된 개발 계획이었다.

이 동북진흥계획에 포함된 주요 인프라 프로젝트로는 ①러시아로부터의 원유와 천연가스 도입 파이프라인 건설, ②하얼빈-대련간 고속 철도 건설, ③대련(대요만) 컨테이너 부두의 제3~4기 공정 건설, ④아이산(阿爾山)-쵸 이바르산(몽고)간 국제철도 건설 등이 포함되어 있다.

다. 환발해 경제권

환발해경제권은 상기 두 계획과 같이 중앙 정부로부터 비준을 받은 종합 개발계획이라기보다는 일종의 자생적인 경제개발구들의 집합체인 산업 벨트 를 이루는 형태로서, 이 지역 주요 도시 간의 상호 협력과 보완을 통해 보 다 특화된 산업단지를 형성하고 있는 경제권이다. 이 경제권 태동의 시초는 바로 2002년 10월 환발해 지역 29개 도시의 시장연석회의가 지난(濟南)에서 열린 이후 당시에 모인 29개 도시 간에 약 30건의 경제협력 프로젝트를 추 진하면서 부터였다.

이 환발해경제권의 범위는 우선 좁은 의미로는 리아오동(遼東)반도 일부 와 샨뚱(山東)반도, 베이징, 텐진, 허베이(河北)성을 중심으로 한 발해 연 안 지역을 가리키지만, 보다 넓은 의미로는 산서, 요녕, 산동, 내몽고 중동 부까지 중국 전체면적의 12%와 인구의 20%를 포함하는 광범위한 지역을 통 털어서 일컫는다.

이 환발해 지역은 현재 우수한 과학기술 인재를 보유하고 있다는 장점 때 문에 주로 IT기술 연구 및 개발 분야에서 뛰어난 실력을 보유하고 있고 또 한 실질적인 성과도 얻고 있다. 특히, 베이징에는 61개 대학과 수많은 과학 연구소를 가지고 있으며 전국에서 기술 인력이 가장 풍부한 도시 중 하나이 다. 이러한 점에서 환발해 지역은 향후 20년간 중국 경제 성장의 메카로, IT 최신기술의 실리콘밸리로 급부상할 것으로 전망된다.

다만, 동 지역의 취약점은 중공업과 가공업이 집중되어 있고 국유기업이 낙후되어 있다는 문제점들이 여전히 기업의 숨통을 죄고 있는 점이다.

라. 광서북부만 경제권

환발해 경제권과 같이 이 광서북부만 경제권이 추진된 배경으로는, 2004년 6월 중국과 베트남 간에 북부만 규획에 관한 상호승인서를 교환하고 이 지역 개발을 위한 협력 양해각서(MOU)가 체결된 것이 최초의 계기였다. 그리고 이 협정에 근거하여 2006년 3월 <광서북부만경제권 규획건설관리위원회>가 설립되었고, 2008년 2월에는 <광서북부만 경제권 발전계획(廣西北部灣經濟區發展規劃)>에 대한 국가 비준을 획득하여 이를 대외에 공식 발표함으로써 보다 구체화 되었다.[153]

이 광서북부만 경제권의 범위는 곧, 중국 광동성 뇌주반도, 해남성 서부 지역, 광서자치구 남부 연해지역과 베트남 북부 연해지역을 둘러싸는 경제권을 지칭한다. 특히 여기에는 광서자치구 남녕시, 북해시, 방성항시, 흠주시, 그리고 광동성의 탐강시, 해남성, 베트남의 10개 도시를 모두 포괄하는 거대한 경제권인 것이다.

중국 정부는 이 지역을 양쯔강 삼각주, 주강 삼각주, 환발해 경제권에 이은 연해 지역의 4번째 경제성장축으로 육성한다는 방침이다. 이 발전계획의 핵심 내용은, 주로 '물류 거점'과 '외자기업 투자유치'에 역점을 두고 있다. 즉, 연해 지역과 서부 지역을 연결하는 물류 거점 그리고 중국과 동남아(특히, 베트남)를 연결하는 물류 거점으로 육성하는 것이다. 그러나 이 개발 계획은 현재로서는 그다지 큰 유인 요인이 없어 앞으로 상당 기간이 지나야 개발구 육성 정책이 소기의 성과를 거둘 것으로 전망되고 있다.

11. 토지 및 부동산 정책

[153] 중국의 경제학자인 지충웨이(季崇威) 교수는 90년대 초 광서자치구 연해지역을 답사한 후 "광서북부만 개발구 혹은 광서북부만 경제특구를 건설하여 방성항시, 북해시, 흠주시를 통일적으로 관리, 개발하는 방안을 마련할 것"을 중앙 정부에 제안하였으며, 이후 이 경제권을 광동성 뇌주반도와 베트남 동해연안으로 확대하여「환북부만 경제권」이라는 개념을 형성하게 되었다.

가. 토지 정책[154]

(1) 발전 과정

신중국 성립 직후인 1952년 토지 개혁이 완료됨으로써 과거 수천 년에 걸친 중국의 봉건 토지제도는 종결되었고, 대신 토지 소유권과 사용권이 결합된 "경자유전"의 **노동농민 토지소유제**가 정착되었다.

또한 1956년부터 시작하여 개인 기업에 대한 사회주의 개조가 진행되어 사기업 토지는 모두 국가 소유로 귀속시켰다. 이렇게 1958년까지 도시의 절대 다수의 토지가 국가 소유로 귀속되었고, 이러한 역사적 과정을 거치면서 오늘날 중국의 토지시장은 '토지사용권'만이 거래 객체가 될 수 있는「**토지 공유제**」를 시행하고 있다.

이러한 시대적 배경 하에 중국은 독특한 토지 및 부동산 관리 제도를 시행해 오고 있는데, 중국의 토지 기본법이라 할 수 있는「**토지관리법**」이 그것이다.

이 법 체계는 본래 계획경제 체제의 특징을 집중적으로 반영하고 있었는데, 개혁, 개방 정책이 시행되어 경제체제가 급변하면서 토지가 상품화 되고 각 토지에 지대와 지가가 형성되게 되었다. 이러한 상황에서 특히 그 변화 정도가 컸던 도시 지역을 대상으로 하여 부동산시장을 규범화하기 위한「**도시부동산관리법**」이 1994년에 제정되어 운용되어 왔다. 현재의 중국 토지제도는 바로 이 [토지관리법] 과 [도시부동산관리법]이 근간이 되어 운용되고 있는 것이다.

(2) 현행 토지제도

① 토지 소유권과 사용권

도시지역의 토지는 원칙적으로 모두 국가 소유이며, 농촌과 도시 외곽의 토지 중 법률이 정한 국가소유 외의 토지는 '**농민 집체소유**'이다. 국유 토

---

154) 中國土地制度的變遷史, http://cafe.naver.com/articleread.nhn,

지와 농민집체 소유의 토지는 법 규정에 의해 직장 단위 혹은 개인에게 사용 권한을 부여하며, 토지를 사용하는 직장 단위나 개인은 토지를 보호, 관리, 합리적으로 사용할 의무를 지게 된다. 농민 집체소유의 토지는 법 규정에 따라 농촌집체단위 혹은 촌민위원회가 경영, 관리를 한다. 즉, 농촌내 2개 이상의 농촌집체 경제조직 혹은 촌민 소조(小組)가 이를 경영 관리하며, 향진(鄕鎭)집체소유의 토지는 향진 농촌 집체경제 조직이 경영·관리한다.

② 농경지 보호

중국의 토지관리법은 기본적으로 농경지를 보호하는데 우선적인 목표를 두기 때문에 농경지를 비농경지로 전환하는 것을 엄격히 제한하고 있다.

비농업분야 건설을 위해 농경지를 점용하고자 할 때는 "점용 면적에 따라 동일한 면적만큼 다른 지역을 개간하는" 원칙을 준수해야 하며, 농경지를 점용한 직장 단위가 점용한 농경지만큼 개간할 책임을 지도록 하고 있다. 또한, 개간하지 않거나 개간한 용지가 규정에 부합하지 않을 경우에는 농경지 개간 비용을 납부해야 하며, 이 비용은 전적으로 신 농경지 개간을 위해서만 사용되도록 하고 있다.

이렇게 중국은 '기본 농경지 보호제도'를 실시하고 있는바, 필요한 농경지는 토지이용 종합계획에 따라 기본 농경지 보호구역으로 지정되어 엄격히 관리되고 있고, 비농업분야 건설을 할 경우 반드시 토지를 절약해 사용해야 하며, 가능한 한 황무지를 이용하도록 하고 있다.

③ 건설용지의 사용

어떠한 직장 단위나 개인도 건설 사업을 시작할 때에는 반드시 법 규정에 따라 중앙정부에 국유 토지 사용을 신청하여 비준 받아야 한다. 다만, 예외적으로 향진기업이나 농촌주택을 건설할 경우에는 법 규정에 따라 해당 집체경제 조직이 촌민 집체소유의 토지 사용을 비준 받으면 된다.

나. 부동산 정책

(1) 관련 법규

중국은 도시부동산의 관리체계를 강화하고 부동산 시장의 질서 유지, 부동산 재산권리인의 합법적인 권익 보장 및 부동산 산업의 건전한 발전을 위하여 「도시부동산관리법」을 제정, 운용하고 있다. 이 법은 기본적으로 중국의 도시계획 구역 내에 있는 국유토지에 대해 토지사용권을 취득하여 부동산을 개발하고 교역·관리하는 제반 행위를 규제하고 있다.

(2) 토지 사용권의 매각, 할당

토지사용권의 매각이란, 국가가 국유 토지 사용권을 일정기간 동안 토지사용자에게 판매하고 토지사용자가 국가에 대하여 토지 사용권에 대한 매각대금(대금)을 지불하는 행위를 말한다. 이 토지사용권을 매각할 경우에는 반드시 토지이용에 관한 종합계획, 도시계획 및 연도별 건설용지 계획에 부합하여야 한다.

또한, 토지사용권의 할당이란, 토지사용자가 보상금, 정착 등의 비용을 정부에 지불한 후에 동 토지를 사용토록 하거나 또는 토지사용권을 무상으로 사용하도록 하는 것을 현급 이상 인민정부가 법에 의거하여 비준하는 행위를 말한다.

(3) 부동산 개발 및 교역

부동산 개발은 도시계획에 준해서 실행해야 하며, 경제적, 환경적 형평성 원칙에 따라 계획, 배치, 개발하여야 한다. 매입에 의해 토지사용권을 획득하여 부동산을 개발하는 경우, 토지사용권 매입계약서에 규정된 바와 같이 착공 개발일자 기한 만료 1년이 지나도록 착공, 개발하지 않을 경우 토지사용권 매각금의 20%에 상당하는 거치비용을 징수할 수 있다. 그리고 부동산을 이전, 저당하는 경우, 건물의 소유권과 동 건물이 점용하고 있는 토지사용권도 함께 이전 혹은 저당된다.

다. 농촌 토지 제도 및 정책

(1) 농촌 토지제도의 변천 및 토지 개혁

신중국은 성립 이래 약 5차례에 걸쳐 농촌 토지 개혁을 단행하였다.[155] 우선 첫 번째 개혁은 집권 초기인 1951년 사회주의 체제 개혁의 일환으로 과거 지주와 부농이 점유하고 있던 토지를 농민에게 골고루 나누어 주는 이른바 「경작자 토지소유(耕子有田)」를 실현하였던 것이다.

그 후 다시 경작자 개인의 토지를 집체 소유로 귀속시켰고 인민공사(人民公社)의 합작경영을 통한 평균주의(平均主義)를 실현하려 하였으나, 오히려 농촌의 생산력을 크게 저하시키는 결과를 초래하였다.

그러다가 1979년 개혁 개방 정책 시행과 함께 농촌 토지에 대해서도 가정 도급책임제(家庭承包責任制)가 시행되어 농지를 가구별로 분배하는 제도가 다시 합법화되었다. 이로써 농민이 토지 사용권을 가짐으로써 농민의 생산 욕구를 어느 정도 자극하게 되었으나 여전히 농민이 토지로부터 안정적인 수익을 얻는 단계로까지는 발전하지는 못했다. 이후 가정 도급경영(家庭承包經營)이 정착되어 가면서 80년대 중반 농촌 세비(稅費) 감소를 핵심으로 하는 농촌 개혁이 진행되었고 농촌 토지사용권의 유통도 허용하는 조치를 취해 나갔다.

(2) 현 토지제도의 운용 방법

중국은 1980년대 초부터 현재까지 《중화인민공화국 농촌 토지도급제(农村土地承包制)》에 의해 '농촌 토지 도급경영 제도'를 실시하고 있다. 이는 곧, 농촌 경제의 발전과 농촌의 안정을 위해 농민에게 장기적으로 토지사용 권한을 보장하고, 도급당사자에게 합법적인 권익을 보호하려는 것이었다.

이 제도의 운용 방법은, 먼저 농촌의 토지 도급은 농촌집체 경제조직 내부에 있는 가정이 도급하며, 황폐한 산, 도랑, 구릉, 갯벌 등 토지는 가정 도급을 삼가 하되, 가정 도급은 입찰, 경매, 공개 협상 등 방식으로 도급을

---

155) 中國土地制度的變遷史, http://cafe.naver.com/articleread.nhn

받는다. 농촌 가정은 토지 도급을 받은 후에도 토지소유 권한은 변하지 않으며 도급 토지는 매매할 수 없다.

또한, 가정 도급자는 당해 집체경제 조직의 농가여야 하고 도급 토지를 사용하여 이익을 획득하거나 토지 유통권을 가지며, 자주적으로 생산 경영 (대규모 영농 등)을 하여 상품을 처리할 권한이 있다.

(3) 도급 기한 및 도급 계약

경작지의 도급 기한은 30년인 반면, 초원의 도급기한은 30~50년이다. 특수한 임목의 삼림지 도급 기한은 국무원의 임업행정 주관부서의 비준을 거쳐 연장 할 수 있다.

도급 받은 자가 해당 집체경제 조직 외 다른 기관 또는 개인에게 다시 도급을 줄 경우, 사전에 해당 집단 경제조직내의 촌민회의 2/3 이상의 동의를 거친 후 향(진)정부의 비준을 받아야 한다.

(4) 현 토지제도의 한계

현 토지제도의 가장 근본적인 문제는 토지를 통해 농민의 실질적인 기본권리(公民)를 보장받지 못하는 데 있다. 현행 <농촌 토지도급제>에 따르면, 농민의 토지는 반드시 보장을 받아야 한다고 규정하고 있으나, 실질적으로는 지방정부에서 농촌 토지를 총괄 관리하고 있어 실효적인 보장을 받기가 어려운 실정이다.

본래 농민이 토지를 도급 맡은 후 어떠한 권리를 갖느냐는 법률에 따르는 것이 마땅하나 사실상 농촌 지방정부 관계자들이 이를 직접 통제하고 있으며, 해당 농민은 토지의 매각 여부를 결정할 수도 없고, 또 매입자와 평등하게 가격을 협상하기도 어려우며, 국가와 정부가 어떠한 제약 없이 농민의 토지를 바로 수용할 수도 있다는 점이다.[156]

---

156) 江迅, 中國新土改未獲共識艱難起步, 亞洲週刊 22卷 42期, 2008.10.26

VI. 신중국의 대외 정책[157]

1. 신중국 외교의 발전 과정

신중국의 대외 정책은 당시의 국제정치 질서와 중국의 국내정치 상황, 그리고 중국과 주변국과의 관계에서 나타나는 국제적 환경에 따라 그 발전 과정을 여러 단계로 나누어 설명할 수 있다.

(1) 신중국 초기의 외교(1950년대 말까지)

신중국 건국 초기부터 1950년대 말까지 중국 외교 정책을 ① 친소일변도 시기, ② 평화공존외교로의 정책 변화 시기, 그리고 ③ 외교정책 전환 시기 등 3단계로 나누어 설명할 수 있다.

① 친소 일변도 시기

1949년 10월~ 1953년 3월까지를 '**친소 일변도 시기**'라 부른다. 신중국 건국 후 중국 지도부는 국가 안전보장 유지와 경제·기술 원조 획득을 목적으로 대소 일변도 정책을 유지할 필요가 있었다.

당시의 국제 정치가 미·소를 축으로 한 양극 체제로 고착되고 양자택일이 불가피하다는 인식 하에 사회주의 맹주인 소련에 대한 중국 공산당의 동지감을 형성코자 하였으며, 냉전체제하에서 고립을 탈피하기 위해 소련과의 우호관계 증진은 긴요하였다.

이에 따라, 중국은 1950년 2월 14일 『중·소 우호동맹 상호원조 조약』

---

157) 본 장은 중국 외교부 발간 '중국외교 백서'(중국 외교부, 2008,2009,2012)와 우리 외교부가 발행한 '중국 개황'(외교부,2013) 및 기타 중국 관련 국내 문헌의 해당 부분을 발췌, 나름대로 요약, 정리한 것임을 밝혀 둔다.

을 체결하였으며, 1954년 2월에는 중국에 대한 차관공여 지원을 내용으로
한 『대중국 차관공여에 관한 협정』이 조인되었다. 또한 양국 간의 통상,
비통상 협정 문제 해결을 내용으로 하는 『中國長春鐵道, 旅順港口 및 大連
에 관한 協定』도 체결되었다. 이로써 1945년 8월에 체결된 쟝지에스와의
우호동맹조약은 자동적으로 폐기되었다.

② 평화공존 외교로의 정책 변화 시기

1953년 4월~1958년 3월을 '**평화공존외교**'의 기조로 변화한 시기'라 부
른다. 한국전쟁을 통해 아시아에 미.소를 중심으로 한 새로운 냉전구조가
형성되었고, 이러한 양 진영 간의 대립으로 상호 위협이 내재해 있던 시기
였다. 이러한 시대 상황을 반영하여 중국은 '평화공존 5개항 원칙'을 발표
(1954. 6)하였고, 이어서 인도, 티벳과 통상 및 교통 협정(1954. 4.29) 체
결시 이 원칙을 최초로 반영하여 포함시켰다.
이는 냉전구도의 확립 시기에 중국과 인도간의 평등한 양국관계를 규정하
는 원칙을 표명하는데 그 의의가 있으며, 중국으로서는 향후 이 원칙을 국
가 간의 관계를 규정하는 대원칙으로 설정하였다.
특히, 1955년 인도네시아 반둥에서 개최된 '아시아 · 아프리카회의'에서
조언라이 총리는 연설을 통해 '평화공존 5원칙'을 국제 외교의 기본 원칙
으로 제안함으로써 이를 반영하여 일부 추가된 "평화 10원칙"으로 확대되어
채택되었다. 이로써, 중국은 아시아와 아프리카의 비동맹 국가들과의 우호
관계를 다지면서 외교의 신 지평을 확대하는 한편, 미국 등 세계열강들로
하여금 중국 문제에 대한 간섭을 배제하고 상호 공존을 모색하는 중립 외교
를 표방하게 되었다.

③ 중국 외교정책의 전환 시기

1958년 3월~1959년 12월 기간 동안을 '중국 외교정책의 전환 시기'라
부른다. 이 시기에는 중국의 대소련 관계가 악화되던 시기였다. 소련 공산
당 제 20차 대회에서 흐루시쵸프의 비밀 연설(1956.2)로 인해 폴란드 사태

가 발생하였고 사회주의 진영 자체의 동요와 약화 현상이 나타났으며, 특히 구소련이 중국과의 '신국방기술협력 협정'을 일방적 파기(1959.6)함에 따라 중국으로서는 구소련이 자국을 겨냥하고 있음을 깨닫게 되었고 아울러 티벳 문제로 발생한 중.인 무력충돌 사건이 일어났을 때에도 구소련은 중립적 입장을 취함으로써 중국을 더더욱 실망시켰던 것이다.

이로 인해 중국은 경제 건설을 위한 모델 등에서 소련의 모델을 탈피하고 대신 중국식 사회주의 건설 방식을 표명(1958.5, 당8기 2중전회)하기에 이른 것이다.

(2) 평화공존외교 정착 시기(1950년대말~1960년대말)

1950년대 말부터 1960년대 말까지의 시기는 이른바 **평화공존 외교**가 정착되는 시기였다. 즉, 미국과 소련이 세계 패권을 놓고 대립하는 냉전구조가 형성되었고, 이에 대응하기 위해 중국은 아시아, 아프리카 등 저개발 국가들과 민족해방 운동을 발전시키고 서방식민지 체계를 붕괴시켜 나가기 위한 노력 등을 추진해 왔다. 이 시기의 중국 외교 정책은 크게 4가지로 요약될 수 있다.

첫째, 중국은 평화공존 외교의 기조 아래 아시아, 아프리카 인민들과의 단결과 협력을 강화해 나갔다. 이집트, 이라크, 레바논 등 아랍 국가들이 추진하던 반제국주의, 반확장주의 투쟁을 지지하였고, 미얀마, 네팔, 몽골, 아프가니스탄과의 국경문제도 해결하여 이들 국가들과 국경조약도 체결하였다.

둘째, 중국은 서구, 일본 등과의 관계 또한 발전시켜 나갔다. 프랑스가 NATO에서 탈퇴함에 따라 1964년 프랑스와 유럽 국가로는 최초로 수교에 합의하였고, 이어서 이탈리아, 오스트리아 등과도 상무대표부를 상호 파견하기로 하였다.

중국은 또한 일본과의 민간 무역관계 발전을 희망하여 1964년 4월 일본과 무역사무소 설치에 합의하고 양국 언론기자의 상호 교환에도 합의하였다.

셋째, 중국은 소련의 통제에서 벗어남과 동시에 중.소 분쟁의 시기로 이어졌다. 구소련은 당시 미국과의 냉전구조 하에서 전 세계 공산주의 확대를 위해 중국의 협조를 강요하였다. 즉, 구소련 지도부는 1960년 7월, 돌연 1390명가량의 소련 전문가를 중국에서 철수시켰고, 중,소 양국 정부 간에 체결된 12개 협정과 300여 개의 전문가 계약을 파기하였으며, 200여개에 달하는 과학기술 협력 프로젝트를 취소하는 등 중국에 대한 위협을 시도하였다.

이와 같이, 50년대 말부터 60년대 말까지 중국은 국제관계에서 그 대외 영향력을 부단히 확대해 갔고, 1969년에 이르러 중국과 수교한 나라가 50여 개로 증가하는 등 국제적 인지도도 한층 확대되어 갔다.

(3) 문화대혁명 시기

문화대혁명 시기의 중국 외교정책은 이른바 '조반외교(造反外交)'였다. 이는 1968년 8월 개최된 중국공산당 제8기 11차 중앙위 전체회의에서 공식 천명되었는데, 즉, "제국주의와 수정주의를 반대하며, 소련의 집권층 중심의 현대 수정주의와는 선을 분명히 긋고, 이들과는 절대로 연합 행동을 하지 않으며, 무산계급의 국제 공산주의를 중국 대외정책의 최고 지도 원칙으로 삼아, 아시아, 아프리카 및 중남미 각국 인민의 미 제국주의와 그 추종세력에 대한 투쟁을 적극 지지하며 전 세계 인민의 혁명투쟁을 지지 한다"는 내용이었다.

다시 말하면, 이는 폭력혁명 외교노선을 통해 소련을 견제하고 고립을 면하기 위한 외교를 전개하고자 하였으나 사실상 지나치게 비현실적이었으며, 세계 혁명이라는 이데올로기가 외교의 효율성을 완전 부정한 결과가 되었다.

(4) 독립자주/평화 외교정책 시기

1970년대 말부터 80년대 말까지의 시대적 배경은, 우선 국제적으로 구소련의 국내 경기가 극도로 침체된 시기였다. 당시 구소련은 국내 경제 피폐 상황에서 더군다나 아프간 침공, 베트남의 캄보디아 침공 지원 등에 따른 엄청난 경제적 부담을 떠안게 되었다. 이당시 중국은 구소련에 의한 전면적인 도발 가능성이 낮다고 보는 한편, 소련과의 대립 또한 국익에 도움이 되지 않는다는 인식을 갖게 되었다. 이 시기에 미국은 1979년 대만관계법을 통과시키면서 다시 극우 강경노선으로 전환하였고, 우방국과의 유대를 강화해 나갔다. 또한 이 시기에는 과거 미, 소 냉전하의 양극화 체제에서 서유럽(西歐), 일본 등이 강대국으로 편입되면서 또 다른 세계 다극화 추세가 형성되었다.

반면 국내적으로는, 중국이 현대화 건설의 필요성을 강조하기 시작했다. 중국 정부는 1978년 12월 중국공산당 제11기 3중전회를 계기로 사회주의 현대화 건설을 국가 최대 과업으로 삼았으며, 국익에 입각한 외교 정책 추진을 강조하였다.

이러한 시대적 배경 하에 이 시기의 중국 외교정책은 이른바 **"독립자주/평화 외교 정책"**의 시기라고 할 수 있다. 이 시기의 정책 주요내용은, 첫째, 중국은 국제관계에 있어서 패권주의를 반대하고 세계평화 유지 및 보호를 위해 노력하였다. 중국은 어떠한 국가의 패권 추구도 반대하며, 대미국, 대러시아 등 강대국은 물론 제3세계 국가들과도 정상적인 관계 발전을 통해 국제적 지위를 향상시켜 나가는 데 노력을 기울였다.

둘째, 사회제도와 이념에 관계없이 구소련과 동유럽 국가들과의 관계를 계속 발전시켜 나갔다. 이른바 덩샤오핑이 "3대 장애" 제거를 조건으로 구소련과의 협상을 제안하였고, 1989년 5월 양국 지도자는 회담을 갖고 관계 정상화에 합의하였다. 또한, 중국은 동유럽의 다른 사회주의 국가와의 관계도 회복해 나가기 시작했다.

셋째, 중국은 주변국과 개발도상국들과의 관계를 개선, 발전시켜 나갔다. 중국과 주변국 사이에 존재하는 영토와 해역 분쟁 등에 대해 덩샤오핑은 "주권은 우리에게 속하고 쟁의는 보류하며 공동으로 개발하자"는 주장으로 주변국과의 불편한 관계를 완화시켜 나갔다.

넷째, 중국은 "1國 2體制"을 관철, 조국 통일을 추진해 나갔다. 중국은 외교담판을 통해 영국과는 1984년 12월, 포르투갈과는 1987년 4월에 각각 공동 성명을 발표함으로써 중화인민공화국이 홍콩과 마카오에 대한 주권을 회복하게 되는 기반을 마련하였다. 이는 중국의 완전한 통일을 위한 초석이 된 것이다.

(5) 1990년대의 외교정책 시기

　1990년대의 중국 외교 정책의 배경은 '신국제질서론'의 등장에서 비롯되었다. 신국제질서론이 대두되게 된 배경으로는 첫째, 90년대에는 미국과 소련의 냉전 구도가 해체되고 새로운 다극화 추세가 진행되는 상황에서 미국의 세력이 약화되고 다른 강대국의 도전으로 국제 질서가 불안정해졌다. 둘째, 미국은 대소전략의 일환으로 강조했던 중국의 역할과 영향력이 이제는 감소하게 되어 기존의 미·소가 주도하던 질서와는 다른 미국 일방이 주도하는 신국제질서가 형성되게 되었다.

　이러한 상황에서 이 시기의 중국 외교정책의 특징을 설명하면 첫째, 중국은 개발도상국과의 관계를 강화시켜 나갔다. 중국은 우선 주변국과의 관계 발전을 외교정책의 중요한 핵심 사업의 하나로 삼았다. 90년대에, 중국은 인도네시아와 외교관계를 회복하였으며, 싱가포르, 브루나이, 그리고 우리나라와 수교를 시작으로, 베트남, 몽골과도 관계 정상화를 실현하였다. 또한 중국은 아시아·아프리카 국가들과는 물론 중·서부 유럽 및 라틴 아메리카 국가들과의 관계도 부단히 발전시켰다.

　둘째, 중국은 러시아 및 CIS 국가들과의 관계도 적극 회복시켜 나갔다. 1991년 소련 해체 후 러시아와 기타 CIS 국가들에 대해 국가 승인을 선포하고 외교관계를 수립해 나갔다. 중국은 1994년 러시아와 핵무기 관련 공동성명을 발표했으며, 1996년 4월에는 "평등, 신임하며 21세기 전략적 협력동반자 관계"를 건립하였다.

　셋째, 중국은 서방 선진국과의 관계 개선도 도모해 나갔다. 1989년에 발생한 천안문 사건으로 중·미 양국 관계가 급속히 악화되었으나, 90년대 말, 양국 지도자의 상호 방문을 통해 양국 관계가 다시 개선되었으며, 이를 계기로 중국은 다시 서방국가들과의 관계도 발전시켜 나갔다. 일본과의 관계 또한 개선되어 1998년에는 양국 정부가 "공동성명"을 발표하게 되었다.

　넷째, 중국은 다자외교를 적극 추진, 국제협력 분야에서 건설적 역할을 적극 발휘해 나갔다. 이 시기에 중국은 77그룹의 일원으로 협력하였으며, 국제 군축활동에도 적극 참여하였다.

　다섯째, 중국은 "1國 2體制"를 통한 통일 대업을 추진하였다. "1國 2體制"

정책 하에 중국은 1997년 7월1일 홍콩에 대한 주권을 회복하였고, 1999년 12월 20일에는 마카오에 대한 주권도 회복하였다.

(6) 2000년 뉴밀레니엄의 외교정책 시기

2000년대에 들어 중국 외교정책에 영향을 주었던 두 가지 시대적 배경이 있었다. 이는 바로 '경제의 세계화' 및 '정치의 다극화' 현상이었다. 국가 간에 적과 친구간의 경계가 모호해졌으며, 강대국간 전쟁 가능성도 더욱 줄어들었다. 또한, 세계화의 급격한 확산으로 강대국 간 상호 의존성이 심화되었으며, 냉전시대와는 달리 강대국 간의 경쟁은 제로섬 게임이 아닌 상호 협력과 타협이 우선시 되었다.

이러한 시대적 배경 하에 2000년대의 중국 외교정책의 특징은, 첫째, 평화, 발전, 협력이 거부될 수 없는 시대적 조류가 되었으며, 국가 간의 상호 협력과 발전을 통해 전 세계의 안전 유지는 물론 각국의 문화와 문명을 유지 발전시켜 나가는 것이다.

둘째, 이 **'평화, 발전, 협력'** 이라는 주제는 중국의 독립 자주적인 대외 정책을 발전시키는데 기여하고 있으며, 아울러 중국으로서는 평화적인 외교 정책을 추진해 나갈 수 있는 기반이 되고 있다. 중국은 공정하고 합리적인 신(新)국제질서관을 제창하였고, 평등·호혜를 핵심으로 하는 신(新)발전관과 아울러 다양성을 존중하는 신(新)문명관의 형성을 주장하고 있다.

2. 외교정책 결정 체계

(1) 정책결정 과정 체계

중국 외교정책 결정 과정의 기본 체계는 외교부-총리-국가주석으로서, 사안의 중요도에 따라 상위기관에까지 보고되어 결정되나, 대부분이 총리 또는 그 이하의 단계에서 결정된다. 이 계선(系線)기관은 사안의 중요성, 관련성에 따라 필요시 관련기관과 협의를 하게 되는데, 외교부는 국무원내 타부처, 당 대외연락부, 전인대 외사위원회 등과 협의하고, 총리는 국무원의 부장급 이상 해당 간부들로 구성되는 『국무원 외사영도 소조』회의를 통해 협의하며, 국가주석은 관련 당·정 고위 간부들로 구성되는 『당 외사영도소조』회의 또는 당 정치국회의, 정치국 상무위원회를 소집하여 협의한다.

중국의 대외정책을 결정하는 국가기관 및 부문으로는 결국 외교부, 총리, 국가주석과 당 외사영도소조 및 정치국으로 요약될 수 있다.

우선, 외교부는 주무부처로서 외교 사안에 대해 자체적으로 결정하거나 총리에 보고 또는 건의한다. 소관 각과에서 작성한 문서는 담당 부국장 또는 국장, 담당 副부장(副부장 부재 시는 부장조리), 외교부장 순으로 보고되며, 외교부장이 최종 결정하거나 또는 총리에 상신한다.

총리는, 외교부에서 건의한 사안을 자체 결정하거나, 결정이 어려운 사안은 국가주석에 상신 또는 국가주석에게 당 외사영도소조나 당 정치국내에서 협의토록 건의한다.(단, 대부분의 외교 사안은 국무원에서 결정되며, 국가주석은 이러한 결정을 대부분 수용)

국가 주석은, 국무원에서 상신된 사안을 자체 결정하거나, 혹은 결정이 어려운 사안에 대해 당 총서기로서 당 외사영도소조회의 또는 정치국내 협의를 통해 결정한다.

당 외사영도소조 회의는 당 총서기가 소집, 주재하며, 사안과 관련되는 당·정 고위 간부가 참석한다. 당 정치국의 협의체는 정치국회의, 정치국 확대회의, 정치국 상무위원회회의, 정치국 상무위원회 확대회의가 있다. 당 외사영도소조 회의와 정치국 회의는 중국의 특성상 당의 내부회의라기 보다는 국가회의의 성격을 지닌다고 볼 수 있으며, 정치국 회의 시에는 구성원 전원이 빠짐없이 참석한다.

(2) 주요 협의 기구

대외정책 결정과정상의 주요 협의기구로는 공산당 대외연락부(부장: 장관급), 전국인민대표대회 외사(外事)위원회, 정협 외사위원회, 기타 연구기구, 민간 교류단체 및 신화사 등이 있다.

『공산당 대외연락부(부장: 장관급)』는 외국 정당과의 당대당 교류를 관장하며, 이러한 대외 업무추진시 외교부와 협의하여 처리 한다. 보통 면담 자료는 자체 작성후 외교부에 수정을 의뢰한다. 직제 상 외교정책 수립에 외교부와 대등한 위치에서 별도로 정책을 건의하게 되어 있으나, 주로 외국의 국내정세 분석 및 전략적 관계 정립 등에 관해 상부에 보고 및 건의한다.

『전국인민대표대회 외사(外事)위원회』는 외국 의회와의 교류를 담당하며 업무추진 시 외교부와 협의한다(협의 방식은 당 대외연락부와 동일). 상대 측 인사가 외사위원회 주임위원 보다 서열이 높은 경우 전국인민대표대회 상무위원회 부(副)위원장이 수석대표를 담당하는 경우도 있다.

『정치협상회의 외사위원회』는 외국과의 교류가 거의 없으나 정협회의 개최시 외교관련 사안에 대해 토의 또는 건의를 제출한다. 전국 정치협상회의 주석 또는 부주석이 외국과 교류한다.

기타 연구기관은 정부기관의 요청이 있을 경우 자문 또는 자료를 제공하며, 가끔 건의서도 제출한다. 『중국 국제문제연구소』는 1956년에 설립, 국제 정치·경제 정세를 연구, 분석하는 외교부소속 기관이다. 『중국 사회과학원』은 1977년에 설립, 사회과학 연구 및 정책 건의를 목적으로 한 국무원소속 연구기관이다. 『중국 현대국제관계연구소』는 1980년에 설립, 세계 정치·경제 분석 및 정책 건의를 목적으로 하며 국가안전부소속 연구기관이다. 『중국 국제전략문제학회』는 1979년에 설립, 국제전략·안보 문제 연구를 목적으로 한 국방부소속 연구기관이다.

민간교류단체는 정부의 대외정책을 민간 외교형식으로 뒷받침하여, 대외교류시에 갖게 되는 소감 및 건의를 관계부처에 제출할 경우 이를 해당부처가 참고하고 정책에 반영하기도 한다. 『중국 인민외교학회』는 1949년에 설립, 민간차원의 인사교류 추진을 목적으로 한 민정부소속 기관이다. 『중국 국제우호연락회』는 1984년에 설립, 민간 대외우호교류(경제교류 촉진 포함)를 목적으로 한 민정부소속 기관이다. 『중국 인민대외우호협회』는 1954년에 설립, 민간 차원의 이해·우호 증진(자매도시 포함)을 목적으로 한 역시 민정부소속 기관이다.

신화사는 전국 각지 언론사들에게 뉴스를 제공하는 국영(國營)통신사로서, 대외문제와 관련 외교부가 대외발표 시 신화사에 보도문을 단독 제공하거나, 신화사에 먼저 통보 후 기자회견을 통해 대외에 공표한다. 단 외교부의 직접적인 감독 또는 통제를 받지 않는다.

3. 중국 외교의 기본 원칙

중국 대외정책의 기본 원칙이란, 대외 정책을 수립함에 있어서 가급적 준수하여야 하는 나름대로의 원칙을 지칭하는 것으로서, 중국 정부가 제시하고 있는 기본 원칙은 다음과 같다.

첫째 기본 원칙으로는 '국제주의와 애국주의의 상호 결합 원칙'이다. 이는 국제관계에서 "세계 평화와 인류 진보의 촉진"이라는 전략적 목표로 표현되고 있으며, 특히 대외관계에서 제국주의, 패권주의, 식민주의 세력의 대외침략 및 압박을 반대하며, 피압박 민중의 침략반대 투쟁을 지지하는 정책으로 나타나고 있다.

둘째는 '독립자주 원칙'으로서, 이는 중국이 다른 나라의 지시를 받지 않고 독립 자주적으로 자국의 임무와 정책을 결정하는 것이다.

셋째 원칙으로는 '평화공존 5개 원칙'이다. 중국은 1954년 6월 조우언라이 총리가 인도네시아 반둥회의에서 제시한 '평화공존 5개 원칙'을 일컫는 것으로서, ①주권과 영토보존의 상호 존중, ②상호 불가침, ③상호 내정 불간섭, ④호혜 평등 ⑤평화 공존을 포함하고 있다.

넷째는 '통일전선 원칙'이다. 통일전선은 중국 인민이 국내혁명 투쟁에서 적을 이기고 성공하는데 큰 도움이 되었던 원칙이며 또한 중국의 대외투쟁에서도 견지해야 할 전술 중의 하나이다.

다섯째 원칙은 '상응주의 원칙'이다. 중국은 평화외교 정책을 실천하고 있지만 동시에 아직도 전 세계적으로 패권주의와 강권정치가 여전히 존재하고 있다고 판단하고 있다. 따라서 적대세력의 침략과 간섭, 전쟁 위협에 어떻게 대처해야 하는지 심각하게 고려해야 하며, 이에 중국은 철저한 맞대응과 상응주의 원칙을 고수하고 있다.

여섯 번째 원칙은 '인민중시 원칙'이다. 중국의 외교는 외국 정부와의 관계이자 또한 총칭하여 '인민외교'라고 불리는 상대국 민간인들과의 관계이기도 하다. 왜냐하면 정부외교와 민간외교는 모두 중국 공산당의 통일된 지도와 통제 하에 인민 대중을 대표하여 이들의 이익을 위하여 전개되기 때문이다.

4. 중국의 대외 관계

가. 중.미 관계

(1) 양국 관계 현황

중국의 대미국 관계는 시기적으로 3단계의 큰 변화 과정을 거치면서 발전해 왔다. 우선 첫 단계는 적대관계를 유지하던 시기였다. 초기의 미.중 관계를 대표하는 중요한 몇 가지 사건들이 있었는데, 국공 내전에서 미국이 쟝지에스 국민당 정부를 지원하여 공산당의 반미 감정이 커졌으며 이에 더불어 1950년 중국이 한국전에 참전함으로써 양국 관계는 결정적으로 대립관계로 변하였다. 미국 주도의 유엔은 중국을 침략자로 규정하고, 미국은 유엔 등 국제무대에서 중국의 활동을 봉쇄하는 노력을 경주하였다.

이로써 1950년대는 동서 블록화 시대의 영향과 함께 중-미 간 대립관계가 지속되던 시기였다. 다만, 1955년 제네바회담 이후 1970년 바르샤바 회담에 이르기 까지 양국관계 개선을 위한 협의를 위해 약 136회에 걸쳐 양국 대사급 회담이 개최되었는데, 이 채널이 양국 간 유일한 의사소통 기능을 수행한 것이다.

두번째 단계는 1970년대 초반부터였는데, 이 시기에는 중국과 미국의 직접적인 접촉과 관계 정상화가 이루어진 시기였다. 이 당시에는 사전 단계로서 몇 가지 주요 사건 및 변화 들이 있었다. 그 시초로는 1960년대 후반 중.소 분쟁이 가열됨에 따라 중국은 미국 대신 소련을 제1의 가상적(假想敵)으로 간주하고 미국과의 관계 개선을 위해 노력했다. 또한 국제사회 구성원으로서 활동하기 위해서는 미국과의 관계 개선이 불가피하다는 현실론이 대두되었으며, 미국 또한 닉슨대통령과 키신저 국무장관 취임이후 전략상 중국과의 관계 개선이 필요하였다.

  이러한 공통된 인식에 따라 1972년 2월 닉슨 대통령은 최초로 중국을 방문하게 되고 이를 계기로 『미-중 상해공동성명』을 발표하였다. '상해공동성명(1972.2.28)'의 주요 내용은, ① 평화공존원칙에 입각하여 패권추구 반대, ② 제3국에 대한 대항을 목표로 하지 않는 양국관계 정상화, ③ 대만이 중국의 일부분 임과 중국인 자신에 의한 대만문제의 평화적 해결 필요성 인정, ④ 대만주둔의 미군 철수 등이었다.

  이에 따라 1978년 5월에는 미국과 중국 정부가 상호 연락사무소를 개설하였으며, 사무소에 사실상의 대사관으로서의 지위를 부여하였다.

  다만, 외교관계 수립과 관련하여 '대만문제'에 대한 이견으로 수립이 지연되어 오다가 최종적으로 1979년 1월 1일 외교관계가 정식 수립되게 되었다. 양국은 수교를 위한 절차로서, 1978년 12월 『미-중 수교 공동성명』을 발표하였는데, 이「미.중 수교 공동성명」에는 "미국은 중화인민공화국이 중국의 유일 합법정부라는 점과 대만이 중화인민공화국의 일부라는 중국의 입장을 인정하며, 미국은 이러한 테두리 내에서 대만과 문화 · 상무(商務) 및 기타 관계를 계속 유지해 나간다." 또한 "양국은 패권을 추구하지 않으며 다른 개별 국가나 국가그룹의 패권추구 노력을 단호히 반대한다." 그리고 "양국은 제3국을 대신하여 협상을 하지 않으며 또한 제3국을 겨냥한 협정을 상호 체결하지 않는다는 것" 등이 포함되었다.

  이로써 1979년 3월초 양국의 상주대사관이 설치되었고, 며칠 후 미국의 초대대사로 Leonard Woodcock이 베이징에 부임하는 한편, 중국의 초대 대사도 워싱턴에 부임하였다.

  한편, 미국은 1979년 1월 미-대만 간 국교를 단절하였으며, 동년 4월에는 대만에 주둔한 미군을 철수시켰다. 또한, 대만과의 새로운 관계 설정을 위해 미국 의회에서 기초한 「대만관계법」이 제정되었으며, 이 관계법에 따라 1979년 4월에는 타이페이에 "미국 재대협회(在臺協會)"를 발족시켰다. 그리고 1980년 1월 1일에는 미. 대만 공동방위 조약조차도 공식 폐기시켰다.

  세번째 단계로서, 대미국 관계의 변화 시기는 1980년대라 할 수 있다. 구소련의 아프가니스탄 침공(1979.12)을 계기로 미국은 중국에 대해 비상상

무기와 군수품 수출을 인정하는 등 군사협력을 강화해 나갔으나, 레이건 행정부가 출범(1981년 1월)하면서 미국이 대만에 다시 신(新)무기 공급 정책을 취하자 미-중 관계가 다시 냉각되었다.

1981년 12월 9,700만불 상당의 F-5E 전투기 엔진 부품을 대만에 공급하기로 하였으며, 또한 1982년 1월에는 대만과의 F-5E 공동 생산, 노후기 교체 및 부품 판매 방침을 결정하였다. 중국은 미국의 대대만 무기판매에 대해 강한 반대 표명(1982년 3월)을 하고 대미관계 격하도 시사하였다.

그 후 양국 간 비공식 교섭을 통해 결국 1982년 8월 17일 『미-중 공동성명』이 발표되면서 양국관계가 재정립되는 기반이 구축되었으며, 대만문제와 관련하여 미, 중 양국 간에 현실적인 해결 계기가 마련되었다. 이 1982년의 공동성명 주요 내용은 "① 중화인민공화국은 중국의 유일 합법정부로서(대만은 중국의 일부이며, 미-대만간의 비공식관계는 계속 유지한다. ② 상호 주권 및 영토 주권을 존중하며, 자국의 내정에 간섭하지 않는다. ③ 중국은 대만문제가 국내문제임을 재확인한다. ④ 미국은 대중국 관계를 중시하며, '2개의 중국' 정책을 추구치 않을 것임을 재확인한다. ⑤ 미국의 대대만 무기판매는 질적 수준에서 최근 수년간 대만에 제공된 수준을 초과하지 않는다. ⑥ 미국의 대대만 무기판매를 점진적으로 감소시키며, 동 무기 판매가 최후 타결되기까지는 어느 정도 기간이 소요되어야 한다. ⑦ 양국 정부는 어느 정도의 시간을 갖고 미국의 대대만 무기 판매 문제를 최종적으로 완전 타결키 위한 조치를 취한다. ⑧ 호혜평등의 원칙하에 경제, 문화, 교육, 과학, 기술 및 여타분야에서의 유대 관계를 강화한다."는 것이었다.

이후 1989년 천안문 사태 이전까지는 고위인사 상호 교류, 경제협력 및 과학기술 교류 증대 등 전반적인 안정 속에서 양국관계가 꾸준히 진전되었으며, 특히 1986년 11월 중국 건국 이래 최초로 미국 함대가 청도항(靑島港)에 기항하는 등 군사 관계도 증진되었다.

그러나 1989년 6월에 발생한 천안문 사건은 미, 중 관계를 급속히 악화시키는 결정적 계기가 되었다. 동 사건을 계기로 양국은 상호 제재와 보복 조치를 취하기 시작하였다. 미국은 대중국 무기 수출 금지, 군(軍) 고위인사 및 정부 고위인사 교류 동결, 국제금융기관의 대중국 대출 연기 요청 등의 대중국 제재 조치를 시행하였으며, 반면, 중국은 대미 강경비난을 계속하면서 미 해외공보방송(VOA) 특파원을 추방 조치하고, 풀브라이트 사업 중단 등 대미 보복 조치를 시행하였다.

그러나 미국은 중국의 지나친 고립이 국익에 도움이 되지 않는다고 판단하여 실리외교에 입각한 포용 정책으로 전환하여 관계 회복을 꾀하였고, 중국도 국내 경기 침체 상황에서 다시 개혁·개방 정책을 가속화하고 자국의 국제적 위상을 회복하기 위해서라도 미국과의 관계 개선을 시도하였다.

당시 중국은 유화조치로서 미국의 소리(VOA) 특파원의 재입국 허용, 베이징 지역의 계엄령 해제 및 천안문사태 관계자 석방, 그리고 이어서 중국의 대규모 무역사절단 방미(1990년 10월) 및 NPT 가입(1992년 3월) 등의 조치를 취하였으며, 이에 맞추어 미 행정부도 1990년과 1991년에 각각 중국에 대한 '최혜국대우 지위(MFN)'를 1년씩 연장해 주었다.

이렇게 양국 관계는 상호 협력을 추구하면서도 각 계기시마다 암묵적인 대립과 갈등 관계가 교차되었다. 파키스탄에 대한 미사일 수출과 관련한 미국의 제재조치, 중국의 2000년도 올림픽유치에 대한 미국 측의 반대, 미국의 중국 WTO 가입 제동, 그리고 대만문제(1995년 5월, 미국의 이등휘 대만 총통 방미 허용, 1996년 3월 중국의 대만 해협 미사일 발사 훈련) 등에 있어서 양국 간 대립 상태도 지속되었다.

다만, 양국은 고위 인사교류를 통해 상호 대화와 협력 분위기를 계속 조성해 나갔고, 이에 부응하여 1997년 10월, 쟝저민 국가주석이 천안문사태 이후 국가원수로는 최초로 미국을 방문함으로써 그간의 경색 관계를 청산하였다. 양국 정상들은 향후 양국 관계를 「21세기를 향한 건설적, 전략적 동반자관계」로 추진해 나가기로 합의하였다. 클린턴 미 대통령도 1998년 6월 중국을 방문하여 핵확산 억제, 아시아 금융 위기, 국제안보 문제 등에서 중·미간 공동 협력 의지를 표명하고 지역 및 국제문제 해결에 있어 양국 간 공조 체제의 필요성을 확인함으로써 향후 안정적인 양국 관계 발전을 위한 기반을 구축하였다.

한편 이후의 중. 미 관계는 1999년 5월 미국을 위시한 NATO의 유고 주재 중국대사관 폭격으로 다시 급속히 냉각되었으나, 1999년 9월 APEC 정상회의를 계기로 이루어진 중. 미 정상회담과 1999년 11월 중.미간 WTO 가입협상의 극적 타결로 관계 복원의 전기를 마련하였다.

부시 행정부 출범 후 2001년 4월 중·미 군용기 충돌, 미국의 대대만 무기판매, 인권문제 등으로 한동안 다시 불편한 국면이 초래되었으나, 9.11 테러사건을 계기로, 중국이 미국 주도의 반테러 국제공조 노력에 협조하면서 회복되었고, 수차에 걸친 양국 정상회담을 계기로 "중. 미 간 건설적 협력관계"의 궤도에 진입했다. 2005년 1월 부시 2기 행정부 출범을 전후하여 미국 조야에서 "중국위협론"이 대두되긴 했으나, 중국 측은 2005년 8월 제1차 중·미 전략대화(베이징), 2005년 9월 UN정상회의 계기 미·중 정상회담, 2005년 10월 럼스펠드(Rumsfeld) 국방장관의 방중, 2005년 11월 부시대통령 방중 및 2005년 12월 제2차 중.미 전략 대화(워싱턴) 등을 통해 이러한 위협론 불식을 위해 노력해 나갔다.

2006년 후진타오 주석 방미 시, 중. 미 간 전략적 대화, 협력 필요성을 역설하고, 그 후속조치로서, 2008년에 양국 간 제5차 중.미 전략대화 개최(08.1월 중국 귀양시), 라이스 미 국무장관 방중(08.2월과 08.6월), 제 4차 및 제 5차 중.미 전략 경제 대화(08년 6월과 08년 8월) 등 양국 간 긴밀한 대화, 협력이 이루어졌다. 이어서 2009년 오바마정부가 출범하면서, 양국관계를 「적극적이고 협력적이고 포괄적인 관계(positive, cooperative, and comprehensive relationship)」로 규정하고, 기존의 전략 대화와 경제 대화를 통합하여 제1차 중.미 전략, 경제 대화(09.7월 워싱턴)를 개최함으로써 중. 미간 협력의 체계화를 이루어 갔다.

2010년 들어 미국의 대대만 무기 판매 계획 발표(10.1월), 오바마 대통령의 달라이 라마 면담(10.2월),위안화 평가절상 문제 등으로 양국관계가 다소 냉각되긴 하였으나, 2011년 1월 후진타오 주석의 미국 방문 시, 양국 관계를 안정적으로 관리해 나가기로 합의하고, 2012년 2월 시진핑 부주석 방미 시에는 "신형 대국관계" 수립 필요성이 제기되어 양국 각 분야에서의 교류가 지속되고 있는 가운데, 향후 중국 지도부는 중. 미 관계를 안정적으로 관리하면서 세계강국으로서의 영향력을 확대해 나갈 것으로 관측된다.

(2) 주요 현안

중국과 미국 간에 제기되고 있는 주요 현안 사항으로는 대만문제, 인권문제, 티벳문제, 종교의 자유문제, 무기 비확산 문제 등을 들 수 있다.

(대만문제) 중국은 대만을 중국의 1개성으로 간주하고, 대만에 대한 분리, 독립주의 세력을 견제하면서 대외적으로 "하나의 중국(One China Policy)" 원칙을 강조하고 있다. 그리고 미국과의 관계에서 대만문제는 가장 중요하고 민감한 현안 중의 하나라고 주장하고 있다. 이에 대해, 미국은 "하나의 중국" 원칙과 대만독립 불지지 원칙을 인정하면서도 미국 의회에서 제정한 「대만관계법」(1979년 제정)에 따라 대대만 기본 정책을 계속 유지하고 있는 중이다. 대만에 대한 무기판매를 지속하는 한편, 대만 고위인사의 미국 방문을 계속 허용(1995년 6월 이등휘 방미, 2002년 3월 대만 국방부장 방미 등)하였으며, 또한 대만의 WHO 옵저버 자격으로의 가입을 지지하는 정책 등을 유지하고 있다.

(인권문제) 미국은 중국의 인권상황이 열악한 점을 지적하면서 중국에 대한 외교적 압력수단으로 계속 활용하고 있다. 그러나 중국은, 인권문제는 기본적으로 '국내문제'라고 주장하고, 타국이 이를 압력수단으로 사용하는 것을 반대하며 미국의 인권상황 또한 타국의 인권을 비난할 만한 수준이 되지 않는다고 반박하는 한편, 중국도 그동안 인권 상황 개선을 위해 노력을 경주해 왔고 그 결과 인권분야에서 많은 발전을 이루었다고 주장한다. 중국은 특히 그동안 미국과 정례 인권대화를 개최해 오고 있으며, 1997년 10월, 인권 A규약 (경제, 사회, 문화적 권리에 관한 국제인권 규약)에 서명한 바 있고 1998년 10월에는 인권 B규약 (시민적, 정치적 권리에 관한 국제인권 규약)에도 서명하였다. 이에 따라 중국은, 상이한 체제, 역사, 가치관, 경제발전 수준을 감안하지 않고 미국식 기준에 의해 인권문제를 강요하는 것에 반대하며, 미국이 자체의 인권문제는 외면하면서 타국의 인권을 문제 삼는 '이중기준'을 적용하고 있다고 비난하고 있다.

(티벳문제) 미국은 인권문제와 관련하여 티벳 소수민족 문제를 제기한다. 그러나 중국은 티벳은 어디까지나 중국의 불가분의 일부분으로서 이는 중국의 내정문제라는 확고한 입장을 표명한다. 특히, 티벳 지도자 Dalai Lama의 국제적 활동에 대해서도 민감한 반응을 보이고 있다.

(종교의 자유 문제) 미국은 중국에 대해 종교의 자유가 보장되지 않고 있

다고 지적하면서 '파룬궁(法輪公) 탄압'에 대한 문제를 제기한다. 중국은 또한 이를 내정간섭이라고 주장하면서, 중국에서는 관련 법에 따라 종교의 자유가 보장되고 있으며 파룬궁은 사교(邪敎) 집단이라고 반박한다.

(대외무역 적자 문제) 미국은 급속한 경제 성장으로 막대한 대미흑자를 보고 있는 중국에 대해 시장개방(상호주의) 확립이 필요하다는 입장이다. 특히, 지적재산권 보호, 인위적 환율변동 중단 등을 요구하고 있다. 다만, 미국은 중국이 WTO에 가입하면서 그 이듬해인 2002년1월 중국에 PNTR지위를 부여함으로써 최혜국(MFN) 대우 연장 여부에 관한 연례 심사는 사실상 종결되게 된 것이다.

나. 중.러시아 관계

(1) 양국관계 현황

역사적으로 중. 러 관계는 두 번의 큰 변화 시기를 거쳤다. 첫 번째 변화 시기로는 신중국 건립 이래 대러시아 관계 수립 및 이후 긴장관계가 지속되었던 시기였다. 중. 소 양국은 스탈린이 사망(1953년 3월)할 때까지는 우호협력 관계를 긴밀히 유지하였다. 1949년 10월에는 구소련이 중국 정부를 승인하였고, 동년 12월에는 마오저뚱이 소련을 방문하였으며, 1950년 2월에는 「중. 소 우호동맹 상호원조 조약」을 체결(30년 기한)하고 이와 아울러 1950년 10월에는 한국전쟁에서 대북한 공동 지원을 했다.

그러나 1956년 12월 스탈린에 이어 집권한 후루시초프가 서방과의 평화공존 원칙을 천명하면서 중국 측은 비판적으로 선회하였고, 특히 제1차 세계 공산당 대회(마오저뚱 참석, 1957년 11월)를 기점으로 중·소간에 국제공산주의 운동에 대한 주도권 다툼이 전개되기 시작하였다. 당시 소련은 중국을 "교조주의", 중국은 소련을 "수정주의"라 공개 비난하였으며, 이러한 양국 간 긴장관계가 국경선 및 변경 지역 영토 분쟁(1969년 3월)으로 이어져 최악의 상태를 맞이하였다. 당시 중국 지도부로서도 "중소 우호동맹 상호원조 조약"을 더 이상 연장하지 않기로 결정하였고, 1980년 4월 동 조약이 30년 기한 만료됨으로써 자동 폐기되기에 이르렀다.

두 번째 변화 시기는 1980년대 관계정상화 회복의 시기이다. 중, 소 양국은 1982년 이래 다시 관계 개선을 위한 외무차관급 회담을 개최(1988년 6월까지 12차례 회담 개최)하기 시작하였다. 그러나 중국 측은 소위 3대 장애요소(1983년 3월 제3차 회담 시 제기)의 우선 제거를 주장하면서 특히 당시의 캄보디아 문제 해결을 강하게 요청하였다. 이 3대 장애요소는 이른바 ① 중. 소 국경 및 중국. 몽골간의 국경 지역 내 소련군 감축, ②아프가니스탄 내 소련군 철수, ③캄보디아 문제에 있어 베트남에 대한 지원 중지 등이었다.

러시아도 80년대 중반 고르바쵸프 정권이 등장하면서 대 아시아 정책 추진의 일환으로 중국과의 관계 개선을 적극 도모해 나갔다. 중국 측이 제시한 3대 장애요소에 대해 일부 양보할 의향을 표명하면서 그 시행조치로서, 1987년 4월, 몽골 주둔 소련군(7.5만 명)중 1만 명 철수 개시, 1988년 4월에는 아프가니스탄과 파키스탄간의 평화협정이 조인되면서 1989년 2월까지 소련군 철수에 합의 하였다.

이러한 상호 노력의 결과, 1988년 12월, 치엔지천(錢其琛) 중국 외교부장의 소련 방문과 1989년 2월, 세바르드나제 소련 외상의 중국 방문에 이어 동년 5월 고르바쵸프의 중국 방문으로 양국 관계가 다시 정상화되었다. 당시 고르바쵸프 서기장의 방중 시, 그동안의 적대 관계에 대한 소련의 책임을 인정하였으며, 이후 당 대 당 관계를 포함한 양국관계 정상화에 합의하였다. 관계 정상화 이후 실질관계 증진을 위해 1990년 4월 리펑(李鵬) 총리가 중국 총리로는 26년 만에 처음으로 구소련을 방문하여, 양국 간 우호협력 증진을 위한 정부간 6개 협정에 서명하였다[158].

특히, 1990년 동유럽이 붕괴된 이래 양국 관계가 더욱 진전되면서, 1996년 4월 옐친 대통령의 중국 방문을 계기로 '전략적 동반자 관계'를 설정하고 정치, 군사, 경제, 사회 등 제반 분야에서의 협력관계를 발전시키기로 하였다. 2001년 7월 장쩌민 주석의 러시아 방문 시, 양국은 '중. 러 선린우

---

158) 당시 서명, 발효된 6개 협정은, ① "국경병력 상호감축 및 군사적 신뢰구축에 관한 협정, ② 경제, 과학 및 기술의 장기협력에 관한 협정, ③ 핵발전소 건설을 위한 소련의 대중 차관공여에 관한 협정(1백만 메가와트급 핵발전소 2개), ④ 양국간 외교협의에 관한 의정서 (정기적 외교협의회 개최) ⑤ 소비재 수출을 위한 중국의 대소련정부 신용공여에 관한 협정(약 3억 3천만 불 상당), ⑥우주공간의 평화적 이용 및 연구에 관한 협정 등이었다.

호 협력 조약'을 체결, 향후 양국관계 발전을 위한 정치적 틀을 다시 형성했다. 2004년 10월에는 푸틴 대통령 방중시 <동부국경조약 보충협정>을 체결하였고, 2005년 6월 동 비준서를 교환하여 양국 간 무력충돌까지 불러왔던 국경선 문제를 정리, 해결하였다. 이와 같이 국경선 문제의 완전한 해결로 양국관계 발전의 가장 큰 장애가 해소되어 2005년도부터는 양국 간 전략적 협력 동반자 관계도 심화되었다.

후진타오 주석의 2005년 5월 및 7월 연이은 방러 결과 "21세기 국제질서에 관한 중, 소 공동 성명"을 발표하였으며, 또한 양국은 상해협력기구(SCO)를 통해 각각 신장 분리 독립 세력 및 체첸 분리 세력에 대한 대항이라는 공통의 이해관계 위에서, 역내 반테러 협력을 강화해 나갔다. 그러면서 미국의 일방주의적 조치에 대해서는 양국이 필요에 따라 공동으로 협력, 대처해 나가기로 하였다.

2009년 6월 중.러 수교 60주년을 기념하여 후진타오 주석이 러시아를 방문하고, 동년 10월 푸틴 총리가 중국을 방문함으로써 **"전략적 협력 동반자 관계"의 내실화를** 기하였다. 특히, 푸틴 총리 방중 기회에 에너지 협력을 포함한 55억불 상당의 상업계약 체결 및 Gazprom(러시아 국영가스공사)과 중국 석유공사(CNPC)간 러시아산 가스의 중국 운송 계약 체결이 이루어졌다.

2013년 3월 시진핑 주석은 취임 후 최초 순방국으로 러시아를 방문하여 **"전면적인 전략적 협력 동반자 관계"** 심화 방안에 관해 협의한 후 공동성명을 채택하였다.

(2) 주요 현안

중국과 러시아는 국경지역 비군사화, 국경획정 문제, 무기 및 군사기술 이전 협력, 경제협력 관계 등 현안이 제기되면서 독특한 관계를 유지해 나가고 있다.

(국경지역 비군사화) 양국은 1989년 '국경지역 비군사화' 원칙에 합의하였고, 구소련 해체 이후에는 카자흐스탄, 키르키즈스탄 및 타지키스탄까지 확대한 '4+1'방식으로 협의가 진행되다가, 이를 기초로 "상하이 5"가 출범

하였고, 이후 우즈베키스탄이 합류함으로써 2001년에「샹하이 협력기구(SCO)」로 확대, 발전되었다. 1994년 9월 양국은 핵무기 선제공격 금지와 상호 비조준에 대해 합의하여 1996년 4월 옐친 대통령 방중 시에는 동 내용이 포함된「국경지역 군사 분야 신뢰구축 협정」에 서명하였다. 또한 1997년 4월 양국 국경지역으로부터 100㎞까지 병력을 철수시키는 것을 내용으로 한「국경지역 군사력 감축 협정」도 체결하였다.

(국경획정 문제) 양국은 1987년 2월부터 국경문제 해결을 위한 논의를 시작한 이래, 1991년 5월 4200㎞의 「동부국경 획정조약」에 서명하고 1994년 9월에는 55㎞의「서부국경 획정조약」을 체결했다. 1997년 11월에는 양국 정상회담을 통해 중ㆍ러 국경획정을 위한 국경표시 작업을 완료하였음을 선언하였다. 2001년 7월 "중, 러 선린우호 조약" 제6조에서 양국은 상호 영토 요구를 하지 않기로 규정하여 그동안 양국간 긴장요소로 작용해 온 국경문제를 사실상 종결시켰다. 2004년 10월 푸틴 대통령 방중시「동부국경 획정조약 보충협정」을 체결함으로써, 사실상 국경획정 문제를 깨끗하고 철저하게 해결하게 된 것이다.

(무기 및 군사기술 이전 협력) 중국은 러시아의 가장 큰 무기수출 시장의 하나였다. 중국의 러시아제(製) 무기수입 주요품목도 SU-27 / SU-30 전투기, Mi-17 헬기, S-300 대공방어 미사일 시스템, kilo급 잠수함 등을 들 수 있다.

(경제 협력) 1992년 양국 정상회담 시 국경지역 무역활성화를 위해 출입국 제한을 완화하기로 결정함으로써 양국 무역은 1993년 77억불 규모로 성장했었으나, 1993년 이후 러시아가 다시 무역 관세를 높이고 국경지역의 출입 통제를 강화함에 따라 양국 국경무역이 감소하여 1994년부터 1999년까지 양국 총교역액이 50억~60억불 수준으로 격감하였으며, 최근에는 다시 증가세를 보여 2002년에는 120억불, 2004년에는 2002년에 비해 두 배로 성장한 212억불을 달성하였다. 특히, 러시아 Angarsk와 중국 따칭(大慶)간 2400㎞에 이르는 송유관 건설 프로젝트가 추진 중이며, 중국은 2006년 1500만 톤 러시아산 원유도입 추진, 2009년 10월에는 55억 불 상당의 러시아산 천연가스 수입 협정 체결 등 에너지 분야 협력도 확대 추세이다.

다. 중.일 관계

(1) 양국관계 현황

중. 일 관계는 정치, 안보적 측면과 경제적 측면이 서로 다른 양상을 보이며 발전해 왔다. 양국 간 경제 교류는 상호보완성을 바탕으로 지속적으로 확대해 온 반면, 정치·안보 면에서는 잠재적 경쟁관계 하에서 상황별 실리를 추구하는 협력관계가 유지되었다.

중국과 일본은 1972년 9월 국교 정상화가 이루어졌고, 1978년 8월 「일.중 평화우호조약」이 체결되었다. 일본으로서는 중국과의 관계 증진을 통해 자신의 입지를 강화하는 한편, 중국에의 경제적 진출 확대를 추구하였으며, 중국으로서도 일본의 자본과 기술 유치 필요성을 인식, 대일 관계를 중시하였다. 「중, 일 평화우호 조약」의 주요내용은 "상호 불가침, 내정 불간섭 및 평화공존"과 "패권반대, 제3국 대항 반대, 항구적 우호협력 증진" 등으로 요약될 수 있다.

다만, 천안문 사태로 일본의 대중국 경제제재 조치가 이루어졌고, 이로 인해 양국은 일정기간 소원한 관계를 유지하였었으나, 일본의 대중차관 재개(1990년 7월), 일본의 국왕 방중(1992년 10월) 등 고위인사 교류를 통해 관계 개선이 다시 이루어졌으며, 중국 정부는 일본의 국왕 방중시 과거사 언급과 관련하여 긍정적인 평가를 얻어내기도 하였다.

그러나 1995년 일본 측이 달라이라마의 방일을 허용하고, 유엔 인권위원회에서 "중국 인권결의안"에 대해 서방측 입장을 지지하게 되고, 동년 중국의 지하 핵실험 실시로 인한 대중국 무상원조 동결 조치 시행, 1996년 4월 미, 일 신(新)안보 협력 선언, 1996년 7월 조어도(釣魚島) 영토 분쟁, 1996년 8월 하시모토 수상의 신사(神社)참배로 인한 과거 역사인식 문제 등이 이어지면서 양국관계는 최악의 국면을 맞이하였다.

그러다가 1997년 「중. 일 국교 정상화 25주년」을 맞아 양국 총리의 교환 방문이 이루어졌고, 1998년에는 「중. 일 평화우호 조약 체결 20주년」을 맞아 장저민 주석이 중국 국가원수로는 최초로 일본을 방문한데 이어, 1999년에는 오부치 총리가 방중함으로써 최악의 상태에서 양국관계를 회복, 개선해 나가면서 다시 협력관계가 진행되었다.

2000년에 들어와 10월에는 주룽지 총리 방일, 2001년 10월 고이즈미 총리 방중, 2002년 4월 리펑 전인대 상무위원장 방일 등 양국 지도자 상호 방문이 계속 이루어졌으며, 2002년도에는 양국 수교 30주년을 기념하여 관계 발전을 위한 각 분야 교류와 협력이 크게 증대되었다. 다만 당시에 고이즈미 총리의 계속된 신사참배로 인해 이들 양국 고위지도자간 상호 방문이 잠시 중단되다가 양국 관계의 기본 틀을 유지해 나간다는 차원에서 국제무대에서의 양국 지도자간 접촉은 계속 유지해 나갔다.[159]

2005년 4월 일본 역사교과서 검정 발표 이후 베이징, 상하이 등 중국내 도시에서 격렬한 반일 시위가 발생하여, 양국관계가 수교 이래 최악의 갈등 상황을 맞이하였으나, 2005년 4월 자카르타 중·일 정상회담, 2005년 5월(베이징) 및 2005년 6월(동경) "중·일 전략 대화" 등 양국 간 대화 노력으로 일단 진정 국면에 진입했다. 그러나 고이즈미 총리가 2005년 10월 또다시 야스쿠니 신사참배를 강행함에 따라 양국 관계도 다시 경색되었고 아베 총리 방중(06.10월),원쟈바오 총리 방일(07.4월),후쿠다 총리 방중(07.12월),후진타오 주석 방일(08.5월) 등 잇따른 정상 상호 방문으로 다시 회복 추세가 이어졌다.

2009년에 들어 3차례의 정상회담 개최, 중·일 안보 대화 재개 등으로 양국 간 「전략적 호혜 관계」(08.5월 후진타오 주석 방일 시 언급)가 이루어졌으나, 2010년 9월 일본 영해를 침범한 중국 어선과 선원을 구속한 사건이 발생함에 따라 중국내 반일 여론이 확산되었고, 이어 2012년 9월 일본 정부의 조어도(센카쿠)매입 조치 이후 중국이 강경 대응 조치를 취하면서 양국 관계도 급속히 냉각되었다. 이후 일본의 자민당 및 공명당 등 당 대표단 등 주요 인사들이 중국을 방문하여 관계 회복을 도모하였으나, 이러한 갈등 관계는 당분간 지속될 것으로 보인다.

(2) 주요 현안

159) 당시의 주요 예로서, 2002년 9월 ASEM 정상회의 계기 주룽지 총리-고이즈미 총리간 회담, 2002년 10월 APEC 계기 쟝저민 주석-고이즈미 총리간 회담, 2003년 5월 샹트 페테르부르그 건도 300주년 기념식 참석 계기 후진타오 주석-고이즈미 총리간 회담 등을 들 수 있다.

중국과 일본 간의 주요 외교 현안으로는, 과거사 문제, 대만문제, 조어도 문제, 일본의 군사 대국화 경향 및 중국위협론, 동중국해 자원개발 문제 등으로서 동 문제로 인해 양국 간 긴장관계가 지속되고 있다.

(과거사 문제) 중국은 일본총리의 신사참배 문제 및 역사교과서 문제 등에 대해 강한 불만을 제기하고 있으며, 일본이 역사를 보다 정확하게 인식하고 행동해 나갈 것을 촉구하고 있다.

(대만 문제) 1996년 3월 중국이 대만해협에서 군사훈련 시, 일본은 "강력한 우려와 유감"을 표명한 바 있으며, 중국은 '미. 일 방위협력지침'의 적용 범위에 대만이 사실상 포함된 것으로 간주하고 이에 불만을 표명하고 있다. 또한, 중국으로서는 이등휘(李登輝) 전 대만 총통의 2001년 방일 허용에 대해 강력 항의한 바 있다.

(조어도 문제) 일본은 조어군도가 기본적으로 '일본의 영토'라는 입장을 견지하고 있다. 그러나 중국은 조어도와 관련 일본이 일. 중 수교시의 양해사항을 위반하여 조어도 영유권을 공개 선언함으로써 양국 간 외교적 긴장사태를 유발하고 있다고 주장하고 있다.

2004년 3월에는 중국인의 조어도 상륙 시도, 중국 선박의 접안 시도, 그리고 중국 해양 탐사선이 일본 EEZ를 침범하는 등 조어도에 대한 영유권 분쟁이 심화되어 갔다. 그러다가 2012년 9월 일본 정부가 조어도를 국유화(매입)함으로써 중국 정부는 이에 강력 반발하여 보복조치로서 영해 기선 선포, 해양 선박 조어도 영해 진입, 인사교류 연기 및 취소 조치 등 강경 대응 하는 등 조어도를 둘러싼 양국 간 갈등이 지속되고 있는 실정이다.

(일본의 군사 대국화 경향) 1997년 9월, 개정, 발표된 "미. 일 방위협력지침"을 통해 일본의 방위지역 개념이 과거 "일본 본토"방위 위주에서 아.태 지역으로까지 확대되는 한편 기능면에서도 "전시 기능"위주에서 "전시 및 평시가 결합된 기능"으로 확대됨에 따라 중국의 대일 경계심을 더욱 부추겼다. 최근 자위대의 해외파병 확대 움직임, 유사법제 입법 등도 중국의 대일 경계심 심화의 한 요인으로 작용하고 있다.

반면, 중국의 국력이 급상승함에 따라 일본 내에 대중국 경계론도 등장하면서, 2004년 12월 개정된 일본의 방위계획 대강 및 중기 방위력 정비계획에서 일본 정부는 "중국의 군사 현대화"를 일본의 미래안보 위협요소로 명기하였다. 그리하여 2005년 2월 미. 일 2+2 안보 공동 성명에서 중국의 군사력 증강의 투명성을 요구하기도 하였다.

(동중국해 가스전 개발 문제) 2003년부터 중국의 동중국해 천연가스전 개발에 대해 일본 측이 이의를 제기하고 나섰다. 일본 측은 동중국해의 경계가 아직 획정되지 않은 상태에서 중국 측의 일방적 탐사 및 개발은 불가능하다는 입장을 밝히고, 개발 중단 및 탐사 결과에 대해 공유할 것을 주장하였다. 2004~5년간에 몇 차례의 중. 일간 협상이 진행되어 공동개발 문제 등을 협의하였으나, 양국 간 개발 범위 등을 둘러싸고 이견이 커서 별 진전이 없었다. 그러다가, 2009년 10월 중.일 정상회담을 계기로 양국은 천연 가스 채굴과 관련하여 동중국해를 '우애의 바다'로 만드는데 합의하였으나, 공동 개발구역 설정 문제는 여전히 조어도 영유권 문제와 연계되어 해결에 어려움이 존재하고 있다.

라. 중.EU 관계

중국은 원칙적으로 서유럽을 전쟁 억지와 세계평화 수호의 중요한 세력으로 간주하여, 서구와는 근본적 이해 충돌이 없는 것으로 평가하고 있다. 특히, 신중국은 개혁개방 정책 채택 이후, 현대화 추진을 위한 대외무역, 자본 유치 및 기술 도입을 위해 서구 제국과의 관계 강화에 역점을 두어 왔다.

그리하여 1985년 쟈오즈양 중국 총리가 영국, 네덜란드, 독일을 방문하여 각각 경제관계 협력협정을 체결한 바 있다. 1987년에는 스웨덴, 네덜란드, 독일 총리가 중국을 방문하여 경제 협력에 대한 적극적인 지원 의사를 표명하였다.

다만 그동안 비교적 잘 유지해 오던 중국. EU관계는 천안문 사태를 계기로 악화되었다. 즉 천안문 사건으로 EU 국가들은 중국에 대해 인권문제, 중국 핵실험 문제 등을 제기함으로써 더욱 소원한 관계가 유지되었다. 프랑스는 서구제국들 중에서 최초로 대중국 외교 동결조치를 발표했으며, 영국은 홍콩문제에 관한 중국과의 정례회의를 취소, 홍콩거주 중국인들에게 영국

국적을 부여하는 법안을 가결시키는 강경 자세를 견지하였다.

이러한 소원한 관계도 결국 중국의 성공적인 개혁, 개방 정책 추진과 EU의 통합 가속화에 따른 위상 변화 등 영향으로 1995년 5월부터 중국과 EU는 다시 국제사회에서 관계 강화를 적극 추진해 나갔다. 중국은 EU와의 관계 증진을 통해 개혁·개방 추진에 필요한 자본, 기술 유치 등이 필요하였으며, EU로서도 국제 정치경제 질서 속에서 중국의 위상과 비중이 증가되고 있는 점에 비추어 중국과의 관계 격상을 통해 EU 자신의 국제적 입지 강화와 경제적 실리를 확보할 필요가 있었던 것이다.

이러한 배경 하에 1995년 7월 EU는 "대중국 장기정책 보고서"를 발표하였다. 그 내용은, ① 중국과 정치·경제 등 제반 협력관계 증진을 통한 대중국 시장 접근 강화, ② EU.중국관계의 본질을 "Comprehensiveness" 와 "Independent Nature"로 규정하고 중국의 조속한 WTO 가입 지지를 통해 중국을 세계경제 체제로 조기 편입시킨다. ③ 중국의 인권문제는 대화를 통해 계속 제기해 나간다는 것 등이었다.

또한 1998년 3월에는 "대중국 관계강화 보고서"를 채택했는데, 그 주요 내용으로는, ① ASEM 정상회의 시(1998년 4월, 런던) EU. 중국 정상회담 개최 및 1998년 10월중 EU 집행위원장 국빈 방중 추진, ② 중국을 미.러.일 등과 같은 범세계적 파트너로 인식, EU.중국 간 정치대화 추진, 98년부터 연례 정상회담, 정례 정무총국장 회의 개최, ③ UN 개혁, 환경 등 국제문제에서의 확대 추진, ④ 중국의 WTO 가입 협상 강화 및 중국을 개방사회로 전환하는데 대한 지원, ⑤ 법의 지배 촉진 및 시민사회 강화를 위한 협력 시행, ⑥ 중국의 개혁 지원을 위한 협력 프로그램 시행 등이었다.

이에 따라,1998년 4월 중. EU간에는 최초의 정상회담이 개최[160]되어 천안문사태 이후 중. EU간 경색되었던 관계를 완전히 회복하였고 "21세기를 향한 안정적, 건설적 동반자관계"를 설정해 나가기로 합의하였다. 이후 매년 중·EU간 정상회담이 개최되었으며, 기타 중국 외교부장과 EU 트로이카 외무장관 간 정례 회동(유엔총회 참석계기), 인권대화 연례 개최, 정무협의회 개최 등 양측 간에 다양한 접촉 채널이 유지되었다.

293

---

160) 동 정상회담은 1998년 런던개최 제2차 ASEM 회의 계기 주룽지 총리와 Blair 총리, 그리고 Santer EU 집행위원장간에 이루어졌다.

중국으로서는 EU의 대중국 무기금수 해제 및 시장경제지위 인정 등을 지속적으로 요청하였고, EU측은 중국의 인권문제 개선과 대만문제의 원만한 해결을 제기하였다. 또한 양측은 비확산, 군축, 대테러 분야에서의 파트너쉽을 강화함은 물론, 경제, 통상, 과학기술 협력을 지속 추진해 나가기로 하였다.

마. 중.*ASEAN* 관계

중국에게 있어 동남아시아 지역은 중국 화교(華僑)들이 많이 거주하고 있어 이들 지역 국가와 중국과는 상당히 밀접한 관계를 유지할 수밖에 없다. 다만 화교들이 동 지역에서 경제력을 바탕으로 막강한 영향력을 행사하고 있고 중국 정부 또한 이들을 자국민으로 간주하고 있어 때론 마찰의 대상이 되기도 한다.

중국은 건국 초기 동남아 화교를 대상으로 '혁명수출'을 적극 추진한 관계로 이들 국가와의 관계가 더욱 악화되어 왔다. 특히 중·베트남 전쟁 등으로 일부 동남아시아 국가들과는 국교를 단절하는 등 관계가 최악의 상태인 적도 있었다.

중국과 동남아 국가와의 관계가 회복되어 급진전된 것은 1979년 중국이 개혁·개방 정책을 실시하게 되면서부터였다. 당시 중국은 경제 개발을 통한 현대화가 최우선의 국정 목표였기 때문에 대 아세안 외교를 적극 추진해 나갈 수밖에 없었다.

중국은 1991년 이래 ASEAN 확대외무장관회의(PMC)에 게스트로 초청 받아 참석해 오다가 ASEAN(동남아국가연합)과의 관계강화 차원에서 1996년 ASEAN과의 완전한 대화 파트너쉽 관계를 구축하였다. 중, ASEAN간의 협력채널 중에는, 「중, ASEAN 고위급 정부협의회」, 「중, ASEAN 공동협력 위원회」, 「중·ASEAN 경제·무역 공동위원회」, 「중·ASEAN 과학·기술공동위원회」 등이 있다.

쟝저민 주석은 1997년 12월 ASEAN 창립 30주년을 기념한 ASEAN+3(한, 중, 일) 비공식 정상회의 시, ASEAN+1(중국) 정상회담을 갖고 「21세기를 향한 중.ASEAN 협력을 다짐하는 공동 성명」을 발표했다. ① UN헌장, 동남아 우호협력조약, 평화공존 5원칙 및 관련 국제법을 양국 간 상호관계 처리를 위한 기본 준칙으로 함을 재천명했으며, ② 중국과 ASEAN간의 기존 협의 채널을 활용한 협력 강화를 거듭 강조했다. 또한,③ 메콩강 개발이 양측의 공동 이익임을 확인하고 UN 해양법 협약 등 관련 국제법에 입각한 우호적인 협상을 통해 남(南)중국해 섬의 영유권 분쟁을 해결해 나가기로 하였다. 마지막으로 ④「동남아 비핵지대 조약」의 발효를 환영하며 **"상호신뢰의 선린 동반자 관계"** 수립을 21세기 중-아세안 관계의 중요 정책 목표로 제시하였다.

2002년 11월 캄보디아에서 개최된 ASEAN+1(중국)정상회담에서 중국은 "중국, ASEAN 포괄적 경제협력 협정(Framework Agreement)"을 체결하여 향후 10년 내 ASEAN과의 FTA 체결을 위한 협상을 공식 개시하기로 하였다. 그리하여 2004년에는 중, ASEAN 상품 교역 분야에 관한 협정 및 분쟁해결 메커니즘 협정에 서명하였고, 2009년 8월에는「중.ASEAN FTA 협정」이 최종 타결되어 2010년 1월부터 동 협정이 발효되었다.

한편 중국은 2003년 10월 역외국가로는 최초로 동남아우호 협력 조약(TAC)에 가입하여 ASEAN과「전략적 동반자 관계에 관한 선언」을 채택하였으며, 2009년 4월에는 ASEAN 역내 협력 강화 지원을 목적으로 향후 3~5년 간 150억 달러를 지원하고 ASEAN내 후발개도국에 대한 특별 원조도 검토해 나가기로 했다.

현재까지 중국은 ASEAN 각국과 심각한 외교 현안은 없으나, 남(南)중국해 상의 남사군도, 서사군도 영유권을 둘러싸고 베트남, 필리핀, 말레이시아 등과 잠재적 분쟁 상태가 지속되고 있으며, 2013년 1월 필리핀 정부가 남중국해 문제와 관련 국제 중재 재판에 제소하면서 중국과의 갈등이 표면화될 상황이다.

바. 중·인도 관계

중.인 관계는 1988년 라지브 간디 수상의 방중 및 1996년 11월 장저민 주석 인도 방문으로「건설적 협력 동반자 관계」가 설정되었고, 과거 1962년 국경분쟁 이래 악화되었던 관계를 다시 회복하였다. 양국 간에는 국경 문제를 제외하면 큰 정치적 현안은 없으며, 1998년 5월 인도 핵실험을 계기로 관계가 소원해졌으나, 2000년 3월 양국 간 최초의 안보대화 개최, 국교수립 50주년(2000년 4월 1일) 기념행사 개최 등으로 관계 개선이 이루어졌다.

2000년 5월, 나라야난 인도 대통령 방중, 2001년 1월 리펑 전인대 상무위원장 방인, 2002년 1월 주룽지 총리 방인 및 2003년 6월 바지파이 총리 방중 등 고위급 인사의 상호 교류가 꾸준히 이루어졌다. 2004년 10월 탕쟈쉬엔(唐家璇) 국무위원 인도 방문 시, Singh 인도 외교장관과의 회담을 통해 양국은 2010년까지 교역규모 200억불 달성 등 경제 협력을 강화해 나가기로 하였으며, 2004년 11월 ASEAN 정상회의 계기 중. 인 총리 회담 시에는 중. 인도 간 전략대화 추진에 합의하여 다음해 1월 제1차 전략 대화가 개최되었다. 2005년 4월 원쟈바오 총리 인도 방문을 계기로 양국은「**평화와 번영을 위한 전략적 협력 동반자 관계**」로 양국관계를 격상시켜 나가게 되었다.

중국과 인도간의 주요 외교 현안으로는, 우선 국경 문제를 들 수 있다. 중국과 인도는 1993년 9월 라오 수상 방중 시 실통제선(Line of Actual Control)에 관한 협정을 체결하였고, 1996년 11월 쟝저민 주석 인도 방문 시에는 실통제선에서의 군사 분야 신뢰구축 조치에 관한 협정(무력 불사용, 장비, 병력 감축, 훈련 사전 통보)을 체결하였다. 2005년 4월에는 원쟈바오 총리가 인도를 방문하여 국경문제 해결을 위한 11개항 원칙(무력불사용, 평화공존 5원칙에 따른 합리적 해결, 수용 가능한 조정안 제시, 상대방의 전략 및 안보이익 감안 실질 통제선 존중, 협상의 지속 등)을 제시하였고, 이에 따라 2005년 9월부터 수차례에 걸친 중. 인도 국경 협상이 진행되었다.

중국과 인도는 1962년 이래 실통제선을 기초로 국경을 획정하자는 원칙에는 합의하고 있으나, 고지대를 중심으로 여전히 실통제선이 불분명한 구역이 존재하고 있어 외교 쟁점으로 남아 있다.

둘째로는 티벳에 대한 인도 측 입장이다. 인도는 티벳을 중국 영토의 일부분으로 인정하나, 다만 인도주의적 견지에서 티벳의 종교지도자인 달라이라마의 인도 망명을 허용하고 있으며, 동인의 인도내 정치활동은 불허하되, 개인 자격으로 인도 정부 인사를 접촉할 수 있도록 하고 있다. 또한, 인도는 티벳 인사들의 인도 내 시위는 용인하되, 지원은 하지 않는다는 입장이다.

셋째, 캐시미르 지역에 대한 중국의 입장이다. 중국은 인도와 파키스탄

간의 영토분쟁 대상인 캐시미르 지역에 대해 당사국간의 대화를 통해 해결되어야 한다는 입장이다. 이는 비교적 밀접한 관계를 맺고 있는 파키스탄보다는 오히려 인도 측 입장에 근접한 것으로 보여지며, 중국과 가까운 관계인 파키스탄은 이의 국제문제화를 추진 중이다.

사. 중국의 대 중동 및 아프리카 관계

중국은 과거 냉전 시기의 "제3세계 지대론"에 입각해 대외관계에서 아프리카를 중시하였고, 1990년대에는 대만의 '국제공간 확보 외교" 저지를 위해 아프리카와의 관계를 강화해 왔다. 냉전종식 이후, 중국은 아프리카 정세가 비교적 안정되고 있고, 경제도 점차 발전하고 있다고 보고, 그간의 무상원조 위주의 정책을 바꾸어 민간 차원의 경제 협력을 확대하는 방향으로 정책을 전환하고 있다.

특히 중국은 1989년 6월 천안문사태 이후 서방국가로부터의 고립이 심화되자 다시 제3세계와의 관계 강화를 추구하였고, 90년대 중반에 들어 대만과 수교한 레소토, 기네비소, 니카라과 등과 단교하기도 하였으나 반면 나미비아, 사우디 등과는 수교를 하는 외교적 성과도 거두었다.

2004년 1월 후진타오 국가주석이 이집트, 알제리, 가봉 등을 순방할 당시, 후진타오 주석은 냉전 종식 후 복잡한 국제환경 속에서 공정하고 합리적인 국제 정치경제 질서 구축을 위한 "중-아프리카 협력 강화 방안"을 제시하였는데, 이는 우선 ① 전통우호를 견지하고 중.아 관계의 새로운 발전을 추진한다. ② 상호 원조와 호혜를 견지하고 중. 아 공동 번영을 촉진한다. ③ 긴밀한 협력을 견지하고 개도국의 권익을 보호한다는 것 등이었다.

특히 여기서 중국-팔레스타인 관계는 64년 PLO 창설 이래 베이징에 PLO 대표부 설치 등 긴밀한 관계를 유지해 오다가 1988년 외교관계를 수립, 동 대표부를 대사관으로 격상시켰으며, 주(駐) 튀니지 대사가 PLO 대사를 겸임하게 하였다.

2005년 5월 압바스 팔레스타인 자치정부 수반이 중국을 방문하였을 때 중국은 5천만 위엔 상당의 경제지원 계획을 약속하고, 팔측과 경제, 무역 협력을 위한 공동위원회 구성 등 재건사업 지원과 관계 강화에 합의하였다.

아. 중국. 대만 관계(兩岸 관계)

(1) 양안 관계 현황

중국과 대만과의 관계는 신중국 성립과 관련하여 오랜 역사를 지니고 있다. 이 중국과 대만간의 관계를 대만해협을 사이에 둔 양 해안이라 하여 이른바「양안 관계」라고도 칭한다. 중국-대만간의 관계 발전 과정을 4단계의 시기로 나누어 설명하면 다음과 같다.

첫째, 1949-1987년간을 "대립 시기"라 부르는데, 중국은 1949년 대륙을 통일한 이래 무력에 의한 대만 통일을 주장해 오다가 1979년 개방 정책을 채택한 이후 적극적인 평화 공세로 전환하였다. 다시 말하면, 중국은 1979년 1월 "3통(通)"(통상[通商], 통항[通航], 통우[通郵])과 "4류(流)"(경제, 문화, 체육, 과학기술 교류)를 제의하였고, 1981년 9월에는 "평화통일 9개 방안"을 제의하였으며, 대만에 대해서는 자본주의 및 군대 유지 등 고도의 자치권을 부여할 것을 제시하였다. 또한 1982년 12월 중국 신헌법에 "특별 행정구" 설치 조항 신설 및 "1國 2體制" 방식에 의한 중국 통일 방식도 제의하였다.

이에 반해 대만은 "삼민주의 중국 통일"을 주장하면서 정치적으로 대륙과의 "3불 정책(불접촉, 불협상, 불담판)"을 견지하는 한편, 중국에 대해 공산주의 포기 및 무력사용 포기를 요구하였다.

둘째, 1987-1990년간은 "비정치적, 민간 차원의 교류협력 확대 시기"라 부른다. 이 시기에 대만은 그동안의 폐쇄적인 대륙봉쇄 정책 시행이 어렵게 되자 1987년부터는 친척 방문 등 인적 교류를 통한 다각적인 양안 간 교류와 협력을 촉진시켜, 단절과 고립의 양안 관계를 교류 협력의 양안 관계로 전환하였다. 1988년 7월 국민당 제13차 대표대회에서 '신대륙 정책'을 채택하고, 현 단계의 목표를 우선 대륙의 민심을 확보하는 것으로 바꾸어 나갔다. 이에 발맞추어 중국도 동년 7월 중국 공산당과 대만 국민당 간에 협상에 의한 신헌법 제정과 연합정부 구성을 제의하였다.

셋째, 1990-1993년간은 "교류와 협력의 제도화 시기"라 부른다. 대만 정부의 "신대륙 정책"에 따라 90년 이후 양안 간 교류, 협력이 확대되고 제도화되기 시작하였다. 즉, 대만은 양안관계 업무를 담당할 기관으로서 '**해협교류기금회**'를 1991년 2월 설립(1992년 3월 정식 활동 개시)하였고, 중국도 이에 상응한 기관으로서 '**해협양안관계협회**'를 1991년 12월 설립하였다. 이 해협회는 양안관계 업무를 처리할 때 "**국무원 대만사무판공실**"의 지도와 감독을 받으며, 또한 국무원 대만사무판공실로부터 권한을 위임 받아 해기회 등 대만의 유관단체와 협정을 체결하기도 하였다[161].

또한 이 시기에 대만은 기존의 비현실적, 수세적 입장을 지양하고, 새로운 차원의 양안관계 수립을 위해 '통일 추진기구'를 정비하고 각종 통일 지침을 제정, 시행해 나갔다. 1991년 3월 대중국 정책의 최고 지도지침으로서「국가통일강령」을 제정하였다[162]. 이 당시, 중국은 "1국 2정부 체제" 원칙에 따른 대등한 관계 수립을 제시하였으나, 대만은 우선 정치실체 인정, 외교 독립화, 그리고 무력침공 의도 포기 등이 선행되어야 한다고 하면서 이를 교류와 개방의 전제조건으로 내세웠다.

넷째, 1993-1999년간을 "양안 간 공식접촉 모색 시기"라 부른다. 1993년부터 중국의 해협양안관계협회 회장(汪道涵)과 대만의 해협교류기금회 회장(辜振甫)간 회담(1993년 4월, **제1차 汪-辜 회담**)을 계기로 양안 간 공식적 접촉이 이루어졌다. 또한, 중국과 대만 양측은 90년대 이후 각자의 필요에 따라 "안정적인 양안관계"를 추진해 나가길 희망하여 95년 초까지 점진적인 화해와 교류가 진행되었다.

다만, 중국의 반대에도 불구하고 추진된 이등휘(李登輝)의 미국 방문(1995년 6월)을 계기로 중국은 무력 위협까지 동원, 대대만 강경자세로 선

---

161) 중국의 해협회(海協會)는, 사회 각계 유관 인사로 구성된 이사회(이사 약 80명)가 있으며, 이들 중 일부는 공직을 겸하고 있으나, 대부분 개인 신분 자격으로 가입하고 있다. 해협회 조직은 명예회장 1명, 고문 5명, 회장 및 상무부회장 각 1명, 부회장 2명, 비서장 1명, 부비서장 4명 등을 두고 있으며, 기능 부서로는 비서부, 종합부, 연구부, 협조부, 연락부, 경제부 등 6개 부(部)가 설치되어 있고, 양안관계에 종사하는 인원은 약 30여명이다. 사업예산은 민간 찬조금, 재정부 등 국가 지원 및 자문서비스 수입금 등으로 충당한다.

162) 대만의 국가 통일 강령은"4개의 원칙"과 "3개의 과정"을 만들어 대중국 지도방침으로 삼았다. 4개 원칙은 "국가통일은 공동의 책임"; "통일은 전 국민의 복지 목적"; "통일은 기본인권 보장, 민주법치 실천"; "이성(理性), 평화, 대등, 호혜 원칙하에 단계적으로 추진" 등이며, 3개의 과정은 "제1단계(교류와 호혜단계): 양측 간 정치실체 인정, 양측 간 교류의 질서와 규범 확립 및 교류 중개 기구 설치, 민간교류 증대" "제2단계(상호 신뢰구축과 협력단계): 평화협정 체결, 3통 실시 및 고위인사 교류" "제3단계(통일협상단계): 통일 협상 기구 설립 및 통일 실현" 등이다.

회함에 따라 중국, 대만 관계도 급속히 냉각되어 갔다. 이등휘 총통의 미국 방문이 있은 직후, 1995년 8월 쟝저민 중국 국가주석은 대만에 대한 무력사용을 포기하지 않겠다는 선언을 하였으며, 이어서 1996년 3월에는 이에 대한 무력시위로 대만해협 인근 지역에서 미사일 발사 훈련을 실시하였다.

대만으로서는 중국의 강경자세에 일단 유화적 제스처로 대응하는 한편 중국의 다각적 압박에도 불구, 집권당인 국민당의 총선 승리와 이등휘 대만 총통의 재당선 성공에 힘입어 기존의 실용 외교를 지속 추진해 나갔다. 중국 측은 1996년 4월 대만의 실용 외교 중단을 촉구하는 한편, 대만 측이 제의한 "제2차 汪-辜 회담" 재개를 거부하기에 이르렀다. 대신 쟝저민 주석이 제시한 8개항 제안에 따른 정치협상 개최를 제의하였다.

1998년 7월 쥬리란(朱麗蘭) 중국 과학기술부장이 장관급 관리로는 처음으로 대만을 방문하는 등 양안관계 회복을 위한 물밑 노력은 계속되었다. 그러나 동인의 신분은 여전히 북경대 교수 자격으로 민간 세미나 참석을 위해 사적으로 방문한 것이었다.

1998년 10월 드디어 양안 간 대화가 5년 만에 재개되어 대만 해협교류기금회 회장이 중국을 방문하여 중국 측 파트너인 왕(汪)회장과 회담을 가졌다. 그러나 1999년 7월 또다시 이등휘의 "2개 국가론" 발언에 의해 다시 중국 측이 무력사용 불포기 입장을 재천명하는 등 양안관계는 긴장과 이완을 반복해 갔다.[163]

다섯째, 2000년 이후의 시기를 "대만독립(臺獨)을 둘러싼 긴장국면 하에서의 실질교류 확대 시기"라 부른다. 1999년 중국 해협회의 왕따오한(汪道涵)회장이 대만을 방문하려 하였으나 양측 간 기존 입장 고수로 무산되었고, 이후 대만은 총통선거 정국으로 돌입, 양안관계가 선거의 쟁점으로 부상하였다. 국민당의 리엔쟌(連戰) 후보는 이등휘의 "2개국가론" 계승을 주장하였고, 무소속의 쳔수이비엔(陳水扁)후보는 양안관계를 "두개 국가의 특

---

163) 중국은 "하나의 중국"원칙(중화인민공화국정부가 중국의 유일한 합법정부이며 대만은 중국의 불가분의 일부분이다)이 국제사회의 공인된 원칙이라면서 대만의 국제적 고립과 대만문제의 국제화 방지를 위해 노력하였다. 즉, 중국은 대만문제의 배후에는 미국 등 외세의 개입이 작용하고 있다고 판단, 서방과의 관계에서 다소 희생을 각오하더라도 강경 입장을 고수하고 있다. 이에 반해, 대만은 유엔 재가입 노력 및 미(未)수교국과의 관계 발전 등을 통해 국제적인 생존 공간을 확대해 나가는 방안으로서 "탄성 실무외교"를 추진하였으며, 미(未)수교국가에 대해서는 '휴가외교' '사적 방문' '달러(금전)외교' '다자국제회의 참가' 등의 수단을 사용하여 확대해 나갔다.

수 관계"로 규정하면서 대만 독립을 주장하고 나섰다.

중국은 2000년 2월 대만백서를 발표하여 대대만 무력사용의 요건으로서 "대만이 독립을 추진하거나 외국으로부터 침공을 받는 경우" 외에도 또한 "통일 협상이 무기한 연기되었을 경우" 도 추가하는 등 대만 독립파에 대한 무력 위협 공세를 강화하였다. 대만 총통선거(2000년 3월 18일) 결과, 대만 독립을 주장하였던 천수이비엔(陳水扁)이 당선되어 양안간 긴장고조의 우려가 높았으나 양측은 상호 자제와 관망 자세를 견지해 나갔다. 천수이비엔(陳水扁) 당선자는 양안 간 "대등한 관계"라면 "하나의 중국"을 포함한 어떠한 문제도 협의할 용의가 있음을 표명한 데 대해, 장저민 주석은 양안 간 대화와 협상은 "하나의 중국" 원칙이 전제 조건이라고 천명함으로써 동 제의를 사실상 거부하였다.

2000년 5월 천수이비엔(陳水扁)은 총통 취임 직후 「四不一没有」를 발표하였다. 이는 ① 중국이 무력 침공하지 않으면 독립선언을 하지 않는다. ② 국호를 변경하지 않는다. ③ 2개 국가론을 헌법에 명시하지 않는다. ④ 대만독립에 대한 국민투표를 추진하지 않는다는 것으로서, 이를 기반으로 천수이비엔은 양안 간 정상회담을 제의했으나, 중국은 "하나의 중국" 원칙 수용을 요구하며 사실상 동 제의도 거부하였다.

2002년 11월 후진타오 주석을 중심으로 한 신정부는 기존의 대대만 정책의 근간을 대부분 계승, "하나의 중국" 원칙하에 대만 측과 어떠한 문제도 대화할 수 있음을 천명하였다. 즉, 중국 측은 "하나의 중국"이라는 전제하에 ① 양안 간 적대 상태를 종결짓는 대화를 할 수 있으며 ② 대만이 국제 사회에서 경제, 문화, 사회 공간을 확보하는 문제에 관해 대화할 수 있으며 ③ 대만당국의 정치적 지위 문제에 대해 대화할 수 있다고 천명하였다.

이와 관련 대만 측은 2004년 1월 중국의 미사일 위협에 대한 방위능력을 제고하는데 대한 찬반 여부를 묻는 주민투표(방위성 국민투표)실시 계획을 발표함으로써 또다른 양안 간 긴장 국면이 조성되었다.

2004년 3월 천수이비엔(陳水扁)은 야당의 리엔잔(連戰) 후보를 근소한 표 차로 누르고 재당선되었으나, 방위능력 제고 관련 국민투표는 투표율이 과반수에 미달하여 부결되었다. 2005년 4월 리엔잔(連戰) 국민당 주석의 방중과 5월 송츄위(宋楚瑜) 친민당 주석의 방중, 그리고 7월에는 위무밍(郁慕

明) 대만신당 주석의 방중 등 중국은 대만 내 독립반대 세력과의 공식 교류를 추진하면서, 대만 내 독립세력 견제를 위해 노력하였다.

2007년 3월 陳총통은 또다시 양안 문제와 관련「4要 1 沒有 독립노선」을 발표하여 긴장 관계를 조성하였다. 이는 곧 ① 대만 독립이 필요하고 ② 신헌법은 제정해야 하고 ③ 국호를 고치고 ④ 발전을 기해야 한다는 4가지 필요성과 함께 ① 좌우 노선의 차이가 없어야 한다(沒有)는 내용이었다.

(2) 최근의 동향

2008년 5월 마잉지우(馬英九)총통이 취임한 이후「3不(不獨,不統,不武)정책」을 양안 정책의 기조로 내세우고「3通(通商,通郵,通航)의 전면적 실현」등 중국과의 관계 개선 노력을 기함에 따라 중국 정부도 이에 호응, 대화 창구 재개, 정책 결정 기구 개편 등의 조치를 취하였다. 그리하여 중.대만 양측은 **"先화해 협력, 後통일 논의"**를 기반으로 하여 상호 양보를 통한 신뢰구축 노력을 기하기로 하고, 대만의 2010년도 WHO 옵저버 자격 참가(10.5월)에 동의함은 물론 2010년 6월 중.대만간 FTA 격인「**양안간 경제협력 협정(ECFA)**」에 서명하였다.

2012년 5월 마잉지우 총통의 제2기 정부가 시작되면서 동 취임사에서 또한 중국과 대만은 하나의 중화민족 임을 강조하는 등 양안관계는 계속 발전하여 실질적 교류 협력이 심화되고 있다.

(3) 양안 간 실질 교류 협력

양안 간 통일방안 차이 등 정치적 입장의 대립에도 불구하고, 투자, 교역, 문화 등 양안 간 실질 교류 협력은 지속적으로 확대되는 추세이다. 교역과 투자는 대만의 직접 3통 불허정책으로 간접 방식으로 추진되었는데, 구체적으로는 1997년 4월 이래 제3국 항공편이 대만(까요슝)과 대륙(복주, 하문)간 직항을 운행하고 있으며, 2001년 1월부터는 "小三通"도 시행하고 있다.[164]

---

164)'소3통'이란, 대만의 금문도(金門島), 마조도(馬祖島), 펑후(澎湖)제도 3개 섬과 중국 푸젠(福建

2001년 12월부터 양안은 모두 WTO에 가입하였고, 2003년 1월말 양안 간 최초로 전세기 운항(상해 - 홍콩·마카오 경유 - 타이베이·까오슝시)이 이루어졌으며, 2005년 1월에는 양측 대표단이 마카오에서 협상하여 구정 기간 중 양안 간 전세기를 취항하는데 합의하였다. 그리고 2005년 9월 중국민항총국은 대만 4개 항공사의 대륙 영공통과 신청(매주 93회)도 허가해 주었다.

2008년 11월 "大三通" 합의에 따라 항공 직항 노선을 증편(주108편)하고, 선박의 해운 직항도 허용함과 동시에 서신, 소포, 택배 등의 직접 왕래도 허용하였으며, 2009년에는 중국 자본의 대만 투자도 허용하였다. 그리하여 2010년 6월 양측은 FTA격인「중.대만 경제협력 기본 협정(Economic Cooperation Framework Agreement)」을 체결하고, 이어서 투자보장협정(12.8월), 세관협정(12.8월)에 서명하는 등 양안 간 교류 협력을 위한 제도화도 급속히 진행되었다.

2012년 4월에는 중국 13개 도시 주민들이 대만으로의 개인 여행할 수 있도록 개방하는 조치를 취하는 등 양국 간 실질 협력 및 교류는 현재 꾸준히 지속되고 있는 중이다.

자. 중국-북한 관계

중국의 대북한 관계 현황은 신중국 성립 이래 중국 정치발전 과정에 따라 시기별로 나누어 설명할 수 있다.

우선, 1940년대 말~1950년대 말까지를 "중, 소 협력기"라 하는데, 50년대 중, 소 협력 시기에는 오로지 사회주의 국가 건설이라는 공동목표 달성을 위해 정치, 안보, 경제 등 모든 면에서 긴밀한 협력 관계를 유지했었다. 1949년에는 중국-북한간 수교가 이루어졌으며, 1950년 한국전쟁 시 중국 인민의용군을 북한에 파견하였고, 1953년 김일성 방중 시, "중-북한 간 경제 문화 협력 및 지원 협정"을 체결하였다. 1954년의 중-북한 간 총교역액(약 8천만 불)은 중국 총교역액의 약 3.4%를 차지하였으며, 1958년에는 중요물자 공급 협정 및 차관제공 협정도 체결하였다.

省) 연안도시 간 선박 및 항공기 직항을 연결하는 것을 의미한다.

1950년대 말~1970대 말은 "중, 소 갈등기"라 부른다. 이 60-70년대의 중, 소 갈등 시기에 중국은 정치, 외교, 안보, 경제 등 제반 분야에서 북한에 대해 전폭적인 지지를 하였으며 긴밀한 협력관계를 유지함으로써 소련과 북한간의 관계 발전을 저지코자 하였다.

　　1961년 7월 김일성 방중 시, 「중, 북한 우호협력 및 상호원조에 관한 조약」을 체결하였고, 동년 11월에는 「통상 및 항해 조약」, 1971년 9월에는 「무상 군사원조 협정」, 1973년 6월에는 「경제기술 원조 협정」을 체결하였으며, 특히 1963년 9월 류샤오치 중국 국가주석의 방북, 1975년 4월에는 김일성 방중, 1978년 5월 화구어펑 당 주석 겸 총리의 방북 등 양국 지도자 간 긴밀한 교류가 이어졌다. 이 시기의 중국은 통일 등 지역 문제와 UN등 국제무대에서 북한을 전폭적으로 지지하였으며, 양자 간 교역액도 1980년도에 6억불에 이르는 등 실질관계도 지속적으로 발전하였다.

　　1970년대 말~1980년대 말을 "개혁, 개방 추진 시기"라 할 수 있다. 70년대 말부터 중국이 개혁, 개방 정책을 추진하면서 정치, 외교, 안보 분야에서 북한에 대한 지지와 실질 협력도 강화해 나갔다. 1984년 북한이 제의한 3자 회담을 지지하는 한편, UN 등 국제무대에서 북한의 입장을 적극 지지하였다. 이어 김일성의 방중, 펑젼 전인대 상무위원장, 양상쿤 국가주석과 쟈오즈양 총서기, 쟝저민 총서기와 리펑 총리 방북 등 최고 지도자들의 상호 교류도 빈번히 이루어졌다. 다만, 경제 등 실질 분야에서는 중국의 개혁, 개방 정책으로 서방 세계와의 실질 교류가 강화됨에 따라 대 북한 관계는 다소 소원하였다.

　　1990년대 초부터 현재까지를 '한.중 수교 이후의 시기'라 할 수 있다. 이 시기의 중국의 대북 정책은 지속적인 경제 성장을 위해 필수적인 안정된 주변 환경을 구축하되, 북한의 급격한 몰락이나 미국의 대북 영향력 확대를 견제한다는 전략 하에 북한과의 관계를 유지하는 것이었다.

　　그러나 1992년 8월 한-중 수교 이후 중국과 북한은 전반적으로 소원한 관계를 유지하였다. 그 이유로는 냉전 종식에 따라 군사적 동맹 의식이 이완되었고 또한 중국의 개혁, 개방으로 이념적인 결속력 약화가 주요 요인이었다. 또한 한-중 관계의 지속적 발전에 따른 북한의 중국에 대한 신뢰감 저하도 한 요인이기도 하다. 이에 더불어 90년대 중반 이후 중국의 덩샤오핑,

리우화칭, 장전 등 혁명 지도자와 북한의 김일성, 최광, 김광진 등 혁명세력이 사망함에 따라 지도층간의 유대감도 더욱 약화되었으며, 이러한 관계소원은 1997년 황장엽 사건 및 대만 핵폐기물 북한 반입시도 사건을 거치면서 더욱 악화의 길로 접어들었다.

1998년 9월 김정일의 권력승계 이후 양국 간 고위인사 교류가 복원됨으로써 관계가 어느 정도 회복되었다. 김영남 최고인민회의 상임위원장이 방중하였으며, 탕쟈쉬엔(唐家璇) 외교부장이 방북하였고 이에 대한 답방으로 백남순 북한 외무상이 방중했다. 2000년 5월과 2001년 1월 김정일 위원장의 방중 및 2001년 9월 장저민 국가주석의 방북 등으로 양국관계가 기본적으로 회복 추세를 보였다. 이듬해, 우방궈(吳邦國) 전인대 상무위원장이 방북하였고, 2004년 4월에는 김정일의 중국 방문과 중. 북 수교 55주년을 계기로 양국 간 친선, 실무 대표단 교류가 빈번해지고, 교역 및 경제 협력도 대폭 증가하였다.

2004년 수교 55주년을 계기로 리장춘(李長春) 중국 당정치국 상무위원과 김영남 최고인민회의 상임위원장이 상호 방문함으로써 친선관계를 재확인하였고 아울러 양측 간 협력 강화 방침도 재천명하였다. 2005년에 들어 왕쟈루이(王家瑞) 중국 공산당 대외연락부장의 방북, 박봉주 북한 총리의 방중, 탕쟈쉬엔 국무위원 방북, 우이(吳儀) 중국 부총리 방북 등 당, 정 교류도 활발히 이루어졌다. 특히 2005년 10월 후진타오 주석의 방북을 계기로 중. 북한 관계는 전통적 우호관계를 다시 확고히 하는 계기가 되었다.

2006년 7월 북한 미사일 발사 및 동년 10월의 제1차 핵실험으로 중. 북한 관계가 다소 냉각되었으나, 2007년 2월 "2.13 합의" 이후 양국관계는 다시 정상화되는 듯하다가 2009년 4월 북한의 장거리 미사일 발사 실험 및 제2차 핵실험으로 다시 냉각되었으나 동년 10월 원쟈바오 총리 방북을 계기로 다시 협력 관계가 회복되었다.

김정일 국방위원장 사망(2011년 12월)이후 중국 정부는 중.북 양국 관계를 공고히 하겠다고 천명하였으나, 2012년 4월과 12월 북한이 또다시 장거리 미사일 발사와 제3차 핵실험(2013년 2월)을 실시함으로써 다시 냉각기에 들어가게 되었다.

경제 통상 협력에 있어서, 중국은 1992년부터 북한과의 무역에서 경화(硬

貨)결제를 도입함으로써 북한이 개혁, 개방 정책을 채택하여 중국에 의존하지 않는 독자적인 경제 성장을 추진토록 유도하였다. 다만 북한의 어려운 외환 사정을 감안하여 1993년 이후 일부 구상무역 실시도 허용하였다. 중국은 북한의 거듭된 경제난에 따른 체제붕괴 가능성을 우려하면서, 식량 및 원유 지원 등으로 북한을 지원하고 있다.

중국은 그동안 중, 북간 주요 지도자 방문 등 특별한 계기에 식량, 일용품 및 원유 등을 지원해 왔다. 2004년 4월 용천역 폭발사고를 계기로 구호품을 지원하였고, 2005년 10월에는 중국 측 원조로 대안 유리 공장을 준공한 바 있다. 경제 협력과 함께 중국 기업의 대북 진출도 증가하였다. 평양북. 중 합자회사(대성상점) 운영, 중국 내 대북 투자설명회 개최, 복건성 및 사천성 투자시찰단의 방북 등 투자 형태의 경제 협력도 활성화되고 있다.

최근의 중. 북한 간 경제 협력은 중국의 동북3성 진흥계획과 북한의 대중국 투자 유치 등 상호 이해관계가 부합하면서 나선과 신의주(황금평/위화도) 경제특구를 중심으로 협력을 가시화 하고 있고, 또한 신압록강 대교 착공(10.12월), 황금평 개발 착공(11.6월), 훈춘-나선 도로 확장 공사(11.6월) 등 분야에서의 협력을 강화하고 있다.

신중국의 부흥과 도전

제3부

001 신중국의 부흥 및 성장
002 신중국의 주요 도전
003 제5세대 지도부의 주요 당면 과제

Ⅰ. 신중국의 부흥 및 성장[165]

1. 홍콩, 마카오의 중국 귀속

홍콩과 마카오의 중국 귀속은 신중국이 2000년대 이후 급속한 성장과 부흥을 이루는 최초의 중요한 기반이 되었다. 당초 신중국 초기부터 중국 지도부들은 "一國兩制(하나의 중국과 두 제도)"를 실현하는 것이야말로 중국의 위대한 부흥을 위한 중요한 국가 정책이며 전략적 목표라고 주장해 왔고, 1997년과 1999년 홍콩과 마카오를 중국으로 복귀시키는데 성공한 것은 "一國兩制" 구상의 성공적인 실천으로 간주하였던 것이다. 당초 이 "一國兩制" 구상은 대만문제를 해결하기 위한 방안으로 제기되었으나, 홍콩과 마카오 문제가 대두되면서 이를 적용하여 동 문제를 해결하는데 성공적으로 활용되었다. "一國兩制"가 성공적으로 실현됨은 앞으로 대만문제의 최종적인 해결에도 중요한 영향을 미칠 것으로 예상되며, 또한 구체적인 경험을 제공해 줄 것으로 보고 있다. 이하에서는 홍콩과 마카오가 중국으로 복귀되는 과정을 설명하고자 한다.

가. 홍콩 및 마카오 할양

홍콩은 본래 중국의 영토였으나, 19세기 중엽 서구 열강들의 제국주의 침탈, 즉 영국이 중국을 침략하여 식민지화함으로써 홍콩 문제가 발생된 것이다. 역사적으로 청(淸)정부는 1842년 영국과 "남경조약"을 체결하여 홍콩을 영국에 할양하였고, 1860년에는 제2차 아편전쟁을 통해 "베이징조약"이 체결되면서 홍콩 섬과 마주하고 있는 구룡반도 남단의 영토를 향후 99년간 조차해 주었으며, 1898년 6월에는 청정부와 영국 간에 "홍콩 경계선 확장에

---

165) 洪向華, 復興之路; 中國堀起的 30個 歷史關鍵, 靑島出版社, 2009.

관한 조약"을 체결하여 홍콩을 중국 영토에서 완전 분리하는 경계선을 확정 지었는데, 이러한 3가지의 불평등조약이 체결됨으로써 영국은 최종적으로 홍콩을 할양받았던 것이다.

마카오도 과거 중국의 영토였으나, 1553년 일부 포르투갈인들이 마카오에 진입하여, 1557년부터 명(明) 조정의 관리에게 뇌물을 주고 마카오 정착권을 취득하였다. 그 이후 1887년 포르투갈과 중국의 청(淸) 정부는 베이징에서 "중-포 화해 통상조약"을 체결하였는데, 이 조약에서 포르투갈은 마카오의 영주 관리권을 취득하게 되었다.

나. 중국의 입장

1949년 정권을 장악할 당시 중국 공산당은 홍콩과 마카오 문제에 대해 비교적 융통성 있는 입장을 취 하였다. 즉, 신중국 건립 초기 중국 공산당은 홍콩문제에 관한 기본 입장을 발표하였는데, "잠시 회수하지 않고 현 상황을 유지한다." 그리고 "장기적으로 계획하고 충분히 이용한다."는 전략이었다.

그 이후 1963년 공개 성명을 발표하여 "홍콩과 마카오 문제는 조건이 성숙되면 대화를 통해 평화적으로 해결하며, 해결 전에는 현 상태를 유지한다." 그리고 "중국 인민은 홍콩과 마카오 문제에 있어서 무력을 사용하여 제국주의에 반대할 필요가 없다." 고 밝혔다. 이는 홍콩, 마카오 문제를 좀 더 시간적 여유를 갖고 평화적으로 해결하려는 중국 공산당의 의지 표명이었다. 그러면서도 1962년~1963년간에 홍콩지역에 심각한 물 기근 현상이 발생하자 당시 조우언라이 총리를 포함한 국가지도급 간부들이 중요한 지시를 내려 바로 이듬해에 동심(東深)급수공정 건설을 완공케 하여 홍콩 인민들의 급수를 해결해 주기도 하였다.

1971년 유엔에서 합법적인 지위를 회복하게 되자, 1972년 11월 제27차 유엔 총회에서 99:5라는 압도적 표차로 홍콩과 마카오를 식민지 명단에서 제외시키는 결의를 통과시켰으며, 이러한 결과를 토대로 신중국은 홍콩과 마카오에 대한 주권을 확정하는 한편, 홍콩, 마카오 문제를 해결할 수 있는 기회를 갖게 되었다.

다. 홍콩, 마카오의 복귀 실현

1980년 이래 중국의 개혁,개방 정책이 시행되면서 개혁 개방 설계자였던 덩샤오핑은 "一國兩制(한 나라, 두 체제)"라는 실질적 구상을 발표하고 대만과 홍콩, 마카오 문제를 해결하는 기본 방침으로 삼았다. 이에 따라 1982년 9월 중국과 영국은 베이징에서 홍콩관련 협상을 진행하였으며[166), 1983년 5월말, 중, 영 양국은 3가지 의사일정과 기타 절차 문제에 합의하였다.

주요 협의 사항은 1997년 이후 홍콩의 안정과 번영을 위한 준비 즉, 정권교체 관련 사항을 포함하고 있었다. 그리고 이듬해인 1984년 9월까지 약 22차례에 걸친 회담을 진행하여 가장 중요하고 민감한 문제인 홍콩 귀속 이후의 장래 체제 문제 등에 관하여 최종 합의를 보았다.

1984년 9월 중-영 양국 정부는 베이징 인민대회당에서 「홍콩문제에 관한 공동성명」 가서명에 조인하였고, 그 해 12월 정식 서명함으로써 이후 13년이 지난 1997년 6월 30일 중, 영 양국 정부 간에 홍콩의 정권교체 의식이 이루어지게 되었다.

중국으로서는 당일 홍콩 지역을 「중화인민공화국 홍콩특별행정구」로 정식 선포함으로써 과거 100년 동안의 식민지 지배를 청산하고 홍콩을 다시 중국의 품으로 환원시킬 수 있었다.

한편, 마카오 문제는 홍콩문제에 비해 비교적 순조롭게 ·진행되었다. 포르투갈은 1974년 민주공화국을 선포하면서 그동안 보유하고 있던 모든 해외 식민지를 포기하겠다고 선언한 바 있으며, 이에 따라 마카오도 포르투갈이 관리해 왔던 중국의 영토임을 인정하고 이를 일방적으로 중국에 반환하겠다고 통보해 왔던 것이다.

1979년 중국과 포르투갈이 수교함으로써 이 마카오의 복귀문제가 양국 간 주요 외교 현안의 하나로 대두되었다. 1984년 홍콩문제가 원만히 해결됨에 따라 마카오 문제도 역시 급물살을 타면서 진전되어 갔다. 1986년 6월부터 1987년 4월까지 중국과 포르투갈은 양측을 오가며 4차례에 걸친 회담 끝에 중요한 합의에 이르게 되었다. 즉, ① 중국은 2000년도 이전에 마카오를 회

---

166) 이 협상에서 당시 중국 측은 동 주권을 회수하는 전제하에서만 협상이 계속 진행될 수 있다는 주장을 강하게 피력하였다.

수한다.② 마카오에 대한 주권을 회복하는 전제하에 마카오의 안정과 발전을 유지한다. ③ 주권을 회복한 후 "一國兩制"의 원칙에 따라 마카오에 '특별행정구'를 설치하며 향후 50년간 자본주의 체제를 그대로 유지한다는 것이었다.

1987년 3월 중국과 포르투갈 양측은 베이징에서 '마카오에 관한 공동성명' 가서명을 하고 "중화인민공화국은 1999년 12월 20일부로 마카오에 대한 주권을 회복한다."고 선포하였다. 그리고 동년 4월 13일 양국 간에 정식으로 「마카오에 관한 공동성명」에 조인하게 되었다. 1993년 3월에는 "**중화인민공화국 마카오 특별행정구 기본법**"이 제정, 반포되었고, 1998년 5월에는 전국인민대표대회내에 「**마카오 특별행정구 준비위원회**」가 설립되어 마카오 복귀 업무를 시작하였고, 마침내 1999년 12월 20일 중, 포 양국 정부는 마카오 정권교체를 진행함으로써 아시아의 마지막 식민지였던 마카오도 400여년의 외국 지배를 끝내고 중국으로 복귀되었다.

라. 신중국 부흥의 견인차

홍콩과 마카오의 중국 복귀는 중국이 2000년 이후 전세계 강국으로 도약하고 발전해 나가는데 하나의 중요한 초석을 마련해 준 계기였다. 즉, 중국으로서는 1979년 이래 개혁, 개방 정책을 시행해 오다 1989년의 천안문사건으로 해외 투자기업들의 투자가 끊겨 중국 경제는 심각한 침체 국면을 이어가고 있었다. 그러나 홍콩과 마카오가 중국으로 복귀되면서 그곳의 증권 시장을 떠돌던 엄청난 자본과 경영 노하우들이 중국 대륙으로 몰려오게 되었고 이것이 중국 경제에 커다란 활력소 역할을 하였다. 특히, 상해 포동 지구와 광동 지역의 4대 경제특구, 그리고 동해 연안의 15개 경제개발구 등에는 상당수의 자본이 이곳 홍콩, 마카오 자본 혹은 이곳을 경유한 싱가폴 자본으로 알려지고 있다.

요컨대, 홍콩과 마카오의 중국 복귀는 중국이 개혁개방 과정에서 풍부한 인적, 물적 자원을 바탕으로 짧은 기간 안에 경제적으로 급속히 발전할 수 있었던 커다란 원동력이 되었으며, 이의 견인차 역할을 하였다고 하겠다.

2. 중국의 WTO 가입

중국의 WTO 가입은 중국 정부가 새로운 글로벌 경제 시대의 흐름에 맞추어 경제 강국으로 나아가는 또 하나의 중대한 발걸음이었다. 이 WTO의 가입은 중국의 개혁 개방이 새로운 단계로 진입하였음을 의미하며, 1978년에 이어 **"제2의 개혁, 개방"**이라고도 할 수 있다.

특히 전세계 교역 규모에서 세계 2위를 차지하고 있는 중국으로서는 이 WTO에 가입하는 것이 세계경제 주체의 한 일원으로서 중요한 일이었으며, 이는 곧 중국의 발전이야 말로 세계를 떠날 수 없고 세계의 발전 또한 더욱 개방되는 중국을 필요로 하고 있음을 반증하는 것이었다.

가. WTO 이전 GATT체제 가입 과정

1948년 23개국 회원국으로 시작한 GATT(관세와 무역에 관한 일반협정)의 창설 초기, 당시의 국민당 정부는 GATT 창설을 위한 사전 "임시협정서"에 서명함으로써 "GATT의 최초 회원국"이 되었다. 그러나 신중국이 성립됨에 따라 대만으로 이주한 국민당 정부는 1950년 3월 GATT로부터 전격 탈퇴를 선언하였고 중화인민공화국 정부 또한 GATT회원국 일원으로 참여할 수 없었고 이 기구와 연락도 할 수 없었다.

1971년 10월 유엔 총회가 제 2758호 결의를 통과시켜 '**중화인민공화국**'의 유엔에서의 합법적 지위를 회복함에 따라 유엔내 국제조직에서의 의석도 회복했지만, 다만 GATT에서의 의석은 여전히 확보하지 못한 상태였다.

1980년 11월, 중국정부 대표단은 GATT 제38차 회원국 회의에 업저버 자격으로 처음 참석하게 되었고 이후 중국 최고지도부의 적극적 관심 하에 GATT 시찰단을 헝가리、유고슬라비아、파키스탄 등 국가에 파견하여 GATT의 가입 경험을 전수 받도록 하였다. 이러한 노력의 결과 1984년 11월 GATT이사회는 중국의 신청을 받아 들여 중국에「업저버 지위」를 부여하였다.

그러나, 이후 GATT에의 정식 가입을 위한 노력은 여전히 큰 난관의 연속이었다. 1985년 10월 개최된 미국과의 제1차 비공식 회담에서 미국 측은 중국이 비시장경제 국가이기 때문에 중국 경제에 관한 전면적인 조사, 연구가 필요함을 주장하면서 협상 타결이 상당히 어려울 것임을 내비추었다. 본래 GATT에 가입하기 위해서는 협상 전에 기존 체약국들이 해당국의 대외무역 체제를 심사하는 제도가 있었으며, 이 심사 단계만도 최소 5년이 걸렸다. 이러한 상황에서 중국 정부가 1986년 정식으로 회원국 회복 신청을 냈지만 실제 가입에 이르기까지는 상당히 어려운 과정을 거쳐야 했다.

1988년부터 1989년까지 진행된 여러 차례의 분야별 실무회의에서 중국 대표단은 중국의 경제 체제와 대외무역 제도에 관해 설명하였고, 체약국들이 제기한 수많은 질문에 대해 답변을 하였으나, 여전히 미국 등 서방 주요국들은 "중국이 시장주도로 경제개혁을 진행하고 있다고 하지만 GATT체제와는 여전히 큰 차이가 있다"는 결론을 내렸다.

1989년 천안문 사태 등 원인으로 잠시 중단되었던 협상은 1992년부터 다시 시작되었고, WTO체제가 발족된 이후부터 중국의 WTO가입 직전인 2000년까지 중국대표단은 수없이 많은 공식, 비공식 회담을 개최하였으나, 여전히 합의에 이르기에는 양국 간 견해 차이가 컸다.

나. 미국과의 협상

1999년 11월 중.미 양국은 마지막 회담이 되었던 제25차 양자 실무협의를 베이징에서 개최하였다. 동 회담에서 4차례에 걸친 분과회의를 개최하면서 양측 입장을 잘 조율해 나갔다. 최종적으로는 미국대표단들이 당시의 주룽지 총리를 면담하면서 동 협상이 극적으로 타결되어 동년 11월 중.미 양국은 중국의 WTO가입을 승인하는 합의서에 정식 서명하기에 이르렀다. 이러한 미국과의 협상 타결은 중국이 WTO(세계무역기구)에 가입하는 시기를 앞당기는 계기가 되었다.

다. EU(유럽연합) 및 여타 회원국과의 협상

협상중의 또 하나의 어려움은 EU(유럽연합)와의 협상이었다. 2000년 5월, 중국과 유럽연합은 15차례의 협상을 진행 중이었으며, 그 사이 중국과 미국 간에 양자 협의가 완료되면서 전 세계는 중국과 EU(유럽연합)간의 협상에 주목하였다. 그러나 당시의 제15차 협상은 합의에 이르지 못하고 종료되었다가 1년 뒤인 2001년 5월 양측 대표단간의 마지막 최종 협상이 타결되어 결국 5월 19일 중국과 EU(유럽연합)는 중국의 WTO 가입을 허용하는 양자 합의서에 서명하게 되었다.

가입 협상의 최대 걸림돌은 주로 "**농업 부문의 보조금 비율**"에 대한 이견으로서, 중국은 개도국 수준인 10%를 주장한 데 반해, 미국 등 회원국은 5%를 주장하였으며, 최종적으로 **8.5% 수준**에서 타결되었다.

가장 어려운 협상대상국이었던 미국 및 EU와의 협상이 타결됨으로써 여타 회원국과의 협상은 더욱 순조롭게 진행되었다. 2001년 9월 멕시코와 양자협상 타결을 끝으로 WTO 가입을 위한 37개국과의 양자 협상을 모두 마무리하였다. 이로써 중국이 WTO에 가입하기 위한 협상은 이제 다자문서에만 합의하면 가입이 확정되게 되었다.

라. 도하 다자 협상

마지막 단계인 다자 협상은 법률성, 전문성이 강하고 내용도 방대하였는데, 특히 농업보조, 보험, 대외무역, 소매 등 분야에서 각 회원국은 중국 측과 지속적인 협의를 진행하였으며, 여러 과정을 거쳐 결국 2001년 9월 'WTO 중국작업반 제18차 회의'가 제네바에서 개최되어 중국의 WTO 가입 의정서 및 부속 문건과 작업반 회의 보고서를 채택한 후 임무를 종료하였으며, 이로써 모든 다자협상이 종료되었다.

2001년 11월 카타르 도하에서 개최된 'WTO 제4차 각료회의'는 중국의 WTO 가입을 허용하는 법률 문서를 심의, 통과시켰다. 이는 중국이 15년간의 어려운 과정을 거치면서 WTO의 일원이 되었음을 의미하였다.

중국의 WTO 가입은 국내 경제와 대외교역의 모든 면에서 크나 큰 긍정적 영향을 미쳤다. 우선 국내경제 면에서는 중국 경제가 WTO 체제, 즉, 글로벌 스탠다드에 의해 운영되게 되었음을 의미하며, 이러한 경제의 합리적이며 투명한 운영은 곧 중국의 경제 개혁을 더욱 가속화시키고, 경제 효율도 향상시키는 효과를 가져다주었으며, 대외경제 면에서도 수입관세율 인하와 비관세장벽 완화 등으로 중국의 대외교역이 대폭 확대됨은 물론 내수시장 개방과 외국인 투자환경이 크게 개선됨으로써 외국인의 투자 유입이 크게 증대되는 결과를 가져 왔다.

요컨대, 중국의 WTO 가입은 중국이 경제 성장을 추진하는 과정에서 경제 성장률을 대폭 높이는 효과가 있었음은 물론 대외교역량에 있어서도 2~3배 확대하는 효과를 자져와 중국의 지속적인 성장과 발전에 크게 기여하는 견인차 역할을 하였다.

3. SARS의 확산 및 이의 퇴치

21세기에 들어와 신종 질환이었던 SARS의 확산은 중국지도부에게는 하나의 커다란 모험과 시련이었다. 경제 성장의 새로운 길목에서 이 신종 전염병을 잘 처리하지 못할 경우 경제 발전에 장애가 됨은 물론 제4세대 정치지도부에게 커다란 정치적 부담으로 작용할 판이었다. 이는 신세대 정치지도자들에게는 중요한 정치적 실험이었으며, 중국의 장래에 하나의 큰 모험이었다. 중국 정부는 이의 퇴치를 위해 전국의 위생, 과학, 공업, 교통, 에너지, 공안 등 각 부서를 총동원하여 공동 방어에 나섰고, SARS를 전면 퇴치하는데 성공을 거두게 된다. 이러한 과정을 통해 중국지도부는 또한 내부의 위기관리 능력을 배우게 되었고, 위기를 현명하게 극복해 가는 신 강대국으로서의 면모를 전 세계에 알리는 계기가 되었다.

가. SARS의 확산 및 퇴치 과정

2003년 1월초 광조우 의과대학 제1부속병원은 이상한 폐염 환자를 받게 된다. 지속적인 고열과 기침을 동반하며 어떠한 항생제로도 치료되지 않았으며, 당시 환자를 치료했던 의사 및 간호사 8명도 모두 이 병에 함께 감염되었다. 동년 1월 말에는 중산대학 제2부속병원에서도 유사한 증상의 환자를 받게 되고, 2003년 3월 홍콩에서도 첫 SARS 환자가 발견되어 계속 전파되면서 3월 하순에는 매일 수십 명의 속도로 확산되었다. 2003년 3월에는 베이징에 SARS 환자가 처음 발견되었으며 동년 3월 27일에는 내몽고에서

SARS 의심 환자가 발견되면서 더욱 빠른 속도로 확산되었다. 2003년 6월 공포된 통계에 의하면, 전세계 32개 국가에서 SARS 환자가 발견되었다고 하였으며 그 중 중국의 상황이 가장 심각했다고 한다.

2003년 4월 원쟈바오 총리는 국무원 상무회의를 개최하여 전염병 방지 대책을 마련하여 적극 조치할 것을 주문하였으며, 후진타오 당총서기 겸 국가주석도 광동성 질병예방센터를 직접 시찰하고 돌아와 "각급 당정 기관은 SARS와 관련하여 결코 늦게 보고하거나 허위 보고를 해서는 안된다"고 지시하였다. 그해 4월말에는 베이징 내의 초, 중등학교가 모두 휴교에 들어갔으며, 당일 중국 정부는 SARS를 '법정 전염병'으로 관리하여 만일 관련 법률을 위반하는 자에게는 최고 7년의 징역형에 처할 것임을 경고하기도 하였다.

그해 5월 중순 들어 SARS는 전국적으로 통제 국면에 들어갔고 국무원 부총리 겸 위생부장이던 우이(吳儀)부장은, 제56차 세계위생대회에 참석하여 전염병 발생 초기 중국의 미온적 대응과 미비점 등에 대해 반성하고 여러면에서 중국에 도움을 준 모든 나라에게 감사를 표함으로써 전세계로 하여금 중국의 변화를 실감하게 하였다

결국 세계보건기구(WHO)는 2003년 6월 베이징 지역에 대한 여행 경고를 취소하는 한편 SARS 지역 명단에서 베이징을 제외시켰다. 이는 SARS 퇴치 업무가 중국내에서 성공적으로 이루어졌음을 의미하였다.

나. SARS 대응 과정에서의 중국의 변화 모습

미국을 위시한 전 세계는, 중국의 SARS 퇴치 과정을 지켜보면서 중국이 과거와는 달리 새로운 모습으로 거듭나고 크게 변화하고 있다는 것을 느낄 수 있었다. 즉, 중국 정부의 강력한 행정 조치는 중국이 책임 있는 국제사회의 일원으로서 자국의 위기를 현명하게 극복해 나가는 정부임을 보여 주었으며, SARS에 안일하게 대응했던 고위직에 대한 문책 사례는 정치체제 개혁에 대한 강한 의지도 시사하였던 것이다.

결국 SARS 퇴치 과정은 중국정부에게 있어 하나의 커다란 시련이었지만, 동시에 중국의 위상과 능력을 전 세계에 알리고 부각시키는 좋은 계기이기

도 하였다. 또한 중앙과 각급 지방정부는 적시에 전염병 상황을 대외에 공표 하는 등 정부조치를 공해 나갔는데 중국의 관영 언론매체들도 이를 계기로 더욱 개방화하게 되었으며, 일반 대중의 권리도 크게 향상하는 등 중국의 정치문화 발전에도 긍정적인 작용을 한 것으로 평가된다.

4. 베이징 올림픽의 성공적 개최

'베이징 올림픽'개최는 WTO 가입으로 보다 개방화된 중국이 국가적 위신과 자신감을 바탕으로 세계 강대국으로 발돋움하는 하나의 과정이었으며, 중국 최초의 종합적인 국제 대회였다. 2008년 베이징에서 개최된 이 올림픽에서 중국대표단은 금메달 51개 등 메달총수 100개라는 경이적인 성적을 거두면서 그동안 세계 1위를 차지했던 미국을 초월하여 역사상 최초로 금메달 총수 세계 1위를 차지하게 되었다.

중국 정부로서도, 올림픽에 참전한 중국 선수들의 체육 정신이 자강불식의 중화민족 정신을 표현한 것이며, 또한 올림픽 개막식이 진행된 올림픽 주경기장(니아오 치아오,鳥巢‘새 둥지’라는 중국어 표현) 역시 주최국으로서 중국 인민들이 그동안 자력갱생을 통해 이룩한 물질적 체현이며 "중국제조"의 좋은 본보기라고 평가하고 있다.

가. 중국의 올림픽 참가 배경

중국이 올림픽에 참가하게 된 역사적 배경을 살펴보면, 우선 1896년 그리스 아테네에서 제1회 올림픽이 개최되었을 당시로 거슬러 올라간다. 당시 올림픽 주최 측이 청(淸)정부에 최초로 초청장을 보냈으나, 올림픽을 알지 못했던 청(淸)정부로서는 이를 무시해 버렸다. 그 이후 1921년 제5회 올림픽 기간 중 중국은 국제올림픽위원회 측과 정식으로 연락을 취하였고 1924년에 창설된 「중화전국체육협진회」가 1931년 정식으로 국제올림픽위원회(IOC)로부터 회원단체로 승인을 받았다. 당시의 "중화전국체육협진회"는 경제적으로 어려운 상황이었음에도 불구하고 파리에서 개최된 제8회 올림픽에

3명의 중국 테니스 선수를 파견하여 시범종목에 참가케 하였으며, 이어 1928년 네덜란드에서 개최된 제9회 올림픽에도 대표 1명만을 업저버 자격으로 파견하였다.

중국이 올림픽에 처음으로 공식 출전한 것은 1932년 미국 로스앤젤레스에서 개최된「제10회 LA 올림픽」이었다. 이 올림픽에 중국은 **류창춘(제长春)** 이라는 육상 선수를 최초로 파견하였으며, 비록 메달은 획득하지 못하였으나 올림픽에 참가한 최초의 중국인이 되었다.

신중국 성립 이래 한동안 올림픽에 참가치 못하다가 1979년 10월 중화인민공화국이 국제올림픽위원회(IOC)로부터 합법적인 의석을 확보함에 따라 중국 선수들이 다시 정식으로 올림픽에 참가하게 되었으며, 1984년 7월 미국 로스앤젤레스에서 개최된 제23회 올림픽에 중국은 총 225명의 대형 체육 대표단을 파견하게 되었다.

나. 올림픽 유치를 위한 사전 준비

중국이 올림픽을 유치하는데 큰 영향을 미치고 동력을 준 지도자는 바로 **덩샤오핑**이었다. 그는 중국이 세계강국으로 뻗어나가고 국위 선양을 위해서는 올림픽을 중국에서 개최해야 한다고 주장한 최초의 중국 지도자였다.

1991년 2월 중국정부는 북경의 2000년도 올림픽 유치를 내부적으로 결정하고 동년 5월 2000년 북경올림픽 개최를 국제올림픽위원회에 신청하였다. 그러나 1993년 치열한 유치 경쟁을 거쳐 2000년 제27회 올림픽 개최 도시가 호주의 시드니로 결정됨으로써 한 번의 유치 실패를 경험하였다.

그러나 이에 좌절치 않고 베이징시 측은 1999년 초 2008년 올림픽 유치를 위해 국제올림픽위원회에 다시 신청하였고, 동년 9월『베이징올림픽유치신청위원회』를 정식으로 발족시켰다. 2001년 4월 국제올림픽위원회 평가단의 평가가 성공적으로 종료되고, 동년 7월 국제올림픽위원회 제112차 회의가 모스크바에서 개최되었는데, 동 회의에서 최종적으로 2008년 올림픽 개최지로 베이징이 확정되었다.

다. 올림픽 준비 및 성공적 개최

우선 2001년 12월~2003년 6월 기간은 사전준비 단계였다. 이 단계의 임무는 올림픽의 조직 및 지도 기관을 설립하고 "올림픽 행동 계획"을 제정, 실시하며, 올림픽을 위한 향후 업무추진계획을 세우고 경기장의 조기 건설과 시설 유지 및 진행 관리 등 준비 업무를 하는 것이었다.

다음으로 2003년 7월~2006년 6월은 전면적인 건설 단계였다. 이 단계에는 경기장 건설과 진행 관리 업무 등이 절정에 달하였으며, 90% 이상의 목표 달성과 개발 임무를 완성하였다.

마지막으로 2006년 7월~2008년 기간은 올림픽 준비 업무의 완성과 측정 및 진행 관리를 정식 운행하는 단계로서, 이 단계에서는 올림픽의 모든 경기장과 시설 건설이 모두 올림픽위원회 측의 요구에 부합되도록 하였으며, 조직위 측에서도 모든 건설 프로젝트와 준비 업무에 대한 검사, 그리고 시험과 운행을 마쳤다.

2008년 3월 24일부터 시작하여 올림픽 성화 봉송이 전 세계 약 19개 도시와 중국내 116개 도시를 돌면서 최종적으로 **8월 8일**의 베이징올림픽 개최 장소인 베이징의 주경기장(鳥巢)에 점화되었고, 2008년 8월 8일 저녁, 세계가 주목하는「제29회 베이징 올림픽」개막식이 진행되었다.

2008년 베이징올림픽에서 중국 체육대표단의 인원수는 총1,099명이었고 그중 선수 인원은 639명으로 역대 올림픽 참가 선수 규모에서 최고를 기록하였다. 중국대표단 중 2/3는 처음으로 올림픽에 참가하였고, 이들이 취득한 51개 금메달 중 30개는 처음 참가한 젊은 선수들이 취득한 것이었다.

2008 베이징 올림픽 개최는 중국이 건국 60주년을 맞이하면서 이룩한 하나의 거대한 국제 대회였다. 이 올림픽 개최를 통해 중국민들은 더더욱 국가적 위신과 자존감을 갖게 되었고, 머지않아 선진 강대국의 반열에 진입할 수 있다는 강한 용기와 자긍심을 갖는 계기가 되었다. 다시 말하면, 베이징 올림픽의 유치 성공과 성공적인 개최는 개방된 중국이 앞으로 더욱 굳건한 발걸음으로 세계로 뻗어 나가고 세계무대에서 더욱 강한 모습으로 나아갈 것임을 상징적으로 보여주는 것이었다.

5. 전면적 시아오캉(小康)사회의 건설

　신중국 초기 중국 공산당 제1세대 지도부는 사회주의 현대화 달성을 위한 국가발전 전략으로서, 공업、농업、과학기술 및 국방 건설의 "4개 현대화" 목표를 제시하였고, 이어서 덩샤오핑과 쟝저민 등 제2, 3세대 지도부도 부강한 중국으로서의 **사회주의 현대화 국가 건설**을 전략 목표로 설정하였다. 이는 곧 신중국 건설 과정에서 '국가경제 발전'을 최우선 목표로 설정하고, 시장경제를 도입해서라도 민생경제를 발전시키고자 하였음을 볼 수 있다.

　이후 후진타오 주석 등 제4세대 지도부도 중국 공산당 제16기 당대표대회를 통해 '2020년에 전면적인 시아오캉(小康) 사회 건설'을 목표로 설정하고, 이를 실현하기 위한 방안으로서 **"과학적 발전관"**과 **"조화로운 사회 건설"**이라는 발전 전략을 제시하였다. 이제 신중국도 건국 60주년을 지나오면서 단순한 경제 성장과 발전보다는 사회의 다양한 이익과 이해관계를 조정하고 함께 발전해 가야 한다는 시대가 도래하였음을 보여주는 것이다. 다시 말하면, 중국도 이제 과거처럼 단지 국가경제 발전에 모든 역량을 집중하기 보다는 국민들의 다양한 민생과 복지 등 개인적인 권익 보호에도 관심을 가져야 하는 시기임을 의미하는 것이었다.

가. 시아오캉(小康) 사회 달성

　"시아오캉(小康)"은 본래 고대 중국의 오경(五經)중 하나인 "시경(诗经)"에 나오는 용어이다. "시아오캉"의 의미는, 경제가 번영되고 인민이 부유하여 생활이 윤택한 이상적인 사회 형태를 말하며, "시아오캉 사회"는 이러한 시아오캉 생활의 기초위에 건립된 조화로운 사회 형태를 말한다.

　현대 중국에 와서 시아오캉 사회에 대한 연구를 시작한 것은 신해혁명 당시의 쑨원(孫中山)시기부터였다. 그러나 항일전쟁과 국-공 내전을 거치면서 공식적인 언급이 없다가 1978년 덩샤오핑이 개혁, 개방 정책을 시행하면서 중국 전통사상 속에 나오는 "시아오캉(小康) 사회"사상을 비판적으로 수용하여 중국 현대화의 단계적인 사회발전 목표 중의 하나로 삼았다. 이는 곧 인민의 생활이 전반적으로 먹고 입는 것에서 부족하지 않은 상태(원바오,溫飽)에서 일정기간의 과도기를 거친 후 '전면적인 시아오캉(小康)사회'로 발전하는 것이 중국 경제 발전의 기본적 희망이요 필요한 선택이라고 강조한 것이다.

중국 공산당은 특히 제16기 당대표대회에서 이 '전면적인 시아오캉 사회건설'을 장기적인 전략목표로 제시함으로써 신중국의 향후 장기 발전목표로 삼았던 것이다.

나. 과학적 발전관과 조화로운 사회 건설

중국은 그동안 약 30년간의 개혁, 개방 정책을 추진해 오면서 경제가 급속히 발전하였고 특히 GDP생산량이 과거에 비해 10배 이상 증가하고, 연평균 성장률도 매년 평균 8% 이상을 유지하면서 전세계적으로 가장 빠른 경제성장률을 보인 나라중의 하나가 되었다.

그러나 이러한 급속한 발전에도 불구하고, 다른 한편으로는 곧 심각한 자원 부족과 환경 파괴 그리고 공공자원의 분배에 있어서의 부정, 부패를 초래하는 등 각종 사회문제를 낳는 요인이 되기도 하였다. 이러한 중국의 경제상황 변화는 곧 중국 공산당으로 하여금 새로운 도전에 직면하게 하였으며 지역 간, 계급 간, 그리고 인구와 자원、발전과 환경사이의 새로운 불균형을 낳았다.

이를 감안하여 중국 공산당은 제16기 당대표대회에서 "조화로운 사회 건설"이라는 용어를 처음 사용하였고, 2002년 12월, 공산당 제16기 폐막 20일전 새로이 당선된 후진타오 총서기는 "권력은 인민을 위해 사용하고, 정치는 인민과 연결되어 인민의 이익을 위해 도모되어야 한다."는 민생개념을 최초로 제기하였다. 그리고는 이를 토대로 중국 공산당 제16기 4중전회에서 "중국 공산당의 집권능력을 강화하기 위한 결정"이라는 정치 보고를 통해이 "조화로운 사회 건설"을 중국 제4세대 지도부가 추진해 나가야 할 하나의 중요한 전략목표로 확정지었다.

이와 함께 후진타오 주석은 2003년 8월 강서성을 시찰하면서 처음으로 "과학적 발전관"이라는 용어를 사용하였다. 그 이후 2003년 10월 중국 공산당 제16기 3중전회에서 이 과학적 발전관의 의미에 관한 정확한 개념 정립을 하였다. 즉, "사람을 근본으로 하되, 전면적이고 협력적이며 지속적인 발전관을 수립하며, 경제, 사회와 사람의 총체적인 발전을 촉진하는 것 "이라고 정의하였다.

후진타오 주석은 또한 2005년 2월 당 중앙에서 개최된 지도간부회의에서 "조화로운 사회"의 특징을 "민주법치、공평정의、성심우애、활력이 넘치고 질서가 안정되며, 사람과 자연이 조화롭게 살아가는 사회"라고 정의한 바 있다. 이후 중국 공산당 제17기(후진타오 집권 후반기)에 들어와서도 여전히 민생을 중심으로 하는 사회 건설 추진을 제시하고, 조화로운 사회 건설과 인민의 안전 및 건강이 상호 밀접히 연관되어 있음을 강조하였다.

지난 약 60여 년간의 신중국 사회주의 발전 과정을 돌이켜 볼 때, 비록 짧은 기간임에도 각종 이념과 현실의 갈등 과정을 수없이 거쳐 왔으며, 그러한 갈등의 역사 속에서도 전반적으로 그 흐름을 연결해 주는 이념적 요소가 있었는데, 바로 "발전 개념과 발전 전략"이었다.

이렇게 중국의 발전 개념과 발전 전략의 변화는 중국 공산당이 매 역사 시기마다 여러 갈등과 모순을 조절하고 해결하면서 변증법적으로 발전해 갔다는 것을 입증하고 있으며, 당시의 시대 상황에 부합한 적절한 발전 전략이 채택되어 시의 적절하게 적용되어 갔던 것이다. 특히 2000년대에 들어와 중국의 경제가 어느 정도 발전함에 따라 이제 중국도 시대 상황을 반영하여 민생 분야에 더욱 관심을 갖게 되고 이러한 전략 방안으로써 '조화로운 사회 건설'과 '과학적 발전관'이 제시된 것으로 보고 있다.

이제 중국도 명실상부한 경제 강국 건설을 위한 하나의 과도기 과정으로서 단순한 경제적 부의 축적을 넘어 전반적인 복지와 민생에 관심을 갖는 시대에 돌입하게 된 것이다.

6. 유인 우주 비행선 발사 및 자주창신(自主創新)

가. 유인 우주선 발사 성공

중국의 항공 우주 산업 발전은 중국의 우수한 과학기술 능력과 함께 세계 강국으로 발돋움하는 중요한 견인차 역할을 하는 종합 국력 중의 하나였다. 중국은 그동안 유인 우주선을 3번 발사하여 모두 성공하였고 또한 유인 우주 비행선이 지구로 귀환하는데 성공하여 그동안 계획적으로 추진해 왔던 제1단계 공정을 완성하면서 명실공히 세계 우주항공 분야 3대 강국 중 하나로 자리매김하였다.[167)

(1) 우주항공 산업의 시초

중국의 우주항공 산업의 시초는, 1955년 10월 미국에서 항공학을 전공한 첸슈에썬(钱学森)박사가 중국 국방부내 전략미사일 개발 프로그램에 참여하기 위해 중국으로 돌아와 중국 최초의 미사일개발 연구기관이었던 「국방부 제5연구원」을 설립하면서부터였다.

1960년대 당시는 미. 소 냉전 시기로서, 1969년 미국이 아폴로 11호를 달에 착륙시키는 등 세계 우주항공 분야에서 부동의 세계 1위를 점하고 있던 시기였다.

중국도 1958년 이래 이 국방부 제5연구원을 통해 로켓과 인공위성에 관한 연구를 시작하였으며 이후의 구체적인 시행 계획도 진행해 나갔다. 1970년 4월 2개의 <東方紅 1호> 위성과 1개의 <長征1호> 발사용 로켓이 개발되어 간쑤(甘肃)성 주취안(酒泉) 위성발사기지에서 성공적으로 발사되었다. 이것은 중국 최초의 인공위성 발사 성공이었으며, 전 세계에서는 다섯 번째로 자체 개발한 인공위성을 발사시킨 나라로 자리매김하게 되었다.

(2) 유인 우주선의 발사

이후 중국은 1966년 3월부터 유인 우주선 개발을 위한 계획도 추진하였

---

167) 역사적으로, 중국 최초의 유인 우주 비행자는 약 600년 전 명나라 관리인 완후(万戶)이었다. 약 14세기 말, 완후는 자신의 의자위에 47개의 로켓과 2개의 연을 달아 로켓을 이용하여 하늘로 높이 날아오르려는 시도를 한 최초의 과학자로서, 비록 이 시도가 실패하여 동인은 목숨을 잃었지만 세인으로부터 큰 존경을 받았다 한다. 그 이후 중국의 명, 청 시기에는 오랫동안 가난에 허덕이는 환경 속에서 중국항공 분야 활동을 찾아보기 어려웠다. 다만 중국 최초로 비행기 디자이너 겸 조종사였던 평루(馮如)라는 자가 자체적으로 비행기를 제조한데 성공하였으나 아깝게 희생되었으며, 중화인민공화국이 성립된 후에야 중국인의 우주항공 역사가 다시 시작되게 된 것이다.

다. 중국과학원과 국방부 제5 연구원이 중심이 되어 중국의 유인우주선 프로젝트인 「7.14 공정」이 확정되었다. 이것이 바로 1973년 말 중국 최초의 유인 우주선을 발사하기 위한 구체적인 연구 개발 프로젝트였다. 그러나 당시에는 여전히 기술력과 자본 부족 등으로 동 프로젝트를 적극 수행 할 수 없었으며, 특히 <문화대혁명>의 영향으로 그 계획 시행 자체를 개혁, 개방 이후로 연기할 수밖에 없었다.

1980년대에 들어서면서 중국의 항공우주 분야 건설 사업은 새로운 국면에 진입하게 된다. 중국과 세계의 크나큰 차이를 인식한 많은 과학자들과 항공우주인들은 유인우주선 프로그램을 다시 추진할 것을 중국 최고지도자들에게 제안한 것이다.

그리하여 1991년부터 중국로켓기술연구원, 중국우주공간기술연구원, 상하이항공기술연구원 등에서 유인우주선 공정을 진행하였고, 중국 최고지도자의 적극적 지원 하에 1992년 9월 중국 유인항공 프로그램인 「9.21 공정」이 정식 시행되게 되었다.

이 공정을 필두로 하여 1999년 11월 중국 첫 무인 우주선인 <선저우(神舟)1호>가 성공적으로 발사되었으며 그 뒤 3년 기간 동안 <선저우 2호>로부터 <선저우 4호>까지 3개의 우주선이 연속 발사됨으로써 우주과학기술 분야에서 새로운 도약을 하였다.

2003년 10월엔 중국 최초의 유인 우주선인 <선저우 5호>가 발사되었다. 역시 간쑤(甘肅)성 주취안(酒泉) 위성발사기지에서 인민해방군 우주인 대대 소속 **양리웨이(杨利伟) 중령**을 홀로 태우고 창청(長征) 2호 로켓에 실려 10분 만에 지구 궤도에 진입하는데 성공했다. 다음날인 16일 아침 <선저우 5호>는 20여 시간의 우주비행 임무를 마친 후 네이멍구(내蒙古)의 초원 지역에 무사히 귀환하였다.

<선저우 5호>의 발사 성공 2년 뒤인 2005년 10월 <선저우 6호> 유인우주선이 다시 주취안(酒泉) 위성발사기지에서 성공적으로 발사되었다. 동 우주선은 115시간 32분간의 비행을 마치고 네이멍구(內蒙古) 착륙장으로 무사히 귀환하였다. 여기에 탑승했던 2명의 우주인 **페이쥔룽과 네하이성**은 우주공간에서 우주 정거장 건설과 달, 화성 탐사 프로젝트를 추진하는 중요한 역할을 담당하였다.

이어서 중국이 자체 개발한 유인 우주선 <선저우 7호>가 2008년 9월 주취안(酒泉) 위성발사기지에서 성공적으로 발사되었다. 3명의 우주인을 태운 선저우 7호는 우주인이 특수 제작된 우주복을 입고 지구 상공에서 약 40분간 각종 과학실험 장비를 우주선에 부착하는 등 우주 유영을 시도하였다. 중국은 이 우주 유영을 성공시킴으로써 중국의 우주개발 프로젝트 발전에 한걸음 더 나아가는 계기가 되었다.

풍부한 기술력과 자본력을 바탕으로 중국은 이제 우주개발 계획에 의거하여 달 탐사선인 <창어>를 달에 보내고 독자적인 우주정거장을 건설하는 목표를 향해 또 한걸음 나아가고 있다.

중국 최초의 달 탐사 위성인 <창어 1호>가 16개월간의 탐사를 마치고 2009년 3월 예정대로 달 표면에 충돌하여 임무를 마무리하였다. 창어 1호는 달 착륙과 탐사선 가동을 위한 정보 수집 임무를 수행하였으며, 이로써 중국의 달 탐사 프로젝트 1단계가 성공적으로 종료되었다.

중국 항공우주 산업의 성장과 발전은 중국의 과학기술 능력과 아울러 종합 국력을 상징하는 것이다. 이는 비록 현재로서는 경제적으로 뒤떨어져 있지만 향후 머지않은 장래에 선진 강국과 어깨를 나란히 할 수 있다는 자신감의 표출이요, 강력한 힘의 밑거름이라는 것이다. 물론 중국이 갖고 있는 이 선진 기술은 향후 지속적인 과학적 연구와 실험을 통해 전 인류와 세계 평화에 기여토록 해야 할 것이나 역시 부동의 사실은 이러한 첨단 과학기술이 머지않은 장래에 중국을 정치적, 군사적으로 강대국의 반열에 들어서는 초석이 되고 기반이 됨은 주지의 사실이다.

나. 자주 창신(自主創新)

한편, 중국 정부는 2005년 10월 후진타오 주석이 '과학적 발전관'을 제시하면서 이의 시행을 위한 6개 원칙 중 하나로 「자주창신 능력 제고」를 표방하였으며, 이에 대한 구체적인 정책이 2007년 1월 발표된 제11차 5개년 계획에 표출되었다. 중국 국무원은 국가발전개혁위원회, 과학기술부 및 교육부와 공동으로 「국가 자주창신 기초능력 건설을 위한 11.5 계획」을 발표하였는데, 그 내용은 다음과 같다.

① 기초과학, 전략적 첨단과학 연구 분야에서의 발명, 발견 등 원천기술의 혁신을 추구한다(原始創新). ② 기존의 과학기술들을 유기적으로 결합하여 산업구조를 조정하고 효율화 한다(集成創新). ③ 해외 선진기술을 도입, 분석하고 응용하여 국내 주요산업 기반을 강화한다(引進消化吸收再創新). ④ 일반 기업의 개발연구(R&D) 환경을 개선하여 기업이 고유의 지적재산권을 향유케 하고 자체 브랜드를 생산하여 국제적으로 경쟁력있는 기업을 키워 나간다(企業創新). ⑤ 유능한 젊은 인재를 양성하여 이를 적극 활용해 경제사회 발전에 기여케 한다는 것(人材創新)이다.

이 자주창신 전략은 2010년 10월의 「제12차 5개년 계획」에도 적극 반영되어 2015년까지 중국 경제사회 발전을 위한 전략 목표로 삼았다. 2013년 1월 국무원은 「국가 자주창신 기초능력 건설 12.5 계획」을 발표하여 ① 과학 연구 인프라를 확충하고 ② 농업, 제조업, 서비스업 등 분야별 창신 능력을 함양하며, ③ 지역별 창신 능력도 강화하는 등 '자주창신'을 전면적으로 확대하는 방안을 제시하였다.

현재 중국 정부는 이러한 기본 전략에 따라 이를 적극 시행하기 위한 각종 조치들을 시행중이다.

우선, 관련 법률을 제정 또는 개정하였는데, 기업소득세법(2007년 제정), 과학기술진보법(2007년 개정), 특허법(2008년 개정), 반독점법(2008년 제정) 등을 제정 또는 개정함으로써 자주창신 기업을 장려하고 신기술 개발 시 일정한 혜택을 부여토록 하였다. 즉, 자주창신 상품에 대한 인정 제도를 운영하고, 수입 부품에 대한 관세 혜택과 아울러 연구사업 투자비용에 대해 소득세 감면 조치 등을 취했다.

둘째, 과학기술 연구에 대해서는 보조금을 지급하고 연구개발 투자를 확대하며, 각종 연구소나 실험실 등 자주 창신 인프라 구축을 위해 노력하고 있다.

셋째, 자주창신 사업과 관련한 제도 개선도 이루어졌는바, 특허 신청절차를 간소화하고, 지적재산권 보호를 강화하였으며, 자주창신 기업의 상장 절차도 간소화해 나가고 있다.

넷째, 중국 정부는 과학 연구기관이나 고등교육 기관 및 기업들의 각종 협력 사업이나 인재 교류를 적극 권장하는 동시에 기후변화, 질병, 공공안전 등 글로벌 과학 기술 분야에서 외국 정부 및 기관 간 협력을 강화하고 공동 연구 프로젝트도 개발 중이다.

7. 국방 및 군의 현대화

2009년 10월 1일 신중국 건국 60주년을 기념하여 개최된 행사에서 중국 인민해방군은 창건 기념 군사 퍼레이드를 실시하였으며, 이 퍼레이드에서 중국의 발전된 최신예 전투 장비와 정교하게 훈련된 인민해방군의 강인한 군사력이 대외에 공표됨으로써 미국을 비롯한 서방 강국을 놀라게 하였다.

본래 국방력이란 종합국력의 구체적 표현으로서, 국방 건설과 국방력을 강화하는 것이 중국 현대화 건설의 중요한 임무 중 하나였다. 중국은 이제 군사 분야에서 전 세계의 강자로 발돋움하고 있으며, 강한 경제력과 함께 강한 국방력이 중국을 국제사회에서 강대국으로 진입케 하는 추동력으로 작용하고 있는 것이다.

당초 신중국 성립 초기, 국민당은 72개의 낡은 군수산업 공장만을 남겨 놓고 타이완으로 옮겨 갔으나, 이 군수 공장도 경제기술 수준이 낮아 군의 현대화가 시급한 실정이었다 한다.

중국 공산당은 우선 1949년 10월 공군사령부를 창설하고 이듬해에 해군사령부와 장갑병사령부를 창설하였으며, 1951년 1월에는 조우언라이 총리가 주임을 겸한 병기공업위원회를 설립하여 전국의 병참업무를 총괄 관리토록 하였다. 또한 국방과학기술위원회와 국방공업위원회 등을 각각 국무원과 중앙군사위원회 산하에 설립하였다.

이후 1953년 마오저뚱 주석은 "현대화된 국방을 건설해야 한다."고 밝혔고, 이어서 1956년에는 "사회주의 건설은 과거에는 공업 현대화, 농업 현대화, 과학문화 현대화를 요구했지만 현재는 국방 현대화를 추가해야한다"고 지적하는 등 군의 현대화 필요성을 강조하였다. 그 결과 1960년대 중반까지는 항공모함을 제외한 대부분의 국방 장비를 자체적으로 설계, 제조할 수 있을 정도의 기술 수준을 향상시킬 수 있었다.

한편, 중국의 개혁, 개방 정책 시행 이래 덩샤오핑을 중심으로 한 당 중앙 및 중앙군사위원회는 중국이 직면한 최고의 국가 안보를 위해 지도 방침을 "평화시기의 군대 건설"로 조정하고, 이전 문화대혁명으로 폐쇄되었던 100여 개 군사학교를 다시 회복하고 새로운 군사학원도 설립하는 등 일련의 개혁을 진행하였다. 구체적으로는 우선 1985년 100만 명의 군대를 감축하고, 이어서 1990년에는 전 군을 320여 만 명으로 축소, 조정하며, 화포 1만여 대와 탱크 1100여 대도 함께 감축하였으며, 각종 구형 비행기 2500대와 함정 610여대를 모두 도태시켰다.[168]

2000년대에 들어와 후진타오 등 제4세대 지도부도 군 현대화를 중점 목표로 선정하여 군의 간부화와 정예화를 위해 노력하였고, 2003년 9월에는 2005년 말까지 20만 명을 더 감축하여 군대 총규모를 229만 명으로 유지토록 하였다.

최근 미국을 중심으로 세계 각국들이 중국의 군사력에 대한 의혹을 갖게 되자, 중국군은 2013년 4월「중국 무장역량 다양화 운용」이란 제하의「**중국 국방백서**」를 발표하였다. 이 국방백서에는 중국 인민해방군의 육해공 병력 수와 제2포병, 무장경찰, 그리고 민병대의 역할, 각 군구와 집단군 구성 등에 관한 내용을 간략히 서술하고 있다.

이 국방백서에 나타난 주요 군사력을 보면, 우선 중국의 전체 군사력을 크게 인민해방군, 인민무장경찰, 그리고 민병대로 구분하고 있으며, 이 중 정규군으로서 인민해방군은 육군, 해군, 공군 및 제2포병으로 분류하고 있다. 병력 수에 있어서 육군은 85만명, 해군은 23.5만 명, 공군은 39.8만 명으로 발표하고 있으나 앞에서 언급한 229만 명의 중국 총 병력수를 감안하면, 여기에 무장 경찰 약 70만 명과 제 2포병 10만 명가량이 포함되어야 대략 그 수치가 나오는 것으로 추측하고 있다.[169]

우선 육군의 군사력은 7대 군구에 총 18개 집단군(우리의 군사령부에 해당)으로 구성되어 있고, 이 집단군은 몇 개의 사단과 여단으로 편성되어 있다. 이 중에서도 주로 수도권 및 외곽 방어를 전담하는 베이징 군구(수도권 위수지역), 션양 군구(동북지역), 지난 군구(산동 및 중원지역) 등 3개 군구가 전통적 강군으로 전체 육군의 60%가 포진되어 있다.

---

168) 김태일, 굴기의 시대(G1으로 향하는 중국몽), 한국학술정보, 2013, pp 425~428

169) 김태일, 굴기의 시대(G1으로 향하는 중국몽), 한국학술정보, 2013, pp 425~437

중국 해군은 먼저 잠수함 부대, 함정병, 항공병, 해병대 및 해안경비 부대 등의 병종으로 분류되며, 총 병력은 23.5만 명으로 북해 함대, 동해 함대, 남해 함대 등 3개함대로 나뉜다. 각 함대 산하에는 함대항공병, 기지파견대, 수경 및 해병대 등 부대가 있다. 중국 해군은 최근 잠수함, 구축함, 호위함 등 장비를 발전시키고 첨단전자 시스템을 도입하여 원양 기동작전, 원양 협력 및 안전위협대응 능력 등을 증강시키고 있지만 아직 남중국해를 포함한 근해 제해권을 확실히 장악하지 못하고 있다고 판단하여 주로 잠수함 전력 강화에 주력하고 있는 중이다.

한편, 공군은 항공병, 지상방공병, 레이다병, 공수부대 등 병종으로 구성되어 있고 병력은 약 40만 명으로 7개 군구 공군과 1개 공수부대로 나뉘어 있다. 공군 군구 산하에는 항공병 사단, 지공탄도 사단, 레이다 사단 등이 있으며, 특히 최근 차세대 전투기, 신형 지대공 탄도 미사일, 신형 레이다 장치 등 선진 무기 장비 개발을 통해 조기경보 능력, 전략적 억제 능력 및 원거리 항공타격 능력을 향상시키고 있다.

특히 중국군은 해, 공군력 강화를 위해 2013년 3월 시진핑 주석의 러시아 방문 계기에 최첨단 전투기인 수호이(SU)-35S 24대와 아무르급 잠수함 4척을 러시아로부터 도입하는 협정서를 체결하고 군의 현대화를 위해 노력하고 있는바, 최근 중국의 고도 경제성장을 기반으로 하여 국방력을 증강시켜 나갈 경우 향후 10년 내에 경제, 문화 및 국방을 아우르는 명실상부한 강대국의 반열에 오를 것임은 이론의 여지가 없을 것이다.

8. 후진타오 체제의 고도 경제 성장(경제성과)

2012년 11월 개최된 중국 공산당 제18차 전국대표대회에서는, 2003년부터 시작된 제4세대 지도부, 즉 후진타오 체제 기간 동안 이루어낸 업적을 평가하는 동시에 차세대 지도부가 이끌어가야 할 중국의 새로운 정책 방향을 제시하는 정치 보고가 행해졌다. 또한 이어서 개최된 제18기 중앙위원회 전체회의(1중전회)에서는 이러한 새로운 정책 방향을 추진해 나갈 제 5세대 지도부도 선출되었다.

　후진타오 주석은 당시 정치 보고를 통해, 과거 10년간의 집권기간 동안 자신의 업적과 성과들을 평가하였는데, 주로 정치 분야에서는 입법기능으로서의 전국인민대표대회와 정치협상회의의 역할과 위상을 강화하였고, 특히 행정제도 개혁과 법치 건설 강화에 주력하여 어느 정도의 성과를 이루었음을 피력하였고, 경제 분야에서는 친환경 관련 정책과 에너지 자원 확보를 위해 노력하였고 해양강국 건설을 강조하였으며, 대외 관계에서도 강대국으로서의 면모를 일신하여 중국 인민에게 자존감을 불어 넣어 주었다고 평가하였다.

　이렇게 중국 정부는 제 3세대와 제 4세대 지도부를 거쳐 오면서 고도의 경제 성장을 이룩하였으며, 경제 분야에서 세계 2위의 경제 대국으로 발돋움하는 쾌거를 이룩하였다. 주요 경제통계 수치를 보면, ① 과거 10여 년간 연평균 10%대의 경제성장율을 기록하여 2002년 세계 6위에서 2010년 세계 2위의 경제 대국으로 도약하게 되었다. 현재 세계 경제에서 중국 경제가 차지하는 비율은 2002년 4.4%에서 2012년 11.6%로 증가하여 미국에 이어 세계 2위를 차지하고 있다.② 국가별 전체 교역량에서도 2002년 6,208억 미불에서 2012년 3조 8,667억 불로서 약 6배 이상 증가하였으며, ③ 외환보유고도 2012년 기준 3조 3,116억불(세계 1위),외국인직접투자 규모는 1,117억불(세계 2위), 그리고 중국의 해외 투자도 772억 불로 2002년의 27억불에 비해 약 29배 증가하는 등 괄목할 만한 성과를 거두었다.

　이러한 고도의 경제 성장 달성은 중국이 개혁 개방 정책을 시행한 이래 줄곧 중국 최고 지도자들 사이에서 주장해 온 "중국의 현대화 건설"과 전면적인 시아오캉(小康)사회로 진입하는 중요한 기반이 되며, 특히 앞으로 중국이 더욱 부강하여 2030년까지는 미국 등 서방 선진국을 따라 잡아 G1(세계 최강대국)이 될 수 있다는 자신감을 갖는 계기이기도 하였다.

II. 신중국의 주요 도전

1. 제5세대 신지도부의 주요 도전

　2012년 11월 개최된 중국 공산당 제18기 1중전회에서는 시진핑 당 총서기를 비롯하여 정치국 상무위원회 위원 7명, 중앙정치국원 25명, 그리고 당 중앙군사위원회 위원 등을 선출함으로써 제5세대 지도부를 확정하였다.

　그러나 중국이 WTO에 가입한 이래 후진타오 체제를 지나오면서 이룩한 고도의 경제 성장 시기와는 달리 시진핑의 제5세대 지도부가 직면한 대내외 정치, 경제적 환경은 그리 쉽지 않은 과정으로 평가되고 있다.

　과거 후진타오 집권기간 동안에는 고도의 경제 성장을 통해 세계 강대국으로 성장하는 계기를 마련한 것은 사실이나, 이러한 중국 경제의 양적 성장 이면에는 분야별 불균형 발전, 빈부격차 심화, 환경오염, 부정부패 등 많은 문제점들이 노정되고 있어 현 지도부가 이를 적극적으로 해결해 나가야 할 숙제를 안게 되었다.

　우선 중국의 현 상황을 보면, 당초 개혁 개방 정책 시행과 WTO 가입 등으로 중국내 산업화와 자본 축적은 어느 정도 이루어졌지만, 반면 산업인구의 고령화로 노동력 감소, 서비스 산업 비중 증가 등 현상이 나타나 실질 경제 성장율이 계속 감소할 것으로 전망하고 있으며, 또한 그동안 고도성장의 기반이 되었던 저임금, 저자본비용이 기반이 된 생산요소 집약형 성장에서 탈피하지 못 할 경우, 장기간 경기 침체 현상이 계속되는「**중진국 함정** (middle-income trap」[170])에 빠질 우려도 존재하고 있다.

　특히 WTO 가입 후 중국의 개혁 개방이 더욱 심화되고 사회가 다원화되면

---

170) '중진국 함정'이란, 1인당 국민소득이 중진국 수준(4천불~1만불)까지 도달한 후 장기간 정체에 이르는 상황을 말하는 것으로, 이 용어는 2012년 2월 세계은행과 중국 국무원 발전연구중심이 공동으로 발표한 '중국 2030:현대적이며, 조화된, 창조적인 고소득 사회 건설' 제하의 보고서에서 최초로 제기되었다.

서 민족주의 성향도 한층 강화되고 있는 가운데 중국내 각 계층 간의 '성장'과 '분배'라는 두 가지 과제를 원만히 해결하지 못할 경우 사회 불안은 더욱 격화될 것이고, 이것이 중국 공산당 체제에 대한 정당성 및 정체성 혼란으로 야기될 개연성도 아주 큰 상황이다. 따라서 이하에서는 중국의 제5세대 지도부가 안고 있는 각종 도전들을 정치적 이슈와 경제사회 이슈로 나누어 정리해 보고자 한다.

2. 중국 공산당의 지도 이념 및 정통성 문제

본래 중국 공산당은 개혁 개방 직후 당의 조직 원리이자 정책 결정의 핵심 원칙으로서 「민주집중제」를 적극 도입하였다. 이 민주집중제의 원리는 단순히 다수결의 원칙에 의한 투표 방식을 넘어 조정, 협의, 실험 및 재협의를 통해 최종 합의에 이르는 긴 과정을 포함하고 있는 것이다. 중국에서 이 민주집중제가 실시됨으로 인해 이후 제도적으로는 경제정책 결정과정의 분권화, 집단지도체제의 수립, 영도소조의 활성화 그리고 전국인민대표대회의 법률 제정 능력 강화 등 민주적 방식이 변화, 발전된 것으로 평가하고 있다.[171]

특히 개혁 개방 후 정치적 안정과 경제적 성공을 거두게 된 것도 이 민주집중제라는 제도적 장치를 통해 개인 행위에 대한 자율성을 어느 정도 보장해 주었기 때문으로 평가하고 있다. 당시 최고 권력자로 불리던 덩샤오핑도 자신의 절대적 권리를 행사하기보다는 제도와 규율을 통해 정책 결정을 함으로써 자신의 권위를 더욱 세울 수 있었으며, 그 후 장쩌민, 후진타오 시대에도 이 민주집중제는 계속 유지되어 오고 있다.[172]

그러나 중국 공산당의 정통성 문제에 대한 외부의 시각은 여전히 부정적 경향이 강하다.[173] 우선, 중국 공산당은 이론적으로 국민주권의 존재를 인

171) 全國人大常委會辦公廳硏究室, 人民代表大會文獻選編, 中國民主法制出版社, 1992, pp 129~142

172) 김흥규, 중국의 정책결정과 중앙-지방관계, 폴리테이아, 2002. pp 46.

173) 로스 테릴 지음, 이춘근 역, 『새로운 제국-중국』, 나남출판, 2005. pp 439~445

정하지 않고 있다. 그래서 오늘날과 같은 다변화 사회에서 중국 공산당이 권력을 독점함은 오히려 사회 내에 긴장과 갈등, 그리고 궁극적으로는 정권 불안정을 초래할 가능성이 크다는 것이다. 현재 급속히 발전하는 동부 해안 도시 지역과 경제적으로 낙후된 내륙지역 사이의 엄청난 경제적 격차는 공산당이 주장하는 "노동자와 농민"의 나라라는 선언에 대한 실현 가능성을 어둡게 하고 있는 것이다.

둘째, 중앙과 지방간의 갈등, 환경 위험, 부패 문제 등 각종 사회문제들은 통제력 유지와 사상의 통일에 과도하게 집중하는 중국 공산당과 공산당 자체의 본질 때문에 문제 해결이 점점 더 어려워지고 있는 것이다.

셋째, 오늘날 놀라운 인터넷 정보와 해외 방문과 유학 등을 통해 국민들은 해외의 각종 정보들을 쉽게 얻을 수 있으며, 이에 따라 국민들의 정치의식 또한 날로 높아지고 있는 것이다. 수많은 사람들이 인터넷을 통해 성경책도 훑어볼 수 있고, 중국 정부의 공식 견해가 아닌 제2, 제3의 관점도 습득할 수 있다. 이제 지리적인 거리나 교통, 통신이라는 개념은 무의미해졌으며, 인터넷의 사용은 '민주주의를 위한 마당'이 되기도 한다. 물론 아직까지 인터넷의 주사용자는 도시에 거주하고 있는 젊은 지식인 계층이지만, 앞으로 인터넷 사용자들이 중년층과 노년층에게로 확산될 경우, 중국 공산당에게는 하나의 커다란 도전이 될 것이며, 이들이 새로운 도전계급으로 부각될 가능성도 배제할 수 없다.

3. 국가 통합 문제

중국 정부가 국가발전 과정에서 겪고 있는 문제점 중 또 하나는 **국가통합** 문제이다. 마오쩌둥을 중심으로 하는 제1세대 지도자들은 신중국을 건립한 이래 전 중국의 통일을 위해 노력하였다. 1959년 인민해방군이 티벳 지역에 진주한 이후 독립을 추구하는 세력을 몰아내고 중국의 일개 자치주로 만들었으나, 여전히 인도의 다람살라에 「**달라이라마에 의한 망명정부**」가 설립되어 현재까지 티벳 독립을 추구하면서 중국 정부에 강하게 대항하고 있고, 1997년 홍콩의 반환과 이어서 1999년 마카오의 중국 복귀가 이루어졌으나, 여전히 「타이완」은 미국의 지원하에 중국에 대항하는 국가로 존재하고 있는 것이다.

이렇게 이 지역에 대한 국가적 통합이야말로 중국 정부의 중요한 과업중의 하나이다. 변경지역, 즉 티벳과 신장 자치구, 그리고 대만 문제 등은 여전히 중국 지도부의 두통거리로 남아 있으며, 이 변경 지역들이 자칫 독립을 위해 투쟁해 나아갈 때, 중국의 장래에도 부정적 영향을 미칠 것은 불보듯 뻔한 사실이다. 이하에서는 현재 문제가 되고 있는 티벳과 대만 문제에 관해 설명코자 한다.

가. 티벳 문제

(1) 티벳의 중국 귀속 과정(중국의 입장)

본래 티벳은 13세기 중엽 원(元)나라에 복속된 후 줄곧 중국의 영토에 속해 있었다는 것이 중국의 공식적 입장이다. 그 이후 근대에 들어오면서 영국이 1888년과 1903년에 각각 두 차례의 침략 전쟁을 거쳐 많은 이권을 장악하는 한편, 중국으로부터 이 지역을 분리시키려 하였다 한다. 제2차 세계대전 기간에는 미국이 티벳에 대표단을 파견하여 활동하였으며, 1947년 인도가 독립한 후 미국은 또다시 영국의 식민 통치를 계승하려는 의도에서 티벳 지역에 군을 주둔시키고 티벳의 내정에 간여하였다고 한다.

1949년 중국 건립과정 중에 티벳에서는 혼란의 틈을 타서 국외 세력과 결탁한 채 "화인축출(驱汉事件)사건"이 발생하였는데, 당시의 신화통신은 9월 2일자 보도에서 "국외침략자가 중국의 영토인 티벳을 병합하고자 하는 것을 결코 용납하지 않을 것임"(决不允许外国侵略着吞并中国领土-西藏)이라는 제하의 글을 발표하였다.

중국 지도부로서는 티벳을 해방시켜야겠다는 의지에 따라 1950년 10월 중국인민해방군을 티벳에 파견하였으며, 1951년 5월 "중앙인민정부와 티벳 지방정부간 티벳의 평화적인 해방 방법에 관한 협의"(中央人民政府和西藏地方政府关于和平解放西藏方法的协议)를 발표하고, 티벳 해방을 선포하였다.

중국이 사회주의 국가로서의 체제를 갖추어 가면서 1956년부터 중국 전역에서 사회주의 개조운동이 일어났고 이에 따라 티벳에서도 토지 개혁을 포함한 제도 개혁이 진행되었는데, 이는 당연히 당시의 소작농 경제 하에서 특권을 누리던 지주계층의 이익에 배치되었고 특히 당시의 티벳 정치 및 종교 지도자들은 이 기회를 이용하여 대중국 투쟁을 벌이면서 반란을 일으켰다.

결국 동 반란은 실패로 끝났고 1959년 인민해방군이 다시 수도 라사에 진주하면서 달라이라마를 중심으로 한 일부 티벳 지도자들은 인도 다람살라로 망명하여 현재까지 티베트 망명정부를 수립하고 있으며, 그 후 계속 국외에서 "티벳 독립"을 위한 반정부 활동을 진행하고 있다.

(2) 중국정부와 달라이 라마의 대립

달라이라마는 티벳 라마불교의 종교적 최고지도자로서, 동 인의 반중국 활동은 중국 정부의 안정된 통합에 중대한 위협요인으로 작용하고 있다. 이처럼 달라이라마가 해외에서의 망명 생활을 통해 "티벳 독립" 활동을 벌이는 것과 그에 의해 티벳내 사회 불안정 요인이 발생하는 것을 통털어 「티벳 문제」라 칭한다.

중국 정부는 달라이라마가 해외에서 활동할 수 있는 것이 미국을 중심으로 한 서방 국가들의 지원과 무관하지 않다고 판단하고 있으며, 이는 중국을 분열시키고 견제하려는 서방의 의도와 연관되어 있다고 보고 있다. 일례로 중국인권연구회는 2001년 5월 "달라이 집단의 분열활동에 대한 미국의 지지에 관한 분석"(美国支持达赖集团分裂活动剖析)이란 보고서를 발표하여 미국이 달라이라마를 직, 간접적으로 지원하고 있음을 밝히고 이를 비판한 바 있다.

한편, 티벳 문제에 관한 중국 정부의 기본 입장은 "티벳 문제는 민족 문제나 종교 문제가 아닐 뿐 아니라 인권문제는 더더욱 아니며, 그 본질은 국가의 통일을 수호하고, 아울러 분열 활동을 막는 중대한 정치 문제"라고 밝히고 있다.[174]

즉, 중국 정부는 "달라이 라마"의 존재와 활동 그리고 그 국내외적 영향

---

174) 인민일보, "西藏問題, 不是民族問題", 2008. 4.26,

이 "티벳 문제"의 핵심이라고 보고, 달라이라마에 대한 정책 또한 "티벳 문제"에 대한 중국 정부의 핵심 정책으로 보고 있다. 달라이라마에 대한 중국 정부의 태도는 "대화도 할 수 있고, 귀국도 할 수 있지만, 다만 몇 가지 전제조건을 만족시켜야 한다."고 주장한다.

우선 마오쩌둥 시대에는 그 전제 조건이 "두 가지 찬성"이었다. 이 "두 가지 찬성"이란 "첫째는 티벳이 중국의 일부분이라는 것을 인정하고, 둘째는 티벳에서의 민주개혁과 사회주의 개혁을 찬성해야 한다."는 것이었다.175)

그 이후 덩샤오핑 시대에 와서는 "달라이라마는 중국으로 돌아올 수 있지만, 우선 중국 국민이어야 한다."는 태도를 명확히 했다. 특히 그가 말하는 "중국 국민"이란 의미는 "티벳 독립의 꿈을 버리고, 공산당이 영도하는 조국을 사랑하는 사람"이라는 뜻이 담겨 있다.176)

장쩌민 시대에는 그 내용에 있어서 약간의 변화를 보였다. 1998년 11월 미국 방문 당시 엘고어 부통령과의 대화에서 장쩌민은 "달라이라마에 대한 중국 정부의 정책은 명확하고 일관되어 있다. 즉, 진정으로 '티벳 독립'의 주장을 포기하고 분열활동을 중지하며, 티벳이 중국의 일부분임을 공식 인정하고, 중화인민공화국 정부가 중국을 대표하는 유일한 합법 정부임을 인정하면 대화의 문은 항상 열려 있다"는 입장을 천명하였다.

후진타오 시대에 들어와서 이러한 원칙은 "세 가지의 견지"로 바뀌었다. 이 "세 가지의 견지"는 ① 티벳에서 중국 공산당의 영도를 견지하고, ② 사회주의 제도를 견지하며, ③ 민족구역 자치 제도를 견지한다는 것이다. 중국 정부는 현재에도 이 "세 가지의 견지"를 티벳 문제 해결의 중요한 원칙으로 삼고 있다.

(3) 중국 정부의 전략

"티벳 문제"는 앞으로도 중국을 괴롭힐 수 있는 '뜨거운 감자'로 여겨지고 있으며, 언제든지 중국의 통합에 위해가 될 수 있는 도화선인 것이다.

---

175) "毛澤東西藏工作文選", 人民出版社, pp 152~153.

176) "求是", 2008, 5, 20

특히, 중국 정부는 이 "티벳 문제"를 국가의 주권과 영토 안정을 수호하는 중요한 정치 문제로 인식하고 있는 만큼 달라이 라마에 대한 통제와 관리는 더욱 강화될 것으로 보인다.

　그 방법에 있어서는, 한 편으론 외교력을 강화하여 "티벳 문제"에 대한 국외 세력의 개입을 차단하되, 다른 한 편으로는 티벳에 대한 경제、교육、문화적인 투자를 확대하여 개발을 강화하면서 민심을 확보하는데 주력할 것으로 예상된다. 2007년 청해 지역과 티벳을 잇는 "칭장(靑藏)철도" 건설도 이러한 전략의 일환으로 볼 수 있다.

나. 대만 문제

(1) "대만문제"에 관한 중국의 입장

　"대만문제"란 중국 대륙과 대만간의 통일 문제를 지칭하는 것으로, 중국 정부는 이를 신중국의 국가 통일을 완성하는 마지막의 최대 과업으로 그 성격을 규정하고 있다. 1980년대에 덩샤오핑은 "중국의 어떠한 지도자든 대만문제에 관해 확고한 입장을 가지지 못하면 국민이 허락하지 않을 것이며, 리훙장[177]과 같은 인물이 될 것"이라는 경고를 한 적이 있다.[178] 그만큼 중국의 정치지도자들에게 있어 "대만문제"는 한 치의 실수도 있어서는 안 된다는, 즉 국가의 통일과 영토의 완전 회복이라는 중국 공산당의 숙명적 과업과 직결되는 중차대한 문제인 것이다.

(2) 타이완의 略史

　'타이완'에 대한 기록은 일찌기 고대 중국인 삼국(三國)시대의 역사서에 나타나 있으며, 북송 시기때부터 관료를 파견하여 통치해 왔다고 한다. 그 이후 근대에 들어서면서 타이완은 네덜란드의 식민 통치를 받다가 후에

---

177) 동인은 근대 역사에서 외국 열강에게 많은 이권과 주권을 허락하는 협상을 주도했던 인물이다.

178) 鄧小平, "鄧小平文選" 第3卷, 人民, 1993

주권을 회복하였으나, 청말 중일전쟁 후에 "시모노세키 조약"을 통하여 또다시 일본의 식민지로 전락하였다.

그 후 제2차 세계대전 종료 직전 "카이로선언"을 통해 대만에 대한 중국의 주권을 인정받았으며, 1945년 10월 일본이 대만지역에서 항복하면서 주권을 다시 회복하게 되었다. 당시 대만을 방문한 중국 대표는 "이 시각부터 대만과 그 주위의 섬들은 정식으로 중국의 영토에 편입되며, 모든 토지와 백성, 국정들이 중국의 주권 하에 놓이게 된다."고 선언하였는바, 이로써 대만은 기나긴 역사 과정에서 중국의 일부분이 된 것이다.[179]

(3) "대만문제" 관련 미. 중 관계

중국 정부로서는 제2차 세계대전 후의 국내혁명 과정에서 국민당이 패하여 대만으로 옮겨 갔으나, 미국이 당시 대만의 국민당 정부를 지지함으로써 이 대만문제가 발생하였다고 보고 있다. 이러한 근거로는 1950년 6월 미국이 제 7함대를 대만해협에 파견하였고, 1954년에는 대만을 위해 "공동방위조약"을 체결했던 점을 들고 있다. 즉, 미국이 중국의 대만 통일을 가로막음으로써 현재와 같은 분열된 국면이 조성되었다는 것이다.

당시 중국과 미국은 대만해협의 긴장관계를 완화하기 위하여 1955년 8월부터 1970년 2월까지 136차례에 걸친 대사급 회담을 진행하였지만 진전을 거두지 못하였다. 그러다가 1960년대 말과 70년대 초, 중. 소 분쟁 등 국제정세 변화에 따라 미국은 중국에 대한 정책을 조정하게 된다. 1971년 10월 중화인민공화국의 유엔 가입을 지지하여 상임이사국의 지위를 확보토록 하고, 1972년에는 닉슨대통령이 중국을 방문하여 "상해 미-중 공동선언"을 통해 "대만이 중국의 일부분이라는 점에 대해 미국은 異議를 제기하지 않는다."는 내용을 포함시키는 등 정책적 변화를 보였다.[180]

1978년 12월 미국은 중국 정부가 제기한 ① 대만 당국과의 외교관계 단절, ② "공동방위조약" 폐기, ③ 대만에서의 철군 등 '수교 3원칙'을 수용함으로써 1979년 1월1일에 수교하였다. "수교공동성명"에는 "미국은 중화

---

179) 中國白書, 臺灣問題與中國統一, 1993. 9.1

180) 中國白書, 臺灣問題與中國統一, 1993. 9.1

인민공화국이 중국의 유일한 합법정부이며, 대만이 중국의 일부분임을 인정한다.”는 내용을 명시하였다. 그러나 수교 3개월 후, 미국 의회가 “대만관계법”을 통과시켜 중국과의 수교에도 불구하고 여전히 대만에 대한 지원을 중단치 않겠다는 입장을 표명함으로써 “대만문제”는 현재까지도 계속해서 중.미 양국 간 중요한 외교 현안으로 대두되고 있으며, 미-중 관계 또한 “대만문제”의 한 축으로 자리매김하고 있다.

(4) 중국 정부의 “양안관계” 정책 변화

“대만문제”의 다른 한 축은 중국과 대만간의 소위 말하는 “**양안(兩岸) 관계**”이다. 1950년대 중반 중국 정부는 처음으로 대내외에 “양안간의 평화적 통일”이라는 기본 방침을 밝혔다. 그러나 중국 대륙에 문화대혁명이 퍼지면서 잠시 수면 아래로 들어갔다가 문화대혁명이 종료되고, 사회 질서가 회복되면서 “대만문제”는 다시 세간의 관심 대상으로 부상하였다.

1979년 1월 1일, 중국이 미국과 수교하던 날, 중국 정부는 전국인민대표대회 상무위원회 명의로 “대만동포에게 알리는 글”을 발표하여 양안간 평화적 해결 방침을 천명하고 “국가 통일이 실현될 경우 대만인민들의 의견을 충분히 수용하여 합리적인 정책을 취할 것”이라는 메시지를 전하였다.

1981년 9월 당시 전인대 상무위원장이던 예지엔잉(葉劍英)은 “대만은 국가 통일이 실현된 후 ‘특별행정구’로서 고도의 자치권을 향유한다.”는 담화를 발표하여 보다 더 구체적인 통일 방안을 제시하였으며, 특히 이를 토대로 국, 공 양당의 평등한 회담을 제의하였다.

1982년 1월에는 덩샤오핑이 예지엔잉의 상기 담화에 기초한 통일 방안으로서 “하나의 국가, 두가지 제도(一國兩制)”라는 개념을 제기하였다. 이는 즉 “국가의 통일이 실현되면, 국가 주체로서 대륙은 사회주의 제도를 실시하고, 대만은 자본주의 제도를 실시할 수 있다는 것”이었다.

그 후 1992년 10월 공산당 총서기 장쩌민은 “평화통일, 일국양제”(和平統一,一国兩制)방법으로 국가의 통일을 추진해야 한다는 점을 천명하고, 양안이 적대 관계를 해소하고 평화적인 회담을 진행하여야 하며, 또한 이 회담의 문은 모든 정파와 사회단체, 각계 인사들에게 열려 있다“고 강조하였다[181].

2005년 3월 후진타오 주석도 양안관계에 대한 네 가지 의견을 제시하였다. 그것은 첫째, 하나의 중국이라는 원칙을 절대 포기하지 않는다. 둘째, 평화적인 방법으로 통일을 실현하려는 노력을 절대 포기하지 않는다. 셋째, 대만 국민에게 희망을 주는 기본 원칙을 바꾸지 않는다. 넷째 "대만독립"과 같은 분열 활동에 대해서는 절대 타협하지 않는다는 것이었다.

이와 같이 그동안 중국 정부가 여러 통일방안을 제시했지만 여전히 "대만 문제"가 해결의 실마리를 찾지 못하고 있는 이유는, 대만 내에 "대만독립"을 주장하는 정파와 그 추종 세력의 목소리가 더욱 커지고 있기 때문이라고 주장한다.

1990년대부터 2007년까지 리덩후이의 등장과 민진당의 천수이비엔 정권이 그 예이다. 기존에 집권한 대만 국민당은 "하나의 중국"이라는 원칙을 견지하고 있었기 때문에 단지 어떤 방식으로 통일을 실현하는 가가 중요한 문제였지만, 천수이비엔을 위시한 민진당 정권은 오히려 대만 민중의 심리를 자극하여 "대만 독립"을 부추기고, 국민투표와 같은 방식으로 대만 독립을 실현하려고 하였기 때문에 그 분열의 위험 또한 더 높아졌다고 보는 것이다. 따라서 리덩후이 집권기와 천수이비엔 집권기의 양안관계는 긴장이 한층 고조되었던 시기이기도 하였다.

그러나 2008년 4월에 있은 대선에서 국민당의 마잉지우(馬英九)총통이 다시 집권하면서 양안관계는 급격한 변화와 진전이 이루어졌다. 동년 5월에는 국민당 고위간부의 대륙방문이 이루어졌고, 또한 과거 10여 년 동안 열리지 못했던 양안 간 접촉기구인 대륙의 해협회(海協會)와 대만의 해기회(海基會) 간의 회담도 다시 재개되어 최근에는 상호 대표처를 신설하고, 직항 노선을 늘리는 등 적극적인 변화의 움직임을 보이고 있다.

한편, 대만 내에서도 최근 대륙과의 경제 교류가 대만의 경제 발전에 긍정적 작용을 한다는 인식이 점차 확산되면서 2010년에는 중국과 대만간의 경제협력 기본 협정인 ECFA(Economic Cooperation Framework Agreement)를

---

181) 상기 "평화통일, 일국양제"는 네 가지 기본 내용으로 구성되어 있다. 그 내용은 ① 하나의 중국, ② 두 가지 제도 병존, ③ 고도의 자치, 그리고 방법에 있어 ④ 평화적 회담으로 구성되어 있다.

체결하였으며, 현 대만 총통 자신도 총통 선거기간 중에 양안관계를 계속 발전시켜 대륙과의 경제 교류를 활성화하겠다는 점을 선거공약으로 제시하여 이를 관철시키려 노력하고 있다. 중국정부도 현 상황을 양안관계 발전의 중요한 기회로 인식하고 적극적인 행보에 나서고 있는 것이다.

4. 중국의 인권

가. 중국 인권의 역사적 배경

중국은 성립 초기 피폐된 경제를 살려야 한다는 절박감으로 인해 중국내 인권문제는 생성되지도 못하였고, 공산당 지도자들에게는 우선 전국 인민의 의식주 문제를 해결하는 것이 급선무였다. 1960년대 들어 문화대혁명 기간은 중국의 인권과 관련하여 암흑기라 해도 과언이 아니었다.

인권 이론에 대한 본격적인 연구는 1980년대 후반 들어서부터였다. 이것은 당시 국제정치 상황의 변화와 무관치 않았다. 당시 국제사회에는 강한 반공사조가 일어났으며, 1989년 동유럽 해체 등 사회주의 국가들이 붕괴하면서 서방 국가들은 "민주, 자유, 인권"을 사회주의 정치체제에 도입하려 하였다.

다시 말하면, 그동안의 미국 "인권외교" 정책이 결국 동유럽을 해체시키는 결과를 가져왔다고 판단하고, 그 후 이 "인권외교" 정책을 다시 중국에 전파하고자 하였으며, 주요 언론 매체와 국제 여론을 이용하여 중국의 인권문제를 강력히 제기하기 시작하였다.

이러한 상황 하에서 중국도 인권 문제에 대한 이론적 사고와 내부 연구를 강화할 수밖에 없었다.[182] 중국 내에서도 개혁, 개방이 시작된 1978년 제12차 당대표대회를 계기로 중국 인권 문제도 중요한 전환의 계기를 맞게 되었다. 그 후 1997년 제15차 당대표대회에서는 "인권 존중과 보장"을 당대표의 보고서에 삽입하였으며, 2004년 전국인민대표대회 제10기 제2차 회의에

---

182) 王林霞,「簡論我國人權理論建設的歷史與發展」,『高校理論戰線』, 2007.6.21,『中國人權年鑑 2000-2005』

서는 "인권 존중과 보장"을 중화인민공화국 헌법에 추가함으로써 중국 공산당이 '인권 존중'을 치국의 기본 이념으로 확립하였음을 재천명하였다.[183]

중국 공산당 제17차 당대표대회에서는 역시 중국 사회주의의 민주정치 발전을 언급하면서 "인권을 존중하고 보장하며, 전 국민의 평등 참여와 평등 발전의 권리를 법에 따라 보장해 주어야 한다."고 재차 강조하는 등 '인권 존중'이 중국 공산당의 주요 임무임을 명확히 하였다. 현재 중국 민주 정치의 주요한 임무와 특징은 바로 이 「인권 존중과 보장」인 셈이다.

나. 중국 인권 발전의 주요 성과

1991년 중국 정부는 『중국의 인권상황 백서(中國的人權狀況 白皮書)』를 발표하였다. 이것은 중국 정부가 사회주의 국가로는 최초로 인권 이론에 관한 개념을 정립한 인권 발전의 하나의 상징적 표상으로 간주된다. 동 백서(白書)는 중국 정부의 최초 정부 문건으로서, 인권문제에 대한 정부의 기본 입장을 서술하고 있는데, 다음과 같이 8가지로 요약할 수 있다.[184]

① 인권은 보편성과 특수성을 띠며, 인권의 보편성 원칙은 반드시 자국의 구체적인 국정과 연관되어야 한다.

② 인권에는 국민의 권리, 특히, 정치, 경제, 사회, 문화 등 권리뿐만 아니라 개인의 권리와 집단적 권리를 포함한다.

③ 인권은 생존권과 발전권을 우선적으로 고려해야 한다.

④ 인권은 권리와 의무의 통일체이다.

⑤ 안정은 인권 실현의 전제이고, 발전은 인권 실현의 관건이며, 법치는 인권 실현의 보장이다.

⑥ 인권은 본질적으로 한 나라의 주권 범위에 해당된다.

⑦ 인권상황 평가는 그 나라의 역사와 국정에 의거해야 한다.

⑧ 대화와 협력은 국제 인권 발전의 유일한 그리고 정확한 경로이다.

---

183) 李君如,「中國在人權事業上的歷史性進步」, 學習時報罔, 2008.4.28.

184) 王林霞,「簡論我國人權理論建設的歷史與發展」,『高校理論戰線』, 2007.6.21,『中國人權年鑑 2000-2005』

한편, 2001년 말 중국의 WTO 가입은 중국의 인권 발전에 크나큰 기여를 한 것으로 평가된다.[185] 그 이유로는, 우선 글로벌 경제조직인 WTO는 국민의 생존권과 발전권을 수호할 뿐만 아니라 더 나아가 경제, 사회, 문화적 권리의 향상을 목표로 하고 있다. 중국이 WTO에 가입한 후 국제사회와의 경제, 정치, 문화적 교류가 빈번해지면서 중국의 인권 문제도 새로운 기회와 도전을 맞이한 것은 자명한 사실이다.

둘째, WTO 가입은 중국의 인권보장 개선을 위한 외부적 환경을 마련해 주었다. 즉, WTO가입은 중국이 여타 서방 국가와의 교류와 협력을 긴밀히 하게 함으로써 중국내 인권 의식을 강화할 수 있는 기반이 마련되었다.

셋째, WTO 가입은 중국 인권의 규범화와 제도화 수준을 한층 제고시켰다. 즉, 경제 행위와 경제 정책을 위한 각종 기본 원칙 즉 시장개방 원칙, 공정무역 원칙, 투명성 원칙 등은 경제뿐만 아니라 정부 행위의 규범화와 행정효율을 제고시킴으로써 인권 보장의 제도화를 촉진하는 계기가 되었다.

다. 중국 인권의 주요 문제

(1) 인권 문제에 대한 인식의 차이[186]

중국의 인권은 앞서 설명한 바와 같이 그동안 많은 발전과 성과를 거두었지만 여전히 국제사회에서 여러 모순과 많은 문제점을 안고 있다. 이러한 모순과 문제의 근저에는 인권 개념에 대한 중국과 서방국가들 간의 인식 차이가 잔존하고 있기 때문이다. 이 인권문제에 대한 시각차는 여러 국제회의 등 계기를 통해 상호 접근해 가려 하나 여전히 그 격차를 줄이지 못하고 있는 바, 중국 측 입장은 아래와 같다.[187]

① 중국은 인권의 보편성과 특수성을 모두 인정한다.

---

185) 劉杰,「加入WTO與中國人權建設事業的新發展」, 2007.6.25,『中國人權年鑒 2000-2005』

186) 邢賁思,「在發展中改善中國的人權狀況」, 2002, 人權, 第6期

187) 李君如,「中國在人權事業上的歷史性進步」, 學習時報罔 , 2008.4.28.

보편성이란 세계 각 나라가 모두 존중해야 할 인권 즉 생명권, 자유권, 그리고 행복추구권을 모두 포함한다. 또한 특수성이란 서로 다른 국가와 민족의 인권을 뜻하며, 문화적 배경과 역사적 전통이 다름에 따라 인권 내용도 다를 수밖에 없다는 것이다. 예를 들면, 개발도상국의 경우 생존권와 발전권을 우선 확보해야 할 권리로 인정해야 하며, 이것은 어떤 의미에서 볼 때 민주, 자유 등 여타 정치적 권리보다 더욱 중요하다는 것이다.

② 중국은 인권을 정치적 권리로만 보지 않는다.

서방 국가에서는 인권을 대부분 정치적 권리와 대등하게 인식하지만, 중국은 정치적 권리 못지않게 경제, 사회, 교육 등 여러 면의 인권 존중도 중요시한다. 다만, 현재 중국도 점차 정치체제 개혁을 강화하면서 국민의 정치적 권리도 중요시하는 추세이다.

③ 정치적 권리에 대한 중국과 서방의 이해와 인식이 서로 다르다.

중국은 민주정치에 있어 절대적 민주를 주장하지 않는다. 중국은 인민민주주의 전제정치를 시행하고 있으며, 이는 곧 다수에 한해서는 민주를 실행하지만 일부 극소수 파괴분자, 불법분자에 대해서는 전제 정치를 실행해야 한다는 것이다.[188]

(2) 중국의 주요 인권문제

① 정치적 권리 문제: 서방국가들이 주장하는 인권이라 함은 주로 정치적 권리 중 선거권과 피선거권, 종교 신앙의 자유, 언론 출판의 자유 등을 일컫는다. 중국 정부가 이러한 정치적 권리와 공민권 등을 인정하고 여러 다른 의견 발표도 허용하고 있다고 하나, 사실상 이러한 민주적 의견은 법률에 저촉되지 않는 범위 내에서만 허용할 뿐 반체제적 선전이나 선동, 소문의 확산 등은 엄격히 제한하고 있다. 중국 정부로서는 서방 국가와 문화적,

---

188) 王林霞, 「簡論我國人權理論建設的歷史與發展」 『高校理論戰線』, 2007.6.21

역사적 배경이 다르기 때문에 이에 대한 이해와 인식을 달리하여야 한다고 주장하고 있다.

② 티벳(西藏)과 신쟝(新疆) 문제: 티벳(西藏)과 신쟝(新疆)은 중국 최서부에 위치한 소수민족 자치구이다. 서방 국가는 이 소수민족 지역에서의 민족 자치가 실질적으로 이루어져야 하며, 그들의 정치권과 공민권도 확보되어야 한다고 주장한다. 그러나 중국 정부는 이 지역의 문제는 서방국가의 사주에 의해 중국을 분열시키고자 하는 분열주의 자의 책동이라고 하고, 이 티벳과 신쟝 지역을 중국 영토에서 분리시키려는 어떠한 행위도 절대 용인하지 않을 것임을 천명하고 있다.

③ 법륜공(法輪公) 문제: 서방 국가는 법륜공이 종교와 신앙의 자유라는 공민의 기본권이기 때문에 이를 탄압해서는 안 되고, 이들의 절대적인 민주적 권리를 향유하게 해야 한다고 주장한다. 이에 반해, 중국 정부는 법륜공은 일부 불법분자들이 법을 어기고 공공장소에서 분란을 일으키고 타인의 생명을 위협하는 사교(邪教)이므로 단호히 의법 조치해야 한다는 것이다.

5. 경제개혁 과정상의 부작용

가. WTO 가입에 따른 경제적 변화

앞서 설명한 바와 같이 중국은 2001년 12월 약 15년간의 기나긴 협상을 거쳐 정식으로 세계무역기구(WTO)의 회원국이 되었다. 그 후 WTO 가입 후속조치로서 약 2,300개의 법률을 수정、보충하였으며, 지방정부에서는 약 19만 개의 법률을 정리、수정、폐기하였다 한다. WTO 합의사항에 따라 관세율을 낮추어 총 관세율이 2001년의 14%에서 2005년의 10.1%로 하향 조정되었으며, 또한 2004년 12월부터는 유통업에 대한 개방을 시작으로 2006년 12월에는 은행、증권、보험업을 비롯한 금융 시장도 개방하기 시작하였다.

당초 중국내에서는 중국의 WTO 가입을 앞두고 많은 논란이 있었다. 특히, WTO에 가입하게 되면 자동차、철강、통신、금융、농업 등 기간산업 분야에 대한 충격이 클 것으로 예상하여 일부 업종의 단체들이 강력히 반대했었다.

그러나 중국 정부의 강력한 추진에 힘입어 "전반적으로 위기보다 기회가 클 것(机遇大于挑战)"이라는 결론을 내려 가입을 적극 추진하였던 것이다.

WTO 가입 이래 현재까지 중국은 빠른 경제 사회 발전을 이룩할 수 있었다. 즉, WTO가입 이후 외국 투자자본이 급속히 증가하였고 그에 따른 급속한 수출 증가세가 오늘날 중국 경제 발전의 원동력이 되었다. 외국 자본의 유치로 중국내 많은 국유기업들이 침체에서 벗어날 수 있었고, 국유기업 개혁으로 인한 대량실업 사태도 외국 기업들의 인력수요 증가로 해소될 수 있었기에 개혁으로 인한 사회 불안 추세도 어느 정도 해소될 수 있었다.

그 결과 2012년 말 현재 중국의 수출입 총액은 8,667억 달러에 달하여 세계 2위를 차지하였고, 외환보유액도 3조3,116억 달러를 기록하여 세계 최대 외환보유액을 가진 국가로 발돋움하는 등 세계 경제대국으로 부상하는 견인차 역할을 하였다.

그러나 중국의 WTO 가입은 한편으론 적지 않은 부작용도 낳았다. 중국은 2000년대 이래 경제성장 과정에서 여러 가지 문제들에 봉착하였는데, 특히 산업구조의 불균형, 농업 경쟁력 약화, 원천 개발능력 부족, 투자와 소비의 불균형, 지역 간 발전 불균형, 자원에 대한 낭비 등이 심각한 문제로 대두되어 나타났다.

다시 말하면, 외국 자본의 투자가 집중된 연해지역과 대도시 지역은 빠른 발전을 가져온 반면, 소외된 기타 지역의 발전은 많은 제약을 받게 되었으며, 투자가 집중된 공업생산 영역은 빠른 발전을 보인 반면, 농업은 외국의 값싼 농산물 유입으로 가격 상승이 억제됨에 따라 발전이 정체되었다. 또한 지방 지도자들은 외국 자본 유치를 자신의 중요한 업적으로 여겼기 때문에 환경오염과 같은 문제를 소홀히 한 나머지 많은 오염 산업이 유입되어 환경의 급속한 악화까지 초래하였다.

중국은 이미 GDP의 70~80%가 대외 수출입 무역에 의존하는 이른 바 대외 무역 의존도가 높은 국가로 변모하였다. 이에 대해 많은 전문가들은 내수 시장을 발전시켜 높은 대외 의존도에서 벗어나야 한다는 견해까지 표명하고 있으나 이 또한 결코 쉬운 과제가 아니며, 짧은 기간 내에 해결되기는 어려울 것으로 보인다.

347

나. 국유기업 개혁

(1) 현대 기업제도 건립

중국 정부는 1993년 11월 당 제14기 3중전회에서 국유기업의 개혁 방향을 '현대기업제도 건립'으로 설정하였다. 현대기업제도란, 시장경제 체제하에서 확대생산 요구에 맞게 "재산권 분명, 권리책임 명확, 정부와 기업 분리, 과학적 관리제도 실시"를 통해 기업이 자주 경영, 손익 자체책임, 자기발전의 법인 실체와 시장경제의 주체가 되는 것을 말한다. 1995년 9월 개최된 당 제15기 5중전회에서도 "국유경제의 구조조정"을 제기하였고, 이어서 1997년 9월에 열린 당 제15기 전국대표대회에서 장쩌민 총서기는 핵심 국유기업에 대한 주식제 도입과 국유기업의 집단화를 통한 전략적 배치라는 개혁 방향을 제시하였다.

(2) 현 국유기업의 현황 및 문제점

2012년 말 현재 중국내 국유기업은 약 262,000개로서 주로 공공재나 공공서비스를 제공하는데 중요한 역할을 하고 있으나, 여전히 독점적 지위를 이용하여 경쟁을 억압하고 비효율을 초래하고 있는게 현실이다. 예를 들면, 국유기업의 순이익 규모는 2012년 1.6조 위안을 기록하였으나, 총자산 대비 수익률은 4% 미만에 그치는 등 비효율이 아주 크게 나타나고 있다는 것이다.

현 국유기업 개혁의 주요 문제점으로는 첫째, 재산권 제도와 종합적 구조개혁의 실효성이 미약하다는 것이다. 몇 년간의 국유기업 개혁에도 불구하고 여전히 국유기업의 재산권이 불투명한 부분이 많고 기업의 운영시스템도 외부환경과 조화롭게 호환되지 못하는 문제를 안고 있으며, 또한 국유기업 내 운영 규칙도 여전히 시장경제 원칙에 맞지 않는 부분이 많다는 것 등이 가장 실질적 문제로 부각되고 있다.

이러한 문제가 존재하는 근본적인 원인으로는 첫째, 국유기업의 운영을 지배하고 있는 것이 시장이 아니라 여전히 정부 주관부문이기 때문이다. 이것은 기업 경영자가 기업 경영보다는 지도자 경영에 주력함으로써 기업효율 저하와 각종 부패 현상을 초래하고 있다. 또한 재산권이 여전히 불명확한 관계로 국유자산이 유실되는 등 심각한 상황에 처해 있다.

둘째, 구조 개혁이 철저하지 못해 노동자의 합법적 권리보호, 실업문제, 소득격차, 중소 국유기업의 제도 개혁 등이 아직도 해결되지 못하고 있는 실정이다. 특히 국유기업의 효율이 낮고 금융체계에 있어 여러 가지 문제점이 노정되고 있다.

셋째, 중국 정부가 국내 산업을 보호, 발전시키기 위해 국유기업에 대한 우대 및 보조금 지급 등 보호주의 정책을 실시함으로써 오히려 시장의 비효율과 생산 과잉 문제를 부추기고 있는 것이다.

이러한 이유로 2013년 시진핑(제 5세대 신지도부) 체제에 들어와 국유기업 개혁의 가속화를 위해 시장 원칙에 의한 경쟁체제 도입, 간부에 대한 성과 보수제 및 해고제 도입 등 보다 현대화된 거버넌스 체제로 탈바꿈하여 국유기업의 체질을 개선하고자 노력하고 있으나, 이 국유기업 개혁이 어느 정도의 성과를 거둘지는 미지수이다.

다. 금융기관 부실채권과 은행권 개혁

(1) 중국의 부실채권 문제

1997년의 동아시아 금융위기를 겪으면서 중국 정부는 금융 개혁의 중요성과 그 위험성에 대해 인식하게 되었으며, 금융 개혁에 박차를 가하게 된 계기가 되었다. 우선적 조치로는 금융기관의 부실채권 해소와 재무구조 개선에 초점을 두었다. 1998년에는 2,700억 위안의 특별 국채를 발행하여 공적자금으로 은행에 투입하였고, 1999년에는 자산관리회사(AMCs)를 설립하여 은행기관의 부실채권을 관리토록 하였으며, 2000년에는 14,000억 위안에 해당하는 은행 및 금융권에 존재하던 부실채권을 분리해 내었다.

그럼에도 불구하고 4대 국유 상업은행 중에서 중국은행을 제외하고 모두 국제적으로 통용되는 은행자본금 충족비율을 맞추지 못하였는데, 당시의 상황을 중국인민은행장이었던 따이샹룽(戴相龍)은 2002년 3월 "중국발전고위

급포럼"(中國發展高層論壇)에서 " 2001년 말 현재 중국 국유상업은행의 부실채권비율이 25.37%에 이르며 총금액에 있어서도 약 2.29천억 위안에 달하고 있다."고 설명하였다.[189]

이를 계기로 2003년 초부터 중국은행권의 부실채권 문제가 국제적인 이슈로 부상하여 해외 언론에서 빈번히 거론되었으며, 일부 전문가들은 부실채권 비율이 거의 50%에 육박할 것으로 전망하면서 기술적으로는 파산 상태라는 결론을 내리기도 하였다.

문제의 심각성을 느낀 중국 정부로서는 2002년에 개최된 제16차 당대표대회에서, 국유상업은행의 시장화 개혁과 상업화 개혁을 강력 추진하겠다는 결정을 내렸으며, 그 구체적 방법으로서, 은행의 주식제 개혁(股份制改革)을 선택하게 되었다. 이를 위해 정부에서는 국가 외환보유고를 총동원하여 2003년에 중국은행과 건설은행에 각각 225억 달러의 공적자금을 투입하였고, 2005년 4월에는 150억 달러를 공상은행에 투입하였다. 대량의 공적자금 투입으로 은행들의 재무구조는 다소 개선되어 갔으며, 이를 기반으로 각 은행들은 주식회사로 전환하고 해외 투자자들의 자본금도 유치하면서 2005년부터는 점차 홍콩과 중국내 주식시장에 상장할 수 있게 되었다.

(2) 은행 개혁의 변화와 성과

이와 같이 중국내 상업 은행들이 주식회사로 전환하면서 은행관리 면에서 몇 가지 큰 변화가 나타났다.

첫째, 은행에 대한 정부의 행정 간섭이 완화되어 대출 등에서 은행의 자율성이 강화되었다. 둘째, 기존의 국유은행은 당초 국유기업에 대한 대출을 우선시해야 한다는 정책을 폐기하고 기타 기업에 대한 대출도 늘릴 수 있는 기회가 되었다. 셋째, 경영상황이 개선되면서 은행의 재무구조도 개선되었다. 넷째 "파산법"을 비롯한 여러 법령들이 제정되어 은행 자율 경영을 위한 법적 기초가 마련되었다.[190]

여기서 특기할 것은, 현재까지 중국의 은행 개혁이 상당한 성과를 거둔

---

189) 吳敬璉, 「銀行改革, 中國金融改革的重中之重」, 『中國經濟快訊周刊』, 2002. 8.9

190) 周小川, 「中國銀行業改革邁上新台階」, 『國際金融報』, 2004. 11.8

것으로 평가된다는 것이다. 예를 들어 2007년 6월의 통계에 의하면, 중국은행의 부실채권 비율이 3.56%、건설은행이 2.95%로서, 2003년에 각각 16.29%、9.12%인 것에 비하면 현저히 개선되었으며, 주요 국유 상업은행들의 수익능력도 호전되어 2007년 상반기의 재무보고에 의하면, 공상은행、중국은행、건설은행의 이윤은 각각 414억 위안、295.43억 위안、342.55억 위안으로 전년 대비 각각 61.4%、51.7%、47.50% 증가한 것으로 나타났다. 2007년 7월 영국의 "은행가"지의 평가에 의하면, 공상은행, 중국은행, 건설은행 등은 동 기간 중 세계의 은행순위에서 각각 1위, 5위, 6위를 차지한 것으로 나타났다.191)

(3) 은행 개혁의 문제점

그럼에도 불구하고, 중국 은행의 총체적인 경영 능력과 위기관리 능력은 여전히 부족한 실정이며, 기구가 방대하고 경영 효율이 높지 못하다는 점이 꾸준히 지적되고 있다. 제 5세대 신지도부로서도 금융 개혁 특히 은행권 개혁을 계속 추진해 나가야 한다는 점을 인정하고 있다. 그 목표는 지속적인 시장화 개혁이며, 자율경영 능력、위기관리 능력、경영효율 향상을 골격으로 하는 경쟁력 강화로 보고 있다.

라. 빈부 격차와 지역 불균형

(1) 계층 및 도농 간 소득 격차

① 계층 분화의 발전 과정192)

개혁 개방 초기에는 단기적으로 "평등화 효과" 현상이 나타나면서 사회주의의 약자와 주변(邊緣)계층에서 가장 많은 혜택을 받았었다. 주변 지역이 발전하고 흥성하였으며, 농민들도 생기를 띠었다. 하지만 이러한 평등화 현

191)「回眸五年來我國金融業發展」,『國際金融報』, 2007.10.16
192) 孫立平,「中國爲什么尙未共同富裕」, 中財網, 2007.8.22

상과 함께 국부적인 수입 격차와 빈부 격차도 나타났는데, 그것은 ① 경쟁 시스템 강화와 함께 기업 내부에 차별화된 월급과 수당제도가 실시되었고, ② 새로운 경제체제 하에서 도시 주민의 개체호(客體戶) 경영이 발달되면서 일반 노동자들 간에 수입 차이가 현저히 존재하게 되었다. ③ 또한 공공기관의 투기로 인한 폭리 취득 현상도 증가하였는데, 이러한 수입격차 현상은 다만 개혁 개방 초기인 관계로 수입차이가 그렇게 크지 않았고 이로 인한 빈부격차 현상도 현저하지 않았다.

그러나 80년대 중반 이후로 접어들면서 빈부격차의 상황은 현저히 나타나기 시작하였다. 농민의 수입증가 속도가 느려짐에 따라 도농 간의 수입격차도 점점 늘어났으며, 이로써 사회이익 구조가 현저하게 균형을 잃어 갔다.

② 소득 격차의 주요 내용

첫째, 국민 개인들 사이에 현격한 빈부 격차가 나타났다. 예를 들면, 은행 저축의 80%를 거의 20%의 개인이 소유한 것으로 나타났다. 이처럼 중국은 소수 특권자 또는 시장을 이용해 부유해진 부자 이외 대부분의 사람은 아직도 빈곤한 생활을 영위하고 있는 실정이다.

둘째, 도시의 수입 구조에도 현저한 분화가 나타났다. 주요 원인은 개혁의 심화와 함께 신노동력의 취업난과 많은 국유기업 직원들의 실업 사태가 영향을 미치게 되었다. 반면 급속한 경제 개혁과 함께 높은 수익을 얻는 계층이 생겨남으로써 심각한 양극화가 초래되었는데, 계층 간 소득 분배의 불균등 정도를 나타내는 중국의 지니계수는 2012년 기준 0.474(중국정부 추산)에 달하여 국제적으로 공인하는 경계선인 0.4를 넘어서고 있다고 한다.

셋째, 중국인들의 소득 격차는 고도의 경제 성장과 체제 변화 등으로 가속화되고 있는데, 특히 최근 들어 이 소득 격차는 더욱 빠른 속도로 진행되고 있다. 전국의 5만여 도시가구를 대상으로 한 표본조사 결과, 최상위 10% 계층과 최하위 10% 계층사이의 소득 격차는 2003년의 9.1:1에서 2012년에는 9.5:1로 크게 확대된 것으로 나타났다.[193]

---

193) 李培林 執筆,「構建和諧社會:科學發展觀指導下的中國-2004-2005年·中國社會形勢分析與豫測」, 『中國網』, 2005.2.7

또한, 소득 격차가 누적되면 계층 간 재산 격차도 심화되어 재산의 불평등 정도가 소득의 불평등보다 더욱 심각한 것으로 나타났다. 2004년 조사에 의하면, 전체 도시가구의 재산 총액에서 최상위 10% 계층이 총액의 50%, 최하위 10% 계층이 총액의 1%를 차지하고, 나머지 80% 중등소득 계층이 총액의 50%정도를 차지한 것으로 나타났다. 금융자산의 보유 편차는 더욱 두드러져 상위 20% 가구가 전체 금융자산 총액의 3분의2를 보유하고, 하위 20% 가구가 총액의 1%를 보유한 것으로 조사되었다.[194]

넷째, 소득세 차별 징수는 계층 간 빈부 격차를 조절하는 중요한 수단이나, 현재 중국의 소득세 징수에는 많은 문제점이 존재하고 있다. 도시의 개인소득세 중 40% 이상이 샐러리맨 계층의 급여 징수로서, 어떤 지방에서는 샐러리맨 계층의 개인 소득세가 60%~70%에 달하지만, 일부 대부호들은 80% 이상의 금융자산과 은행저축을 갖고 있음에도 개인소득세 징수비율이 겨우 10%에도 못 미치는 실정이라 한다.

(2) 지역 간 격차

도농 및 계층 간 격차뿐만 아니라, 지역 간 격차도 상당히 심각한 실정으로, 이는 미래 중국 사회의 안정과 발전에 큰 불안요인으로 작용할 수 있는 것이다.

① 지역간 격차 현황

거시적으로 볼 때, 지역 격차는 주로 동부, 중부, 서부의 전통적 3대 지역으로 구분된다. 서부대개발이 추진되고 있는 서부 지역의 12개 성은 중국 총면적의 72%, 총인구의 28%, GDP 총액의 17%를 차지하고 있고, 탐사된 매장자원만도 전국의 68%에 이를 뿐만 아니라 에너지와 관광자원 또한 우위를 차지하고 있음에도 불구하고 대부분 지역이 경제적인 낙후성을 면치 못하고 있는 실정이다. 현재 동부 연안 지역과 서부 내륙 지역의 평균 가처분 소득은 2012년 기준으로 각각 4,650불과 3,160불로서 현격한 차이를 보이고 있

353

---

194) 趙全厚－馬洪范, 「和諧社會目標下的收入分配調整及財稅對策」, 『中國金融』, 2005.4.1

다.

또한 베이징, 천진의 빈곤인구는 5%이하, 광동성의 빈곤인구는 2.9%, 절
강성 영파시의 빈곤인구는 0.5%인데 반해, 중서부 지역, 예를 들면, 호남성
의 빈곤인수는 9.5%, 무산시는 11.5%, 흑룡강성의 주요 도시들도 빈곤인구
가 8-12%를 차지하고 있고, 이러한 지역의 빈곤 인구는 기본생활 수준의 보
장도 안되는 심각한 상황인 것이다.

이처럼 지역 격차의 확대에는 또한 도농 간 격차 확대라는 요인이 내재하
고 있으며, 지역 간 및 도농 간 소득 격차에서 오는 농민들의 불만으로 인
해 사회적 위화감이 조성되고 더 나아가 중국사회 전체의 정치적 불안도 야
기될 수 있는 현상도 중요한 문제로 부각되고 있다.

② 지역격차 해소 노력

후진타오를 위시한 제4세대 지도부가 취임하면서 "조화로운 사회 건설"
을 기치로 하여 지역별 균형 발전을 위한 정부의 주요 정책들이 제기되었
다.[195]

첫째, 지역 발전의 총체적 전략으로서, 제17차 당대표대회에서는 "서부대
개발 계획을 적극 실행해 나가고, 동북 지역의 노후 공업기지를 진흥시키
며, 중부 지역의 궐기(진흥)를 진작시키며, 동부 지역의 우선적인 발전을
격려한다."는 것을 발표하였다. 이것은 개혁 개방 이래 선부론에 따라 실
시해 온 지역경제의 불균형 발전을 내부 조정하기 위한 총체적 지역발전 전
략으로서 각 지역의 지역적 우위와 잠재력을 충분히 발휘토록 하기 위한 조
치였다.

둘째, 지역격차 해소를 위한 경제 발전은 반드시 지역의 자원 환경과 부
합되어야 하며, 각 지역에서는 이러한 기준에 따라 반드시 공간 개발에 관
한 질서를 규범화하여 합리적인 국토 개발을 진행하도록 하여야 함을 제시
하였다. 즉, 제17차 당대표대회에서는 "국토기획을 강화하고, 종합적인 구
역 형성의 요구에 따라 지역 정책을 완벽히 설계하고, 경제 구조를 조정해
야 한다."는 새로운 전략적 사고를 제시하였다.

195) 王勝今 等,「推動區域協調發展的几個戰略」,『求是』, 2008. pp 9

셋째, 중국 특색의 도시화 전략을 추진하였다. 개혁 개방 초기 중국은 "대도시 규모를 규제하고, 중등 도시 발전을 합리화하며, 소도시 발전을 적극 추진한다"는 도시체계 건설의 기본 방침을 제시한 바 있다. 그러다가 중국 공산당 제16차 5중전회에서는 "대, 중등 도시와 소도시, 현과의 조화로운 발전을 견지한다."는 새로운 도시화 전략 방침을 내놓았다. 이를 기초로 제17차 당대표대회에서도 역시 "도농 간의 종합계획 추진, 큰 것이 작은 것을 이끄는 원칙에 따라 대도시, 중등 도시와 소도시, 현간의 조화로운 발전을 추진해야 한다."는 「균형적인 도시화」발전 방향을 제시하게 되었다.

(3) 빈부격차 해소의 한계

이처럼 중국 정부가 여러 가지 조정 정책을 시행하고 있음에도 불구하고 아직도 빈부 격차는 해결하기 어려운 숙제로 남아 있다.

특히 빈부 격차를 해결함에 있어 중국 정부의 정책 실행도 중요하지만, 장기적으로 합리적인 시스템을 구축해 나가는 것이 더욱 시급한 실정이다. 즉, 상대적으로 균형을 이루는 제도적 보장을 받을 수 있는 이익소통 시스템의 구축이 바로 현 중국의 빈부 격차를 해결하는 관건으로 인식되고 있다.

마. 실업 문제

중국은 현재 경제 성장 면에서는 괄목할 만한 성과를 거두었지만 이에 수반되어 나타나는 각종 사회 모순과 충돌 현상 등이 중국의 개혁과 건전한 발전을 저해하는 요인으로 작용하고 있다. 이 중에서도 「실업문제」또한 중국 정부가 안고 있는 또 하나의 심각한 문제점 중의 하나이다.

(1) 개혁, 개방 이후의 노동력 및 노동정책 변화

중국의 실업문제는 현 중국 경제의 특수성을 나타내는 요인인 동시에 중국이 해결해야 할 심각한 문제 중의 하나이다. 그 이유는, 현재 새로이 추가되는 일자리는 한정된 데 반해, 일자리를 구하는 사람은 급격히 늘어나는 추세이기 때문이다.

개혁 개방 이전에는 국가 계획에 따른 노동력 분배와 도시 주민에 대한 고용보장 제도를 시행하였기 때문에 이른바 각 단위(單位) 주체가 피고용인에 대한 주택, 의료 등 복지 기능까지 책임졌고, 이를 위해 타지로의 인구 이동을 억제하는 호적제 라는 장치도 마련하였다.

그러나, 개혁 개방 이후 시장을 통한 노동력 분배 체제가 형성되면서 중국 정부는 여러 차례에 걸쳐 종신고용 체제를 허물고 경쟁적인 노동시장을 도입하는 정책을 시행하였다.

1990년대 초반부터는 잉여 직공에 대한 재배치를 통해 작업장의 인원을 감축하는 정책을 실시하였으며, 1999년 『실업보험조례』를 발표하여 실업제도를 대폭 개선하기로 하였다. 또한 늘어나는 도시 실업노동자를 구제하기 위해 최저 생계보장 제도도 실시하였는데, 1999년부터 『도시주민 최저생계보장 조례』를 시행한 것이 그것이다. 하지만 이러한 실업보험 제도와 최저 생계보장 제도는 여전히 ① 기금에 대한 수요 급증 ② 실업보험 수혜를 받지 못한 노동자의 증가 ③ 보험금 액수의 저하 등의 문제점 때문에 실효를 거두지 못하고 있는 실정이다.

  (2) 실업률 증가의 사회적 영향

이러한 중국내 실업 증가는 중국사회 발전에 큰 부정적 영향을 미치고 있는데, 우선 실업자가 늘면서 도시 노동자의 생활수준도 현저히 저하될 수밖에 없다. 또한 실업자의 상당수가 사회복지 혜택을 받지 못하고 있어 생활상 어려움이 심화됨으로써 정권에 대한 불만 세력으로 나타날 수 있다. 특히 실업으로 인한 현 정부에 대한 불만의 증대는 중요한 사회 문제요, 정치문제로 부각되고 있는 것이다.

이에 더불어 개혁 이전에는 빈곤 인구가 대부분 농촌에 분포되었지만, 개방 이후에는 도시 빈곤인구가 증가하기 시작하여 도시 내에서도 빈부 격차가 크게 확대되었으며, 이러한 현상은 실업 노동자의 심리적, 신체적 건강 상태에까지 영향을 미쳐 가정 해체와 가정폭력, 사회 불만 등으로 이어질 수 있는 큰 문제인 것이다.

중국 정부는 이 실업 문제가 사회 발전에 미치는 영향을 충분히 인식하고 현재 이의 해결을 위한 각종 조치들을 추진 중이다. 특히《취업촉진법》과《노동계약법》등 법률 제정을 통해 취업 정책을 지속적으로 추진하고 있다. 다만 매년 새롭게 증가하는 도시 노동력 수는 당초 미취업 노동력까지 합쳐 총 2,400만 명으로서, 매년 도시로 진출하는 800만 명 정도의 농촌 잉여노동력을 포함하면, 약 3,200만 명 정도로 추산하나, 이에 반해 매년 도시의 취업 자리는 1,200만 개 정도에 지나지 않아 취업 문제를 근원적으로 해결하는 데는 구조적인 어려움이 존재하고 있다.

6. 3농(三農) 및 「농민공」 문제

현재 중국 경제문제의 가장 근원적 요소는 도농 간의 이원(二元)적 경제 구조이며, 이러한 이유로 3농 문제를 해결하는 것은 중국의 경제 현안 중 가장 중요한 문제점으로 대두되고 있다.[196] 「3농 문제」란, 농촌, 농업, 농민 문제를 의미하며, 1990년대 들어서면서부터 3농 문제는 정부와 사회 각계로부터 상당한 관심과 반향을 일으켰다.[197]

가. 3농 문제의 내용 및 현황

(1) 농업 문제

'농업 문제'는 주로 농민이 경작을 통해 부를 축적하기 어려운 구조로 인해 발생하는 문제로서, 이 농업 문제가 발생하는 주요 원인은 다음과 같다.

첫째, 경제가 발전해 감에 따라 상대적으로 농업의 생태 환경은 악화되고 수자원이 부족하며, 또한 토지의 황폐화가 극심해 지면서 평균 경작지 면적

---

196) 周建明, 胡鞍鋼, 王紹光., 『和諧社會構建』, 清華大學出版社. 2007. pp 1~12

197) 趙海均, 『30年 1978-2007年 中國大陸改革的個人觀察』, 世界知識出版社, 2008. pp 10~15

도 점점 감소되고 있는 것이다.

둘째, 농업 인구가 과다하여 대량의 잉여노동력이 아직도 대부분 농촌에 체류하고 있는 실정이다.

셋째, 과거의 인위적인 자원 배치와 이로 인해 장기간 형성된 농업 산업 구조의 불합리성으로 인해 농산품 시장화 비율이 저하되고 생산 원가도 과다할 뿐 아니라, 농산품 품질과 오염 문제 등에서 국제 경쟁력이 크게 떨어져 있는 실정이다.

(2) 농촌 문제

'농촌 문제'는 주로 농촌 상황이 낙후되고 경제가 발달하지 못한데서 기인하는 문제로서, 중국의 재정 중 농업 투자액수는 2000년대 들어 8~15%에 지나지 않는 등 해마다 농촌 기초시설, 의료 위생과 의무교육 등 농촌 공공 분야 공급이 도시보다 점점 낮아지고 있다.

통계에 따르면, 70%에 달하는 농촌 인구가 5%의 의약품을 소비하고, 반면 30%에 달하는 도시 인구가 95%의 의약품을 소비하는 것으로 나타난 것처럼 세계적으로 위생 공공자원의 사용이 가장 불공평한 나라로서 중국이 지목되고 있는 이유도 그 하나이다. 또한 의무교육에 있어서도 농촌 의무교육 투자는 대부분 농민이 부담하고, 성(省)급 이상 재정 특수비용의 극소수만 사용하는 것으로 집계되었다.

결론적으로, 개혁, 개방 정책 시행으로 도시의 현대화는 충분히 진전되었으나, 상대적으로 농촌의 현대화는 여전히 기대할 수 없고, 농촌의 교통, 위생, 교육 등은 아직도 상당히 낙후된 실정이다.

(3) 농민 문제

'농민 문제'는 3농 문제의 핵심으로서, 그 중 농민 수입의 저하, 도농 주민 간의 빈부 격차, 농민 권익의 비보장 등이 가장 실질적인 문제로 대두되고 있다. 이중에서도 농민 수입이 낮은 이유로는 ① 식량, 목화 등 농산품 생산이 과다하여 공급이 수요를 초과하고 있고, ② 도시로의 진출이 정체된 후 도시 인구가 상대적으로 줄어들어 소비자들의 구매력이 저하되었고, ③ 도시기업의 임금 부족, 향진기업의 파산 등으로 노동력 이동이 힘들어져 비농 인구의 취업 수입이 감소되었기 때문이다.

나. 3농 문제 해결을 위한 정부 정책

이러한 3농 문제 해결을 위해 중국 정부는 2003년부터 2008년까지 5년 동안 식량 직접 보조, 양종(良種)보조, 농기구 구매 보조, 농업자금(農資)보조 등 농민에게 혜택을 주는 각종 정책을 시행하였으며, 동 기간 동안 중앙 재정을 통해 제공한 상기 네 가지 보조 금액 총액만도 총 1144.2억 위안에 달하였다.

또한 2006년 말부터는 관련 정책을 바꾸어 농업세를 완전 폐지하고 "3농" 방침에서도 "많이 주고, 적게 취하고, 적당히 일을 시킨다"(基本不取, 多予與放活)는 정책으로 전환하여 "공상인이 농민을 보조해주고, 도시가 농촌을 이끌어주는"(以工補農, 以城帶鄕) 이른바 농업에 보답하는 메커니즘을 구축하여 도시와 농촌의 조화로운 발전을 추구하는 정책을 실시하였다.

이에 더불어 농촌 의무교육, 농촌 의료위생, 농촌 사회보장, 농촌 문화사업 등 농촌사회 발전을 위한 중앙 정부의 예산도 대폭 증액시켰다.

이러한 결과 2008년부터 "3농" 문제에 있어서 상당한 변화와 성과가 나타났다. 2004년 이래 중국은 4년 동안 계속 식량이 증산되어 2008년에는 식량이 1억 근을 초과하였으며, 인구당 농민의 평균 순수입에 있어서도 4년 동안 연속 6%를 초과하여 최초 4,000위안을 돌파하게 되었다. 이렇게 중국의 사회주의 신 농촌 건설은 비교적 안정적으로 추진되고 있으며, 농촌의 모습은 점점 새롭게 개선되고 있는 중이다.

다만, 아직까지도 3농 문제는 여전히 중국 중앙 정부의 중요한 관심 분야이며, 이 문제를 완전히 해결하는 것이 중국 공산당의 존재 이념과 맥을 같이 하고 있기 때문에 이를 위해 필사적으로 노력중이다.

라. 「농민공」문제

농촌 개혁의 30년은 이른바 농민공 도시 이동의 30년이었다. 「**농민공**」이란, 중국의 개혁, 개방 정책 시행 이후 농업 인구가 농촌에서의 일자리를 버리고 보다 나은 일자리를 찾아 도시로 이동하여 도시 노동자로 변모된 자를 말하며, 이 농민공의 수도 2012년 현재 중국 전역에 걸쳐 2천만에서 5천만 명에 이르는 것으로 비공식 추산하고 있다. 이하에서는 먼저 농민공의 발전 과정과 문제점 등을 설명해 보고자 한다.[198]

(1) 농민공의 발전 과정

①제 1단계(1978년-1993년): "무정책"(無政策)의 시기

1978년 농촌 개혁으로 농민 중 일부 자영 경작이 가능해지면서 소량의 이동 취업을 위한 농민 계층이 출현하였다. 이들은 상업 경영과 공업 분야 종사자는 적고 주로 숙련공 위주였다. 그러다가 1980년대 중 후반, 개혁 개방이 심화되고, 연해 지역의 신속한 경제 발전으로 노동력 수요가 급증하게 되면서 대규모 농민공 이동을 유발하는 요인으로 작용하였다. 특히 미발달 지역에서 발달 지역으로, 중서부 지역에서 동남연해 지역으로, 농촌에서 도시로 이동 속도와 규모가 점점 커져 갔던 것이 특징이었다. 1989년도에 몇 백만의 농민이 폭발적으로 남하하면서 이동한 것은 "민공 유행(民工潮)"의 중요한 표지였다. 특히 1992년 덩샤오핑의 남순강화 후 중국 경제가 새로운 발전기를 맞이하면서 농민공의 이동은 또 다시 새로운 고조기를 맞이하였다.

그러나 이 당시 중국 정부로서는 농민공 이동에 대한 별다른 정책을 실시하지 않고 다만 이들의 도시 이동에 따른 도시 기반시설의 압력을 완화하는 데에만 주력하였다. 즉 이 시기 정부 정책은 주로 사회 안전 질서를 유지한다는 시각에만 머물러 있었고, 농민공의 취업 등에 대한 정책은 전혀 고려치 않았다.

② 제 2단계(1994년-2002년): 정책은 있었으나 여전히 제한적 정책 위주

---

198) 趙樹凱,「農民工與民工潮」, 國務院發展研究中心., 2008.1.4

1990년대 중 후반 중국의 주요 도시들이 ① 농민공의 도시 진출, ② 도시 내 신노동력 취업, ③ 실업자의 재취업 등 "세 가지 중첩(三峰疊加)" 현상이 나타나면서 중국 정부가 농민공 정책을 전환하는 계기가 되었다. 1994년 11월 노동부가 「농촌 노동력의 각 성간(跨省)이동취업 관리에 관한 잠정규정」(農村勞動力跨省流動就業管理暫行規定)을 발표한 것이 최초의 시도였다.

그러나 이 시기의 정부 정책 역시 주로 농민공의 이동 제한과 차별을 두었던 시기로, 주로 농민공의 대도시 유입을 제한하기 위한 주요 조치로 이루어졌다. 그 주요 조치로는 ① 농촌으로의 송환, ② 농촌노동력의 "務工證"제도 실시, ③ 외부노동력 제한 세칙 실시 등이었다. 이러한 정책 시행 결과, 오히려 농민의 경제 부담은 더욱 가중되었고, 농민들의 취업 자주권이 침범되는 사례가 수시로 발생하였다. 그럼에도 불구하고 농민공의 이동은 계속 진행되고 그 수에 있어서도 계속 증가하였다.

이를 감안하여 2001년에 들어와 중국 노동부는 다시 「외래 지역의 노무자 세금 청산 및 정돈 문제에 관한 통지」(關於全面淸理整頓外出或外來務工人員收費的通知)를 발표하여 농민공의 취업과 이동 제한 및 차별 정책을 다시 조금씩 완화시켜 나갔다.

③ 제 3단계(2003년-현재): 평등 대우와 권익 보호 시기

2003년 초 후진타오 주석이 취임하면서 국무원에서는 「농민의 도시 진출 시 노동 취업 관리와 복무 사업 수행에 관한 통지」(關於做好農民進城務工就業管理和服務工作的通知)를 발표하였는데, 이 문건은 농민공의 이동취업 정책의 중요한 전환점이 되는 문서였으며, 특히 농민공의 평등한 권리와 기회 균등에 의한 농민 권익 보장 정책이 포함되었다. 이어서 2005년 2월 노동사회보장부의 「농촌노동력의 각 성간(跨省)이동취업 관리 잠정 규정과 관련한 부설 문건 폐지에 관한 통지」(關於廢止<農村勞動力跨省流動就業管理暫行規定>及有關配套文件的通知)를 발표하여 과거 10여 년간의 농민공의 도시이동 제한 정책을 완전히 폐지하기에 이르렀다.

2006년 1월 국무원은 또한 「농민공 문제 해결을 위한 국무원 의견」(國務

院關於解決農民工問題的若干意見)을 발표하여 농민공의 임금, 취업, 기능훈련, 노동 보호, 사회보장, 호적관리 등을 보장토록 하였는데, 이 문건은 결국 농민공 문제의 근본적 해결을 위한 중국 정부의 중요한 문서가 되었다. 이로써 농민공 문제가 새로운 변화 단계로 들어섰음을 의미한다.

상기 국무원의 문서 발표 이후, 각 지방정부도 농민공 문제 해결을 위해 적극적 조치를 취해 나가기 시작했다. 2006년 9월 저장성 정부는 임시거류증(暫住證)을 폐지하는 대신 거주증(居住證)제도를 실시함으로써, 취업, 거주, 교육, 사회보장 등 면에서 기존 시민들과 동등한 권리를 부여하였으며, 또한 여타 일부 지역(무석, 청도, 서안 등)에서도 농민공을 신시민(新市民)이라고 개칭하면서 원 주민과 동등한 권리를 부여하였다.

한편, 2013년부터는 중국의 호구제도가 전면 개혁되어 소도시의 호구 취득은 완전 개방하고 중급 도시의 경우 선별적으로 개방하며, 다만 직할시는 개방하지 않는 것을 원칙으로 하여 추진해 나가고 있다. 이와 함께 농민공을 포함하여 도시 거주민 모두에게 주민증을 발급함으로써 도시 호구 보유자에게 제공되는 공공서비스의 일정 부분을 함께 향유토록 하고 있다.

(2) 농민공의 역이동 현상

지금까지 정부의 강력한 정책 시행으로 농민공의 자유로운 이동이 존중되고 이들의 권익이 보장되었으나, 여전히 일부 도시에서의 농민공의 권익 침해는 심각한 상황으로서, 낮은 보수와 임금 체납, 노동시간 초과, 휴가 미부여, 산재보험과 사회보험 미가입, 자녀 교육과 거주환경 열악 등 권익 침해 현상이 잔존하고 있는 것이다.

한편, 2008년 베이징 올림픽 이래 중국 경제가 고도성장을 유지하면서 노동수요도 급증함에 따라 도시와 농촌 모두에서 "민공황"(民工荒)현상도 발생하고 있다. 이러한 노동력 부족의 원인에는, 농민공의 권리 침해(權利荒)와도 연관이 있다. 예를 들면 저임금, 노동조건의 열악, 노동시간 초과, 사회보장 미비, 기술훈련 결핍 등으로 농민공이 다시 도시를 떠나 농촌으로 회귀하는「역이동 현상」에 의한 것으로 알려지고 있다.

7. 반부패 문제 해결

중국 사회의 부패 문제는 중국의 정치 안정과 경제 발전에 직접적인 영향을 미칠 뿐만 아니라, 중국의 미래 발전에도 큰 영향을 주는 부정적인 요인 중의 하나이다. 이러한 이유로 인해 중국 정부는 개혁, 개방 정책 시행 이래 이 반부패 문제에 적극적 관심을 갖고 부패 방지를 위한 각종 정책과 규범들을 출범시키고 있다.

하지만 여전히 결정적인 방안들이 채택되지 못한 채 부패 문제가 전 분야에 걸쳐 퍼져 나가고 있는 추세인 바, 특히 중국의 부정부패는 현재 경제 영역뿐만 아니라 당, 정 및 사법 영역에까지 만연하고 있고, 단순한 소비재 분야 부패를 벗어나, 생산수단에 대한 부패와 개인의 자본 축적으로까지 퍼져 가고 있으며, 권력을 이용한 재물의 착취로부터 금전을 이용한 권력의 획득과 조종으로까지 발전하고 있는 실정이다.[199]

가. 부패의 주요 형태

부패 문제가 만연되는 중요한 원인은 권한의 과도한 집중으로 인해 관련 기관으로부터의 감독을 받지 못한 데 있다. 즉 부패는 "관본위"(官本位)체제에서 통제가 완벽히 이루어지지 못한데서 나타나는 파생물인 것이다.

중국에서의 부패 현상을 주로 국유기업의 내부 부패, 기업과 정부 간의 경제관계 부패, 정부 내부의 부패, 정부와 국민간의 부패 등 4가지로 구분하고 있다.[200]

① 국유기업의 내부 부패: 중국의 많은 국유기업은 관리 방식이 복잡하여 지도자들의 부패, 내부 비효율 및 낭비 현상 등이 아주 큰 실정이다. 특히 국유기업의 재산권이 불명확할 뿐만 아니라, 기업의 자기 절제와 발전 능력이 결핍되어 업무 추진에 아주 소극적이고 이로 인해 부패 현상은 끊임없이 나타나고 있다.

---

199) 李培林執筆,「構建和諧社會: 科學發展觀指導下的中國-2004-2005年中國社會形勢分析與豫測」, 『中國網』, 2005.2.7

200) 北星之光,「中國的腐敗問題如何對應?」, 2007. 11.22,

② 기업과 정부 간의 부패: 이 부패 현상은 주로 상호 매매 관계에서의 부패로 표현된다. 즉, 기업은 생산품 판매를 위해 갖은 수단을 이용하여 정부 관료들과의 관계 형성을 위한 부패 행위를 조작한다. 이 기업과 정부 간의 부패를 제거하려면, 우선 정부 관료들에 대한 감독 시스템과 각종 제도와 법률을 더욱 정비, 강화해 나가야 한다.

③ 정부기구 내부의 부패: 정부 지도자들은 권력을 이용하여 국가의 재산을 대량으로 착취하고, 재정자금에 대한 직접적인 횡령 행위 혹은 국유기업을 통한 간접적인 경제 부패 행위를 벌이는 것이다. 또한 행정 관리, 채용 제도와 선발 등을 통해 부패에 관여하게 되며, 지도자들 간의 별도의 인맥 시스템 등을 구축하여 부패 행위를 서로 감추는 수단으로 이용하기도 한다.

④ 정부와 국민간의 부패: 이는 국가 집행기관의 국민에 대한 불법적인 대우 혹은 지방정부의 불법적인 권력 행사 등을 포함한다.

나. 부패문제 해결 대책

부패문제 해결을 위한 근본적인 조치로는 체제 개혁을 통한 "관본위" 체제를 제거해 나가는 것이다. 중국의 일부 학자는 동 문제 해결 방안으로서, 반드시 "국민 감독, 기율 감독, 심계 감독, 여론 감독" 등을 강화하여 부패 현상을 완전히 제거해야 한다고 지적한 바 있다.[201]

이와 같이 현재 중앙 정부가 집중적 통제를 통해 부패 척결을 강력히 추진하고 있으나, 여전히 불법, 부정 사건이 일부 정부 부처와 부문에서 발생하고 있고, 특히 소수의 지도 간부와 고위급 지도자들의 부패 안건이 발생하고 그 금액에 있어서도 아주 큰 것으로 나타나 심각한 사회 문제로 대두되고 있다.

중국 정부가 반부패 문제 해결을 위해 추진해야 하는 주요 정책으로서는, ① 법에 의한 정치 및 법치정부 건설을 강화하는 것이다. 그리고 ② 체제 개혁과 제도 건설을 추진함으로써 부패의 근원을 미리 예방하는 것이다. 반면 ③ 부패에 의한 위법 안건에 대해서는 과감히 수사하고 상업적 수뢰 현상 등은 과감히 척결해 나가야 한다는 것이다.[202]

---

201) 劉君,「反腐敗的根本問題是體制改革」, 新華罔,, 2006.8.23.

다만, 주의할 것은 중국 정부가 이러한 반부패 투쟁을 정치 투쟁 특히 반대파를 숙청하기 위한 수단으로 정치적으로 활용해서는 안 되며, 인본주의와 위민정치(執政爲民)를 근본으로 하여 국민들의 개인적 이익을 우선 추구하도록 하는 것을 반부패 투쟁의 중요한 목표로 삼아야 할 것이다.

다. 부패 문제의 사회적 영향

부패로 인해 사회계층 내에서의 빈부 격차가 확대될 경우, 이들 부자들에 대한 증오 심리가 확산되면서 습격, 살해사건도 빈번하게 발생하게 되며, 아울러 도시와 농촌에서의 집단적 시위 사건도 발생할 수 있는 것이다. 이들 시위들은 대부분 농민의 토지 징발, 도시민의 주택 철거, 농민공의 임금 체불, 노동자의 정리 해고와 권리 침해 등 이해관계의 충돌로 발생하게 되며, 결국 사회적 약자계층의 경제적 권리 침해와 소득 분배 불평등에 따른 강한 불만의 표출로 볼 수 있다.

현재까지는 이러한 시위 행위가 단지 경제 문제의 표출로 제한되어 있고, 정치화 혹은 이데올로기화로 발전되지 않고 있는 것으로 평가되지만, 이러한 정부 고위 간부들의 부패 행위가 계속 만연되고 정부로서도 이를 해결하기 위한 노력이 부족할 경우, 언제든지 노동자, 농민들의 집단적 시위를 통한 공산당의 정체성 위기까지도 몰고 올 수 있는 강력한 파괴력을 지녔음은 두 말할 나위가 없다.[203]

8. 환경, 에너지 문제

최근 에너지와 환경 문제는 중국의 경제 발전에 있어 아주 중요한 문제로 부상하고 있다. 중국 공산당 제17차 당대표대회에서 최초로 "생태문명 건설"을 제기함으로써 생태환경 건설을 정부의 추진전략 목표로 격상시켰다.

365

---

202) 溫家寶, 「有關反腐敗事業報告」, 2008. 4.20

203) 孫立平, 「告別2004-在改革形勢分析會上的發言」, 『北京社會科學硏究所罔站』, 2005.3.21

현재 중국에서는 에너지 자원부족 문제, 환경오염 문제, 생태 파괴 및 기후 변화 문제 등이 중요한 사회 문제로 부각되고 있다.[204)

(1) 환경오염 문제

경제가 발전함에 따라 중국의 환경은 점점 악화되는 추세로, 경제 발전이란 명목 하에 일부지역은 아주 심하게 오염된 상태이고, 또한 지역적으로도 도시에서부터 농촌으로 오염이 확산되는 추세이다. 생태환경의 오염 문제는 주로 생태 파괴와 환경오염이란 두 가지로 분류될 수 있는데, 우선 환경오염에는 다음과 같은 것이 있다.[205)

① 대기오염: 연료용 석탄은 대기오염의 주요 원인으로, 도시에서 주로 많이 오염되고, 북방이 남방보다 더욱 심각한 상태이며, 또한 자동차 배기가스 오염도 심한 상태이다.

② 수질오염: 2003년 6월 국가환경보호국의 ≪2002년 중국 환경상황 공보≫에 따르면, 중국의 7개 수계의 오염순위는 海河, 遼河, 黃河, 淮河, 松花江, 珠江, 長江 순으로 주요 하천의 수질 오염도 심각한 상태이다.

③ 고체폐기물 오염: 현재 오염된 농지는 약 10만 평방킬로미터로써, 이로 인한 식량감소는 매년 1,000만 톤 이상이고, 도시 폐기물도 매년 10%의 속도로 증가 하고 있다.

현재 중국의 국민 사망 4대 요인 중의 하나가 곧 환경오염으로서, 도시 대기오염과 관련된 농촌 악성종양 사망률은 매년 17% 이상 증가하고 있는 추세이다.

(2) 생태파괴 문제

또한 환경오염으로 인한 생태파괴 현상에는 여러 문제점을 안고 있다.

첫째, 수토 유실과 토지 황폐화 현상이 심각한 실정이다. 수토유실 면적

---

204) 陳佳貴, 「爲經濟發展與環境保護提供智力支持」, 『光明日報』, 2008. 5.28

205) 曲格平, 於今, 『統籌人與自然和諧發展』, 中央組織部黨建讀物出版社, 2004.

은 2000년대 초 150만 평방킬로미터로, 매년 50억 톤 이상 유실되고 있으며, 전국적으로 수토로 인한 경작지 유실 면적은 총 경작지의 1/3, 수토유실 범위는 전국의 1,000개현에 이른다. 또한 토지황폐화 면적도 262.2만 평방킬로미터로서, 중국 국토의 27.3%를 차지하고 있고, 중국의 빈곤지역의 60%가 풍사지역에 위치하고 있어 총 4억 인구가 황폐화 영향을 받고 있다. 현재 가장 심각한 황폐화 지역은 내몽골, 깐슈, 닝샤, 칭하이, 신장 등 서부 5개성과 자치구가 해당된다고 한다.

둘째, 초원의 퇴화가 심각하고, 삼림자원이 고갈될 위기에 처해 있다. 초원의 퇴화 면적은 총 초원 이용 면적의 약 1/3에 달하고 있으나, 이 초원이 퇴화되고 아울러 삼림 자원의 퇴화로 중국은 세계에서 인구 당 삼림면적이 가장 작은 국가 중 하나가 되었다.

셋째, 수자원의 결핍과 생물 다양화의 감소현상이 두드러지고 있다. 현재 중국의 600여개 도시 중, 400여개 도시가 수원 공급이 부족한 것으로 나타났으며, 그중 100여개 도시의 수원 부족은 아주 심각한 상황이라 한다. 중국의 서북, 화북, 동북 등 북방 도시는 대부분 수원이 결핍한 지역 중 한 곳이다. 또한 이 생태 환경의 파괴와 퇴화로 전 국토의 15-20%에 달하는 동식물이 위협받고 있다.

Ⅲ. 제 5세대 지도부의 주요 당면과제

　앞에서도 언급하였지만, 시진핑 주석과 리커창 총리를 중심으로 한 중국의 제 5세대 지도 체제가 2012년 11월 당 제18기 1중전회에서 확정되고 2013년 3월 열린 2중전회에서 당, 정 주요 지도부 인사에 대한 개편이 마무리되었으며, 같은 해 11월에 개최된 제18기 3중전회에서는 **"경제체제 개혁의 전면적 심화"**를 위한 기본 방향이 제시되면서, 이를 위해 정부와 시장 간의 관계를 재설정해 나가는 것이 필요함을 역설하였다.

　이러한 인식의 근저에는, 그간 중국이 고도 경제 성장을 함으로써 부수적으로 나타난 각종 부작용과 문제점들을 극복하고 질적인 성장, 안정속의 성장을 이루기 위해서는 중국 경제 구조의 근본적인 개혁과 방향 전환이 이루어져야 한다는 중국 신지도부의 공통된 인식에서 나온 것이었다.

　즉, 중국 신지도부로서는 이른바 '중진국 함정'에 빠지지 않으면서 지속 가능한 안정적 성장을 기하기 위해서는 경제 구조와 운용 원칙을 근본적으로 개혁함과 동시에 경제 성장 방식에 있어서도 대전환이 필요하다는 인식을 가졌던 것이다.

　따라서 이제 2013년부터 향후 10년간 중국의 장래를 짊어진 **시진핑-리커창 체제**는 앞으로 **'성장'**과 **'분배'**라는 당면 과제 해결을 위해 경제 불균형 문제 해소와 관련된 정책들을 우선적으로 시행해 나갈 것이며, 민생 안정을 통한 안정적이고 지속적인 경제 성장을 추구함은 물론 그간 개혁, 개방 정책 시행으로 파생된 각종 부작용을 해소하고, 경제 체제 개혁도 더욱 심화 시켜 나갈 것으로 전망된다.

　최근 중국 경제의 상황을 예로 보면, 작년도에 수출 둔화, 지방정부의 채무 증가 등 문제점도 존재하고 있으나 현재까지의 연구개발 투자 비중(2012년 GDP의 1.84%)이 상당히 높고 재정, 통화 정책의 대응 능력도 충분히 갖추고 있어 중국 신지도부가 우려하는 중진국 함정에 빠질 가능성은 그리 크지 않다고 보며, 위에서 언급한 주요 당면 과제를 성공적으로 해결해 나갈

경우 향후 2020년에는 미국을 추월할 수 있을 것으로 전망된다.[206]

　다만 시진핑 체제가 이러한 변화된 대내외 환경을 반영하여 국내 요인과 대외적 문제점들을 적극 해결하지 못한 채 중국을 이끌어 갈 경우 중국 공산당의 집권 능력 약화는 물론 체제 정당성에도 큰 영향을 미쳐 중국의 장래에 큰 도전으로 작용할 가능성도 배제할 수 없는 것이다.

206) IMF, Economist, World Bank 등은 모두 시기적으로 약간의 차이는 있지만, 머지않은 장래에 GDP 규모에 있어 중국이 미국을 추월할 것으로 전망하고 있다.

▣ 참고 문헌 ▣

국내 자료

긴준협, 중국 최근 세사, 서울, 일조각, 1976.
왕순홍, 중국의 어제와 오늘, 정차근, 김덕환 역주, 서울, 평민사, 2009.
이계희, 중국 정치학과 중국 정치, 서울, 풀빛, 2002.
김재철, 중국의 정치개혁: 지도부, 당의 지도력 그리고 정치 체제, 한울, 2002.
서진영, 21세기 중국 정치,서울, 폴리테이아, 2008.
주장환, 중국의 엘리트: 마오저뚱에서 제5세대 지도부까지, 살림, 2008.
정재호, 중국의 중앙-지방관계론: 분권화 개혁의 정치경제, 나남, 1999.
쑨 테, 이하진, 중국사 산책, 서울, 일빛, 2011.
이민호,신승하, 세계 문화사, 대명출판사, 1985.
김희영, 이야기 중국사, 전3권, 서울, 청아출판사, 2013.
김익도,이대우, 현대중국의 정치, 부산대 출판부, 2009.
서진영, 중국혁명사, 서울: 한울. 2002.
김하룡, 중국정치론, 박영사, 1984.
이도기, 현대 중국공산당의 이해: 역사, 지도사상, 영도, 서울, 통일신문사, 2008.
김정계, 후진타오 정권: 중국의 권력구조와 파워 엘리트, 서울, 중문, 2008.
김정계, 중국의 권력투쟁 1949~1978,서울, 평민사, 2009.
金春明,席宣, 문화대혁명사, 서울, 나무와 숲, 2002.
브루스질리, 형선호역, "장쩌민", 한국경제신문, 2002.
宗海仁,박경숙역, "하늘이 내린 지략가",한국경제신문, 2003.
祁英力,박동섭역,"중국의 리더-후진타오", FKI미디어, 2003.
현대중국의 이해, 한울아카데미, 2007.
유세희, 현대중국정치론, 서울, 박영사, 2005.
이정남, 중국의 기층선거와 정치개혁, 그리고 정치변화, 폴리테니아, 2007.
김흥규, 개혁시기 중국내 정부간 관계 변화: 통제에서 타협과 계약으로,『중소구』
        29권 1호, 2005.
박정동, 현대중국경제론, 법문사, 2003.
김태일, 굴기의 시대(G1으로 향하는 중국몽), 한국학술정보, 2013.
김흥규, 중국의 정책결정과 중앙-지방관계, 폴리테이아, 2002.
로스 테릴, 이춘근역,『새로운 제국-중국』,나남출판, 2005.
고영근, 현대중국정치론, 부산외대출판부, 2007.
로드릭 맥파커, 김재관,정해 용역 「중국 현대 정치사」,서울, 푸른길, 2012.

이희옥, 중국의 새로운 사회주의 탐색, 서울, (주) 창비, 2004.
조영남, 후진타오 시대의 중국 정치, 서울, 나남, 2008.
소치형, 중국외교정책론, 서울 ,골드, 2004.
이승익, 중국최고지도자들의 리더쉽, 서울, 도서출판 디비북스, 2011.
김정식, 현대중국경제의 이해, 조선대출판부, 2012.
김영화, 중국 정치 리더십, 서울, 문원출판사, 2000.
한석희, 후진타오 시대의 중국 대외관계, 서울, 폴리테이아, 2007.
고정식,김시중외, 현대 중국경제, 서울, 교보문고,2004.
김세웅, 중국의 대외정책과 한국, 고려원, 1999.

외국 자료

胡繩, 中國共産黨的七十年, 北京, 中國黨史出版社, 1991.
何理, 中華人民共和國史, 北京, 檔案出版社, 1989.
李永, 文化大革明中의 名人之死, 中央民族學院出版社, 1993.
鄧小平, "鄧小平文選" 第2卷, 第3卷, 人民出版社, 1983,1993.
陈云, "陈云文选" 第三卷,人民出版社.
『毛澤東選集』第 5卷, 人民出版社, 2008.
中鴫嶺雄, 現代中國論, 東京, 靑木書店, 1983.
中共中央文獻研究室編,14大以來重要文獻選編, 第3卷, 北京, 人民, 1996,1997,1998.
中共黨史敎程簡編, 濟南出版社, 2001.
中國共産黨黨章會編, 中共中央黨校出版社, 北京, 2007.
齊鵬飛,楊鳳城,當代中國編年史, 人民出版社, 2000.
夢正揩, 中國革命槪論, 北京, 中國人民大學出版社,1999.
李凡, 中國基層民主發展報告, 西北大學出版社, 2003.
朱光磊, 『當代中國政府過程』, 天津人民出版社, 2002.
魏禮群, 『市場經濟中的中央與地方經濟關係』,中國經濟出版社,1994.
焦國華, 「我國分稅制財政體制存在的問題及對策」, 『北京財會』,2003. 第11期.
周天勇, 夏徐遷, 我國國有企業改革與發展30年, 人民网, 2008.9.17.
張卓元, 回顧經濟改革30年, 前線, 2008.
魏禮群, 改革開放30年-經濟體制改革的重大進展和經驗,人民日報, 2008.10.15.
曲格平, 於今, 『統籌人與自然和諧發展』,中央組織部黨建讀物出版社, 2004.
陳佳貴, 「爲經濟發展與環境保護提供智力支持」,光明日報』, 2008.5.28.
孫立平, 「告別2004-在改革形勢分析會上的發言」, 『北京社會科學研究所罔站』,
     2005.3.21.
洪向華, 復興之路; 中國堀起的 30個 歷史關鍵, 靑島出版社, 2009.
孫立平, 「中国为什么尚未共同富裕」, 中財網, 2007.8.22.

溫家寶,「有關反腐敗事業報告」, 2008. 4.20.

劉君,「反腐敗的根本問題是體制改革」, 新華罔,, 2006.8.23.

李培林,「構建和諧社會:科學發展觀指導下的中國-2004-2005年中國社會形勢分析與豫測」,『中 國網』, 2005.2.7.

趙海均,『30年 1978-2007年 中國大陸改革的個人觀察』,世界知識出版社, 2008.

周立群, 謝思全, 中國經濟改革30年(1978‧2008), 重慶大學出版社, 2008.

周建明, 胡鞍鋼, 王紹光,『和谐社會構建』, 清華大學出版社. 2007.

王勝今 等,「推動區域協調發展的几個戰略」,『求是』, 2008.

趙全厚‧馬洪范,「和諧社會目標下的收入分配調整及財稅對策」,『中國金融』, 2005.4.1.

周小川,「中国银行业改革迈上新台阶」,『国际金融报』, 2004. 11.8.

吳敬琏,「银行改革, 中国金融改革的重中之重」,『中国经济快讯周刊』, 2002. 8.9.

李君如,「中國在人權事業上的歷史性進步」, 學習時報罔 , 2008.4.28.

邢賁思,「在發展中改善中國的人權狀況」, 2002, 人權, 第6期.

劉杰,「加入WTO與中國人權建設事業的新發展」, 2007.6.25.,『中國人權年鑒 2000-2005』.

王林霞,「簡論我國人權理論建設的歷史與發展」,『高校理論戰線』, 2007.6.21.

錢基琛, 外交十記, 北京, 世界知識出版社, 2003.

中國白書,「臺灣問題與中國統一」,1993. 9.1 .

周天勇等,『攻堅十七大後中國政治體制改革研究報告』,新疆生產建設兵團出版社,2007.

全國人大常委會辦公廳研究室,人民代表大會文獻選編,中國民主法制出版社,1992.

江迅, 中國新土改未獲共識艱難起步, 亞洲週刊 22卷 42期, 2008.10.26.

王利平,「改革開放三十年來的中國共產黨執政理念變遷」中國選舉與治理罔, 2008.5.12.

中國土地制度的變遷史, http://cafe.naver.com/articleread.nhn,

改革開放30周年, http://news.cctv.com 2008.10.3.

『中國統計概要』, 中國統計出版社, 2002.

中國經濟情報網, www.cei.gov.cn.

Chang, Gorden G, The Collapse of China,New York, Random House, 2001.

C.Chow, Gregory, The Chinese Economy, New York, Harper & Vow Publisher Inc. 1985.

World Bank, China 2020-Development and Challenges in the New Century, New York,1997.

Dreyer, June Teufel, China's Political System: Modernization and Tradition, New Jersey, Pearson Education Inc., 2004.

Saich, Tony, Governance and Politics of China 2nd ed. New York, Palgrave

Macmillan, 2004.
Wang, James C., Contemporary Chinese Politics: An Introduction, 6th ed. Mew
　　　　　Jersey, Prentice Hall, 1999.
Shih, Victor C., Factions and finance in China: Elite conflict and inflation,
　　　　　New York, Cambridge University Press, 2008.
Wang Hui, China's New Order: Society, Politics, and economy in transition,
trans, Theodore Huters, Cambridge Mass: Harvard University Press, 2003.
Wu Jinglian, Understanding and interpreting Chinese Economic reform,
　　　　　Singapore, Thompson,2005.

글로벌 시대를 비상하는 중국

초판인쇄 2014년 2월 20일

저 자 박인규 저
펴낸곳 **만남과 치유** (등록번호 215-23-36244)

주 소 서울시 송파구 위례성대로12길 34, 201(방이동,2층)
      전화 070-7132-1080 Fax 02) 420-0676

정 가 15,000원
파본과 낙장본은 교환 해 드립니다.
ISBN 978-967463-2-4 93910